古典文獻研究輯刊

三二編

潘美月・杜潔祥 主編

第 25 冊

雜家文獻書錄解題
（第五冊）

司馬朝軍 著

國家圖書館出版品預行編目資料

雜家文獻書錄解題(第五冊)／司馬朝軍 著 -- 初版 -- 新北市：
花木蘭文化事業有限公司，2021〔民110〕
目 4+236 面；19×26 公分
（古典文獻研究輯刊 三二編；第 25 冊）
ISBN 978-986-518-406-3（精裝）
1. 雜家 2. 文獻學 3. 解題目錄
011.08   110000606

ISBN-978-986-518-406-3

9 789865 184063

古典文獻研究輯刊
三二編　第二五冊　　　　　　　ISBN：978-986-518-406-3

雜家文獻書錄解題（第五冊）

作　　者　司馬朝軍
主　　編　潘美月、杜潔祥
總 編 輯　杜潔祥
副總編輯　楊嘉樂
編　　輯　許郁翎、張雅淋　美術編輯　陳逸婷
出　　版　花木蘭文化事業有限公司
發 行 人　高小娟
聯絡地址　235 新北市中和區中安街七二號十三樓
　　　　　電話：02-2923-1455／傳真：02-2923-1452
網　　址　http://www.huamulan.tw 信箱 service@huamulans.com
印　　刷　普羅文化出版廣告事業
初　　版　2021 年 3 月
全書字數　1516793 字
定　　價　三二編 47 冊（精裝）台幣 120,000 元
　　　　　　　　　　　　　　　　　　　　版權所有·請勿翻印

雜家文獻書錄解題
（第五冊）

司馬朝軍　著

目次

炳燭編四卷　（清）李賡芸撰

李賡芸（1754～1817），字生甫，號書田，自號郵齋，嘉定（今屬上海）人。乾隆五十五年（1790）進士，歷任郡縣，以廉能稱。屢登薦牘，時以為天下清官第一。累官福建布政使。性情殊為褊急，以被屬員誣控，忿激自縊。〔註354〕著有《稻香吟館詩文集》。生平事蹟見《清史稿》卷四八七、《清史列傳》卷七十五、秦瀛《福建布政使郵齋李君墓誌銘》、阮元《福建布政使良吏李君傳》。

全書五萬餘字，分四卷，卷一說經，卷二記古字通段舉例、《說文》古證、《說文》衍脫及古字通用，卷三記文字音韻，卷四記《荀子》音韻句讀，校定《老子》《呂覽》《說苑》，訂正《漢書》、兩《唐書》志、傳之訛，並雜考金石跋文、禮儀官制。〔註355〕此書多考訂經史訛誤。如「敬用五事」條，《漢書・藝文志》引次二曰「羞用五事」，言進用五事，以順五行。李氏引《漢書・五行志》《孔光傳》皆作「羞用五事」，據此辨「敬」當為「羞」字之訛。「鶴鳴于九皋」條，《太玄上・次五》言「鳴鶴升自深澤」，李氏引范望注：《詩》云「鶴鳴九皋，聲聞于天」，據此辨「九皋」當作「九澤」之訛。

此書前有同治十一年（1873）潘祖蔭識語，稱：「方伯為錢宮詹弟子，學有師法，中歲服官，治尚廉靜。《炳燭編》凡四帙，為目至繁，文率未竟，蓋

〔註354〕《嘉慶實錄》卷之三百三十：此供並非李賡芸親筆，亦未畫押，竟係涂以輈自出己意，代李賡芸敘供誣認。又拍案厲聲，逼勒難堪，致使李賡芸情急自盡。汪志伊於李賡芸身故後，慮及自干咎戾，復提訊朱履中，加以恐嚇，以李藩司係伊逼死，並以但云饋送節壽陋規屬實，就可有命之語，向其引誘。朱履中遂聽信翻供，及嚴究證據，朱履中以事本烏有，不能指實。是李賡芸之死，由於汪志伊固執苛求，而成於涂以輈之勒供凌逼。熙昌等僅將涂以輈擬發軍臺效力，實屬輕縱。熙昌、王引之俱著交部議處。汪志伊年已衰邁，辦事復如此謬誤，毋庸交部嚴議，著即革職，永不敘用。王紹蘭雖無授意情事，但隨聲附和，迭次聯銜具奏，著照所請，交部議處。所有此案罪名，著軍機大臣會同刑部另行核議具奏……又諭：「王紹蘭身任巡撫，刑名案件，是其專責。此案朱履中誣許道府收受陋規，藩司李賡芸被逼自盡，固由於汪志伊刻核苛求。王紹蘭係同審之員，果能持正商阻，汪志伊或不致偏執己見，涂以輈必不敢肆意凌逼，李賡芸亦不致憤激輕生。即或汪志伊執拗難回，王紹蘭盡可據實單銜陳奏，乃一味隨聲附和，釀成鉅案，實屬溺職。王紹蘭著即照部議革職。」

〔註355〕《光緒嘉定縣志・藝文志》稱：「卷一經說，卷二、卷三小學，卷四考證子史、金石疑訛，唐、宋以來官制尤詳。」

初稿之俟更定者，故世不克見。」〔註356〕李慈銘稱：「鄎齋篤守其師錢竹汀家法，隨時考訂，皆實事求其是，不為高遠驚俗之談。其書既未寫定，又中奪於仕宦，未老橫霣，故所著精密遠不逮其師，然有訂正《養新錄》及《金石跋尾》者數條，皆足為詹事功臣。」〔註357〕俞樾《春在堂雜文》續編卷二稱《炳燭編》有《文字證古》一篇，辨明某字之為某字，亦不下百餘條，然未有專著一書，為後學準繩者。劉咸炘稱：「劄記體，中有舉古字通假、定《荀子‧成相篇》句讀，考宋宮制，大抵從錢竹汀之說推衍，大體與《養新錄》同。蓋鄎齋本竹汀門人也。潘鄭盦同眾編刻。可取處亦不多，說古音聲近者尤多傷附會泛濫。」〔註358〕

此本據國家圖書館藏清同治十一年潘祖蔭刻《滂喜齋叢書》本影印。

【附錄】

【潘祖蔭《炳燭編識語》】頌閣學使歸自江西，持其鄉李鄎齋方伯《炳燭編》示余，則方伯之孫用光所手輯者。方伯為錢宮詹弟子，學有師法，中歲服官，治尚廉靜，卒構瑕釁，鬱鬱生錢給諫《記事稿》述黃亮國言，至今讀之，且為太息。某氏集中猶摭遊談以重誣之，所學殊塗，積毀必及固如斯乎？《炳燭編》凡四帙，為目至繁，文率未竟，蓋初稿之俟更定者，故世不克見。庚辛之交，寇擾東南，故家篇簡，半遭劫火，賴敬尤足多也。因與同志商訂達合，刪並排類，釐成四卷，以付手民。九京可作，庶無憾已。同治十一年正月，吳縣潘祖蔭。是書蔭先屬陳培之農部倬編定，繼又屬胡甘伯農部澍悉心校正。繕清本者，徐棣華上舍。鄂助刻貲者，李若農學士文田、吳廣莠刺史承潞。鄎齋先生之孫用光、用賓、用中實能寶守是書，皆可紀也。同治壬申四月，刻成又識。

【李慈銘《炳燭編識語》】鄭盦所刻書，以此種為最善，鄎齋著述，餘無所傳，片羽吉光，尤足寶貴，其書博綜經史，確守竹汀錢氏家法，多核實之言。聞其稿本有四鉅冊，鄭盦屬陳、胡兩君錄存其要，兩君去取既不能盡善，又參以吾鄉妄人（指趙之謙——引者）憑肊顛倒，校勘粗疏，為可惜也。李愛伯記。〔註359〕

〔註356〕《續修四庫全書》第1155冊，上海古籍出版社，2002年版，第655頁。
〔註357〕李慈銘：《越縵堂讀書記》第742頁，上海書店出版社，2000年版。
〔註358〕劉咸炘：《內景樓檢書記》，《推十書》子類，第565頁。
〔註359〕《續修四庫全書》第1155冊，上海古籍出版社，2002年版，第655頁。

【續修四庫全書總目提要（稿本）13—715】是編乃賡芸歿後，其孫用光所手輯，而潘祖蔭屬陳倬、胡澍、趙之謙諸人編校以刊行也。據祖蔭敘謂：「《炳燭編》凡四帙，為目至繁，文率未竟，蓋初稿之俟更定者，故世不克見。庚辛之交，寇擾東南，賴有文孫保此遺書。因與同志商定違合，刪定並類，釐成四卷，以付手民云云。」蓋迥非原稿之狀。卷一說經，卷二古字假借舉例、《說文》證古、《說文》之衍脫及其通用之字，卷三明音韻，卷四校定《荀》《老》《呂覽》《說苑》之句讀音義凡四節，餘悉史部及雜事之屬也。賡芸自署許齋，深於《說文》，以小學治經，義據精絕，駁王昶、畢沅金石跋文，及校定《潛研堂金石跋文》誤字，皆確鑿不刊。賡芸受學於錢大昕，故其根柢深邃也。嘉定之學，實事求是，於此益可見矣。書中誤文甚多，則校勘者之疏失也。

【福建布政使許齋李君墓誌銘】前福建布政使李君許齋既卒之二年，其孤鹵年十七夭歿，許齋服屬希闊，族人謀所以後許齋者，僉曰族子華清可，議既定，遂告許齋先人之廟及許齋之靈，而成禮焉。閱數月，華清來無錫，曰：「既卜地於某縣某鄉之某原，葬有日矣。」乞余文以銘墓石。嗚呼！余忍不銘。許齋諱賡芸，字生甫，嘉定人。縣東北有南翔里者，故崑山境，後析隸嘉定。李氏世居是……少讀書，博通經史，嘗受學於其鄉錢竹汀先生。竹汀言於嘉定令姚學甲，以縣試第一補博士弟子。又慕許叔重之學，因自號許齋。乾隆丙午舉於鄉，庚戌成進士，先後皆出大興朱文正之門。初任浙江孝豐縣知縣，移德清，又移平湖。九卿中有密薦君者，得旨引見，以同知用，遷處州府同知，調嘉興府海防同知，升嘉興府知府，丁繼母憂，服除，補福建汀州府知府，調漳州府，尋升汀漳龍兵備道，擢福建按察使，不數月，升布政使。蓋自君為縣令於浙，遷至方岳，歷二十年，而自汀州守累遷布政使，不過三四年，一時遭遇，罕有比倫。而屬吏朱履中之禍作。朱履中者，故狡黠。方君任汀漳龍時，嘗為所紿誤才，朱委以事不辦，君悟，改朱教職，朱銜君會在任多虧累，恐獲罪，具揭督撫，以虧帑由道府婪索，督撫合詞密奏，解君職，候劾，督撫無所得，令福州守涂以㑥鞫之，屬君家人於君去任後，奉徵改鑄戰船屆資，常假朱白鏹三百兩，未及償，君故不知也，涂逼君自承，君忿甚，投繯自經，時嘉慶二十二年正月十九日也。事聞，上命大臣往治之，事得白，抵朱於法，涂以㑥遣戍督撫皆獲罪。余以是歎知人之難。如君之賢，猶失之於朱。而君居官廉潔，不名一錢，其歿也幾無以為殮。天子知之，天

下人共信之。君歿，閩中百姓建祠以祀，固不待事之白而始知君之冤。或謂閩中兩大府素忌君，假手朱履中而斥之，余以為兩大府平日尚號賢者，當不至是，特以舉發於始，護前奏不得不稍實其事，以竟其獄，涂以偽亦向非小人，一時就兩大府意旨，遂成此禍，可不畏哉！可不懼哉！（下略）（秦瀛《小峴山人集》續文集補編，《續修四庫全書》第 1465 冊）

【福建布政使良吏李君傳】李賡芸，字生甫，江蘇嘉定人。祖芳。父夢璁，乾隆壬戌進士，江西寧都直隸知州。君少從錢辛楣先生學。孝於繼母，敦品節，礪廉隅，為時所稱。通六書、蒼雅、「三禮」，善屬文，以禮經、史志為根柢，在文家別開一徑。慕許叔重之學，故又字許齋。乾隆庚戌以二甲進士用知縣，發補浙江孝豐縣。五十九年調德清縣，嘉慶元年調平湖縣，二年卓異候升。三年冬九卿中有密薦君者，特旨問巡撫阮元，元以賡芸為浙省第一賢員，守潔才優，覆奏，奉旨送部引見，以同知用，尋升處州府同知，調嘉興府海防同知。八年三月奏委署台州府知府，奉朱批：「此人可用。」閏六月升授嘉興府知府。十四年，丁繼母憂歸。十六年服闋，補福建江州府知府。十九年調漳州府知府，秋擢汀漳龍道。二十年秋擢福建按察使署布政司，十二月卸事陛見回閩，九月旋擢福建布政使。君性廉正，敝衣蔬食，率以為常。任監司無異寒儒，自為縣令，至藩臬所在，皆有惠政，得民心，感民以誠，久而益篤……評曰：元在史館，欲纂儒林、文苑、循吏三傳，儒林甫脫稿，俄奉使出都，文苑、循吏未之纂也。李君之事既論定，上朱書使者奏中，曰良吏洵榮褒也。元故以良吏名此傳，以貽史館之纂循吏者。（阮元《揅經室集》二集卷四）

【李賡芸之死】李公賡芸，江蘇奉賢人。成庚戌進士，歷任郡縣，以廉能稱。屢登薦牘，時以為天下清官第一。累遷至閩藩，時汪公志伊為閩制府。汪故老吏，以布粟起家，矯為廉潔，嘗刊《小學規範》諸書行世，李公素輕之。嘗乘新轎入督府，汪公訓之曰：「奢者必貪。君初為方面大員，慎勿美於服飾，蹈往昔竇白也。」公憤然曰：「芸雖不肖，為天子大吏，稍飾輿服，誠不為過，實恥效布被脫粟之平津侯以欺罔朝廷也。」汪公心銜其語。會有改教縣令朱履中訐公受其陋規，及其僕黃元索詐賕錢數百元，皆係相沿舊規，汪公乃露章劾之。命福州守涂以輞羅織其獄，涂希汪意，私具狀逼公畫諾。公不服，以輞拍案屬聲詬之，日夜鍛鍊不休。公怫然入寓，懷冤狀自縊死。事聞，上命侍郎熙公昌、王公引之往鞫其獄，閩中士大夫爭伏欽差寓門，以鳴公冤。汪公不得已引疾致仕，熙、王二公乃力反其獄。事聞，上震怒，褫汪公

及巡撫王紹蘭職，涂以韒以迎合故，遣戍黑龍江，覆命荷校三月於戍所，公冤乃白。閩中鄉紳復建公祠於省中，春秋胖蠁，以報其德云。余向不識汪公，素聞其廉名，心甚折服。辛未夏，會汪於靜明園柳蔭下，聽其談吐矯飾，頗不惬意，然震其名，亦未敢加輕薄。又聞王河帥秉韜云：「長三、汪六皆矯名之士，未足為貴。」心嘗疑之。後遇牧庵參政於朝，悉知其人，於汪公終有所惑。不意終身之名敗於末路，亦可以戒仕途之矯詐者矣。（昭槤《嘯亭續錄》卷三）

【唐宋青苗錢不同】《舊唐書·代宗紀》：「廣德二年五月丙辰，稅青苗地錢使（此使名）、殿中侍御韋光裔諸道稅地回，是歲得錢四百九十萬貫。自乾元已來，天下用兵，百官俸錢折，乃議於天下地畝青苗上量配稅錢，命御史府差使徵之，以充百官俸料。每年據數均給之，歲以為例程。」《新唐書·食貨志》以國用急，不及秋，方苗青，即徵之，號「青苗錢」。又有地頭錢，每畝二十，通名為「青苗錢」。《志》又云：「大曆元年，斂天下青苗，得錢四百九十萬緡，輸大盈庫。」此唐之「青苗錢」也。《舊書·敬宗紀》：「即位，大赦天下，京畿夏青苗錢，並放秋青苗錢，每晦放二百文。」是青苗錢又有夏、秋之別。《唐大詔令》：「元和改元，赦京畿諸縣。今年青苗錢及榷酒錢並宜放免。又開成改元，赦同州河中絳州去年旱歉賦稅不登，宜放開成元年夏青苗錢。」此青苗錢有時而放免也。放免猶今之蠲免。若宋之青苗錢與唐不同，蓋初本惠民之政。迨至熙寧之時，遂為害民虐政。《西塘集》有《上王荊公書》，言之最詳，其略曰：「青苗之法，本以民之窮乏，嘗以新陳之際，每倍其息，以貸於人。故為出常平錢以貸之，而只取二分之息，以抑兼併，而蘇貧乏，莫善於此。然民之闕乏而借貸於人者天下固嘗半矣。而稍稍溫燠能儉，克勤苦以自足，而無所取貸於人者亦嘗半。貪暴之吏急於散而取賞，則曰某縣民若干，散必若干，某縣為民若干，散至若干，不然者劾奏。亟於承命以求知信於其上，又巧以強與若某鄉某里某人不請，則旬月之下必有他禍，甚且不可解。及其催納之際亦莫不然，則盡一州一縣之民無有不請青苗錢者。至於收成之際，又不稍緩其期，穀米未乾，促之已急，賤糶於市，囊之利十，今不售其五六，質錢於坊郭則不典，而解其甚者，至其無衣褐而典解，是法所以蘇貧乏而反困之，抑兼併而反助之矣。」（《炳燭編》卷四）

【文字證古】本朝經術昌明，超逾唐、宋，乾嘉間大儒輩出，於諸經皆有論定，而小學之精亦遂非宋、元、明諸儒所能及。嘗見錢氏大昕《潛研堂

集》、陳氏壽祺《左海經辨》皆以經典相承之俗字於許氏之書求其本字，得數百字。而嘉定李鄰齋所著《炳燭編》有《文字證古》一篇，辨明某字之為某字，亦不下百餘條，然未有專著一書為後學準繩者。余同鄉湖州周蓮士明經曾著《經字考》，而余未之見，亦未知成否，但聞其書仍依《康熙字典》分部，則未免童牛角馬，不今不古之譏，未善也。吳縣雷君甘杞閉戶讀書，專事樸學，君子人也。今年春訪余於春在堂，以所著《說文外編》見示……其大要辨別正俗，皆有根據，自是治經學、小學者不可不讀之書。（俞樾《春在堂雜文》續編卷二）

【翰林史官之別】國朝李賡芸《炳燭編》云：「唐、宋時翰林為翰林，史官為史官。唐時韋處厚、路隨曾以翰林兼史館修撰，以修《憲宗實錄》，命二人分日入內，則仍翰林自翰林，史官自史官，分而非合也。」按：此論誠是，但不知明制亦翰林自翰林、史官自史官耳。（俞樾《茶香室續鈔》卷十一）

札樸十卷　（清）桂馥撰

桂馥（1736～1805，一作1802），字冬卉，又字天香，號未谷，曲阜人。乾隆五十五年（1790）進士，官雲南永平縣知縣。與段茂堂同時同治《說文》，學者以桂、段並稱。著有《說文義證》《繆篆分韻》《晚學集》等書。生平事蹟見《清史稿·儒林傳》《清史列傳·儒林傳》、蔣祥墀《桂君馥傳》、莊一拂《古典戲曲存目匯考》。

嘉慶紀元之歲，由水程就官滇南，舟行無以遣日，追念舊聞，隨筆疏記，到官後續以滇事，凡十卷。以其細碎，竊比匠門之木楪，題曰《札樸》。書刻於嘉慶十八年。是編就官滇南舟中隨筆疏記，凡分六門，一曰《溫經》，二曰《覽古》，三曰《匡謬》，四曰《金石文字》，五曰《鄉里舊聞》，六曰《滇遊續事》。

書前有嘉慶十八年（1813）段玉裁序，稱其考核精審，有資於博物者，不可枚舉。〔註360〕又有嘉慶十八年（1813）翁廣平序，稱：「古之學者有四，曰義理之學，曰經學，曰史學，曰辭章之學，而考據不與焉，非無考據也，考據即寓於四者之中也。今讀曲阜桂未谷大令之《札樸》，而服其學之有兼長也。大令負穎異之姿，博極群書，自六經諸史，象緯輿地，財賦河渠，算

〔註360〕《續修四庫全書》第1156冊，上海古籍出版社，2002年版，第1頁。

數曆律之學，與夫六書聲韻，方言風俗之類，罔不根究其原委，剖悉其疑似。」〔註361〕未免過於溢美。錢泳《履園叢話》稱：「老友桂未谷大令嘗作《札樸》二十卷，考訂精確，發前人所未有。」周中孚稱其書皆根究其原委，剖析其疑似，引證奧博，詞藻古雅，其有資於博物者亦不可枚數，洵考據之專門，而自成一家之言者。〔註362〕李慈銘稱桂氏精於小學，故此書於名物訓詁研析獨精。〔註363〕劉咸炘稱其考古多求本字，無犖犖之識，佳處在此，不足自立處亦在此。其證字又不甚能通貫，但有少許證據或羅列易見之證據。博則博矣，精則未也。〔註364〕平步青《霞外攟屑》卷六「札樸」條稱六書聲韻引據奧博，偶有過泥《說文》改經字處，而考核精確，補前人未及者十之七，金石拓本諸家未著錄者收載辯證尤夥云云。平心而論，當以鑒泉之評庶幾近之。

此本據國家圖書館藏清嘉慶十八年李宏信小李山房刻本影印。

【附錄】

【桂馥《札樸自序》】往客都門，與周君書昌同遊書肆，見其善本皆高閣，又列布散本於門外木板上，謂之書攤。周君戲言：「著述不慎，但恐落在此輩書攤上。」他日，又言：「宋、元人小說，盈箱累案，漫無關要，近代益多，枉費筆箚耳。今與君約，無復效尤。」馥曰：「宋之《夢溪筆談》《容齋五筆》《學林新編》《困學紀聞》，元之《輟耕錄》，其說多有根據。即我朝之《日知錄》《鈍吟雜錄》《潛丘札記》，皆能沾溉後學，說部非不可為，亦視其說何如耳。」嘉慶紀元之歲，由水程就官滇南，舟行無以遣日，追念舊聞，隨筆疏記。到官後，續以滇事。凡十卷，以其細碎，竊比匠門之木柮，題曰《札樸》。烏呼，周君往矣！惜不及面質，當落書攤上不耶？（桂馥《晚學集》卷七）

【段玉裁《桂未谷札樸序》】友有嚮慕而終不可見者，未始非神交也。余自蜀歸，晤錢少詹曉徵、王侍御懷祖、盧學士紹弓，因知曲阜有桂君未谷者，

〔註361〕《續修四庫全書》第1156冊，上海古籍出版社，2002年版，第2頁。今按：《續修四庫全書總目提要稿本》認為「斯評也蓋其紀實也」，實在是不負責任的妄評。桂馥無論如何也難以望安溪、望溪、百詩、自南、西河、鳴玉、竹雲、竹汀、亭林、弘緒諸家之項背，更不可能集其大成。這也是胡亂評論的一個典型個案。

〔註362〕周中孚：《鄭堂讀書記》卷五十五。

〔註363〕李慈銘：《越縵堂讀書記》，上海書店出版社，2000年版，第733～739頁。

〔註364〕劉咸炘：《內景樓檢書記》，《推十書》子類第591～592頁。

學問該博，作漢隸尤精，而不得見。覬其南來，或可見之。已而，未谷由山左長山校官成進士，出宰雲南永平，以為是恐難見矣。余僑居姑蘇久，壬申，薄遊新安而歸，得晤山陰李君柯溪，刻未谷所撰《札朴》十卷方成，屬余序之。余甚喜，以為未谷雖不可見，而猶得見其遺書也。未谷深於小學，故經史子集、古言古字，有前人言之，未能了了，而一旦爽然理解者。豈非訓詁家斷不可少之書耶？況其考核精審，有資於博物者，不可枚數。柯溪亦官滇，與未谷時多商榷論定。柯溪之告歸也，未谷以此書授之，俾刻之江左。未谷是年沒於官，而柯溪乃於十年後解囊刻之，不負鄭重相託之意。是真古人之友誼，可以風示末俗者矣抑。柯溪言未谷尚有《說文正義》六十卷，為一生精力所聚，今其稿藏於家。吾知海內必有好事者取而刻之，持贈後學。庶不見未谷者，可以見未谷之全也哉！嘉慶十八年七月中元日，金壇段玉裁書於閶門外枝園。（見上海古籍出版社 2008 年版《經韻樓集》第 378 頁，又見《續修四庫全書》第 1156 冊《札樸》卷首）

【翁廣平《札朴序》】古之學者有四：曰義理之學，曰經學，曰史學，曰辭章之學，而考據不與焉。非無考據也，考據即寓於四者之中也。我朝學者始有考據專門，其大要本之「三通」、《玉海》等書。蓋以百餘年來，欣逢稽古右文之主，惟時在朝在野者，能以實學相尚，其所撰述俱作裨益治體，沾漑藝林。故治經者有李安溪、方望溪諸君；考古者有閻百詩、沈自南諸君；訂訛者有毛西河、胡鳴玉諸君；辯證金石與山川、古蹟者有王竹雲、錢竹汀、顧亭林、陳弘緒諸君。今讀曲阜桂未谷大令之《札朴》，而服其學之有兼長也。大令負穎異之姿，博極群書，自六經、諸史、象緯、輿地、財賦、河渠、算數、曆律之學，與夫六書、聲韻、方言、風俗之類，罔不根究其原委，剖悉其疑似。以列書目有六：首《溫經》，以漢、唐注疏為本，參以各家之說，其折衷之權當，則安溪、望溪也；次《覽古》，其援據之宏富，考核之精詳，則百詩、自南也；次《匡謬》，嚴而不失之苛，辨而不失之鑿，則西河、鳴玉也；次《金石文字》，其搜羅墨本，有出於《集古》《金石錄》之外者，則可與竹雲、竹汀鼎足也；次《鄉里舊聞》，次《滇遊續筆》，則方駕乎亭林之《營平地名記》、弘緒之《江城名蹟記》也。雖曰考據專門，而引證奧博，詞藻古雅，實能兼義理、經、史、辭章四者之長，而自成一家之言，豈剽賊陳言者所敢闖其門徑哉……嘉慶癸酉歲大暑節前二日，吳江翁廣平拜手撰。（見《續修四庫全書》第 1156 冊《札樸》卷首）

【續修四庫全書總目提要（稿本）35—45】《札朴》十卷（光緒九年長洲蔣氏心矩齋刊本），清桂馥撰。馥字冬卉，號未谷，山東曲阜人。乾隆五十五年進士，選雲南永平縣知縣。居官多善政。嘉慶十年卒於任，年七十。馥博涉群書，尤潛心小學，精通聲義。嘗謂：「士不通經，不足以致用；而訓詁不明，不足以通經。」故自諸生以至通籍四十年間，日取許氏《說文》與諸經之義相疏證，為《說文義證》五十卷……及就宦滇南，追念舊聞，隨筆疏記，比之匠門木林，題曰《札朴》，為卷十，為目六，卷一至卷二為《說經》，卷三至卷六為《覽古》，卷七為《匡謬》，卷八為《金石文字》，卷九為《鄉里舊聞》，卷十為《滇遊續筆》，而尤以《說經》《匡謬》二者為最。如《說經》論蕳字云，《鄭風》「方秉蕳兮」，《毛傳》云：「蕳，蘭也。」《太平御覽》引《韓詩》：「蕳，蘭也。」蕳非蘭訓，蘭者，蕳香草，蘭之屬也。案，蕳即薎，《山海經》：「吳林之山，其中多薎草。」《說文》：「薎草，出吳林山。」《廣韻》：「薎，香草。」蘭同上。馥謂蘭即蕳字。盛洪之《荊州記》：「都梁縣有山，山下有水清泚，其中生蕳草，名都梁香。」此謂蕳即薎字是也。又如《匡謬》論貢字云，《幽通賦》「周賈蕩而貢憤兮」，曹大家曰：「貢潰也，憤亂也，潰亂於善惡。」案：貢憤當為憒憤。《廣韻》：「憒，憤也。」《集韻》：「憤，悒憒兒。」《說文》：「憒，亂也。」又《廣雅》：「慎，憤也。」慎當作憒。此謂貢憤，當為憒憤也。其說並精確不易，足補前人之所未發，而有裨於考據者。翁廣平嘗謂：「考據之學，國朝治經者有李安溪、方望溪，考古有閻百詩、沈自南，訂訛者有毛西河、胡鳴玉，辯證金石與山川古蹟者，有王竹雲、錢竹汀、顧亭林、陳弘緒，而未谷乃能兼而有之。其《札朴》首《溫經》，以唐、漢注疏為本，參以各家之說，其折衷之確當，在安溪、望溪也；次《覽古》，其援據之宏富，考核之精詳，則百詩、自南也；次《匡謬》，嚴而不失之苛，辨而不失之鑿，則西河、鳴玉也；次《金石文字》，其搜羅墨本，有出於集古金錄之外者，則可與竹雲、竹汀鼎足也；次《鄉里舊聞》，次《滇遊續筆》，則方駕乎亭林之《營平地名記》、弘緒之《江城名蹟記》也。雖曰考據專門，而引證奧博，詞藻古雅，實能兼義理、經史、辭章四者之長，而自成一家之言，豈剽賊陳言者所敢闖其門徑哉？」斯評也，蓋其紀實也。

【集傳錄存】桂馥，字未谷，曲阜人。乾隆五十五年進士。雲南永平縣知縣，卒於官。馥與歷城周永年同置籍書園，以資來學，並祠漢經師於其中。

取許慎《說文》與諸經之義相疏證，為《說文義證》五十卷，又著《札朴》十卷、《晚學集》三卷。〔印心堂文集〕（阮元《揅經室集》續二集）

【清史稿‧儒林傳】桂馥，字冬卉，曲阜人。乾隆五十五年進士，選雲南永平縣知縣，卒於官。馥博涉群書，尤潛心小學，精通聲義。嘗謂：「士不通經，不足致用；而訓詁不明，不足以通經。」故自諸生以至通籍，四十年間，日取許氏《說文》與諸經之義相疏證，為《說文義證》五十卷。力窮根柢，為一生精力所在。馥與段玉裁生同時，同治《說文》，學者以桂、段並稱，而兩人兩不相見，書亦未見，亦異事也。蓋段氏之書，聲義兼明，而尤邃於聲；桂氏之書，聲亦並及，而尤博於義。段氏鉤索比傅，自以為能冥合許君之旨，勇於自信，自成一家之言，故破字創義為多；桂氏專佐許說，發揮旁通，令學者引申貫注，自得其義之所歸。故段書約而猝難通闊，桂書繁而尋省易了。夫語其得於心，則段勝矣；語其便於人，則段或未之先也。其專臚古籍，不下己意，則以意在博證求通，展轉孳乳，觸長無方，亦如王氏《廣雅疏證》、阮氏《經籍纂詁》之類，非以己意為獨斷者。及馥就官滇南，追念舊聞，隨筆疏記十卷，以其細碎，比之匠門木林，題曰《札朴》。然馥嘗引徐幹《中論》：「鄙儒博學，務於物名，詳於器械，考於訓詁，摘其章句而不能統其大義之所極，以獲先王之心。故使學者勞思慮而不知道，費日月而無功成。」謂近日學者風尚六書，動成習氣，偶涉名物，自負倉、雅，略講點畫，妄議斯、冰，叩以經典大義，茫乎未之聞也。此尤為同時小學家所不能言，足以針肓起廢。他著有《晚學集》十二卷。

【《札朴》考訂精確】老友桂未谷大令嘗作《札朴》二十卷，考訂精確，發前人所未有，略記數條於此。或問：「今學宮之樂舞生本於何書？」桂未谷曰：「《周禮》龡師掌教國子舞羽龡籥。鄭注：『所謂籥舞也。』今人稱樂舞者，誤也。」或問：「青黑異色，今北地人輒呼黑為青者何也？」桂未谷曰：「《史記》：『秦二世時，趙高欲作亂，或以青為黑，黑為黃。』民言從之，至今猶存其語耳。」或問：「今之善訟者，謂之刁風，南北通行，何義也？」桂未谷曰：「此字循習不察久矣。《史記‧貨殖傳》：『而民雕捍。』《索隱》注云：『言如雕性之捷捍也。』吏胥苟趨省筆以代雕耳，猶福州書吏書藩臺為潘臺是也。」或問：「四月八日為浴佛日，有典乎？」桂未谷曰：「《宋書‧劉敬宣傳》：『敬宣八歲喪母，四月八日見眾人灌佛，乃下頭上金鏡，為母灌佛。』即鑄金像佛也。《文選‧七命》：『乃煉乃鑠，萬辟千灌。』王粲《刀銘》：『灌辟以數。』

皆鑄之義也。今人以為浴佛，誤矣。」或問：「今之履歷有典乎？」桂未谷曰：
「今之履歷，猶古之腳色也。《通鑑》：『隋虞世基掌選曹，受納賄賂，多者超
越等倫，無者腳注色而已。』注云：『注其入仕所歷之色也。』宋末參選者，
具腳色狀，即根腳之謂也。」或問：「棺有前和後和之稱，何也？」桂未谷曰：
「案《呂氏春秋》：『昔王季歷葬渦山之尾，灤水齧其墓，見棺之前和。』謝惠
連祭古冢文云：『兩頭無和。』是也。」

【題桂未谷明府戴花騎象圖贈桂生樸堂】桂氏之祖秦博士，先生乃更窮
經史。一官萬里赴滇南，十載永平貧且死。經濟以外惟著書，神冷風淒餘故
紙。對此插花騎象圖，先生未死精神舒。高踞象背花滿鬢，蠻女擁仗行吹竽。
兩嶠說鬼畫鬼趣，此更奇麗人間無。嗟哉先生嗜金石，予愧同心未相識。展
卷不厭反覆看，似共老莈對晨夕。讀君《札樸》誦君詩，漢魏六朝爭雄奇。東
晉直尋羲君墓，南詔親模德化碑。溫經攬古俱超絕，幸有慈孫光閥閱。邇來負
笈從予遊，摛藻揚華灩雲月。先生騎象爾乘驄，後先相逐遙相從。他日揚鞭
歸闕里，顧影猶傳乃祖風。（徐世昌《晚晴簃詩匯》卷一百二十三·馮雲鵬）

愈愚錄六卷　（清）劉寶楠撰

劉寶楠（1791～1855），字楚楨，號念樓，揚州府寶應人。端臨從子。
父履恂，舉人，國子監典簿，著有《秋槎雜記》。先生生五歲而孤，母喬教
育之。始從端臨請業，以學行聞鄉里。為諸生時，與儀徵劉文淇有「揚州二
劉」之目。道光二十年（1840）進士，授直隸文安縣知縣。文安地窪下，堤
堰歲久失修，屢潰溢為民患。先生履勘興築，遂獲有秋。再補元氏縣，會歲
旱，蝗大作，延袤二十餘里，捐俸設廠捕之，歲則大熟。咸豐元年，調三河，
值東三省兵過境，遣使往通州，以民價雇車應役，民得不擾。民有涉兄弟戚
屬爭財訟者，婉詞諭之，率感悟，解散而罷。初治毛氏《詩》、鄭氏《禮》，
後與劉文淇及江都梅植之、涇包慎言、丹徒柳興恩、句容陳立各治一經，發
策得《論語》，病皇、邢疏蕪陋，乃搜輯漢儒舊說，益以宋儒長義及近世諸
家，仿焦循《孟子正義》例，先為長編，次乃薈萃而折衷之，著《論語正義》
二十四卷。因官事繁，未卒業，命子恭冕續成之。他著有《釋穀》《漢石例》
《寶應圖經》《勝朝殉揚錄》《文安堤工錄》《愈愚錄》《念樓集》等書。又輯
先世詩文為《清芬集》十卷、《寶應文徵》百餘卷。生平事蹟見《清史稿·

儒林傳》《清史列傳・儒林傳》、戴望《故三河知縣劉君事狀》、劉文興《劉楚楨先生年譜》（載《揚州學派年譜合刊》，廣陵書社 2008 年版）。

　　此錄凡八萬言，則其讀經史時筆錄。書原不分卷，以記載之先後為次。當其未沒時，曾手自錄其精說為六卷，授山陽丁壽昌閱定，丁氏為加按語甚夥。厥後其子恭冕又釐定其未錄者為八卷，合為十四卷。書中佳處，如「漢碑引經」條舉例豐富，近七千言。「詩書序」條稱《孟子列傳》退而與萬章之徒序《詩》《書》，述仲尼之意，而《詩》《書》序多與《孟子》合，故推測孟子作序而後儒增潤之云云。此雖孤證，讀書得間，可存一說。「周公攝政非攝位」條亦用材料說話，先證周公攝政不誤，後證周公攝位之誤。「周南召南」條謂「南者，詩體之名，猶言風雅頌也」，且推斷「北風、南風即北音、南音，若今人言北曲、南曲也」。至於「人知其一莫知其他」「鬼蜮」諸條皆為閱歷之言，當敬畏小人，敬鬼神而遠之。《續修四庫全書總目提要稿本》稱其書皆言必有證；又稱此書中次第似多紊亂云云。

　　此本據上海辭書出版社圖書館藏清道光十五年廣雅書局刻本。

【附錄】

　　【續修四庫全書總目提要（稿本）35—49】《愈愚錄》六卷（光緒十六年廣雅書局刻本），清劉寶楠撰。寶楠字楚楨，寶應人。少從從父臺拱請業，以學行聞鄉里。為諸生時，與儀徵劉文淇齊名，人稱「揚州二劉」。道光二十年進士，授直隸文安縣知縣，歷任元氏、三河、寶坻，均有善政。著述達十餘種，以經學為多。此則其讀經史時隨筆所箚錄也。書原不分卷，以記載之先後為次，即所謂長編者。當其未沒時，曾手自錄其精說為六卷，授山陽丁頤伯壽昌閱定，丁氏為加按語甚多。厥後，其子恭冕又釐定其未錄者為八卷，合為十四卷。此僅刊其手定者。其中夾註，即丁氏之所加按語，其說並見裔孫所為年譜中，今取與刊本相較，益信有據。書中佳處，如論《詩》「日之方中，定之方中」，謂為向中，引《史記・天官書》曰「方南，日方北」、《索隱》「方猶向也」為證，闕傳箋以方為四方之非。又如論《詩・河廣》一葦杭之，謂杭與斻同，引《說文》「斻，方舟也」為證，又云《後漢書・文苑杜篤傳》「造舟於渭北，斻涇流」，李賢注：「斻，舟度也。」《太玄》更首次六「入水載車，出水載杭」，劇首上九「海水群飛，弊於天杭」，皆用杭字，杭、斻同音假借，闕或以詩為字誤之非。其他諸說亦多相似，皆言必有證，足與乾嘉諸老抗衡焉。惟是書中次第似多紊亂，據《年譜》云，謂另有一定本，如卷一以

橋撻以紀之，惟辟作福，惟辟作威，我二人共貞，《周南》《召南》平王齊侯，習習谷風，發夕，蜉蝣掘閱，中鄉，東有啟明，西有長庚，既立之監，或佐之史，招搖在上，急繕其怒，用水火必時，武亂，文王追稱王，干越，道及士大夫雩，割臂，西宮，北宮，將犯之，子皮戒趙孟，桓宮僖官災，分陝，分子，晉國，雲霓，館甥，郊人，莫大焉，亡親戚君臣上下為次云云，乃與《書》《詩》等篇第相合，意者廣雅所刊，或非其手錄之六卷本歟？

【故三河縣知縣劉君事狀】君劉氏諱寶楠，字楚楨，江蘇寶應人也。其先明兵部職方司主事永澄當神宗朝，德望重天下，六傳以至於君，世有聞人。曾祖家晟，祖世詵，皆附貢生。父履恂，乾隆五十一年舉人，國子監典簿，有丈夫子五人，其季君也。生七月能言，三歲解哦詩，五歲而孤。母喬孺人躬自授經，始，君從父端臨先生治漢儒經學，精深有條理，典簿君及君兄五河君繼之。君從學五河君，長則請業端臨先生。學行聞鄉里，為諸生時，與儀徵劉君文淇齊名，人稱「揚州二劉」。道光十五年，以優行貢生中式鄉試舉人，二十年成進士，授直隸文安縣知縣。文安地故窪下，堤堰久不修，遇伏秋，水旁溢，為居民害。君視履堤防，詢知疾苦，令甲凡堤工旗丁及民均資修理，君如令施行，而旗丁怙勢不出伕助，相為觀望，君執法不阿，工賴以濟。在縣三歲，無水災。再補元氏縣知縣，會歲旱，縣西北境蝗延袤二十餘里，君禱東郊蠟祠，令村保設廠購捕蝗，爭投阬井，或抱禾死，歲則大熟。咸豐元年調三河縣知縣，值東省兵過境。故事，兵車皆出里下，君謂兵多差重，非民所堪，遣往通州雇車應差，給以民價，空車減半，民得不擾。君在官十六年，衣冠樸素如諸生時。勤於聽訟，官文安日，審結積案千四百餘事。每難初鳴，燭入喘食少許，興坐堂皇，兩造既備，當時研鞫，事無鉅細，均令具結，口授結狀，或予紙筆，當堂收結，毋許吏胥攬言，凡涉親故族屬訟者，諭以睦恤，概令解釋，訟獄既簡，吏多去籍歸耕，曹舍晝閉，或賃與人為書畫肆，於是遠近翕然，著循良稱。咸豐五年九月寢疾卒。先沒七日，自撰墓誌，春秋六十有五。歸葬寶應城北之黃塍溝，鄉人私諡曰孝獻先生，入祀先正祠。所著書有《釋穀》四卷、《漢石例》六卷、《寶應圖經》六卷、《勝朝殉揚錄》三卷、《文安堤工錄》六卷、《愈愚錄》及詩文若干卷。又裒輯先世遺言為《清芬集》十卷、《寶應文徵》百餘卷。嘗病《論語》皇、邢疏蕪陋，搜輯漢儒舊說，益以近世諸家及宋人長義，為《正義》一書，未卒業，命子恭冕成之。君內行嚴整，步立笑言，皆有榘矱。鄉人士望之，以為矜式。子弟或好博，及飲煙者，必痛懲

之,至禁絕乃已。與人交,和敬以誠,不事諧讔。居恒不為耳語,謂其近知故險汙之行。其學不堅持門戶。於河漕、鹽筴大政洞悉本末,嘗言河、淮當分,河流湍急,足以刷沙,且免灌倒之害,南漕重艘抵清河止略仿轉般之法,於河北別雇民船,或用舊存糧艦,數年之後重艘有朽敗者不復修治,亦雇民船用之。各船漕丁分年散遣,不致滋事。其策似可行,而不敢著其說。君沒十四年,望客金陵,與恭冕朝夕承事書局,始得觀君遺書,慕其世德。恭冕次君行,命為傳,望不敢當史任,爰述事狀一通,俾後傳海內先賢者有所稽考。(戴望《謫麐堂遺集》文二,《續修四庫全書》第 1561 冊)

【清代學人列傳】劉寶楠,字楚楨,號念樓。父履恂,乾隆五十一年舉人,著有《秋槎雜記》一卷,收入阮氏《經解》。寶楠道光二十五年以優貢生中式鄉試,二十年成進士,歷任直隸文安、寶坻、固安、元氏、三河知縣。文安境內各莊堤歲久失修,令甲凡堤工族丁及民均赴役,執法不阿,工賴以濟。在縣三載,無水災。官元氏時,值歲旱,蝗蝻大作,為分設三廠,自捐金收捕淨盡,得轉豐稔。比調三河,東省兵過境。故事,兵車皆出里下。謂兵多差重,非民所堪,遣往通州,以民價雇車應役,民以不擾。在官十六年,衣履素樸如諸生。勤於聽訟,遠近歡然,循良稱最。咸豐五年病卒,年六十五。歿前七日,自撰墓誌。鄉人私謚曰孝獻先生。先生內行嚴整,步立笑言,悉有矩矱。為學不堅持門戶。嘗病《論語》皇、邢疏蕪陋,搜採漢儒舊說,益以近世諸家及宋人長義,作《正義》一書,未竟業,命子恭冕成之。他著有《釋穀》四卷、《漢石例》六卷、《愈愚錄》六卷、《韞山樓詩文集》若干卷。其纂輯鄉里文獻者有:《寶應圖經》六卷、《文徵》百餘卷。紀述實政者有《文安堤工錄》六卷。表微闡幽者有《勝朝殉揚錄》三卷。裒集先世遺言者有《清芬集》十卷,《外集》《家譜傳稿》各若干卷。〔註365〕

【江都縣志本傳】劉寶楠,字楚楨,寶應人。道光庚子進士,直隸文安、寶坻、固安、元氏、三河知縣。所至盡心民事,衣冠樸素,如諸生時。嘗館郡城,以明末史公可法守揚州,死難賓察士民從死者多未附祀,乃遍考史志,共得官弁五十九人、鄉官士民一百八人、婦女二百三十八人,為《勝朝殉揚錄》上之,太守諸城李公璋煜分別從祠補祀,又釐定揚郡八州縣鄉賢名宦祠祀,並請修江都郝太僕、蕭孝子祠,均見施行。卒年六十五,祀寶應鄉賢。著

〔註365〕《續修江都縣志・人物志一》較此為詳。

有《論語正義》《釋穀》《愈愚錄》《漢石例》《文安堤工錄》《寶應圖經》《寶應文徵詩事》諸書行世。(《續修江都縣志‧寓賢列傳第九》)

經史雜記八卷　　(清)王玉樹撰

王玉樹，字松亭，又字廷楨，陝西安康人。乾隆五十四年(1789)拔貢生，官廣東惠州州判。著有《說文拈字》《志學錄》《薌林草堂文鈔》等書。生平事蹟見《越縵堂日記》光緒丙戌(1886)八月初五日。

書前目錄後有道光十年(1830)玉樹識語，稱劉向雜採群言以為《說苑》，列於儒家，此後世說部書所由作也。而其中之有裨經史者，則莫如宋洪邁《容齋隨筆》、王伯厚《困學紀聞》及清朝孫北海《藤陰劄記》、顧炎武《日知錄》，皆彪炳藝苑，鼓吹儒林，洵足啟迪後學。公餘讀書，每究尋經史，偶有所得，輒筆記之，間有他說，亦附益焉，日月既深，紙墨遂多，爰擇其有關考證者，薈萃成編，題曰《經史雜記》，惟是義鮮發明，語無詮次，緬彼前修，瞻望弗及云云。〔註366〕此序自欺欺人，掩耳盜鈴，不足為憑。

玉樹少馳騁於考訂文字之學，晚乃宗其鄉前輩李二曲之學，揭出「存心」二字，為主身攝性之宗。今考，細覈其書，考其來源，勘定其抄襲成書，尤以《四庫提要》為多，詳見拙撰《〈經史雜記〉辨偽》。如此欺世盜名之偽作，必須剔除出本叢書之外。

此本據南京圖書館藏清道光十年芳棳堂刻本影印。

【附錄】

【王玉樹《經史雜記自序》】劉向雜採群言以為《說苑》，列於儒家，此後世說部書所由作也。而其中之有裨經史者，則莫如宋洪容齋《隨筆》、王伯厚《困學紀聞》及國朝孫北海《藤陰劄記》、顧寧人《日知錄》，皆彪炳藝苑，鼓吹儒林，洵足啟迪後學，迴非《虞初》《周說》之類所可比擬也。公餘讀書，每究尋經史。偶有所得，輒筆記之，間有他說，亦附益焉。日月既深，紙墨遂多，爰擇其有關考證者，薈萃成編，題曰《經史雜記》。惟是義鮮發明，語無詮次，緬彼前修，瞻望弗及焉爾。

【續修四庫全書總目提要(稿本)11—685】其自序言，公餘讀書，每究尋經史，偶有所得，輒筆記之，間有他說，亦附益焉。日月既深，紙墨遂多，

〔註366〕《續修四庫全書》第1156冊，上海古籍出版社，2002年版，第306頁。

爰擇其有關考證者，薈萃成編，蓋取《容齋隨筆》《困學紀聞》《藤陰箚記》《日知錄》諸書之例。是書所錄，或雜採群說，或隨文發明，雖不及《日知錄》考證之精確，然徵引尚為浩博。考證甚為確鑿，足證《隋志》《唐·藝文志》之誤。

【唐修史避諱】唐人修諸史，避祖諱。如「虎」字、「淵」字。或前人名有同之者，有字則稱其字，如《晉書》公孫淵稱公孫文懿，劉淵稱劉元海，褚淵稱褚彥回，石虎稱石季龍是也。否則竟刪去所犯之字，如《梁書》蕭淵明、蕭淵藻，但稱蕭明、蕭藻，《陳書》韓擒虎但稱韓擒是也。否則以文義改易其字，凡遇「虎」字皆稱猛獸，李叔虎稱李叔彪，殷淵源稱殷深源，陶淵明稱陶泉明，魏廣陽王淵稱廣陽王深是也。其後諱「世」為「代」，諱「民」為「人」，諱「治」為「理」之類，皆從文義改換之法也。（《經史雜記》卷四）

今按：此條抄襲趙翼《廿二史箚記》卷八「唐人避諱之法」條：唐人修諸史時，避祖諱之法有三：如「虎」字、「淵」字，或前人名有同之者，有字則稱其字，如《晉書》公孫淵稱公孫文懿，劉淵稱劉元海，褚淵稱褚彥回，石虎稱石季龍是也。否則竟刪去其所犯之字，如《梁書》蕭淵明、蕭淵藻，但稱蕭明、蕭藻，《陳書》韓擒虎但稱韓擒是也。否則以文義改易其字，凡遇「虎」字皆稱猛獸，李叔虎稱李叔彪，殷淵源稱殷深源，陶淵明稱陶泉明，魏廣陽王淵稱廣陽王深是也。其後諱「世」為「代」，諱「民」為「人」，諱「治」為「理」之類，皆從立義改換之法。

雪泥書屋雜志四卷　（清）牟庭相撰

牟庭相（1759～1832），又名牟庭，字默人，一字陌人，山東棲霞人。乾隆六十年（1795）優貢生，任觀城縣訓導，以病辭官。與同縣郝懿行相友善，同研樸學。著有《楚辭述芳》《同文尚書》《詩切》《投壺算草》等書。著書五十餘種，亂後佚大半。生平事蹟見《疇人傳三編》卷二、《清史列傳》卷六九。

書前有道光二十八年（1848）王東槐序，稱其書無一語不見精心，雖出於百衲之集，自蒴然成一家言，深可寶貴。後有咸豐五年（1855）其子牟房跋，稱仿小同《鄭志》之意，且以其中體例不一，題之曰《雪泥書屋雜志》。

全書四萬餘言，分四卷，雜論經史、諸子、天文、地理。如論韓非子曰：

「韓非淫辭靡辯之才，能為文章，而不知道德。然其書有《解老》《喻老》二篇者，蓋為慕老子之高名，而附託聲價，妄作解論，欲藉此以為重也。老子之學過於高，韓非之識過於卑。以韓解老，譬如赴火飛蛾而語冰也。」又論陶淵明曰：「讀《五孝傳》，而知淵明之學直接洙泗一脈，同時才如顏、謝，清如遠公，無或窺其際也。」又論顏李之學曰：「顏李之學不學文，此顏李之一病也。蓋不學文則無以擺脫其時文酸俗之氣，而其發之於言也，欲達意而不能達意，欲記實而不能記實，欲動人而不能動人，時文酸俗之氣害之也。」又論《商君書》曰：「唐後商鞅書亡，今所行《商子》是後人偽造……所言開塞，全非商君意，蓋此人未見《索隱》，又不旁考韓非，率爾作偽，甚淺妄也。」又如論《洪範五行傳》曰：「今世所傳《洪範五行傳》一篇，或出劉歆，或出許商，皆不可知，然必知其非伏生書也。」又論《五行志》曰：「西漢儒者醜陋不通之文，盡在《五行志》矣。嗚呼！秦焚書而正道弛，漢求書而邪說作，西漢言災異，而東漢言讖緯，儒之道滅久矣。然後佛法出而乘之，豈偶然哉？」又論《周禮》曰：「《荀子‧王制篇》有序官一段。序官，蓋古書名。《樂論篇》其在序官也，曰：『修憲命，審誅賞，禁淫聲，以時順修，使夷俗邪音不敢亂雅，太師之事也。』可證序官是古書名也。荀子時秦未焚書，而諸侯已去其籍，荀子摭拾遺文，僅得序官數百言，而記之於此，亦足以證明《周禮》一書非古書也。」又論《道德經》曰：「《道德經》：莫知其極，可以有國，有國之母，可以長久。韓非《解老篇》中已具有此四句，則不可謂漢人羼之矣。然余第為其文性闇劣，定非老子所作，故當刪之耳。雖非漢人羼之，而周秦人羼之，即可以無刪乎？」又論李贄曰：「李卓吾評東坡《與李方叔書》云：此等人如何與說此言。卓吾性情薄惡，看東坡郤是如此，此真佛地位人也，卓禿杜做和尚耳，獨怪其嗜讀東坡文乃不能變化氣質，何哉？」又曰：「學士不通古今方語者，不可以讀古書也。」

此本據上海圖書館藏咸豐安吉官署刻本影印。

【附錄】

【王東槐《雪泥書屋雜志序》】棲霞年默人先生，弱冠受知於學使趙鹿泉先生，稱為「山左第一秀才」，有四傑之賜與名，既而學境與年俱進，遠近士林奉為泰山北斗，爭一識面為幸，而運蹇不遇屢，躓棘闈數，十年之中，典試吾鄉□□□□□□□□□□□□□□□□□□□得斯人為口實，至有試竣

之日，主司攜其落卷入都，極力吹求，遍示同人，意在暴揚其短以自解者。槐里居之日，耳熟先生之名，深以年輩相懸，居址又遠，不得望見豐彩，趨侍函丈，為生平一憾事也。通籍後，與其猶子一樵水部以同譜之誼，過從歡甚，繼又得交其哲嗣述人明府。竊見二子器宇倜儻，語言雅飭，固知其淵源之有自也。因從二子時時側聞先生緒論，且知其皓首窮經，多所著作，偉為一代師儒，私心愈嚮往之。道光戊申之歲，述人需次都門，一日過其寓邸，見行篋中有《雪泥書屋雜志》四卷，則先生既歿之後，述人以先人心血所在，手澤所存，不忍聽其湮沒，特於故紙零篇中留心收拾，纂集而成書也。是善繼善述之事也，亦孝思也。翻讀一過，如登西域賈胡之舟，莫名其寶，蓋經史而外，諸子百家悉有論贊，而無一語不見精心，雖出於百衲之集，自裒然成一家言，深可寶貴。時述人飛舃浙水，行有日矣，因請以五日為期，假之歸寓，謝客杜門，焚膏繼晷，手自抄錄，越四日而功訖。自惟淺陋寡學，於書中之義未能發明而表章之，特以數十年想慕之誠，今日才獲此一編，足為枕中之秘，幸何如之。故敬題數語，附名簡末，以誌一時愉快之意也云爾。道光戊申六月，年愚姪王東槐頓首拜撰。

【牟房《雪泥書屋雜志跋》】咸有專本，至於燕居之際，時而開卷泛覽，時而對客細論，偶有心得，往往筆於片楮，以備遺忘，或黏之壁間，或藏之篋內，未暇收拾者，在在皆是也。房幼學之年，即知寶貴，每於趨過之餘，時有竊錄，久而積為卷帙，裒然成書，不分部位，不按歲時，有輒錄之，期無漏略而已。痛自太歲在辰，先君見背，敬修行狀，以乞銘誄，而生平著作之多限於篇幅，未能備載，爰有遺書目錄之纂，久已刊呈海內名流，以此編為房所私輯，未有題名，謹仿小同《鄭志》之意，且以其中體例不一，題之曰《雪泥書屋雜志》，附於卷末。近年以來，亦頗有所增益，而淹滯仕途，家食日少，搜羅苦於未盡。茲揀行篋，以四卷付之梓人，容俟歸田之日，敬發先藏，並訪諸親，故續有編纂，以蒇此事，是所願也。時咸豐乙卯正月下浣日，男房沐手敬書於安吉縣署之玉遮山館。

【續修四庫全書總目提要（稿本）13—416】是書為雜考之屬，凡天算、地理、名物、訓詁、義理，皆所論列，並無次第。庭學甚博，惟好出主張，喜立新誼，其不合事情者固多，然其佳處實發前人所未發，未可一概論也。如謂世傳《孫子》十三篇即伍子胥所著，此說與《史記》不合。《左傳》「陽不克莫將積聚」、《論語》「無適也無莫也」，庭相併謂莫盛與廖同，《文選·鵩鳥賦》

「故每言而稱斯」，庭相謂斯當為期，似皆未合。然卷四讚揚鄭學一節，持論正大，又若《論語》山梁雌雉，庭相推證鄭注，立說甚精……推闡鄭誼，實前人所未言。

【疇人傳】牟庭，初名廷相，字默人，亦字陌人，棲霞人。為名諸生，貢太學。與同縣郝戶部（懿行）相友善，同研樸學。道光中沒。著書五十餘種，亂後佚大半。今可見者，《投壺算草》一卷，又有《而句和與而股較》及《帶縱和數立方算草》各一卷。（諸可寶《疇人傳三編》）

【以韓解老】韓非淫辭靡辯之才，能為文章，而不知道德，然其書有《解老》《喻老》二篇者，蓋為慕老子之高名而附託聲價，妄作解論，欲藉此以為重也。老子之學過於高，韓非之識過於卑。以韓解老，譬如赴火飛蛾而語冰也，豈能得其彷彿哉？太史公愛其文章，而不察其妄，遂以申、韓與老、莊同傳，又為之說曰：慘礉少恩，皆原於道德之意，此太史公為吃伯所欺，又妄言以欺後人。而千載聰明之士從而和之，皆曰刑名原於道德。太史公不我欺也，真足為捧腹大笑也。己卯四月下浣識。

【煙波釣叟賦】《煙波釣叟賦》傳之者謂出於趙普。考《宋史》稱：「普闔戶啟篋，讀書竟日，及次日臨政，處決如流。既薨，家人發篋視之，則《論語》二十篇耳。」又太原幽州之役，普始終以輕動為戒。嘗從車駕微李筠，太祖笑曰：「若勝介冑乎？」然則普固書生，不若唐之李衛公曉達兵機者也。而奇門何以託始於普？余甚惑焉。

戬厈考古錄四卷附校記一卷　　（清）鍾褱、鮑鼎合撰

鍾褱（1761～1805），字保其，號戬厈（一作戬崖），揚州府甘泉人。未弱冠，補甘泉縣學生。省試十三次皆失利，屢困棘闈。嘉慶九年（1804）舉為優貢生。雅好著述，未嘗汲汲於功名。與阮元、焦循相善，共為經學，昕夕討論，務求於是。淡然無欲，以讀書為樂。生平篤實，性情和易，敬業樂群，與江鄭堂、李濱石、黃承吉諸君子相交甚篤，繼汪中之後為乾嘉揚州學派之重要成員。保其既卒，其子負二囊以謁焦里堂，保其所著草稿也，乞焦為之理董焉。啟囊，得十三種：曰《春秋考異》，曰《說書》，曰《區別錄》，曰《論語考古》，曰《祭法解》，曰《周官識小》，曰《讀選雜述》，曰《興藝塾問答》，曰《漢儒考》，曰《興藝塾筆記》，曰《考古錄》，曰《覺庵日記》，

曰《筠心館集》。生平事蹟見《國朝漢學師承記》卷七、《國朝先正事略》卷三十六及焦循《皇清優貢生鍾君墓誌銘》。鮑鼎（1898～1973），字扶九，號默庵，鎮江府丹徒人。1941 年任大夏大學兼無錫國專教員，著有《金文略例》《〈鐵雲藏龜〉釋文》《〈鐵雲藏龜之餘〉釋文》等書。

　　鍾裹卒後，阮元為刻《考古錄》四卷，書前有阮元序。又有嘉慶十三年（1808）阮亨序，稱其中若《毛鄭昏月辯證》《春秋衛輒據國罪案》諸說，皆闡前賢之奧論，啟後學之真修云云。〔註367〕《考古錄》乃雜論經籍之作，係焦循編次而成。焦氏《甘泉優貢生鍾君墓誌銘》稱：「君卒之明年夏四月，君之子負二囊來，皆君著述草稿，乞循為理之……其餘零星斷爛，卷帙未完，窮三日力，刺其精華，為君寫之，統得四卷，名之曰《敼厞考古錄》。」全書不足二萬言，所記多考訂字義，辨析名物者，如「校正字畫」條稱：「校正字畫自以《說文》為主，而參之以《釋文》，從古而不必泥，博考以折其衷……當取其是而去其非……如此則有古人之得，無古人之失矣。」由「從古而不必泥，博考以折其衷」一語正可窺其治學旨趣與方法。又如「省字當讀生上聲」條稱：「可知省察之省，古正讀如臺省之省，即《周易》之省方，《論語》之三省，無不當讀為生上聲者，蓋顯有確據。」又如「敦字十音」條稱：「審音緐於辨形」，並列敦字有十音以證。又有考論著作得失者，如「《論語》注有得失」條稱：「讀書固資實證，亦貴虛會，要衷之於理而已。」又有考辨漢朝經師博士者，如「五經博士辯證」「石渠論五經殿中平公穀同異諸儒」「白虎觀諸儒考證」「師傳諸儒」諸條皆是也。

　　《校勘記》一卷，書末有辛未（1931）鮑鼎識語，稱：「此書刊行未久，即遭赭寇之亂，板毀於兵，故傳本極少，歲丙寅，上虞羅經之振玉世丈得抄本，文字多舛誤，屬為讎校，未能盡加是正也。今年春，聞南陵徐積餘乃昌年伯藏有刊本，因假以比勘，有抄本不誤而刊本誤者，有刊本不誤而抄本誤者，亦有兩本皆誤者，知抄本別有所本，非由刊本傳抄，因參稽各書，逐一詳校，成《校記》一卷。」〔註368〕

　　《敼厞考古錄》據湖北省圖書館藏清嘉慶十三年阮元刻本影印，《校勘記》據民國二十年鮑鼎稿本影印。

〔註367〕《續修四庫全書》第 1156 冊，上海古籍出版社，2002 年版，第 536 頁。
〔註368〕《續修四庫全書》第 1156 冊，上海古籍出版社，2002 年版，第 565～566 頁。

【附錄】

【阮元《敔厓考古錄序》】鍾君敔厓，甘泉人名。長於余三歲。余年十七時，與君同受經於李晴山先生之門。君居二郎廟蔬田之西，左倚碧城，右依綠圃，花晨月夕，每相過論文史。嘗雪後泛舟，衝寒敲冰，至小香雪後山。又嘗翦燭作詩於海棠花下，舊遊固如昨也。予入京師後，敔厓以讀書自娛，耿介謹厚，以敦行自勉，殊不汲汲於科名。歲甲子，年四十四，始受知於諸城劉學使，舉優行生員。明年秋，余以丁憂歸揚州，君適病，病遽卒。余在苫次，未得見君，傷哉！又明年，余從君子蔡嘉索君遺書，令其就正於執友焦君里堂。里堂為寫錄之，成四卷，更為墓銘，余遂刊之於板，以付蔡嘉。少暇當再錄其詩，續入《英靈集》也。(《揅經室集》二集卷七，又見《甘泉縣續志》卷十四《藝文考第十四》)

【清史稿·儒林傳】鍾褱、李鍾泗皆有名，均甘泉人。鍾褱，字保岐。優貢生。與阮元、焦循相善。共為經學，旦夕討論，務求其是。居恒禮法自守，不與世爭名，交遊中稱為君子。嘉慶十年，卒，年四十五。著有《敔厓考古錄》四卷。其《漢儒考》較陸德明所載增多十餘人。

【甘泉優貢生鍾君墓誌銘】君卒之明年，夏四月，君之子負二囊來，皆君著述草稿，乞循為理之。明日啟囊，得十三種：曰《春秋考異》，論「三傳」也；曰《說書》，解《尚書》也；曰《區別錄》，考訂《毛詩》之草木蟲魚也；曰《論語考古》，發《魯論》之疑滯也；曰《祭法解》，核古祀典也；曰《周官識小》，經緯諸職而類釋之也；曰《讀選雜述》，補《文選》注之不及也；曰《興藝塾問答》，與子弟門人輩講說之所錄也；曰《漢儒考》，表兩漢經師也；曰《興藝塾筆記》，曰《考古錄》，雜論經籍之所叢也；曰《覺庵日記》，甲寅、乙卯間記日所行之事也；曰《筠心館集》，詩古文詞也。《日記》首尾完善，錄雖瑣屑，間及哀傷，而夷曠之風露於楮表⋯⋯其餘零星斷爛，卷帙未完，窮三日力，刺其精華，為君寫之，統得四卷，名之曰《敔厓考古錄》。敔厓者，君別字也。(下略)(焦循《焦循詩文集》第390～391頁)

【《論語》注有得失】讀書固資實證，亦貴虛會，要衷之於理而已。如《論語》至於犬馬皆能有養，《集注》竟以犬馬例父母，殊非經義。余竊謂孔子之言斷不出此，及觀集解本，則後一說乃考亭所本，而前一說之包注則曰：「犬以守禦，馬以代勞，皆養人者。」邢昺引而申之曰：「犬馬雖能養人，但獸畜無知，不能生敬於人。若人能供養父母而不敬，則何以別於犬馬乎？」因不

禁撫掌曰：是先得我心者。子路曰：「有是哉子之迂也！奚其正？」包注：迂猶遠也，言孔子之遠於世情，竟似俗說爾，不知人事者，子路縱剛猛，不致率爾若此。及見《釋文》鄭本迂作於往也，方悟子之斥為野者為奚其正一言，故下文接云「君子於其所不知蓋闕如也」，謂其不知正名之為急務，而漫以奚其正，阻之也。孔注謂野猶不達得之，豈必因子路之目為迂而後以野答之哉？他日作《論語疏》，必為定正其說，亦一維持世道之大端也。觀於此者，孝悌之子可以油然生矣。

【為汪孟慈農部題其尊人容甫先生並祀西湖金山事】孟慈來書云：「先人祀詁經精舍及金山精法樓，足下不可無詩，此事非大作無以章之。曷勝仰企。足下長於說經，乞作三閣校書記，以彰先人佚事。」云云。孟慈見屬此役已久，今始為之。詁經精舍者，杭州祀許祭酒、鄭司農以下諸公處也。詩中麐角句者，余始識先生於鮑氏棠樾別業，就與談論，有「學如牛毛，成如麐角」之語。西湖句者，先生之杭校書，讎勘勞勬，由此致病而歿。書樓者三閣，皆稱御書樓。江、焦、鍾、李謂鄭堂、里堂、蔎厓、濱石，蓋昔年四方來邗者，於同人有江、焦、黃、李之目，江、焦或稱鍾、焦，而黃則謂余也。諸人年齒少於先生，故曰先後，即以此當記可矣。○吾鄉學者力學始，先有先生後諸子。邃經邃史邃文章，三者由來稱並美。廣陵一對辭瑰奇，負石含金作神理。留傳述學數卷書，上下旁通極原委。憶子弱冠初識君，麐角相期不相鄙。後來再見無幾回，一病遂尼西湖沚。君生木為校書去，死作經神固應爾。詁經精舍今祀君，咫尺書樓笑堪倚。爭輝況有精法樓，趺坐江天更無比。三閣原來重一人，當時名譽高如此。後此鄉儒接踵興，崛起紛綸許多士。當君好在未沒時，已播江焦及鍾李。學躋堂奧非坐隅，許鄭曹劉一時擬。縶余竊附何敢當，比似諸君續貂耳。我朝學業大昌明，不數空談求實是。詔開四庫羅群書，漸被津原到臣里。大哉文匯連文宗，照耀文瀾角相犄。先生在在皆翻研，萬八千函供一指。即今蘋潔足俎豆，尚覺芸香盈席几。好事能無望古深，儒生不是酬庸侈。感君哲嗣促余詩，奮筆吟成為君紀。觀摩更憶昔時人，星流雲散俱已矣。（黃承吉撰）

【鍾裏之謙抑】甘泉鍾明經裏文選樓所刻《蔎厓考古錄》，其所著也，撰述通慧，制行動中禮法。嘉慶甲子，督學劉文清公舉為優貢生，君入謁，抑抑若不自勝，自謂譽谷殊多，不稱此目，家庭朋友閒言屢及之。嗚呼！朝廷設科取士，使與其選者，盡如君之顧名思義也，科目洵足重矣。（陳康祺《郎潛紀聞二筆》卷十六）

二初齋讀書記十卷首一卷　（清）倪思寬撰

　　倪思寬（1729～1786），原名世球，字存未，號二初，華亭（今屬上海）人。與陸明睿齊名。所居並在北郭，人稱「倪陸二先生」。乾隆己亥（1779）科恩貢生（或作歲貢）。除教諭不售，後主講山西陽城書院，敦行潛修，見知於學政雷翠峰，嘗與戴震交往。著有《經籍錄要》《二初齋算法》《文選音義訂正》《二初齋詩文集》等書。生平事蹟見倪元坦所撰《行略》《松江府志》卷六十。

　　卷首有沈業富序，稱所作《讀書記》十卷，隨時登錄，或亦間採前人，王氏《困學紀聞》《黃氏日鈔》之亞匹云。盛灝元跋稱其書兼有聞道、致用之學，他若博綜群經義疏、諸子百家，貫串天文、輿地、律呂等學，抑其餘事云云。卷一前有思寬自序，稱燖溫故學，心有所得，輒自錄記，以待他時再思，名曰《讀書記》云。今按，壬寅（1782），思寬已過艾年，館於山西澤州東冶署齋，課暇取前所錄記，精心刪訂，成此筆記，可謂晚年定論矣。

　　是編乃其讀書有得，隨時劄記之書，近五萬言，分十卷。大旨宗朱斥陸，尤不喜西河毛氏。書中所記多論經義，如曰：「大《易》精深，兩經十翼，其源為卜筮之書，而聖人因以顯義，吉凶消長之理，進退存亡之道，發明最為詳盡，故曰可無大過。末流之弊，雜亂於術數家言，世應、飛伏、遊魂、歸魂、納甲之說，講解愈精，而道理反晦。」又曰：「讀《豳風》，知古人思患豫防之道，至矣盡矣。」又曰：「《儀禮》一書，生養葬祭，一切完備，實是全書，前人以為不全者非也。」又曰：「《儀禮》中字法極精，作古文可用。」又有論經學著作者，如謂：「胡朏明《禹貢錐指》用意深遠，經濟之書也。惜其說太古，有不可行於今者耳。」又謂：「《尚書》蔡傳，世儒每以考訂有訛，動多指謫，不知道理之正大，議論之痛快，讀之使人感發興起，即以媲美《伊川易傳》無不可者。若夫名物度數之微，原可俟後人徐為參核，於蔡氏原書無加損也。」又曰：「《伊川易傳》雖不講象數，而有合於聖人加年學《易》之本意，要為千古《易》理之宗，與朱子《四書章句集注》同為義理之總匯。至《周易本義》，不過補程《傳》之闕耳。」又曰：「蕭山毛西河先生，好掊擊宋大儒，而於胡康侯為尤甚。然其解《春秋》春王正月以春王為春興，以春興配《月令》之其帝，殊覺穿鑿。」又曰：「西河學最淵博，然與朱子有意抵牾，故亦不能無疏謬。」又曰：「周子曰：『無極而太極。』『太極』二字本於《易》，人皆知之。至『無極』二字，毛西河以為出於隋、唐

《道藏》，《靈寶經》有『無極太上』之語。此非也。《詩·周頌·維天之命》毛傳引孟仲子曰：『大哉天命之無極。』《詩譜》云：『孟仲子蓋與孟某共事，子思後學於某著書論詩。』毛氏取以為說，然則『無極』二字出於孟仲子，是孟子之時已有此二字矣。」又曰：「西河考訂之學誠有出於亭林之上者矣。」又曰：「西河毛氏斥朱子之非，而必以夫之女兄弟為諸姑戚里中之長己者為伯姊，未免說詩之固矣。」又曰：「此西河之說之未免於率也。」於西河之學有所臧否。

周中孚稱其所自為說，殊少至理名言，真末流語錄習氣，適足以穢其書云云。〔註369〕然李慈銘稱其書多考據經義，間及古人詩賦，雖未為博奧，而實事求是，亦漢學之有根柢者。〔註370〕平心而論，倪思寬治學兼採漢宋，尤取宋學立場，故其宗旨在述朱，主張讀經注須以意會，集語錄、考據新舊習氣於一身，且有所會通。周中孚以漢學立場予以苛評，過矣！

此本據上海辭書出版社圖書館藏清嘉慶八年涵和堂刻本影印。

【附錄】

【倪思寬《二初齋讀書記自序》】余燖溫故學，心有所得，輒自錄記，以待他時再思。歲壬寅，館於山西澤州東冶署齋，深山清寂，課餘無事，爰取前所錄記，重加刪訂，名曰《讀書記》，俟質諸君子，庶幾有以教我焉。華亭倪思寬。

【沈業富《二初齋讀書記序》】華亭倪二初先生，以穎悟之才，深用好學，自經傳史籍，以逮諸子百家，靡不殫精研幾，所作《讀書記》十卷，蓋於披吟時心有默契，隨時登錄，或亦間採前人，並不屑偽堅白同異之辨，而旁搜遠紹，提要鉤玄，能使古先哲未發之稍蘊躍然紙上，所謂明辨晳也，純粹精也。夫自我朝考據之學盛，士知服膺於古，然或恃其所見，自謂遠過儒先，而牴牾叫囂之習不免焉。是其性情先先失之而學於何有？余交先生兩年，循循然言若不能出口，而湛深之思，和平之養，接其人即無異讀其書，是書出而讀者又可以想見其為人，則於學庶幾矣。或問見書何如古人？曰王氏《困學紀聞》《黃氏日鈔》之亞匹也。既堂沈業富。

【王寶《二初齋讀書記序》】余平生畏友倪二初，強學力行，篤實君子也。

〔註369〕周中孚：《鄭堂讀書記》卷五十七。
〔註370〕李慈銘：《越縵堂讀書記》，上海書店出版社，2000年版，第794頁。

從先君子游，請業質疑，恂恂如一日，跡其根本之地，朋友之間皆有遠過人者，以此益信其篤實而能強學力行者也。二初木訥寡言笑，非臭味相投，莫識其志趣。始在同學中，但見讀書必有課程耳。其後二初學益進，用力益勤，經史注疏、諸子百家殆無不究心探討，約舉一二。如讀《周禮》，於方田句股有所未明，則遂通九章之學，考論《禹貢》《水經》，則古今方輿因以昭晰，並切要有用，其他象緯、鐘律之屬，浩博淵微，皆經研精覃，用非止涉獵而已。所著《讀書記》一書，亦足見其大概也。第二初不惟博洽是務，其留意尤在《小學》《近思錄》暨元、明以來諸大儒之書，反覆尋味，絕不自言得力處，獨時時折衷於先君子前。先君子深契之，夫非其所以為愐愐者哉！二初歷試，聲名雀起，常若無甚喜慍於得失間者，故於同學中闇然，屢次見賞於宗工哲匠，二初亦闇然。秋闈屢薦，幾售而不售，旁人為之扼腕太息，二初亦復闇然。嗚呼！二初雖不遇，以明經老，其不可及也已。吾鄉唐堂先生既遇而不終其官，讀書至老不衰。南浦先生讀書焦邨，並不以必遇為重，一登賢書，終老不出。先君子出兩先生門，每樂道其文章行誼，吾黨大抵與聞之。逮晚年，益喜觀朱子書。二初之學，未始不本先君子，要亦其居恒篤實之悛固然也。余自庚辰後，或去留京師，既而往還閩中，若吾鄉徐耕莘先生及江陰是仲明先生於二初尤推服規勉，此余疇昔所未知，何莫非諸君子相與以真而能如是與？余既歸里，二初又往陝右，至河東，歸未幾，二初先余去世矣。惜其不得留為老伴也。《讀書記序》，即其在河東時運使沈既堂先生重其人，見其書而為之者。茲令嗣晉卿將營葬事，並遵遺命，置祭田為久遠計，仍持《讀書記》諄諄屬余為序。余曰：「是書既有序矣，余何必贅邪？」惟余與二初及事先君子於草香居中，始未二十餘年，雖及門漸散，至今用二三直諒離合，周旋光景，歷歷如昨，二初後先君子歿又十餘年，余不免間以奔走荒落因循，二初一如其壯盛之日，愧不能窺見深至，而猶能道其學問之大端，又感令嗣孝思足為鄉黨中取法，是不獨慰二初於地下也。其又惡可以無言乎？若其事行之詳，已具家傳、行略，不再著。秋農王寶序。

　　【盛灝元《二初齋讀書記跋》】余年十六，負友王孝簡先生門，與二初為同學。二初長余五歲，補博士弟子矣。時受業先生門者數十人，暇輒相聚，笑語為樂。二初兀坐一榻，誦讀不少輟。甚或群吁，亂其呫嗶，二初兀不為動，讀書日有課程，暑夕苦蚊，則置雙跌鉅甕中，務畢其程而後已。《儀禮》暨《周官》序官苦難記，同人故指尤難者強二初倍誦，不遺一字，率為常，其致功堅

苦，且精熟概如此。至其獨契程朱之學，則同堂不一問，二初亦不言，蓋以默識為宗，故始終內而不出，但見其處師友間，不徇時趨，不立厓岸，終日怡怡，相飲以和而已。厥後，余與二初各以食貧，授徒四方，或間歲一見，見則道勞苦，外其飲我以和，猶前日也。余後又作汗漫遊，南溯閩漳，北走京索，二初亦至關隴，折而東北，由澤潞逾太行以歸，蓋不相聞者二十年。迨余歸，而二初已作古人矣，為之泫然。往者人皆稱二初粹然儒者也，余固知其粹然儒者也。要其平生得力不自言，終無以測其所至。今余杜門數年，人又稱令嗣晉卿亦孤者，則二初為有後矣。晉卿規言矩步，如余往時見二初，故樂與相過從，得請《二初齋讀書記》讀之。讀罷，掩卷自歎，甚愧譾陋，不足知，第舉一二，如論聖門問政問仁，言豈一端，而無問學。自後世開講學之風，新義日出，古訓不明，轉令先儒不能辭濫觴之咎云云，則其根柢可概見。論無極，先天及孟子行之不著章，苟非深造見道，豈能為此創論？又解《論語》禘祭應如古說者，依趙氏，則敦本有餘，達用不足，遠識宏議，類非室言。嗚呼，吾儒之學，聞道為先，致用為實二初已兼有之。他若博綜群經義疏、諸子百家，貫穿天文、輿地、律呂等學，抑其餘事耳。今而後，余深知二初矣。惜竟齎志以明經老也。振而起之，其在晉鄉乎？脫余不即旦暮老且死，尚冀見其克承家學，而實致其效於世也。爰識其後而歸之。百堂盛灝元。

【續修四庫全書總目提要（稿本）13—601】是書雜述四部，考訂居多，思寬長於「三禮」，其學雖宗程、朱，而不廢漢儒……漢、宋兼採。引顧亭林、沈冠雲、任翼聖諸家之說，節其得失。與戴東原相往來，引其說禮，不為苟同。雖厭惡毛西河，然於其說之非者抑之，是者揚之。蓋其根柢不薄，用心平允，至於徘徊漢、宋之間，因當時學問風尚未能全純，思寬亦不能出其境也。

【松江府志】倪思寬，原名世球，字存未，華亭人。恩貢生。師事王永祺，為高第弟子，於《十三經注疏》、子史百家、天文經緯度數、古今郡縣沿革、山川形勢靡不條貫，兼精律呂、音韻、九章算術。休寧戴震、同郡沈大成、王嘉曾咸推重之。詩文醇茂典雅，不徇時趨。己亥試南闈，已中式，以房考力爭定元，啟主司疑，撤去。既貢成均，當事欲以四庫館纂校薦，力辭不就。孝友端謹於交遊，不尚聲氣。同郡徐希曾潛心性理，人無知者，思寬表章之。希曾無子，臨沒，出所輯《朱子群書要語》屬校訂，並以藏書數百種贈思寬，悉卻之，而忠其所託。晚年課徒太行之麓，遵白鹿洞遺規，造就甚多。平生於濂、洛、關、閩諸書領悟精微，尤服膺《小學》《近思錄》。嘗謂及門曰：

「工夫切要在動靜語默，反觀內省，不在多言，視力行何如耳。」學者稱為二初先生。著有《讀書記》十卷、《經籍錄要》十二卷、《文選音義訂正》八卷、《二初齋集》十卷、《算法》五卷。(《松江府志》卷六十)

【三江震澤】「三江既入，震澤厎定。」孔疏云：「孔意江從彭蠡而分為三，又其入震澤，從震澤復分為三，乃入海。」此論三江震澤，幾如說夢。毛晃《禹貢指南》曰：「安國未嘗南遊，案經文以意度之，不知三江距震澤遠甚，決無入理。」此辯最為暢快。

【取蘇之大醇】三江之解，蘇氏為無以易矣。蔡《傳》斥之，改用庾仲初之說，是所見者小也。惟一江三泠合流異味，原係巧說，於經學無當。蔡氏執此譏蘇，未嘗不是，但欲據以全斥蘇說，則大非必也。去蘇之小疵，取蘇之大醇，則此經之旨為得之矣。

【為學之準繩】《說命》三篇歸於「時敏」，《論語》全部始於「時習」，然則為學之準繩可知矣。

【引用須簡練】凡作文有必須引用之故實，而鋪寫則遂不工者，須出之以簡練。

【意致不凡】古人作文，雖描畫山水，必有引經據典之意，乃為真風雅。孫興公《遊天台山賦》開首敘天台山處，意致不凡，非後人之所及。

【文詞簡質】向讀謝莊《月賦》，愛其後半神情美妙。今讀之，並愛其前半文詞簡質。蓋古人作文以事理為主，不貴單寫景物，是以根柢確實之言斷不可少也。或於沉潛既義云云，評云是學究語者，此非知文之人矣。

【會而通之】知至而後意誠、心正、身修，故曰：「惟學遜志，務時敏，厥修乃來。念終始典於學，厥德修罔覺。」此如子夏曰「博學而篤志，切問而近思，仁在其中矣」之意。《商書》云「罔覺」，《魯論》云「在其中」，會而通之，其實一意也。

【變化氣質】《洪範》：「沉潛剛克。」《文五年·左傳》作「沈漸剛克」。漸，似廉反。杜解：「沈漸，猶滯溺也。」此解最精。人或認沉潛為美質，亦得認滯溺為美質乎？天下性情滯溺之人最須濟以亢爽，此變化氣質之要道。

瞥記七卷　（清）梁玉繩撰

梁玉繩（1744～1819），字曜北，號諫庵，錢塘（今浙江杭州）人。增貢

生。梁詩正之孫，濡染家學，日事溫醽不志富貴，自號清白士，與其弟履繩以學問相勉，相互切磋，時有「二難」之目。嘗語弟履繩曰：「後漢襄陽樊氏，顯重當時。子孫雖無名德盛位，世世作書生門戶，願與弟共勉之！」九次鄉試不第，年未四十，即棄舉業，下帷鍵戶，默而湛思，精乙部書，於班、馬之書尤所專精，著《史記志疑》三十六卷，據經傳以糾乖違，參班、荀以究同異，錢大昕稱其書為龍門功臣。又與杭世駿、陳兆崙、錢大昕、孫志祖、盧文弨等遊。生平事蹟見《清史稿·儒林傳》《清史列傳·儒林傳》。李淑燕撰博士論文《梁玉繩研究》，可資參考。

此書為讀書志劄記，《書目答問》著錄於儒家類考訂之屬。全書六萬言，分七卷，卷一、卷二論經，附《檀弓剩義》《說文稱經附證》，卷三、卷四論史，卷五論子，附《列女傳補刊》，卷六論詩文，卷七記雜事，附《日本碎語》。取王德柔語「遇有瞥觀，皆即疏記」之義，名曰《瞥記》。多釋經之文，有裨古義。書中亦多辨偽之言。如謂：「今所傳《易林》乃《周易卦林》，獻王在永平時已用為占，則亦非東漢人所為，或後來有所屬入耳。」又謂：「孔安國《書序》《書傳》皆後人偽作，其真者不可見，蓋久逸矣。或謂安國得古文只讀而寫之，未嘗為傳，似未確。」又謂：「《湯征》一篇，今存《史記·殷本紀》中，未嘗亡也。」又謂「《左》《國》記事多異，文體亦殊。傅玄謂《國語》非丘明作，甚是。見《哀十三疏》。《困學紀聞》六引劉炫說同，即如《漢·藝文志》有《公羊外傳》五十篇，《穀梁外傳》二十篇，並佚不傳，豈出二子之手乎？」又謂：「《書·金縢》一篇，今古文皆有，太史公載之《魯世家》，然先哲多疑其偽，余據《淮南子》金縢豹韜語，疑古別有《金縢》之書。」又謂：「《管子》之文厚重奧峭，在諸子中別自一格，然多後人屬入，不獨《弟子職》一篇附列也。」又謂：「楊朱之書，不著漢錄，案《列子》有《楊朱篇》，此必朱所作，誤合於《列子》爾。劉向言此篇惟貴放逸，與《力命篇》乖背，不似一家書，斯政誤合之驗，而其書恐不止此。」又謂：「《子華子》不見前錄，《通考》引朱子及晁氏、周氏、陳氏，極論其偽，考《呂氏春秋》貴生先已誣徒明理知度，俱有引《子華子》語，今分見偽書各篇，知先秦有其人著書傳世，特久亡佚爾。」又謂：「《亢倉子》即莊周所謂庚桑楚，其書九篇，偽也。」又謂：「《家語》十卷，王肅偽撰，孫頤谷侍御作疏證，以發其偽，惟所引顏子之言，未盡獲出處。案《韓子·顯學》云『自孔子之死也，有顏氏之儒』，則顏子固有書矣。宋石經後有書目，一碑中列顏子，豈其書不載諸史藝文，別傳於世，

至南宋猶存乎？胡應麟《甲乙剩言》，明初朝鮮國曾以顏子獻朝，議以偽書卻之。」又謂：「《孔叢子》晚出，蓋依託也，其言頗雜，多不可信，並有猥褻之語，斷非出於孔氏，如子魚諫陳王，以近事為喻，云梁人陽由者，其力扛鼎，然無治室之訓，妻不畏憚，方怒，妻左手建杖，右制其頭，妻授以背，而捉其陰，由乃伏地氣絕，鄰人趨而救之，妻不肯捨，或發其裳，乃解。何取喻鄙俗至此，與《國策》秦宣太后謂韓使者尚靳之言何異？」又謂：「今所傳《西京雜記》二卷，或以為晉葛洪著，或以為吳均偽撰，據洪序以為本之劉歆，洪特抄而傳之。」又謂：「陶元亮著《四八目》，宋以前無異稱，司馬貞《史記·留侯世家索隱》、鮑彪《戰國·韓策注》俱引之，不知何時改名《聖賢群輔錄》，吳禮部注《國策》，便已改稱，當是宋人妄易其名也。」又謂：「《杜詩千家注》有東坡，汪應辰《文定集·書少陵詩集正異》云：閩中所刻《東坡杜詩事實》者，不知何人假託，皆鑿空撰造，無一語有來處。朱子云：閩中鄭昂偽為之，蓋此猶王梅溪《蘇詩注》，亦偽託也。」

陳壽祺稱其鉤深索隱之功甚至。〔註371〕周中孚稱其所考證頗有心，足徵其學有本原。〔註372〕張舜徽稱考證經史，自多精義，不失為說部中之錚錚者。〔註373〕然方濬師《蕉軒隨錄》卷十指斥其書間有改經之疑。

此本據清嘉慶刻清白士集本影印。

【附錄】

【續修四庫全書總目提要（稿本）12—155】（清白士集本），《瞥記》七卷，清錢塘梁玉繩撰。玉繩字曜北，號諫庵。長於史學，於《史》《漢》兩書，尤所專精緻力，著有《史記志疑》《人表考》《呂子校補》《元號略》《誌銘廣例》《蛻稿》，已並著錄。是書為讀書志箚記。卷一經九十四條，卷二經一百條，《檀弓剩義》十八條，《說文稱經附證》十五條，卷三史百八十八條，卷四史一百七條，卷五子八十五條，《列女傳補刊》二百十九條，卷六詩文八十四條，卷七雜事九十六條，《日本碎語》十六條。取王德柔語「遇有瞥觀，皆即疏記」之義，名曰《瞥記》。是書廣涉經史，收採甚富，而考證亦甚精確。考《荀子·非十二子》云，仲尼子游，為茲厚於後世，據下文言仲尼子弓，又言子游之賤儒，疑子游是子弓之訛。又考《韓詩外傳》柳下惠殺身以成其信，殺

〔註371〕陳壽祺：《左海文集》卷四上《與仁和梁曜北書》。
〔註372〕周中孚：《鄭堂讀書記》卷五十五。
〔註373〕張舜徽：《清人文集別錄》，華中師範大學出版社，2004年版，第210頁。

字當作忘字解。考辨平允詳明，洵為讀書得間之作也。

【清史稿・儒林傳】梁玉繩，字曜北，錢塘人。增貢生。家世貴顯，玉繩不志富貴，自號清白士。嘗語弟履繩曰：「後漢襄陽樊氏，顯重當時。子孫雖無名德盛位，世世作書生門戶，願與弟共勉之！」故玉繩年未四十，棄舉子業，專心撰著。其《瞥記》七卷，多釋經之文，有裨古義。玉繩尤精乙部書，著《史記志疑》三十六卷，據經、傳以糾乖違，參班、荀以究同異，錢大昕稱其書為龍門功臣。著《人表考》九卷，謂班氏借用禹貢田賦九等之目，造端自馬遷。《史記・李將軍傳》云：「李蔡為人在下中。」其說頗是。履繩，字處素。乾隆五十三年舉人。與兄玉繩相瑩錯，有元方、季方之目。其於眾經中尤精《左氏傳》，謂《隋志》載賈逵解詁、服虔解義各數十卷，今俱亡佚。杜氏參用賈、服，仲達作疏，間有稱引，未睹其全。亦如馬融諸儒之說，僅存單文隻義。唐以後注《左氏》者，惟張洽、趙汸最為明晰，大抵詳書法而略紀載。履繩綜覽諸家，旁採眾籍，以廣杜之所未備，作《左通補釋》三十二卷。又有未成者五門：曰廣傳、考異、駁證、古音、臆說。錢大昕見其書，歎為絕詣。通《說文》，下筆鮮俗字。年四十六，卒。

【清儒學案・錢塘二梁學案】梁玉繩，字曜北，號諫庵，錢塘人。東閣大學士詩正孫，工部侍郎敦書子……先生家世貴盛，為名諸生。年未四十，棄舉子業，專心撰著。尤精於史部，撰《史記志疑》三十六卷，據經傳以糾乖違，參班、荀以究同異，從事幾二十年。錢大昕稱其書為龍門功臣，可與《集解》《索隱》《正義》並傳。《人表考》九卷，旁搜曲證，尤為精博。又著有《呂子校補》二卷、《元號略》四卷、《補遺》一卷、《誌銘廣例》二卷。其他考訂之說，為《瞥記》七卷。刪存平生所為詩文，為《蛻稿》四卷。合《人表考》以下五種，為《清白士集》，取《淮南子》語以自號也。嘗遺書弟履繩曰：「吾與弟迂野性成，淡面鈍口，不合時趨，只宜斂迹衡闈，繼承素業。他日得有數十卷書傳於後，不至姓名湮沒，足矣！」嘉慶二十四年卒，年七十六。（參史傳）

【梁履繩玉繩兄弟】玉繩字曜北，號諫庵，著《史記志疑》三十六卷、《元號略》四卷、《古今人表考》九卷、《誌銘廣例》二卷、《呂子校補》二卷、《瞥記》七卷、《蛻稿》四卷，總題為《清白士集》。蓋諫庵分居塔兒巷，山舟先生書「清白堂」額畁之，因以自號。每一書成，輒就錢竹汀、盧召弓、孫頤谷諸先生商榷，故舛駁絕少。諫庵寄弟處素書云：「後漢襄陽樊氏，顯重當時，

其子孫雖無名德盛位，世世作書生門戶，吾仰之慕之，願與弟其勉之。」其風尚可想矣。（吳慶坻《蕉廊脞錄》卷三）

【紀號之變】年號自漢武帝始，前此惟紀年而已。嗣後皆仍之，惟北魏（應為西魏）廢帝、恭帝，周閔帝，金末帝，元明宗、寧宗無年號，而唐肅宗上元二年辛丑九月，去上元號，稱元年，以建子月為歲首，以斗所建辰為名，至明年四月復舊，此紀號之一變，旋即殂落，非佳兆矣。

【改國號】著述家搜羅宏富，而於眼前經籍，往往漫不省記。梁曜北《瞥記》云：「遼自太宗始建國號，聖宗統和元年忽去之，稱大契丹，至道宗咸雍二年復稱遼號。歷代以來，未見有改國號者。」余嘗舉以問友，猝不能答。余曰：「子未讀『盤庚遷於殷』手？」友乃撫掌。（方濬師《蕉軒隨錄》卷十）

庭立記聞四卷 　（清）梁學昌等輯

梁學昌，字蛾子，晚號道子，錢塘（今杭州）人。梁玉繩之子。諸生。學畫於奚鐵生。著有《蕉屏覆瓿集》。生平事蹟見《兩浙輶軒續錄》卷十一、《清續文獻通考》卷二六九、《畫家知希錄》卷四。

《書目答問》著錄此書於儒家類考訂之屬。卷一為補《史記志疑》及《清白士集》六種，題梁學昌輯，卷二至卷四為玉繩與諸子問答語，分別題梁耆、梁眾、梁田輯。書中所記，有關辨偽者，如稱：「許彥周《詩話》載《子厚石刻》云：龍城，柳神所守，驅厲鬼，山左首，福土氓，制九醜。與許周生所藏石刻文小異，蓋仍《龍城錄》之偽也。」又稱：「孟子古注，惟趙氏得存。海寧楊文蓀云：《後漢書·儒林傳》程曾作《孟子章句》，高誘《呂氏春秋序》曰誘正《孟子章句》，又《隋志》有鄭康成注《孟子》七卷，今皆無傳，諸書均未引及，《宋史·藝文志》有揚雄注，似偽託。」又論《尚書》云：「百篇之《序》，真不敢臆決。但子長去孔子時未遠，其言必有師承，蓋從孔安國問故而得之爾。至《大戊》一篇，不見於序，當是脫逸，朱竹垞《經義考》謂即《咸艾》四篇之一，蓋因《殷紀》連及而為之說。《九共》九篇，不聞異名，何獨《咸艾》之篇別名《大戊》乎？其為《書序》所遺可見。《左傳》定四年有《伯禽》《唐誥》二篇，《書大傳》有《掩誥》，《漢志》引《月采》引《豐刑》，亦《書序》所無，秦火之後，各經尚多失亡，《書序》之闕，無足怪矣。墨子所引有《總德》，有《武觀》，有《禽艾》，有《豎年》，有《去發》，皆《汲

冢書》篇目，與《尚書》不合。」又論《竹書紀年》曰：「裴駰《史記‧魏世家集解》引和嶠云：《紀年》始自黃帝，終於魏之今王。則非後人羼入矣。」又論《子夏易傳》曰：「崔秋谷嘗謂余曰：《子夏易傳》或云韓嬰作，或云丁寬作。司馬貞稱劉向《七略》有之，則其來古矣，見《唐會要》。李鼎祚《集解》亦引《子夏傳》，則唐時猶存，通志堂所刻完然無闕，顧李氏引者反無之，疑非唐之舊也。《困學紀聞》謂《子夏傳》張弧作，考尤延之《遂初堂書目》，有《卜子夏易傳》，有張弼解《卜子夏易傳》，弼蓋弧之訛，然畢竟是兩書，今本乃弧之解傳，而誤以為《子夏》爾，弧著《素履子》十四篇，援經據義，實儒家流派，未必有意作偽如此。案，《漢書‧儒林傳》，《易》者有沛人鄧彭祖，字子夏，唐以前所傳者，或彭祖之書，今所傳者，即張弧之《解傳》歟？」又論讀經史之法曰：「經須逐字鑽研，更參異同，於別條而融貫之。史須逐事檢對，先分門類，於胸中而粹聚之。諸葛公略觀大意，靖節翁不求甚解，似非讀書常法。」

　　書前有嘉慶十七年（1812）諸以敦序，稱此書皆記乃翁考古答問之語，及撰造所未刻者，因題曰《庭立記聞》云。書後有十六年（1811）陸準跋，稱戊辰冬仲，復至武林，得讀萊子昆季所輯《庭立記聞》，出經入史，援據精確云云。徐時棟《煙嶼樓讀書志》卷十六稱：「余謂大約玉繩自著，而分屬於其子者。」張舜徽亦稱：「此為玉繩自記以補《瞥記》者，乃嫁名為其四子所分輯。子錄父言而名《庭立記聞》，則立於庭者誰乎？所聞之事，又得之自誰？其後徐時棟《煙嶼樓讀書志》已斥其名之不通。」

　　此本據清嘉慶刻《清白士集六種》本影印。

【附錄】

　　【梁學昌《庭立記聞自序》】翁著《史記志疑》及《清白士集六種》梓行之後，續有更加，不能刊改，隨筆識於刻本上方。恐歷久失遺，謹摘次之，其已見《瞥記》中者不載。

　　【元史類編】仁和邵學士遠平《元史類編》，朱竹垞序之，謂續其高祖《弘簡錄》所未及，足以傳之不朽。然則勝舊史矣，曰劉薰補闕，洵稱一家之學，然儀制多未備也。

　　【市米作偽】今市米者，以水和米，令漲售之，以欺老稚之貧民，最為可恨，亟宜嚴禁。曰：市人逐利，詭詐百出，凡物皆然，豈獨米一端？近日且

敢有作偽天庾者，嘉慶己巳查辦通倉朽米，倉書高添鳳據供糧米，用藥發派，多在天津一帶，其藥名為五虎下西川，熱水灑入米內，米粒即能飽漲。訪拿賣藥之楊秉濂、王文德等，解刑部審究，藥方一併開送，不知係何藥物。

【毀淫祠】《史記‧封禪書》：南山、秦中，祠二世皇帝，其後匡衡奏罷之。《三國志‧王朗傳》注：會稽舊禮秦始皇，與夏禹同廟，朗為太守，除之。殆古者祀厲之意歟？曰鬼有所歸，乃不為厲，此泰厲、公厲、族厲之祀，先王皆舉而不廢也。然因有此典，後世建立淫祠，遂假以為說，豈可訓乎？予記憶所及，武都故道縣怒特祠，梓化為牛……南譙郡渦陽縣曹操祠，《魏書‧地形志》，陳監丞旅有毀夷陵操廟詩，劉中山詩有「曹操祠猶在，濡須塢未平」之句，《一統志》謂無為州、和州俱有之。元王晃《竹齋集》有頌申屠駉毀夷陵曹操祠詩……鄞縣王安石祠，雍正間李敏達公衛嚴檄撤毀。溫州秦檜祠，朱文公毀之；王振祠，天順元年立，見鍾惺《明紀編年》；魏忠賢祠，則天啟時處處有之。其京師西山碧雲寺後祠墓，康熙三十九年御史張瑗具疏始仆碑剗平之，見《冬夜箋記》，皆妄祀也。至若《皇覽》言盜跖冢在河東；《酉陽雜俎》言高堂縣南鮮卑城有跖冢極高大，賊盜嘗私祈焉；《七修類稿》言揚子濟寧之地有宋江廟，豈所謂盜亦有道，其徒誦義無窮者歟？〔註374〕

簡莊疏記十七卷　（清）陳鱣撰

陳鱣（1753～1817），字仲魚，號簡莊，海寧人。明遺民陳確六世孫。璘子。嘉慶三年（1798）舉人。博通經史，與錢大昭、胡虔並稱三君。精於文字校勘之學，雅好藏書，遇宋元佳槧及罕見之本，不惜重值收之，與吳騫、黃丕烈等互相傳抄。簡莊營別業於硤川之果園，在紫薇山麓，購藏宋雕元槧及近世罕見本甚夥。其向山閣足與黃丕烈「百宋一廛」及吳騫「千元十駕」媲美。向山閣藏書印曰：「得此書，費辛苦；後之人，其鑒我。」其《快賦序》曰：「僕於讀書之暇，間及吟詠，羌無故實。大抵言愁客曰：『子之所為，終是寒乞相，曷不言吉祥善慶乎？』遂援筆作斯賦，非以反文通之恨，聊為

〔註374〕梁章鉅《浪迹續談》卷二「淫祠」條云：「宋高文虎云：『溫州土地，杜十姨無夫，五髭鬚相公無婦，州人迎配，合為一廟，乃杜拾遺、伍子胥。』按：今郡城並無杜拾遺、伍子胥祠，杜與伍足跡並未到溫，宜不得有祠，不知此笑柄從何而起。今城內外並無他淫祠，惟載在祀典而剗陊待整者尚多，是所望於賢有司之修舉廢墜耳。」

解子雲之嘲耳。」與吳騫交往最密，唱和亦最多。聲震域外，韓國學者柳得恭《冷齋集》卷五《詠燕中諸子》云：「考古家分講學家，邇來風氣變中華。《說文》《爾雅》休開口，陳仲魚來誦不差。」原注：「陳鱣，字仲魚。浙江海寧人。紀曉嵐云邇來風氣趨《爾雅》《說文》一派。余見仲魚。蓋其最用力者也。」著有《論語古訓》《禮記參訂》《經籍跋文》《簡莊綴文》等書，輯鄭玄《孝經鄭注》《六藝論》。生平事蹟見《清史稿·儒林傳》《清史列傳·儒林傳》。

　　此書為疏解《十三經》之作，全書十二萬餘言，分十七卷，卷一《易》，卷二《書》，卷三至五《詩》，卷六、七《周禮》，卷八《儀禮》，卷九、十《禮記》，卷十一《春秋左氏傳》，卷十二《春秋公羊傳》，卷十三《春秋穀梁傳》，卷十四《論語》，卷十五《孟子》，卷十六《孝經》，卷十七《爾雅》。如謂「易之字取諸蜥易」，駁「日月為易」之非，「易字象形，而非會意。《乾鑿度》云：『易一名而含三義，所謂易簡也，變易也，不易也。』俱望文生義，非正訓也。」又論董逌《廣川詩故》曰：「《讀詩紀》所載董氏說，即此人，其言齊詩及石經崔靈恩集注江左古本多偽託，《詩考》誤信之。」此書詮釋經義，實為讀「十三經」之劄記，應入經部群經總義類中。臺灣新文豐出版公司《叢書集成續編》入群經總義類，是也。

　　此書底本係張鈞衡鈔自武進盛氏，前六卷為寫定本，後八卷則手稿。此本據民國四年張氏刻《適園叢書》本影印。

【附錄】

　　【張鈞衡《簡莊疏記跋》】《簡莊疏記》十四卷，陳鱣仲魚撰。仲魚號簡莊，海寧人。嘉慶元年孝廉方正，戊午舉人。少承其父許氏《說文》之學，兼宗北海鄭氏《論語注》《孝經注》《六藝論》，皆採輯遺文，並據本傳，參以諸書，排次事實為年紀。嘉定錢氏大昕謂為「粲然有條，咸可徵信」。好購藏宋元雕本書及近世罕見之本，與吳槎客騫互相抄傳。晚年營果園於紫微山麓中，構向山閣，藏書十萬卷，次第校勘。此書分疏各經，詮釋字義，頗與《經義雜記》《讀書雜志》相近。抄自武進盛氏，前六卷寫定本，後八卷則手稿也。《海昌備志》未載此書，羊星楣跋《簡莊文鈔》亦未之及，可云秘本。今刊入叢書，以廣其傳。歲在旃蒙單閼四月，吳興張鈞衡跋。

　　【清史稿·儒林傳】陳鱣，字仲魚。強於記誦，喜聚書。州人吳騫拜經樓書亦富，得善本互相抄藏。嘉慶改元，舉孝廉方正。又明年，中式舉人。計偕

入都，從錢大昕、翁方綱、段玉裁遊。後客吳門，與黃丕烈定交。精校勘之學。嘗以朱梁無道，李氏既係賜姓，復奉天祐年號，至十年立廟太原，合高祖、太宗、懿宗、昭宗為七廟，唐亡而實存焉；南唐為憲宗五代孫建王之玄孫，祀唐配天，不失舊物，尤宜大書年號，以臨諸國：於是撰《續唐書》七十卷。又有《論語古訓》《石經說》《經籍跋文》《恒言廣證》諸書。卒，年六十五。

【離書手印】司市云：「以質劑結信而止訟。」注：「質劑，謂兩書一簡而別之也，若今下手書，言保物要還矣。」疏：「漢時下手書，即今指畫券，與古質劑同也。」按《涪翁雜說》云：畫指券，豈今細民棄妻子手摹者乎？蓋宋時棄妻子手摹，即元人所謂離書手印，細民不知書，惟印手文於券以取信。今人畫十字，是其遺意。

【陳鱣《家語疏證序》】今世所傳《家語》十卷，凡四十四篇，王肅注，昔人多疑之，而未有專書。同郡孫頤谷侍御作《疏證》六卷，斷為王肅偽撰。余讀而歎曰：「詳哉言乎！猶捕盜者之獲得真臧矣。」案《漢書·藝文志》，《家語》二十七卷，師古曰：「非今所有《家語》。」《唐書·藝文志》：王肅注《家語》十卷，其即師古所言今所有，與班史所志皆劉向校定古人以篇為卷，今本四十四篇，校《漢志》曾多十七篇。吾友錢君廣伯頗疑《漢志》所稱二十七篇即在今四十四篇中，且以《尚書》之二十八篇為證。余竊以為不然。《尚書》孔《傳》及《家語》俱王肅一人所作，《尚書》二十八篇漢世大儒皆習之，肅固不敢竄改，唯於偽增之篇並偽為孔《傳》以逞其私。至於《家語》，肅以前儒者絕不引及，肅詭以孔子二十二世孫猛家有其書，取以為解。觀其偽安國後敘云「以意增損其言」，則已自供罪狀。然而肅之自敘首即以鄭氏學為義理不安，違錯者多，是以奪而易之。夫敘孔子之書，而先言奪鄭氏之學，則是傅會古說，攻駁前儒可知矣。又自敘引語云：「牢曰：子云吾不試，故藝。」談者不知為誰，多妄為之說。《孔子家語》弟子有琴張，一名牢，字子開，一字張，衛人也。考鄭注《論語》：「牢，弟子子牢也。」肅之所為談者，即指鄭氏，夫《論語》記弟子不應稱名。漢白水碑琴張、琴牢判為二人，安得牽合若此邪？馬昭去肅未遠，乃於《家語》一則曰「王肅增加」，再則曰「王肅私定」，斯言可為篤論。余固學鄭氏之學者，然非好為附和黜王尊鄭，蓋嘗平心讀其書而決之耳。因校閱《家語疏證》，特書此以諗廣伯，且質諸侍御，幸有以教余焉。（見《湖海文傳》卷二十三）

【荊溪人物志‧文苑】張衢，字霽青，潄里人……先是，邑先達陳維崧其年與常州邵長蘅子湘皆美鬚髯，新城王尚書為賦《兩髯行》，一時和者數十家，故海內無不知有兩髯者。（陳）經與其友海鹽陳鱣仲漁亦皆美鬚髯，吳騫為賦《後兩髯行》，好事者多屬而和之，於是「兩髯」之名亦聞於吳越間矣。（《重刊續纂宜荊縣志》卷七之三）

【陳鱣答問】陳鱣，字仲魚，浙江海寧人。孝廉。書肆中相逢，清臞美鬚髯。問余曰：「尊處列學官者用宋儒？抑用漢儒？」余曰：「尊奉朱夫子傳注章句，研經者又不可不參看古注疏。」問：「有為六書之學否？」答：「或有之。」仲魚曰：「通此學方可讀經。」余曰：「非但讀經。韓文公曰：『凡為文宜略識字。』」仲魚曰：「此所謂名不正言不順。」又問余曰：「新羅、百濟、高句麗三國如今盡是貴國版圖否？」答：「然矣。但高句麗之西北境鴨綠江外，則或入於吉林奉天府，地方一統志中可查。」……仲魚大笑曰：「似是吾錯了，當查邪頭果何地。」答：「又未可考。」問：「《山海經》不咸山，今長白山，在貴處北界否？」答：「然，此山亦名白山，又蓋馬山，又白頭山，以華東語較釋，則蓋馬者，白頭也。」仲魚曰：「貴處尚音學否？」答：「係是絕學。古人亦云：『我輩數人定則定矣。』」仲魚曰：「琳師三十六字母貴處可通否？」答：「亦可通。然戴東原之說則云：學者但講求雙聲，不語字母可也。大抵讀若最古，而實簡捷。」仲魚曰：「字無二字，本不通今之之直音某即古之讀若也。東原門下有王君念孫、段君玉裁，曾知其人否？王君注《廣雅》甚精，段君有《音均表》。」余曰：「音隨時代而變，《公羊傳》登來者，得來之也……豈非東人尚守古音而中國則變歟？」仲魚曰：「似或有如是者。」仲魚著有《說文解字正義》三十卷，以稿本示之，卷首小像即其室某氏筆也。余曰：「可謂凡父之陸卿子。」仲魚曰：「《說文長箋》謬說居多，亭林言之詳矣。」余曰：「顧先生亦有錯處。」仲魚曰：「所論《說文》及石經最謬。」余曰：「亭林未見秦中石本，只取書坊陋本為說。」仲魚曰：「其所見《說文》，乃《五百韻譜》，非真本也。其論《廣韻》亦非全本。東原言之頗詳。東原先生是大通人。」余曰：「然。亭林偶一見差耳。如此公者，古今幾人？」仲魚曰：「佩服之至。」余曰：「顧有子孫否？」答：「無子，以從子為後，近亦不知其後人何如。曾欲作《亭林年譜》，未成。」余曰：「其書頗不見毀否？」答：「不見毀。」余曰：「恐有禁。」答：「不禁。」

余曰：「如翁山、叔子輩皆見禁否？」仲魚曰：「翁山最禁，叔子次之。」余曰：「亭林書中如崇禎過十七年以後亦曰幾年，此豈非可禁之字乎？」仲魚曰：「此等處不過奉旨改。」余曰：「如改此等字，便無本色。」仲魚曰：「是則然矣。亭林《肇域志》近欲商刻之。」余曰：「鄉人作書院俎豆之乎？」仲魚曰：「將來必配食孔子廟庭，惟此公即屬經濟，所以謂之大儒，坐言起行。」仲魚又曰：「近代詩如袁、蔣諸公如何？」余曰：「當推首選。然比古人卻可議。」仲魚曰：「本朝詩當推梅邨否？」余曰：「詩各有門戶，梅邨從元、白來，惟放翁卻從韓、杜、蘇、黃來。」與仲魚問答多用漢言，或有談草，橫書豎書，模糊不可辨，大略如此。紀曉嵐云：「近來風氣趨《爾雅》《說文》一派。」仲魚蓋其雄也。余所答或中其意，則大歡樂之。連日約會於五柳居。余曰：「公喜從遠人遊，恐惹人怪。」仲魚大笑曰：「其實無妨，爾我皆東夷也。萊夷、淮夷、徐夷皆古之東夷也。」借余笠及唐巾、氅衣著之關門，曳履徐步，曰：「樂哉！」川楚匪亂，仲魚卻不諱，座無他人，時書示曰：「天下將大亂矣！」余曰：「吾是海外人，於我何關？」仲魚曰：「浙省亂則貴處何如？」余曰：「此則可憂。浙與我隔一海故耳。未知浙省亦有變否？」仲魚曰：「去年海寇作梗，撫臺阮公擊破之，然至今海面未靖，各處海防甚嚴。」余曰：「阮公庚戌年中一晤，亦見其《車制考》，乃能辦賊，可謂文武全才。」仲魚曰：「此吾座師。有石刻小像，吾作贊當奉示。」余曰：「海寇是何等寇？」仲魚曰：「皆漁戶也。」仲魚又曰：「蒙古郡王拉旺多爾濟上書請討楚匪，朝廷不許，此事何如？」余曰：「此事不許，似得體。」仲魚默然久之，曰：「吾可作管幼安，有容我者乎？」余曰：「今討賊，剿撫二局果何居？」仲魚曰：「非剿非撫，彼此支吾而已。」余曰：「大學士慶桂何如？」答：「何足道！」問劉墉何如，答：「墉者，庸也。」問：「孰為用事者？」答：「宗人府衙門第三親王也。」仲魚示其所述《論語古訓》十卷，悉引異本，以至於高麗本及日本之足利本。山井鼎《七經考異》博則博矣，或有未安處。贈余五律一首云：「東方君子國，職貢入京師。不貴文皮美，惟稱使者詩。客愁三月暮，交恨十年遲。此去應回首，關山月落時。」余和云：「斯世囂然古，其人何以師。形聲窮解字，名義守箋詩。居恨雲溟遠，談忘午景遲。相看俱老矣，寧有再來時。」（柳得恭《燕臺再遊錄》）

合肥學舍劄記十二卷　（清）陸繼輅撰

　　陸繼輅（1772～1834），字祁孫，字又商、商對，別字季木，號霍莊，又號修平居士，別署小元池居士，陽湖（今江蘇常州）人。廣霖五子。嘉慶五年（1800）舉人，以大挑二等選合肥縣訓導。以修《安徽省志》敍勞，選江西貴溪縣知縣。居三年，以疾乞休。九歲而孤，生母林氏教導成人，特撰《先太孺人年譜》一卷。繼輅學有本源，古文能自樹一幟，與董士錫同時並起，世推為陽湖派，尤致力於詩曲。詩驚才絕豔，長於言情，其崎嶇磊落之懷，以纏綿悱惻出之，合香山、玉溪為一，較搖首弄姿者偲乎遠矣。文工於敍事，清朗拔俗。著有《崇百藥齋詩文集》《續集》《三集》《碧桃記》雜劇、《洞庭緣》傳奇、《清鄰詞》《詞律評》。生平事蹟見《清史稿》卷四八六、《清史列傳·文苑傳》《國朝耆獻類徵》卷二四六、李兆洛《貴溪縣知縣陸君墓誌銘》。

　　此書為繼輅主講合肥學舍時所作劄記，近九萬言，分十二卷。書中以論詩之語為多，如「江西詩」條稱：「予交江西詩人最多，曾賓谷先生燠、蔣藕船知讓、吳蘭雪嵩、梁樂蓮裳鈞殆可稱四大家矣。然三家託興深遠，深得古人所言在此、所指在彼之旨，藕船有賦而無比興，固應不逮。且三家如側生果，色香味俱備。藕船如檳榔，非癖嗜不能時時下嚥也。」又如「唐人詩學漢魏」條稱：「義山五七律，極有似老杜者，然遂以為義山學老杜則非也。義山志潔物芳，深得國風、騷辨之旨，變為今體，生面獨開，可謂自致青雲，不由依傍，宋、明人推尊老杜太過，凡中晚間作者，輒謂瓣香所在，其實樂天、長吉、文昌、仲初，學漢魏而各得其性之所近，亦非肯遠捨古人，別求規範者也。即以杜詩言之，《石壕》諸吏，《新昏》諸別，前後《出塞》等作，皆力追漢魏長篇，如《北征》苦心學蔡文姬，形跡未化，已雄視一代矣。其縱筆自為之者，即間有粗率生硬牽湊之病，學古亦何負於人哉？彼還珠買櫝者，不足引為口實也。」又卷十一《詩學舉隅》論詩學曰：「詩以意為主，氣韻次之，至於字句，其龜跡也，然非字句之工，即意何所附，以傳世而行遠。」又曰：「五言短篇，須令氣格寬縱。」又曰：「作詩雖不尚考據，然亦不可過於牽湊。」又曰：「作詩尤忌趁韻。」又曰：「讀靖節詩，胸中便有沖澹二字；讀香山詩，胸中便有坦率二字；讀昌谷詩，胸中便有俶詭二字；讀玉溪詩，胸中便有絿縟二字。自論者唱之於前，耳食者和之於後，並為一譚，可為三歎。」

　　書前有李兆洛序，稱其書義理不必深微，考證不必精鑿，要是隨學力所

及，平心易氣而出之，不為矯亢，無有偏詭，足以引翼後學，於王阮亭《居易錄》最為近之云云。楊鍾羲《雪橋詩話》亦稱此書稱心而言，老輩談藝語亦多見其中。袁行雲《清人詩集敘錄》卷五十四稱其考據之作不甚精詣。〔註375〕

此本據華東師大圖書館藏清光緒四年興國州署重刻本影印。

【附錄】

【李兆洛《合肥學舍箚記序》】言為心聲，信然哉！凡工於言者，未有不肖其心者也。惟其心傚之，則並聲音笑貌亦無不傚之矣。予最愛祁孫詩，每郵筒至，開緘誦之，不終篇而栩栩然，如坐祁孫於前，而與酬答也。祁孫往矣，劭聞屬予序其詩，輒惝然於平生拊乎笑言偃仰，悲歡閱不終卷，齊諧涕洟，不復可止，竟不有成，即又刻其所為箚記寄予，囑為序。讀之，其聲音笑貌如見祁孫也。祁孫吐屬蘊藉，託意逌峭，雜座中或援引故事，或商榷今古，祁孫談言微中，娓娓不倦，傾聽者狀心焉。箚記之作，蓋編次其對客之語，及為校官時所以語及門諸弟子者，閒中多予所與聞。義理不必深微，考證不必精鑿，要是隨學力所及，平心易氣而出之，不為矯亢，無有偏詭，足以引翼後學，於近人中王阮亭《居易錄》最為近之。夫一人所見，一時之言，豈必有當於道，而其中偶有一得，往往遂為不刊之典據，故不可廢，如《居易錄》者，亦特其門生故舊，因可見阮亭之聲音笑貌而存之已耳，而藉藉流傳耳目，遂至於今，固亦有取焉爾矣。予今有取於此書，亦以聲音笑貌所存也，況劭聞乎其將來之藉藉耳目間與否，則亦視乎後之人也。予與劭聞俟之而已。李兆洛序。

【沈欽韓《合肥學舍箚記跋》】陸氏良勝，字君淑，余執友祁孫之長女。母錢氏。陸、錢毘陵世族，祁孫文學蔚然，為名孝廉。錢夫人稱佳耦，女承內外言範，姝姝矜矜，德容如玉，年十三，課諸妹，讀《毛詩》，疑宋人叶韻為非，從其父講求古韻，諸妹誦詩，遂具家法。長適同縣孝廉方正惲君秉怡之子，縣學生，匯昌佳士也……吳沈欽韓撰。

【續修四庫全書總目提要（稿本）11—729】是編乃繼輅主講合肥學舍之箚記。舉凡經史百家、掌故軼聞，皆有所錄。蓋繼輅一文士耳，考證經史，本非所長，故所論說多疏闊而無當於理。殆李兆洛所謂義理不必深微，考證不必精鑿者與？編中所錄，雜論詩文之語，尚有見地，較其考證為工耳。

〔註375〕袁行云：《清人詩集敘錄》，人民文學出版社，2016年版，第1947頁。

【陽湖縣志‧文學】陸繼輅，字祁孫，儀幹秀削，與兄子耀遹齊名，時稱「二陸」。嘉慶五年舉人，選合肥縣訓導，甚得時譽。俸滿，保舉知縣。以修《安徽省志》敘勞選江西貴溪知縣，任三年，以疾乞休，卒。繼輅於詩致力最深，亦長古文辭。耀遹字劭文，縣學生，詩醞釀深至，而人尤韜精斂采，黯然可思，遇事侃侃持正，無所疑畏，橐筆遨遊，尤長尺牘，名公卿爭延致。道光元年，舉孝廉方正，選阜寧縣教諭，之任百日，卒。長子循應，字子良，官河南南陽典史，溫雅有父風，工小詞，壽至八十。（《光緒武進陽湖縣志》卷二十三）

【清史稿‧文苑傳】陸繼輅，字祁孫，陽湖人。幼孤，生母林嚴督之，非其人，禁勿與遊。甫成童，出應試，得識丁履恒，歸告母，母察其賢，始令與結。其後益交莊曾詒、張琦、惲敬、洪飴孫輩，學日進。嘉慶五年舉人，選合肥訓導。以修《安徽省志》敘勞，遷貴溪令，三年引疾歸。繼輅儀幹秀削，聲清如喚鶴。不以塵務經心，惟肆力於詩。清溫多風，如其人也。常州自張惠言、惲敬以古文名，繼輅與董士錫同時並起，世遂推為陽湖派，與桐城相抗。然繼輅選七家古文，以為惠言、敬受文法於錢伯坰，伯坰親業劉大櫆之門；蓋其淵源同出唐、宋大家，以上窺《史》、《漢》，桐城、陽湖皆未嘗自標異也。繼輅著《崇百藥齋集》《合肥學舍箚記》。

【今之學者為人】古之學者但為己而已，無為人之責也。自司徒之屬皆廢其職，學者當以世道人心為己任。孔子誨人不倦，無行不與，不得中行，必也狂狷，何其孳孳於為人也，自來注家，皆誤會經意。

【胡笳十八拍】《孔雀東南飛》序事之妙，冠絕古今。愚者仿為之，再述一烈婦，即同嚼蠟。惟王元美《鈐山高》一首可云唐臨晉帖，其事變也。文姬《悲憤詩》亦竟有疵之者，反以《胡笳十八拍》為真作，其性與人殊不足與辨也。讀杜公《詠懷》《北日征》《玉溪行》《次西郊百韻》，方知沾溉之大。

【石鼓文】昌黎自言辨古書之誠偽，昭昭然如黑白分，而於宇文泰、蘇綽等所造之石鼓文獨心折不疑。至有陋儒編詩不收入之語。陋儒者何人邪？文人之言狂悖無有過於此者矣。

【芳草鮮美】《桃花源記》：「芳草鮮美，落英繽紛。」因見落花滿地，先寫草色，敘致離合，景色宛然。古人下筆不苟如此。《藝文類聚》《初學記》皆作「芳華鮮美」，黏定桃林，即成俗筆。

【黃仲則詩】黃丈仲則詩有云：「獨立市橋人不識，一星如月看多時。」

向來平平閱過。頃吳大令山錫語余：「此詩題癸巳除夕，乾隆三十八年也，其明年有壽張之亂，金星先期驟明，作作有芒角。作者蓋深憂之，非流連光景之作也。」余嗟賞其言，以為讀古人詩皆當具此手眼。

【佳句】凡詩目中一過久而不忘，必佳句也。何豈匏錦《詠螢》云：「得依休耿耿，逢聚轉蕭蕭。為光非汝責，辛苦積陰宵。」莊伯鴻逵吉《詠簾鈎》云：「多宛轉時能約束，未團圓處好勾留。」又《詠並頭蓮》云：「若耶溪畔低回處，欲折還教素手停。」李寧圃兵備廷敬《曉行》云：「一痕白氣秋林外，為水為雲兩不知。」薛晝水玉堂以中書舍人出佐外郡塗中雜詩云：「今日中塗醉司命，羨他一歲一朝天。」周伯恬儀暐云：「誰家茆屋團團話，一縷燈光出綠陰。」丁若士履恒云：「可憐一片心如月，只向更無人處明。」祝筱山百十云：「酴醾雨重淹香夢，楊柳風疏寫暮寒。記得小樓無恙在，落花一度捲簾看。」萬廉山承紀云：「東風料峭百花殘，不典春衣一醉難。畢竟去衣還去酒，費人斟酌是春寒。」女士金纖纖〔逸〕云：「小雨未來斜照淡，落花猶得片時紅。」歸佩珊〔懋儀〕《題看劍圖》云：「自是難消才子氣，料無恩怨到胸中。」王梅卿〔倩〕《鄧尉雜詩》云：「夜深老鶴來尋夢，踏遍梅花一寸深。」類此尚多，更當續記，以資吟諷。

過庭錄十六卷　　（清）宋翔鳳撰

宋翔鳳（1776～1860），字虞庭，又字於庭，長洲（今江蘇蘇州）人。早年師事段玉裁、張惠言。嘉慶五年（1800）舉人，授泰州學正，官湖南寶慶府（今邵陽）同知。著有《周易考易》《尚書譜》《尚書略說》《論語說義》《小爾雅訓纂》《爾雅釋服》《樸學齋文錄》《香草詞》《碧雲庵詞》等書，又輯《五經要義》《五經通義》。生平事蹟見《清史稿》卷四八二、《清史列傳·儒林傳》。

翔鳳為莊述祖之甥，主今文經學，以《春秋》之義貫群書，與劉逢祿並為常州學派代表人物。此書為其讀書劄記，始於道光二十九年（1849），成書於咸豐三年（1853）。全書十一萬言，分十六卷，卷一論《易》，卷二、卷三為《周易考異》，卷四、卷五為《尚書略說》，卷六為《尚書譜》，卷七論《詩》，卷八論《禮》，卷九論《春秋》，卷十雜說《論語》《孝經》《爾雅》《孟子》，卷十一、十二論史，卷十三、十四論子，其卷十四為《管子識誤》，

卷十五、十六論文。其論經學者，如「《儀禮》為本《周禮》為末」條稱：
「《儀禮》十七篇，始於冠、婚，以重成人之事，謹人倫之始，終於喪、祭，
明慎終追遠之義。《喪服》一篇，所以定親疏、決嫌疑。人心風俗之所繫，
不可變易，故謂之本。《周禮》設官分職，一代之書，有所損益，故謂之末，
而賈氏序《周禮》則云：《周禮》為本，《儀禮》為末。此疏家各尊其經，非
至論也。」「道學」條謂：「朱子得程氏正傳，以周、程、張、邵列道學之首
篇，而朱子繼之，凡程、朱門人，各以類從，傳稱舊史列邵雍於隱逸，未當。
自孔、孟之後，異端紛擾，惟董仲舒獨言正誼明道，韓氏後為《原道》，學
者始知道學為正宗。至濂、洛數子，窮極性命，發揮義理，講明切究，以歸
實用。朱子搜輯《二程遺書》，而後洛學大備。朱子之學，自足繼往開來，
非他儒所能及。」又有辨子書者，如「《鬻子》」條曰：「《鬻子》書已不傳，
今傳逢行珪注《鬻子》乃是偽書，惟《新書·修政語》二篇當採自《鬻子》，
凡文王以下問者，皆在下篇，其上篇載黃帝、顓頊、帝嚳、堯、舜、禹、湯
之言，皆《鬻子》所述以告文王以下者也。道家之言，皆託始黃帝，故《七
略》列於道家而以為人君南面之術，固治天下之書也，漢人言黃老，知老子
亦出黃帝。」又有論詩文者，如「宋廣平《梅花賦》宋元間人偽託」條稱：
「廣平之賦久佚不傳，今傳《梅花賦》，其中多襲忠定之語，是通篇亦多襲
李意，知偽作自有藍本。王志堅謂今《梅花賦》為明人擬作，刻《文致》中，
然元劉塤《隱居通議》載廣平《梅花賦》二篇，其一即今所傳之賦也，又一
篇絕異，又用唐末宋初事，《通議》亦斷為他人所作，則此二篇皆宋、元間
人依託。」「木蘭詩」「近人妄改元白詩」等條亦涉及辨偽。

李慈銘稱其學亦主公羊，而湛深古義，紛綸推繹，多有可觀云。〔註376〕
劉咸炘稱其以《歸藏》詮老子，謂老子同黃帝，以《禮運》大同之說證孔、老
同浮屠、黃、老一家，則皆非淺人所能言，但不盡醇耳。此編第十三卷詮老
子，惜未成書。其他考據精當，原原本本，頗近理初。論道學不非程、朱，論
文筆不主阮說，及論唐文皆卓犖不群。譚復堂稱為精研絕學，洞識本原，未
免阿好，要之大卓小精云云。〔註377〕

此本據中國科學院圖書館藏清咸豐浮溪精舍刻本影印。此書又有光緒七
年章壽康刻本。

〔註376〕李慈銘：《越縵堂讀書記》，上海書店出版社，2000 年版，第 785～789 頁。
〔註377〕劉咸炘：《內景樓檢書記》，《推十書》子類第 566～567 頁。

【附錄】

【宋翔鳳《過庭錄自序》】余以歲己酉于役漢皋，輯讀書所得，為《過庭錄》。溯自孤露，將廿七年，年已七十有三，而所學未成，彌增怵惕。然一管之窺，不能遽棄，姑先編定，以質同人，匡其不及，則所厚望焉。咸豐三年二月，長洲宋翔鳳記。

【續修四庫全書總目提要（稿本）11—686】其考證經史箚記，總裒為《過庭錄》十六卷。蓋其平日讀書精細，故所考乃能確鑿。嘉、道之間，考證箚記之精細者，俞正燮之《癸巳類稿》《癸巳存稿》為首選。翔鳳之學，雖不若俞氏之博，而其考核之精，視俞氏無多讓焉。

【清史稿·儒林傳】宋翔鳳，字於庭，長洲人。嘉慶五年舉人，官湖南新寧縣知縣，亦莊述祖之甥。述祖有「劉甥可師、宋甥可友」之語，劉謂逢祿，宋謂翔鳳也。翔鳳通訓詁名物，志在西漢家法，微言大義，得莊氏之真傳。著《論語說義》十卷，序曰：「《論語說》曰，子夏六十四人共撰仲尼微言，以當素王。微言者，性與天道之言也。此二十篇，尋其條理，求其旨趣，而太平之治、素王之業備焉。自漢以來，諸家之說，時合時離，不能畫一。嘗綜覈古今，有纂言之作。其文繁多，因別錄私說，題為說義。」又有《論語鄭注》十卷、《大學古義說》二卷、《孟子趙注補正》六卷、《孟子劉熙注》一卷、《四書釋地辯證》二卷、《卦氣解》一卷、《尚書說》一卷、《尚書譜》一卷、《爾雅釋服》一卷、《小爾雅訓纂》六卷、《五經要義》一卷、《五經通義》一卷、《過庭錄》十六卷。咸豐九年，重賦鹿鳴。逾年，卒，年八十二。

【蘇州府志·人物志】宋翔鳳，字於庭，簡子。嘉慶庚申舉人。泰州學正。丁憂服闋，改旌德訓導，保舉知縣，試吏湖南，以才幹為大吏所知，歷任劇邑，以州牧致仕。咸豐己未，重宴鹿鳴，加知府銜。明年卒，年八十七。翔鳳少跳蕩，不樂舉子業，嗜讀古書，不得，則竊衣物易書，祖父夏楚之，不能禁。比長，淹貫群籍，尤長於經。謂《大學》為《禮記》四十九篇之一，首尾完具，脈絡貫通，無經傳之可分，無闕亡之可補，為《大學古義說》上下兩篇。念《論語》鄭注佚弗傳，輯為十卷。又為《論語說義》十卷。於《孟子》則有《孟子趙注補正》六卷，別輯劉注一卷。平生精治小學，為《小爾雅訓纂》六卷。又有《過庭錄》十六卷、《樸學齋文錄》四卷。兼工詩詞，雋雅可誦。子景宣，字稚宣，監生，亦能詩，先翔鳳卒。

【清儒學案·方耕學案下】宋翔鳳，字於庭，長洲人。嘉慶庚申舉人，官

湖南新寧縣知縣，以老乞歸。咸豐己未，重宴鹿鳴，加知府銜。十年卒，年八十五，先生亦莊氏之甥，其舅氏珍藝先生謂「劉甥可師，宋甥可友」，宋甥即先生也。通訓詁名物，志在西漢家法，微言大義，得莊氏之真傳。嘗以《論語》二十篇，素王之業備焉，自漢以來諸家之說不能畫一，因綜覈古今，為《論語說義》十卷。又漢初傳《論語》者凡三家，北海鄭君嘗就《魯論》之篇章，考之《齊》《古》，以為之注，其書亡於五代之季。乃刺取古籍中所徵引者，為《論語鄭注》二卷。《孟子》一書，惟趙岐注盛行於世，然學者所習，時病闊疏。因參考近儒論說，正其疏舛，為《孟子趙注補正》六卷。又注《孟子》者，《隋·經籍志》所載有鄭玄注七卷，劉熙注七卷，今康成之注不見，惟唐人書時引劉說。爰搜錄得二十餘事，為《孟子劉熙注》一卷。又以《小爾雅》一書為《爾雅》之流別、經學之餘裔，其書甚古，而作者名氏闕如，後之作偽者嘗捃摭以入之《孔叢子》中，殊多竄亂。今元本不可復見，李軌《略解》亦復失傳，因為疏通證明，並補其佚文，為《小爾雅訓纂》六卷。其他考證經義者，有《周易考異》二卷、《卦氣解》一卷、《尚書略說》一卷、《尚書譜》一卷、《大學古義說》二卷、《四書釋地辯證》二卷、《爾雅釋服》一卷、《五經要義》一卷、《五經通義》一卷、《過庭錄》十六卷及《論語發微》《經問》《樸學齋箚記》，統名曰《浮溪精舍叢書》。

【楊向奎《清儒學案新編·於庭學案》】於庭通訓詁名物，微言大義得莊氏之傳，述祖嘗謂「劉甥可師，宋甥可友」，劉即劉逢祿，宋即宋翔鳳也。嘗以《論語》二十篇，素王之業備焉，遂於《論語》中覓素王義。《公羊》齊學，《論語》基本屬魯，以齊求魯，道曲折難通，未免附會……謂《春秋》之義略備於《論語》，而以孔子為繼禹、文、武、成王、周公，亦具君子之號，以素王當真王，以師統當君統。王者必受命而後王，孔子素主，亦必有受命之征……蓋章句儒尋章摘句則有之，微言大義知其名而不知其義也。以此宋於庭不如劉申受，師友之差，其在此乎！宋翔鳳與劉逢祿同出莊氏，為兄弟行，彼此互有影響，而劉發揮何休之《公羊》義，得心應手，家法嚴，因而斥古文《左傳》《周禮》甚厲。宋氏亦曾斥《左氏》之不傳《春秋》，他曾經指出「《左氏》之書，史之文也，於《春秋》之義蓋闕而不言，故博士以為不傳《春秋》，學者求其義，捨今文家未由也」。又說「自漢以來，《左氏》與今文辯論紛然，各立門戶，博士守師法者，既不能辯明，好左氏者又不能求合，且惟恐不異俗說，師心之用，而微言大義晦矣」。《左傳》為史書，

少義法可言，雖有凡例、君子曰等，亦與《春秋》不相涉，求微言大義者必於《公羊》，宋氏之言頗是，奈宋氏之不解微言大義何！蓋劉申受於《公羊》已多所發揮，為追本窮源計，故於《論語》中覓《春秋》義法，亦不得已而為之。

【《儀禮》為本、《周禮》為末】賈公彥《儀禮疏序》曰：「《周禮》《儀禮》，發源是一。理有終始，分為二部，並是周公攝政太平之書。《周禮》為末，《儀禮》為本。本則難明，末則易曉。是以《周禮》注者，則有多門；《儀禮》所注，後鄭而已。」按：《儀禮》十七篇，始於冠、婚，以重成人之事，人倫之始；終於喪祭，明慎終追遠之義。《喪服》一篇，所以定親疏，決嫌疑。人心風俗之所繫，不可變易，故謂之本。《周禮》設官分職，一代之書，有所損益，故謂之末。而賈氏序《周禮》，則云《周禮》為本，《儀禮》為末。此疏家各尊其經，非至論也。（《過庭錄》卷八）

【漢高帝困辱賈人】《漢書·高祖紀》：「問：豨陳豨將皆賈人。上曰：吾知與之矣。乃多以金購豨將，豨將多降。」按：此高祖深知賈人之為害，故令賈人不得依絲乘車，重租稅以困辱之，市井子孫不得仕宦為吏，意在變風俗，非以別流品也。《荀子·榮辱篇》云：「有賈、盜之勇者。」以賈與盜並稱，則儒者之賤賈人也久矣。（《過庭錄》卷十二）

【清廟之守】《漢書·藝文志》：「墨家者流，蓋出於清廟之守。」《隋·經籍志》亦作清廟之守。按：「守」疑「官」字之誤。按《呂氏春秋·當染篇》云：「魯惠公使宰讓請郊廟之禮於天子，桓王使史角往惠公止之。其後在於魯，墨子學焉。」高誘注云：「其後，史角之後也。」魯請郊廟禮，而王使角往，則正是清廟之官。《藝文志》墨家有《尹佚》二篇，佚即史佚，角蓋佚之後。（《過庭錄》卷十二）

【漢代浮屠黃老為一家】《後漢書·楚王英傳》：英少時好遊俠，交通賓客，晚節更喜黃老，學為浮屠齋戒祭祀。〔袁宏《漢紀》：「浮屠，佛也，西域天竺國有佛道焉。佛者，漢言覺也，將以覺悟群生也。其教以修善慈心為主，不殺生，專務清靜。其精者為沙門。沙門，漢言息也，蓋息意去欲而歸於無為。又以為人死精神不滅，隨復受形，生時善惡皆有報應，故貴行善修道，以煉精神，以至無生而得為佛也（按：此數語佛道已盡）。佛長丈六尺，黃金色，項中佩日月光，變化無方，無所不入，而大濟群生。初，明帝夢見金人長大，項有日月光，以問群臣。或曰：『西方有神，其名曰佛。陛下所

夢，得無是乎？』於是遣使天竺，問其道術而圖其形象焉。」又《襄楷傳》：「延憙九年，楷自家詣闕上疏，末云：『又聞宮中立黃、老、浮屠之祠。』注：『浮屠即佛陀，但聲轉耳。』此道清虛，貴尚無為，好生惡殺，省欲去奢。今陛下嗜欲不去，殺罰過理。既乖其道，豈獲甚祚哉？或言老子入夷狄為浮屠，浮屠不三宿桑下，不欲久生恩愛，精之至也。天神遺以好女，浮屠曰：『此但革囊盛血。』遂不眄之。（注：《四十二章經》：「天神獻玉女於佛，佛曰：『此是革囊盛眾穢耳。』」）其守一如此，〔乃能成道。〕今陛下淫女豔婦，極天下之麗，甘肥飲美，單天下之味，奈何欲如黃、老乎？」又《三國·魏志·烏丸鮮卑傳》注引《魏略》曰：「臨兒國浮屠經云：其國王生浮屠。浮屠，太子也。父曰屑頭邪，母曰莫邪。浮屠身服色黃，髮青如青絲，乳青毛蛉，赤如銅。始莫邪夢白象而孕，及生，從母左脅出，生而有結，墮地能行七步。此國在天竺城中。天竺又有神人，名沙律。昔漢哀帝元壽元年，博士弟子景盧受大月氏王使伊存口受浮屠經曰復立者其人也。浮屠所載臨蒲塞、桑門、伯聞、疏問、白疏閒、比丘、晨門，皆弟子號也。浮屠所載與中國老子經相出入，蓋以為老子西出關，過西域之天竺、教胡。浮屠屬弟子別號，合有二十九，不能詳載，故略之如此。」據此，則佛入中國，與黃、老為一家。恭讀《御纂子史精華》，詳列佛書與《老》《莊》《列子》相出入者，顯然明白，故錄其所由焉。（《過庭錄》卷十二）

【錦瑟】《錦瑟》一篇，蓋義山五十後自序之作也。「五十絃瑟」最悲，而己之身世已似之矣。首二句點明年紀，莊生句是悼王氏婦，即《轉韻》詩「憐我秋齋夢胡蝶」，以莊子有鼓盆之事，故以自比。悼傷後乃應柳仲郢東蜀之辟，正義山五十歲後事，故有《悼傷後赴東蜀遇雪》詩，又《赴職梓潼留別畏之》詩有「柿葉翻時獨悼亡」之句。「望帝」云云，正指東蜀也。「滄海」句追記隨鄭亞在嶺表也，「藍田」句追敘在河陽以前婦子之樂也。通首皆追憶，故先近事，以及遠事，即末云「此情可待成追憶，只是當時已惘然」也。義山晚節編定生平之詩，而以此篇冠首，說者層層傅會，愈理愈亂，記從前有一家以為自敘，故為順其意如此。（《過庭錄》卷十六）

【今按】王應奎《柳南隨筆》卷三：玉溪《錦瑟》詩，從來解者紛紛，訖無定說。而何太史義門（焯）以為此義山自題其詩以開集首者，首聯云：「錦瑟無端五十弦，一弦一柱思華年。」言平時述作，遂以成集，而一言一詠，俱足追憶生平也。次聯云：「莊生曉夢迷胡蝶，望帝春心託杜鵑。」言

集中諸詩，或自傷其出處，或託諷於君親，蓋作詩之旨趣，盡在於此也。中聯云：「滄海月明珠有淚，藍田日暖玉生煙。」言清詞麗句，珠輝玉潤，而語多激映，又有根柢，則又自明其匠巧也。末聯云：「此情可待成追憶，只是當時已惘然。」言詩之所陳，雖不堪追憶，庶幾後之讀者，知其人而論其世，猶可得其大凡耳。

【近人妄改元白詩】元微之《連昌宮詞》云：「長官清平太守好，揀選皆言由相公。」此謂姚宋作相，能薦賢用人也。下句接云：「開元之末姚宋死，朝廷漸漸由妃子。」言任女謁由宰相不得其人，則廟謨顛倒，由相公與由妃子相應。今人選唐詩，改相公為至公，非也。樂天《長恨歌》節節蟬聯，《琵琶引》處處弦斷，中云：「水泉冷澀弦疑絕，疑絕不通聲暫歇。別有幽愁闇恨生，此時無聲勝有聲。」此作一斷，下接云：「銀瓶乍破水漿迸，鐵騎突出刀槍鳴。」於無聲之後忽然有聲，則乍破突出，始字字有力。今有改作「此時無聲復有聲」，則語意庸近，而云校自宋本，今傳宋本《長慶集》不如此。（《過庭錄》卷十六）

讀書叢錄二十四卷　（清）洪頤煊撰

洪頤煊（1765～1833，一作1837），字旌賢，號筠軒，晚號倦舫老人，臨海人。嘉慶六年（1801）拔貢生。館孫星衍所，為撰《孫祠內外書目》《平津讀碑記》，考據明審。於唐代地理殊多心得。納資為州判，署廣東新興知縣。著有《漢志水道疏證》《諸史考異》《經典集林》等書。生平事蹟見《清史稿·文苑傳》《清史列傳·儒林傳》《臨海縣志》。

是書約十五萬言，皆考證經史百家之說，分二十四卷，前八卷論經，次四卷小學，次四卷諸子，次七卷《史記》《漢書》《後漢書》，末卷宋元板本。此書仿錢大昕《十駕齋養新錄》而作。書中多考證群書字詞，亦有通論之語，如論《易》曰：「陽象天道，故以《乾》、《坤》天地為始，以《坎》、《離》日月為用；陰法人事，故以《咸》、《恒》男女為始，以《既濟》、《未濟》水火為用。天道有屯亨，故以《泰》、《否》居中；人事有得失，故以《損》、《益》居中。」論佛書俗字曰：「西域以音，中國以字。自佛書入中國，翻譯者隨意創造，而俗字始多矣。」又論反切曰：「反切之學，創於魏晉，其時已萌芽矣。舌腹、舌頭、橫口、合唇、蹙口、開唇，此即西域四十二字母之所自

始。」他如辨《公羊疏》為梁、齊間舊帙無疑，謂《孟子》外四篇是後人所益，又謂《老子》「今本王弼注明代始出，或後人掇拾為之」，又證顏師古《漢書集注》多掩他人之說以為己說。

書前有道光元年（1821）頤煊自序，稱五十以後始抵粵東，趨走之暇，閉門卻掃，於是重取經史百家，朝研夕稽，證其異同，辨其得失，以聲音文字通其原，以轉寫訛舛窮其變云云。周中孚稱是帙皆於原書中摘句為解，繁簡適均，考據精確，絕無嚮壁虛造、剿襲陳言之病，而於辯證輿地，尤簡而明。〔註378〕劉咸炘稱稱此本可取者甚多，然舉義不大，毛舉細碎，又多孤證，好據類書，不及《養新錄》之精慎。〔註379〕

此本據國家圖書館藏道光二年富文齋刻本影印。此書又有道光四年富文齋重印本、光緒十三年吳氏醉六堂刻本、《傳經堂叢書》本、《廣雅叢書》本，嚴傑取其說經諸卷刻入《學海堂經解》中。

【附錄】

【宋翔鳳《讀書叢錄序》】夫讀書之士能見著述者，近世以來，兩浙為盛。南雷茁其明芽，西河暢其枝葉，曝書廓其條流，鮚埼理其闕略。然薊靡不化，則聲音尚乖；義訓失故，則附會易集。依乎六經，匪堂室之碩彥；搜乎四部，亦循塗之先覺。蓋披榛去穢，則事半功倍，從事於後，於以日興，如臨海洪氏之書，因是而有作也。余與洪君有相思之雅，頃會合海濱，過從遂密，盡見所業，以聲音文字為之根柢，古人心思製作皆可推見，而《讀書叢錄》一編，尤其菁華薈萃，條列明白者也。以今日遠於古，匪古無以證今。然習一方之語言，持鄉壁之論議，則九流有山川之隔，六藝在百世之上。今君為讀書之法，悉究諧聲之本，深明假借之用，紛綸斷闕，旁推交通，千古絕續，語於一堂，因綜其所言，錄之以筆，神明其法，極乎無窮，誠能辨其源流，自非陳其糟魄。今之賢哲，如嘉定錢君、高郵王君，兩家著書皆不騖荒遠，惟求實是。君既耳聞其說，心折其言，悼擿埴之冥行，冀火傳於薪盡，則是錄之成，事未可緩。余素結斯願，而氣質漸薄，精華欲竭，茫茫即塗，徒有浩歎。以君之年，過余一紀，而修業不息，研求益銳，此天之所與于君方厚，古文未墜，意在後來。若當世之知否，誠不與於斯焉。（《樸學齋文錄》卷二）

〔註378〕周中孚：《鄭堂讀書記》卷五十五。
〔註379〕劉咸炘：《內景樓檢書記》，《推十書》子類第 566 頁。

【洪頤煊《讀書叢錄自序》】余受性樁魯，寡所嗜慕。少年讀書里中藏書之家，借覽無虛日。及壯，遨遊吳、越，往來燕、齊，躡通德之門，窺禮堂之奧，左右採獲，漸成撰述。五十以後，始抵粵東。一官跑繫，非吾所好，趨走之暇，閉門卻掃。於是重取經史百家，朝研夕稽，證其異同，辨其得失，以聲音、文字通其原，以轉寫訛舛窮其變，勿敢嚮壁虛造，勿敢剿襲陳言。淺見眇聞，聊以自適。後之覽者，其或諒斯。道光元年十二月廿一日，臨海洪頤煊識。〔註380〕

【李慈銘《讀書叢錄識語》】案先生字筠軒，與兄坤煊、弟震煊皆以績學稱，而先生尤博綜群籍，名亦最顯。（下略）（見《續修四庫全書》第1157冊第553頁。今按：此為李氏墨筆識語，凡二則，似為李慈銘佚文）

【續修四庫全書總目提要（稿本）35—57】《讀書叢錄》二十四卷（家刻本），清洪頤煊撰。頤煊字旌賢，浙江臨海人。苦志力學，與兄坤煊、弟震煊讀書僧僚，夜每借佛燈圍坐，談經不輟，時有「三洪」之稱。學使阮元招頤煊、震煊舊學行省，頤煊尤精研經訓，熟習天文，貫串子史。嘉慶六年，舉拔貢生。為山東督糧道孫星衍撰《孫氏書目》及《平津館讀碑記》，考據明審，於唐代地理尤多所得。尋入貲為直隸州州判，署廣東新興縣事。適阮元督兩廣，知其吏才短而文學優也，延之入幕，諏經諮史以為常。嘗謂禮經莫大於宮室，宮室不明，則古人行禮之節，周旋升降，皆芒然莫知其處……而《讀書叢錄》則尤為頤煊之最所究心。其書仿錢大昕《十駕齋養新錄》例，而略變其次，先之以群經，次之以小學，次之以諸子，次之以三史，而殿以宋元刊本諸題記，都二十有四卷，卷各以書為次，卷一為《易》《尚書》，卷二為《周書》《毛詩》，卷三為《周禮》《儀禮》，卷四為《禮記》《大戴禮記》，卷五為《春秋左氏傳》，卷六為《國語》《公羊傳》《穀梁傳》，卷七為《論語》《孝經》《孟子》，卷八為《爾雅》，又附以經總類，卷九為《方言》《說文》，卷十為《小爾雅》《釋名》《廣雅》《字林》，卷十一為《玉篇》《文選注》《一切經音義》，卷十二為《五經文字》《九經字樣》《廣韻》《汗簡》《鐘鼎款識》《續鐘鼎款識》，卷十三為《老子》《晏子春秋》《孫子》《墨子》《鄧析子》，卷十四為《列子》《莊子》《公孫龍子》《慎子》《鶡冠子》《韓非子》，卷十五為《荀子》《呂氏春秋》《賈誼新書》《淮南子》《鹽鐵論》《法言》《白虎通》，卷十七之十八為《史

〔註380〕見《續修四庫全書》第1157冊第553頁。又見中華書局1985年《叢書集成初編》本。

記》，卷十九之二十一為《漢書》，卷二十二之二十三為《後漢書》，卷二十四則為宋元刊本題跋，每書均鉤稽玄要，詳為研析，或但就本書抽繹條理，發其覆而正其疑，或旁引載籍，考訂精微，抉其隱而探其本，均能以聲音文字通其原，以轉寫訛舛窮其變，不事向壁虛造，不事勦習陳言，而要以證其異同，辨其得失為歸，其例嚴而其義慎，其考詳而其訂約，方之錢氏竹汀、王氏石臞，殆亦無多讓焉。至書中佳處，每卷無慮數十事，僅就乾嘉諸老所研習之《說文》而言，頤煊亦有所發明。如論《說文》讀若例云，《說文》讀例有三，瓊讀若柔，珣讀若宣，珛讀若畜牧之畜，犉讀若糗糧之糗者，釋其音也；嗛從口集聲讀若集，褐從衣蜀聲讀若蜀，藟讀若櫐麥為櫐之櫐，竅讀如竅三苗之竅，讀若江南謂酢母為，扰讀若告言不正曰扰者，訓其義也；崔讀與爵同，眹讀與昳同者，則通其字矣云云。按《說文》讀若之例，釋始若膺段氏，說載《周禮漢讀考敘》，自後研習者，率祖其說，而洪氏乃更為之窮析，足補段氏之所未備。其他諸則，亦率類是，於此益足以見其考證之精且審矣。

【奔者不禁】《周官·媒氏》：「仲春之月令會男女，於是時也，奔者不禁。若無故而不用令者罰之。」錢竹汀少詹述德州梁鴻翥解曰：「會字讀如『惟王不會』之會。謂會計其未嫁者，令其及時嫁娶。古者女於有罪為人妾，而《內則》云：『奔則為妾。』以其六禮不備卑之也。仲春奔者不禁，謂不禁其為人妾耳。聖人豈導民以淫奔哉？」林薌溪《三禮通釋》云：「萬氏謂奔者不禁，是作《周官》者見周末時俗有男女相誘，如《溱洧》詩所云，而官不禁者，遂以為《周禮》固然，而遂筆之。案：孫卿曰：『霜降逆女，冰泮殺止。』謂九月即有昏娶，至冰泮農業起，則昏禮殺也。毛公《詩傳》多用其說。據此，則仲春正昏娶殺禮之時，故有故而遲至於此，禮雖不備，官可不禁。葉氏亦謂奔非《桑中》所謂奔。萬氏以為即《詩》所刺之奔，誤。」臨海洪頤煊《讀書叢錄》云：「《禮記·內則》：『聘則為妻，奔則為妾。』鄭注：『奔或為衒。』《說文》『衒，行且賣也。』重文作衒。奔者不禁，亦謂賣者不禁，疏義失之。」以上三說，皆似是而非。梁主不禁為人妾之議，不知有罪為人妾，與六禮不備之為妾，皆無所用其禁。林之有故而遲，禮雖不備，官可不禁，較梁說差勝，然有故而遲解下「無故而不用令」句則可，乃明明指為「仲春之月，令會男女」，而必強謂仲春正昏娶殺禮之時，插入「有故而遲」四字，頗不圓到。（何異孫《十一經問對》：「會男女於仲春者，順時令陰陽交也。周正建子，即今十二月，故《詩》曰『士如歸妻，迨冰未泮』，

獨奔者不禁。注疏鄭解不通，聘為妻，奔為妾，淫奔之事，安有不禁乎？嘗謂全《禮》非周公之全書，必末世添入者。」）洪錄以《說文》衒字拉到賣字，亦屬牽強無味，近於改字陋習。澐師按：宋樂清王東巖（名與之，一號次點）《周禮訂義》引鄭鍔云：「或謂是時令會男女之當嫁娶者，使得以及時，則奔者宜禁，反不禁之。鄭康成以謂『重天時權許之』是否，余以為康成一語之謬，傷敗風教，至今牢不可破。周人立法之本義，言奔者不禁若無故而不用令，與今律文言若之若問。若之為言，及也。謂不禁男女之奔及無故不用令者，俱有罰耳，奈何以『重天時權許之』耶？」此論未經人道，蓋賈公彥已有「權許之實，實非正禮」之語也。潁州連叔度《周官精義》於「仲春之月」至「司男女之無夫家者而會之」三十七字，謹遵御案，斷為莽、歆增竄，群儒強為之說，皆不足辯。所見實正大。其注「娶判妻」謂已出之婦入，「子」謂他人之子，書之慮其有悔，亦原本鄭鍔《訂義》（俞氏樾《群經平議》謂「娶判妻」判字係衍文，謬）。澐師又按：「司男女之無夫家者。」注：「無夫家是鰥寡之人。」寡可以稱無夫家，鰥亦可以稱無夫家乎？是真不得其解矣（王開祖曰：「奔者不禁，示天下無禮。復仇而義，示天下無君。蓋疑《周禮》削於六國，焚於秦，出諸季世，所存者寡。聖人不作，無從而取正也。」）（方澐師《蕉軒隨錄》卷十一）

【奉高是袁閎字】咸豐辛酉（一八六一年）三月初八日，予於戊午日記，曾疑東漢《袁閎傳》言字夏甫，而《黃憲傳》又稱其字奉高，謂古人有二字，姑見於此。今閱洪氏頤煊《讀書叢錄》，言奉高是袁閎字。因按范《書》第五十六卷《王龔傳》，言龔遷汝南太守，引進郡人黃憲陳蕃等。憲雖不屈，蕃遂就吏，龔不即召見，乃留記謝病去。龔怒，使除其錄，功曹袁閎諫曰云云。又云閎字奉高；數辭公府之命，不修異操而致名當時。又按第五十三卷《黃憲傳》，言潁川荀淑至袁閬所，章懷於閬下注云一作閎。然則閎字奉高，史書具有明文，而憲傳之袁閬，皆為閎字之誤。章懷所注者乃是誤本。其云一作閎者，乃別據一不誤之本。獨思憲傳與龔傳僅隔兩卷，章懷又見他本之作閎，乃不能援以改正，反注奉高為閬字，可謂率謬。足見當時東官僚屬，各人分注，不相證核也。予於各史自謂於范《書》最留意，乃亦未曾檢出，看書鹵莽，深可愧汗。自來讀史者亦無人糾及，詩文家遂相承用，以奉高為袁閬。夫古人無二字，閎傳又言其恬靜不事交遊，後遂居土室不出，固與《黃憲傳》中所言不符。顧非經洪氏指出，世無覺者，甚矣讀書之難也！（李慈銘《越縵堂讀書記》）

鄭堂箚記五卷　　（清）周中孚撰

　　周中孚（1768～1831），字信之，號鄭堂，烏程（今浙江湖州）人。戴子高之外王父。早年入詁經精舍，同舍者多顯貴，惟中孚至五十五歲尚應鄉試，同考官得卷力薦，主考官疑其有私，置副榜第一。從此棄舉子業，讀《四庫提要》後，稱「學之途徑在是」，於是遍求諸史藝文、經籍，自漢迄唐存佚各書，備以搜集古籍，專攻流略之學。讀一書，必為解題一篇，條其得失，議論頗能持平，莫友芝稱之為好學深思之士。後客居上海，為李筠嘉編《慈雲樓藏書志》，越數年，修訂為《鄭堂讀書記》。嘉慶六年（1801）拔貢，十五年（1810）舉拔萃科。受知阮元，與修《經籍籑詁》。中孚博聞強記，而文筆甚拙，其弟聯奎能詩文，而疏於經術，阮元《定香亭筆談》卷二謂之「二難」矣。中孚與宋翔鳳交最契，嘗為刊正其著書十許事，宋大為歎服，其《贈周信之中孚》詩云：「寒冬十二月，雨雪方雰雰。衣單膚生粟，袖縮手易皴。京華故人少，閉戶無車輪。文章有深契，望衡得交君。君是東南儒，胸中羅典墳。亦抱經世術，一顧當空群。前年試拔萃，奇志鬱不申。遂客長安中，著書度蕭晨。我從西南來，乍掃衣上塵。逢君抵平素，自爾情彌親。舊詩互相示，各各露性真。我詞本粗放，君作殊清新。皆非偶然出，奚必分畦畛。更披他述作，卷弟何紛綸。修經事筆削，所獲皆奇珍（所著《修經堂箚記》四卷，議論皆精）。竹垞考經義，籑錄良苦辛。君能三往復，疏通益斷斷。要求櫝中珠，不拾燒後薪。本朝儒林盛，特立推寧人。讀書論其世，紀年一編陳（又著《顧亭林年譜》）。我思亭林叟，述作多精醇。煩君集其要，從可知迷津。近時考據家，墜葉同紛紛。餖飣適足厭，絕學誰則臻。今來得同志，斯道誠有因。我家慎交社，寂寞過百春。風流猶未沫，歎息懷先民。相期結時彥，友道從可振。可憐共貧賤，漂泊天涯身。儒冠顧悲唶，朱門望逡巡。但堅歲寒意，莫使磨而磷。短歌期君和，朔風滿郊闉。」〔註381〕著有《孝經集解》《逸周書注》《顧職方年譜》《子書考》《金石識小錄》《鄭堂讀書記》《四庫書存目附錄》《顧亭林年譜》《山茨詩錄》等書。鄭堂有《亭林年譜》，未刻，不審較張本詳略如何。此書無傳，甚可惜也。宋翔鳳《憶山堂詩錄》卷三《題周中孚亭林先生年譜後》：「甲子曾題古歲名，遺民風節挹還清。翻君一卷旁行譜，增我高山仰止情。」〔註382〕

〔註381〕 宋翔鳳：《憶山堂詩錄》卷三，《續修四庫全書》第 1504 冊。

〔註382〕 原注：「亭林先生一代遺民，舊君故國之思，溢於文詞，故其書古甲子及古
　　　　　地名，可以知其苦心，非好奇也。」顧炎武為近三百年學術史之中心人物，

生平事蹟見戴望《外王父周先生述》《兩浙輶軒續錄》卷二十七、《清儒學案・儀徵學案》《清史列傳・儒林傳下二》。

　　全書僅兩萬言，分五卷。中多評論學者著作之語，如曰：「前人編集，好採取自著大部書中之成篇者別立題目，羅列其間，以張大卷帙。即如《曝書亭集》重出《經義考》《日下舊聞》諸書案語及《靜志居詩話》之類。鄙意雅所弗尚，寧使文集之一覽易盡，不使著作之兩處互見也。或有改定，亦宜別記。嚴久能曰：『王文簡著述其復見者較多。』於竹垞，鄙意亦嘗疑之。」又曰：「王文簡《精華錄》出於門下士選定，文簡在日已刊行，故詩至庚辰而止，自辛巳以下十二年，蓋闕焉。然視全集，不過存十之四耳，後之注家，宜取全集箋釋之，庶有功前賢，嘉惠來哲不淺，乃惠定宇棟作《訓纂》，金林始榮作《箋注》，只為《精華錄》而設，此避難趨易，急於成名，均未當也。」又曰：「歸震川長於文而短於詩，夫人而知之也。汪堯峰酷愛其文，並及其詩，因撰《歸詩考異》一卷，刻入《鈍翁類稿》，此則誤用心思，不得著述之要領矣。」其評趙翼《陔餘叢考》之語頗多。如云：「《陔餘叢考》第二十五卷全襲《歷代建元考》，而分歸各類者，惟末附年號並稱一則，本《日知錄》而稍加擴充之。如此取盈卷表，不值通人一噱。」又云：「如此評史，真強作解事也。」又云：「豈暇議及不急之諡法哉！」又云：「趙氏誤也！」又云：「此皆文之失檢者。」又云：「趙氏反竊取之，且自詡為雖創論而實定論，直牀上安牀，屋下架屋耳。」又云：「捨前舉後，蓋偶記得後一語耳。」又云：「趙氏所云徒然妄生枝節耳。」又云：「趙耘菘，詞章之士，於經本無所得，其《陔餘叢考》首列考經四卷，大都取前人之說，改頭換面，即如考《易》，只有畫卦不本於河圖、《易》不言五行、河圖刻玉三則，全襲《易圖明辨》，其餘概可見矣。」幾乎溫酒斬華雄矣。於王鳴盛《十七史商榷》亦頗致譏評，如曰：「王氏割並其語，以證其唐以前惟三史三國之說，豈不睬目而道黑白乎？」又曰：「西莊以馮時行序、史照《通鑒釋文》極力推尊溫公反失其本旨，見《商榷》一百，不意躬自蹈之，所謂笑他人之未工，忘己事之已拙也。」又曰：「光祿曾不及之，所謂失之耳目之前者也。」乾嘉考據學者之批評語言充斥罵聲與戾氣，有如對敵宣戰之檄文矣。樸學家皆以為老子天下第一，待對手如敵國，復缺少雅量，何也？書中嘗引嚴久能曰：「江刻補誼於《白虎通》斥抱經先生為妄庸子，亦過也！」若以子之矛

對不同時期的學者產生了不同的影響。

陷子之盾，何如？小人不可使執史筆，落第舉子亦不可使執史筆。此輩戾氣太重，下筆如同三峽大壩洩洪矣！又有論詩文者，如論王、孟詩曰：「王詩秀，孟詩清。杜少陵《解悶詩》，於右丞則曰『最傳秀句寰區滿』，於襄陽則曰『清詩句句盡堪傳』。詩史品題，千古定論。」又曰：「凡詩集中載他人贈倡之作，當列於本人答和詩之前，他人答和詩之作，當附於本人贈倡詩之後，題目亦不得改削，唐人集皆如此，今人則一概附後，並將題目刪繁就簡，如贈詩、答詩、原倡、和作之類，非古法也。」又曰：「陶靖節詩祇百餘首，有唐王、孟、儲、韋、柳諸公，得其一體，無不名家，可知好詩不貴多也。」又稱：「子由誌坡公墓，但言其文得於莊，絕不及佛，使果有得於佛，則子由非理學中人，必不諱言之矣。而近世某鉅公，以為坡公之文得力於《華嚴經》，王阮亭本之作詩曰：『慶曆文章宰相才，晚為孟博亦堪哀，淋漓大筆千秋在，字字華嚴法界來。』詩之失誣，無足深論，而某鉅公之立說，不過藉以文其禪誦之陋耳。」張文虎稱其書考證膚淺，多人所已言。〔註383〕

此本據清光緒趙氏刻仰視千七百二十九鶴齋叢書本影印。

【附錄】

【趙之謙《鄭堂箚記跋》】以紀事纂言為己任，歿後其家鬻書他氏，並手稿棄之。此箚記為其外孫戴子高所得，之謙校讎梓行。

【續修四庫全書總目提要（稿本）35—10】《鄭堂箚記》五卷（仰視千七百二十九鶴齋叢書本），清周中孚撰。中孚字信之，浙江烏程人。嘉慶十八年副貢生。博聞強識，邃於目錄考證之學，居恒以紀事纂言為己任。嘗考諸史藝文、經籍，著為《鄭堂讀書記》，條最篇目，甄敘卷部……書中所記，均讀書有得之言。如論史遷以項羽為本紀，秦楚之際為月表，均本陸賈斷代為史，後人實為失體，班孟堅摘《論語》字改「河渠」為「溝洫」，《新唐書》改「經籍」為「藝文」，均不足盡義，實獨具卓識也。餘如駁鄭氏《石柱記箋釋三》以下菰城為春申君伐吳屯兵地，春申君距吳滅將二百年，安有伐吳屯駐事？杜牧之《邕府巡官斐府君墓誌》某娶裴氏實君之私，引《爾雅·釋親》女子謂姊妹之夫為私，《詩·衛風》譚公為私牧之泥古，男假女稱為失適，皆立言通正透達，餘率亦此類。惟間有援內典參儒書處，如以正《法華經音義》一霍然儵忽急戾之貌，解《文選·七發》霍然病已知霍，似嫌失案。然瑕不掩瑜，小

〔註383〕張文虎：《張文虎日記》，上海書店出版社，2009年版，第72頁。

疵可不論也。

【清儒學案・儀徵學案・儀徵弟子下・周先生中孚】周中孚，字信之，別字鄭堂，烏程人。嘉慶辛酉拔貢，受知於阮文達，拔入詁經精舍，佐輯《經籍籑詁》。同舍生後多貴顯，先生至道光癸酉猶應鄉試。同考官錢君，為辛楣少詹族子，得卷歎絕，力薦於主者。將列名，而對策用少詹答問，主者疑有私，置副榜第一，揭曉乃大悔，謝過。先生自是無進取意。客上海李旦，為定《藏書志》。復遊嶺南，主學使。歸卒於家，年六十四。著有《孝經集解》《逸周書注補正》《顧職方年譜》《子書考》《鄭堂讀書記》《金石識小錄》《鄭堂箚記》諸書。歿後無子，藏書稿本多散佚。《讀書記》凡百餘冊，體仿《提要》，意在為《四庫》之輔稿，為朱茮堂侍郎所得。今刊行七十一卷，於四部編次，分類不全，蓋傳鈔脫誤，非足本也。（參戴望撰《傳》、劉承幹《鄭堂讀書記跋》）

【清史列傳・儒林傳下二】周中孚，字信之，浙江烏程人。嘉慶十八年副貢生。博聞強識，邃於考證，以紀事籑言為己任。阮元修《經籍籑詁》，中孚與焉。著《鄭堂讀書記》，凡經十四卷、史二十二卷、子二十三卷、集二卷。又有《孝經集解》《逸周書補注》《金石識小錄》等書，皆佚不傳，惟存《讀書記》五卷。（見中華書局本第 18 冊第 5601 頁）

【外王父周先生述】先生周氏諱中孚，字信之，別字鄭堂，浙江湖州府烏程縣人。曾祖某。祖某。父某，為縣吏，有隱德，生子二人，長先生，次聚之先生，仕至奉化縣學教諭。先生幼有孝行，力於學。稍長，見《四庫書提要》，謂為學之塗徑在是，於是遍求諸史藝文志，考自漢迄唐存佚各書，以備搜輯古籍。而教諭君治詞賦，亦度其儔輩。阮文達公督浙江學政，先生兄弟並受知，以嘉慶元年選拔貢生。文達巡撫浙江，築學舍西湖以處浙中文學士，使修《經籍籑詁》，先生與焉。曾遊京師，識宋先生翔鳳，為刊正其著書十許事，宋大歎服。其後十數年，同舍生多貴顯，而先生屢應鄉試不中式。當道光初元，猶入試，同考官嘉定錢君，為少詹事族子，得先生卷，歎絕，力薦於主者，將列名，而先生策多用少詹事《答問》語，主者疑其有私，遂黜之，而置副榜第一。揭曉，始大悔，謝過。先生自是無仕進意矣。旋以冀兵備薦客上海李氏，為定其藏書志。復遊嶺南，主學使徐公，三載歸，卒於家，年六十有四，道光十一年某月日也。妻任孺人先卒，生女子子一。先生沒後，教諭君主婚歸先考，為繼室，即先妣也。妾生子二。先生著撰甚侈，

有《孝經集解》《逸周書注》《補正顧職方年譜》《子書考》《鄭堂讀書記》《金石識小錄》《鄭堂箚記》諸書。沒時，教諭君客山東，其次子不肖，以先生藏書及草本鬻諸他氏。朱比部為弼得其《讀書記》，云其體仿《提要》，有百餘冊。其《箚記》未亡，後歸諸望。餘書無可問者。兵亂後，望母黨俱盡，故於先生三世名諱及姚氏族弗可詳，且失其葬處。馮教授登府為先生傳。望嘗錄其文，而今亦亡，大懼名氏湮鬱，使九原悼痛，無以慰吾先姚，乃摭所聞，為述如右。時同治己巳秋也。（戴望《謫麐堂遺集》文二，《續修四庫全書》第 1561 冊）

【考證科】《日知錄》十九曰：「孔門弟子不過四科，自宋以下之為學者則有五科，曰語錄科。」案：語錄科近人恥不復為，而仍添一科，曰考證科。然考證之原出於《禮記》《爾雅》，尤尚修辭立誠之功，斯即目之為文學之科亦無不可。或漫將詩古文辭當四科之文學，見王道思《荊川集序》，則程子曾言游、夏所謂文學，固非秉筆學為詞章者。願當世才華之士勿輕詆焉。（《鄭堂箚記》卷一）〔註384〕

【藝文即經籍異稱】天下之水，河為大；古今之書，經為重。故言水利者曰「河渠」，志簿錄者曰「經籍」。孟堅摘《論語》中字，改「河渠」為「溝洫」，實不足以盡其義。後人竟不從之。若藝文即經籍之異稱，《舊唐志》稱經籍，《新唐》改為藝文，《通志略》稱藝文，《通考》改為經籍，《宋史》仍復為藝文，至皇朝敕撰《明史》亦不改。

【文藝末也】楊氏《丹鉛總錄》謂《漢·藝文志》所列儒家者流非所謂君子儒也，其以藝文名，猶曰「文藝末也」云爾。案：儒家類晏子、子思、曾子、漆雕子、宓子、魏文侯、公孫尼子、孟子、孫卿子、賈山、賈誼、河間獻王、董仲舒、兒寬、劉向諸家俱在其中，尚得謂非君子儒乎？至「文藝末也」出於《周子通書》，上有「道德本也」句，所謂文藝指辭章言之，與《漢志》名目迥別。志之藝字本指六藝文字，則並諸子、詩賦、兵法、數術、方技盡已在內，亦非只屬辭章。洵若楊氏所云，則將捨六藝而言道德，且驅古今一切之書俱以文藝之末概之矣。甚矣其慎也！

【秋夜書感】蕭齋秋雨後，寂寞一燈懸。短笛飄殘夜，疏砧搗暮天。自憐吟積瘦，深惜酒成顛。怪底西窗月，偏來照獨眠。

〔註384〕今按：《從語錄科到考證科》可以寫一部大書，聊記於此。

柿葉軒筆記一卷　（清）胡虔撰

　　胡虔（約1755～1825），字恭孟，一字洛君，號楓原，桐城人。嘉慶元年（1796）舉孝廉方正，賜六品頂戴。時陳方伯奉茲負人倫鑒，於海內文儒老學莫不識其姓字而知其所長。嘉慶紀元，詔舉孝廉方正之士，直省名單至，方伯與友人書曰：「皇衢大亨，賢人道長，特科妙選，竟得三君，東南人望，盡於此矣。」三君者，謂江蘇錢大昭可廬，安徽胡虔雛君，浙江陳鱣仲魚也。或曰：「安徽當以程瑤田易疇為第一，而胡君亞之。」時人歎為知言。〔註385〕一時傳為佳話，姚鼐亦有《為胡洛君題說經圖二首》云：「遺經殘缺在人間，已墜斯文不復還。一髮千鈞餘傳說，九州三子尚追攀。孝廉郡國同推舉，吳越溪山共燕間。若使老翁參坐論，頻遭奪席也欣顏。」「聞名吾未識錢陳，應是東南兩俊民。最憶半生同研席，獨誇胡子出風塵。文章經術元同貫，場屋徵車總致身。他日聖朝論白虎，三君誰是著通人。」謝啟昆撫粵西時聘主秀峰書院，又助謝氏撰《西魏書》《小學考》《南昌府志》《廣西通志》，助畢沅撰《兩湖通志》《史籍考》。清代文人代工之風較為盛行，高官之作多為幕客捉刀而成。自著有《識學錄》《戰國策釋地》《桐城志藝文目錄》等書。生平事蹟見見馬其昶《桐城耆舊傳》卷十、劉聲木《桐城文學淵源考》及《（光緒）重修安徽通志》卷二二三。

　　其書不足萬言，僅一卷，於史部、金石、地志等論說較有見地。如稱：「古人稱州郡必於所治之縣，如隋以後稱鄂州即知為江夏，其屬邑則不得被州郡之名，故晉沙羨不能稱武昌，自楊吳以武昌軍治江夏，而江夏乃得專武昌之稱。」又稱：「府縣志體例，本於史部之地理，而附益以傳記。專詳地理，若《太康地記》、朱育《會稽土地記》之類是也；紀載一方大事，若應思遠《汝南故事》、晉世朝《三輔故事》之類是也。郡縣沿革，若《並帖省置諸郡舊事》之類是也；星土之記，若《海中二十八宿國分》之類是也；疆界道里，若易祓《禹貢疆里廣記》之類是也；戶口田賦，若《元康六年戶口簿記》《元和會計簿》之類是也；風俗物產，若萬震《南州異物志》《陳留風俗傳》《隋諸郡土俗物產》之類是也；山川水利，劉澄之《永初山川古今記》、單鍔《吳中水利》之類是也；建置古蹟，若《列國都城記》《三輔黃圖》《洛陽宮殿簿》、羊衒之《洛陽伽藍記》、劉璆《京師寺塔記》、李彤《聖賢冢墓記》之類是也；藝文金

〔註385〕陳康祺《燕下鄉脞錄》卷十六「嘉慶紀元之孝廉方正」條。

石，若宋孝王《關中風俗》、劉涇《成都刻石總目》之類是也；人物有傳，若
《兗州先賢》《襄陽耆舊》之類是也；賢惠有傳，若劉向《列女》、杜預《女
記》之類是也；方外有傳，若劉向《列仙》、寶唱《名僧》之類是也；徵辟科
第，若《宋登科錄》《五代登科錄》之類是也；職官名宦，若《魏晉百官名》、
胡納《民表錄》之類是也；綴輯見聞，若《錢塘逸事》、龔明之《中吳紀聞》
之類是也；選錄詩文，若孔延之《會稽掇英》、程遇孫《成都文類》之類是也。
凡此皆各自為書，分門著錄，作地志者，合諸體例成一書，又必分諸書以還
各體，方為體備而用弘。」〔註386〕又記科舉事者，如稱：「明中葉以後，右文
輕武，武生三中鄉試，始予會試，吾家效賓公中隆慶庚午、萬曆癸酉、丙子三
武科，及會試，屢不第，蓋精神消耗於鄉試久矣，人材衰沮，宜張、李一亂，
而天下亡也。」

　　書前有道光十九年（1839）方東樹序。書中多有「損之按」，即方東樹
按語。後有民國五年（1916）趙詒琛跋，稱其名不著於江南，平生著述多他
人主名云云。葉昌熾以此書多考證輿地家言及志乘條例，近於實齋章氏之
學。〔註387〕然蕭穆《跋柿葉軒筆記四則》稱此記載乾隆初謝濟世詆毀朱子
《大學中庸章句》一條，事蹟未了，文氣未完，大抵未深悉此事原委之故。
〔註388〕今按，胡虔嘗閱亭林先生《肇域志》手稿，跋云：「字小如蠅頭，無
一率筆，每行夾註，旁縫之字尤精妙。」其學當受亭林之影響矣。

　　此本據上海辭書出版社圖書館藏民國五年趙氏刻《峭帆樓叢書》本影印。

【附錄】

　　【方東樹《柿葉軒筆記序》】胡虔，字雛君。父承澤，字廷簡，號蛟門，
雍正丙午舉人，己酉聘充山東鄉試同考官，庚戌成進士，授刑部主事，改山
西靈石縣知縣，有惠政，修堤防，河民稱為胡公堤。蛟門先生與先曾大考友，
晚始生君，故君年齒少，而行輩為長。先子少與君友，蓋攀以相接也。君少
孤，生母朱早卒，嫡母載教養以至成立。性至孝好學，刻苦自成，師事姚姬傳
先生。家貧，客遊為養。乾隆丙午，翁學士方綱視學江西，君在其幕，時南康

〔註386〕方東樹按：「此所列子目二十四，以《四庫提要》所論，則此猶為未備，然
　　　　　先生所修《廣西通志》序目實精覈可寶。」於此可見，方東樹是熟讀《四庫
　　　　　提要》的。其《漢學商兌》之矛頭也是指向《四庫提要》。
〔註387〕葉昌熾：《緣督廬日記鈔》卷十六。
〔註388〕蕭穆：《敬孚類稿》卷六。

謝公啟昆居憂在籍，因得與訂交。謝故學士門生也，其後謝官江南河庫道、浙江按察使，皆邀君至其署，惟任山西藩司，以道遠不獲同行，遂入秦觀察瀛幕。及謝調浙藩，以至巡撫廣西，自是君皆相從，與之終始焉。謝所纂《西魏書》《小學考》《廣西通志》皆出君手。嘉慶元年，恩詔保舉孝廉方正。時朱文正公為安徽巡撫，儀徵阮相國為浙江學政，同謝公首致書推薦，君以不與試，賜六品頂戴。先是，畢尚書沅督兩湖日，聘君纂修《兩湖通志》及《史籍考》等書。君平生撰述多他人主名，故己所私著罕卒業。嘗刻《識學錄》一卷，其餘殘稿散佚，盡為鄉里小生竊取去。今其家藏書手墨蓋無隻字存者。君為學勤勉，留心掌故，桐城道光新修邑志所載藝文目錄一卷，亦本君稿。君三子，長傳，少從先子受學，今老而旅困在粵，不能自振。仲子某，出嗣君弟，亦奔走無定在。少子某，依其婦家，在楚北數十年，未嘗返鄉梓。往年君仲子以君所著《柿葉軒筆記》一卷見示，損之抄而藏之，以君之著罕存也，輒代付梓，並撰君行歷，以傳學者。道光己亥四月，通家子方損之謹記。

【趙詒琛《柿葉軒筆記跋》】《柿葉軒筆記》一卷，桐城胡雛君先生撰。昔年余友江浦陳君珠泉得方氏刻本，擬重刻行世，遭亂乃止。余惜此書之罕覯也，因刻入《峭帆樓叢書》中。明君學問淵博，熟悉掌故，其名不著於江南，平生著述多他人主名。私著零種如《識學錄》，余幼時曾向君同鄉蕭敬孚先生借抄備刻。癸丑之亂，失去，今刻成《筆記》，而《識學錄》不知尚能再遇為之刻行否？不禁感慨繫之矣。丙辰夏六月上旬，崑山趙詒琛識於蘇城干將坊寓廬。

【續修四庫全書總目提要（稿本）13—592】是編為考訂經籍雜識掌故之屬，章節不多，皆有依據。熟於典章、地理，明於小學、聲韻，蓋其根柢甚深也。惟中間亦有欠斟酌者。南昌為郡，始於五代王勃《滕王閣序》，本作豫章故郡，《文苑英華》可證，後人妄改豫章為南昌，而虔竟謂子安誤用，是考之未審也。然此類或見聞未周，或疏於版本，非為大謬，不必以一眚掩其全書。

【續修四庫全書總目提要（稿本）15—699】《柿葉軒筆記》一卷（龍眠叢書本），清胡虔撰。虔字洛君，號楓原，桐城人。少勵於學，事姚郎中。生平勤於撰述。嘉慶丙辰舉孝廉方正，謝不與試。朱文達、阮文達諸公皆貽書推薦。是編為其考訂之作，凡四部中，涉有疑義，苟見聞有得，足資考證者，必一一為之釐正。其於史部、金石、地志等，論說尤極有見地，實足以發前人之所未發。書在《龍眠叢書》中。

【安慶府·人物志·文苑二·胡虔】胡虔，字雛君，桐城人。嘉慶丙辰舉孝廉方正。南康謝啟昆撫粵西時，聘主秀峰書院。其所纂《西魏書》《小學考》實資考訂。以疾歸，門下士多涕泣送之。所著多散佚，今存者惟《柿葉軒筆記》《識學錄》二書。〔《桐城縣志》〕（何紹基《重修安徽通志》卷二百二十三）

【道學為道家之學】道學為道家之學，毛西河辨之極明。按《太平御覽》引《道學傳》有杜京、潘洪、許邁、燕濟、鮑靚、王嘉、嚴遵、王遠、庚承先、薛玉、宗超、張裕、錢妙真、孟景翼、劉法先、張諡、陳景尚、桓闓、曹寶、嚴智、徐師子、任敷、陸修靜二十三人。張裕即道陵十二世孫也。今《道藏》洞真傳記中無道學傳，蓋自被宋人以道學之名而道學隱矣。（《柿葉軒筆記》）

【戴震對策甚空】戴東原震數應禮部試，分校者爭欲致之門下，每於三場五策中物色之不可得，既乃知其對策甚空，諸公以戴淹雅精卓，殆無倫比，而策則如無學者，大是異事。錢辛楣詹事曰：「此東原之所以為東原也。」戴中壬午江南鄉試，年四十矣，出青田韓錫祚房，其文詰屈，幾不可句讀。後以徵修四庫書得庶吉士，時同徵五人，東原及邵君晉涵、周君永年、余君集、楊君昌霖皆入翰林。（《柿葉軒筆記》）

【名家制義之偽】俞長城選名家制義，首載北宋二人、南宋五人：王荊公、蘇潁濱、楊誠齋、陸象山、陳君舉、汪立信、文文山，共七人，其文雖不類近代所為八股，然終不知其錄自何處，且盡「四書」中文，亦不似宋人所為，蓋後人偽託，而桐川誤採之也。明朱方，字良矩，浙江永康人，正德甲戌進士，官雲南參政。刻《經義模範》，文凡十六篇，內惟張才叔《自靖人自獻於先王》一篇見《宋文鑒》，張才叔《乃遇汝鳩汝方作汝鳩汝方》《惠迪吉》《巢伯來朝芮伯作旅巢命》《異畝同穎獻諸天子》《念哉聖謨洋洋》《恭默思道》二句，姚孝寧《反復其道》二句，吳師孟《章子有一於是乎》，張孝祥《作歸禾作嘉禾》《我見舅氏如母存焉》，姚孝寧《聖人亨以享上帝》《利用賓於王》，張孝祥《我心之憂》二句、《歸馬於華山之陽》二句，俾以形旁求於天下。其十五篇，余亦不知所本。王廷表作序稱方得自楊升庵，則真偽猶未敢定也。《明志》有楊慎《經義模範》一卷。（《柿葉軒筆記》）

今按：此篇可參考文淵閣《四庫全書》本卷首提要：《經義模範》一卷，不著撰人名氏。前有王廷表序，稱嘉靖丁未訪楊升庵，得《經義模範》一秩，

乃同年朱良矩所刻云云。考廷表為正德甲戌進士，是科題名碑有朱艮、朱敬、朱裳、朱節、朱昭、朱方六人，未詳孰是。以字義求之，殆朱方為近乎？方，浙江永康人，其仕履亦未詳。所錄凡宋張才叔、姚孝寧、吳師孟、張孝祥四人經義十六篇，其弁首即才叔《自靖人自獻於先王》一篇，呂祖謙錄入《文鑒》者也。時文之變，千態萬狀，愈遠而愈失其宗，亦愈工，而愈遠於道。今觀初體明白切實乃如此。考吳伯宗《榮進集》亦載其洪武辛亥會試中式之文，是為明之首科，其所作與此不甚相遠，知立法之初惟以明理為主，不以修詞相尚矣。康熙中，編修俞長城嘗輯北宋至國初經義為一百二十家稿，然所錄如王安石、蘇轍諸人之作不能盡知所自來世，或疑焉。此集雖篇帙寥寥，然猶見經義之本始，錄而存之，亦足為黜浮式靡之助也。乾隆四十六年五月恭校上。

又按：王廷表《經義模範序》云：丁未冬，表訪太史楊升庵得《經義模範》一帙，乃同年朱良矩所刻也，退觀之，義凡十六篇，《易》義二篇，為姚孝寧，餘篇則蜀先賢廣安張才叔、中江吳師孟、簡州張孝祥也。夫經義盛於宋，張才叔《自靖人自獻於先王之義》，呂東萊取之入《文鑒》與古文並傳，朱文公每醉後口誦之，至與諸葛武侯《出師》二表同科。我成祖文皇帝命儒臣纂集《尚書大全》，以其義入注。經義之盛，無逾此篇。選者以此特軋卷首，有見哉。其餘十五篇，皆稱是蓋出於胸臆之妙，非口耳剿說如今之套括也。臨安大邦伯左綿東崖胡公屬表序而重梓之，非惟表蜀之先賢，抑惠我滇後學之盛心乎？敬序以復於公云。嘉靖丁未十二月立春日，鈍庵王廷表序。

【地志有三重】地志有三重，曰圖，曰沿革，曰掌故。若名勝古蹟，則詩人文士之所資耳，無關典要也。○損之按：地志分圖、表、志、傳，雖昉於宋人，體裁實善，蓋如此乃可與史家相應，故自景定後遂為後來郡縣志不易之良法。韓五泉《朝邑志》任意分合，凌亂杈牙，未有所本，以為法孟堅與？則皆當總志，而風俗、物產等六篇又何以分也？當日《朝邑》與《武功》並稱，即對山之序亦盛推之，而《武功志》例已迥與《朝邑》不侔。向使坐二人於側而質以當何從吾，恐二人亦交相疑也。夫《朝邑》之奇，在為書簡而文法高古，故可貴；《武功》雖有名，而實不逮之。論者稱《武功》義例分明。夫地志最重者圖，其要尤在沿革，《武功》皆闕之，而以祠祀為一大門，其《官師志》又獨為校官多立傳，師心妄作，輕重失倫，不知此為何等義例也。要之，對山非文家文律之不知，況史例乎？五泉文筆雖佳，而於史

例亦未譜，世俗譽於盛名，相與推之，非篤論也。雖然，以二家較之，猥鄙下劣俗筆，則固足賢矣。又按：志乘之書，當紀人物，故有列傳，而其傳多即採之列代正史。若夫寫州下邑，其地無人物可紀，亦必採其懿美者為之私傳，體亦宜之。若夫古文章作家法，不得為達官立傳，懼侵史官權也。間有為者，類皆畸行異節、山林枯槁及女婦、圬者之流而已。志乘之書須兼斯例，又地志古謂之圖經，其來最遠。謝莊、裴秀特踵為之新意耳。《禹貢》之導山水，脈絡源流約略可考，然水之分合支派易見。故《水經》以下作者甚眾，山則重巒複嶺，崎嶇險阻，登陟最難。其支干起訖，惟土人知之，士大夫之生於其鄉者不盡習也，惟重以朝命，令天下州縣各詳其所在山鎮岡陵，副以川流，《考工記》所謂兩山之間必有川焉，分晰繪圖，詳說上之戶部，匯輯為書，以昭大一統之盛，亦宇內必不可少之書。周書昌《歷城志》所載山水，體裁可法。（《柿葉軒筆記》）

【廣學篇】又桐城胡虔，字洛君，為《廣學篇》，謂：「國朝通儒碩學，鑒宋人之失，義不敢臆造，語必有據依，疏通證明，以求本始，洎漢以來說經之盛軌矣。乃風會所趨，言不問是非，人惟論時代，近不妨棄其精華，古則必珍其糟粕，以為去聖未遠，自有所受。夫以子夏之學，傳為田子方、吳起，彼二子之言，果聖門之緒論乎？且推崇叔重，詡屬紫陽，幾於萬口一聲。而撰述之體，博引繁稱，以多為貴，一字之偏旁，音訓動輒千言。以古準今，事窮則變，不數十年，知必有厭倦而更張之者矣。」胡以嘉慶元年舉孝廉方正，年世與汪相若，議論亦相似。胡氏曾遊鄂，與章實齋同修《湖北通志》，相交契，宜其識議及此也。（錢穆《中國近三百年學術史》，商務印書館 1997 年版，第573 頁）

拜經日記十二卷 （清）臧庸撰

臧庸（1767～1811），本名鏞堂，字在東，又字東序。後易名庸，字用中，一字西成，號拜經，武進人。以縣學生為國子監生。阮元編纂《經籍籑詁》《十三經注疏》，多所襄助。沉默敦重，天性孝友。遵父命，續其高祖臧琳將絕之學，修身著書，並見於世。與弟禮堂，俱師事盧氏文弨。在蘇州，從錢氏大昕、王氏昶、段氏玉裁講學術。阮文達督逝學，延至杭，助輯《經籍籑詁》，後復補訂《籑詁》，校勘《注疏》。其為學根柢經傳，剖析精微。

著有《拜經堂文集》。〔註389〕生平事蹟見《清史稿・儒林傳》《清史列傳・儒林傳》《文獻徵存錄》卷三、陳鴻森《臧庸年譜》。阮元《揅經室集》二集卷六有《臧拜經別傳》，桂馥《樸學齋文錄》卷四有《亡友臧君誄》。

臧庸擬《經義雜記》為《拜經日記》八卷。《日記》所研究者，一曰諸經今古文，二曰王肅改經，三曰四家《詩》同異，四曰《釋文》義疏所據舊本，五曰南北學者音讀不同，六曰今人以《說文》改經之非，七曰《說文》訛脫之字，而於孔孟事實考之尤詳。王念孫亟稱之，用筆圈識其精確不磨者十之六七。王引之《臧禮堂小傳》亦稱：「兄庸為漢學，討論精悍，所著《拜經日記》，當世通儒稱道之不衰。」〔註390〕

《書目答問》著錄此書於儒家類考訂之屬。周中孚稱其撰此書，專於發揮經義，推見至隱，直使讀者置身兩漢，若親見諸家之說者；其餘泛論學問無關於經義者，亦皆窮源竟委，鉤貫會通，與其高祖所著《經義雜記》堪後先繼美。〔註391〕然劉咸炘云：「葉煥彬謂：『臧琳《經義雜記》全與乾嘉諸儒所著書相類。』方東樹謂是鏞堂竄亂。余則謂直是鏞堂一手改定。閻《序》不見於《潛丘札記》附刻詩文內，其為偽託又無可疑。鏞堂《拜經日記》體例與此如出一手。」〔註392〕

此書有學海堂《皇清經解》八卷本、光緒十年費氏所校十二卷清抄本。此本據北京大學圖書館藏清嘉慶二十四年拜經樓刊本影印。

【附錄】

【臧庸《拜經日記自序》】鏞堂自知固蔽，不敢妄作。懼家學日漸廢墜，辛亥，校訂高祖玉林先生《經義雜記》成，不量其力，思克紹先德，遇一隙之明，簪筆書之，久而匯錄，題曰《拜經日記》，以就正有道。「拜經」為余隨所居室，輒以名焉者。時乾隆甲寅仲夏，鏞堂識於武昌督署。

【王念孫《拜經日記序》】臧子用中，常州武進篤學士也。余曩官京師時，已聞用中名，而未識其面。歲在甲子，余官山東運河道，用中過余廨舍，而余他往，不獲見。去年，余官直隸永定河道，用中又過余，相見甚歡。及余罷

〔註389〕丁喜霞：《臧庸及拜經堂文集整理研究》，中國社會科學出版社，2016年版。書後附錄《臧庸年譜》。
〔註390〕王引之：《王文簡公文集》卷四。
〔註391〕周中孚：《鄭堂讀書記》卷五十五。
〔註392〕劉咸炘：《內景樓檢書記》，《推十書》子類第437頁。

官，養疴都下，與用中所居相去數武。晨夕過從，而益以知其人之樸厚、學之精審也。用中紹其先玉林先生之學，撰《拜經日記》十二卷，考訂漢世經師流傳之分合、字句之異同、後人傳寫之脫誤、改竄之蹤跡，擘肌分理，剖豪析芒，其可謂辨矣。《日記》所研究者，一曰諸經今古文，二曰王肅改經，三曰四家《詩》同異，四曰《釋文》義疏所據舊本，五曰南北學者音讀不同，六曰今人以《說文》改經之非，七曰《說文》訛脫之字，而於孔孟事實考之尤詳。若其說經所旁及者，叔孫《禮記》、南斗文昌之類，皆確有根據，而補前人所未及。夫世之言漢學者但見其異於今者則寶貴之，而於古人之傳授、文字之變遷多不暇致辨，或以為細而忽之。得好學如用中者，詳考以復古人之舊，豈非讀經之大幸哉？讀《日記》畢，爰舉其犖犖大者以為之敘。至於逐條分見，有補於經者甚眾，蓋不暇一二數云。歲在辛未六月望日，高郵王念孫序。（王念孫《王石臞先生遺文》卷二）

【阮元《拜經日記序》】臧君西成，以通儒玉林先生之後，而出於盧抱經學士之門，著有《拜經日記》一十二卷。歲在辛未，君以疾卒於京師，聞者莫不歎惋。是時天下方治古經學，君以布衣短褐，躬行學古，得與錢莘楣少詹、王懷祖觀察、段茂堂大令遊，大江南北學者稱之。以余所見於西成者，其所採輯、著述甚富，《日記》一書，為說經之士所欲先睹者也。臧君發揮經義，推見至隱，直使讀者置身兩漢，若親見諸家之說者。余錄遵存篋中，亦十載於斯矣。今歲庚辰，其子相來粵，出其家傳之本相校，以授諸梓。其他著述，則有待於來者。爰書其始末而為之序，讀是書者，可見其家學之淵源、師友之受授，且以求君之學與行也。

【許宗彥《拜經日記序》】嘉慶二年，宗彥始識武進臧君拜經於仁和孫侍御坐上。拜經沉默敦重，坐作發八勢，出言必根據經傳，心甚異之。既知為玉林先生玄孫，夙受業盧抱經學士，淵源師法並盛。讀書日有課，天時人事弗少間，篤志蓋出常人遠甚。家素貧，衣食於毫素。自嘉慶至今十餘年中，儀徵阮雲臺師一為學使者，再持節巡撫浙江，每有纂撰，必延拜經主之，故拜經客杭最久。宗彥性疏懶，又於經史僅通大義，辨其章句文辭而已，遇沉思、銳力、果斷之士議論，憚相往復，故與拜經交最久而跡頗疏。然每念好學深造者，輒首拜經，謂如皇侃、熊安生，當求之唐以上也。今年冬，拜經將歸常州，示宗彥《日記》三冊，使之為序，則知拜經學益邃。經子疑義、誤字，他人不能措意者，獨能毛舉件繫而梳節之，持論自闢窔奧，彌不同於人。夫人

情莫不樂同而忌異，以拜經之不同於人，則慮人之莫知拜經也。夫學問難矣，有求異而實未嘗異者，有好同而實未嘗同者；或同於人矣，而人卒莫能同之；或異於人，人亦因而異之。君子為學，惟其理之是而已，同異不足言也。宗彥所趨向與拜經亦自不合，而拜經使序其書，得毋以其小異流俗而進之耶？夫以拜經淵源師法如彼，研精覃思如此，積數十年所得而筆之書，其精粗之數固非宗彥所能辨別，士有篤學與拜經等者，必能識之而嗜之矣。嘉慶十四年長至日前十日，德清許宗彥序。

【莊述祖題辭】大著旁通曲證，精之至矣。鄙意欲裒集其精覈有關於一字一義者為一書，其餘泛論學問、無關於經籍者，或可割愛。論韻四卷，或另為編次。未知用中以為何如。己巳季冬，莊述祖識於蒙泉書屋。

【許宗彥題辭】近日說經之士膚受目論，不待言已。其博而篤者，亦多不能通貫全經，出論時得時失。在東此書，任舉一義一字，皆於經學之本源、經師之受授，會通而暢其說，使讀者若置身於兩漢，親見諸家之本者，其勿可及也已。戊午三月，德清許宗彥識。

【清史稿·儒林傳】玄孫庸，本名鏞堂，字在東。與弟禮堂俱事錢塘盧文弨。沉默樸厚，學術精審。續其高祖將絕之學，擬《經義雜記》為《拜經日記》八卷，高郵王念孫亟稱之。其敘《孟子年譜》，辨齊宣王、愍王之訛，閩縣陳壽祺歎為絕識。又著《拜經文集》四卷、《月令雜說》一卷、《樂記》二十三篇注一卷、《孝經考異》一卷、《子夏易傳》一卷、《詩考異》四卷、《韓詩遺說》二卷、《訂訛》一卷、《校鄭康成易注》二卷。其輯《子夏易傳》，辨此傳為漢韓嬰作，非卜子夏。其《詩考異》大旨如王伯厚，但逐條必自考輯，不依循王本。庸初因寶應劉台拱獲交儀徵阮元，其後館元署中為多。元寫其書為副本，以原本還其家。嘉慶十六年，卒，年四十五。

【清儒學案·玉林學案下·玉林家學·臧先生庸】臧庸，本名鏞堂，字在東，一字西成，號拜經，一號用中。玉林玄孫。父繼宏，業賈。先生沉默敦重，天性孝友。遵父命，續其高祖將絕之學，修身著書，並見於世。與弟禮堂，俱師事盧氏文弨。在蘇州，從錢氏大昕、王氏昶、段氏玉裁講學術。阮文達督逝學，延至杭，助輯《經籍籑詁》，後復補訂《籑詁》，校勘《注疏》。其為學根柢經傳，剖析精微，擬《經義雜記》，為《拜經日記》八卷。王氏念孫亟稱之。其敘《孟子年譜》，辨齊宣王、愍王之訛，陳氏壽祺歎為絕識。又著《拜經文集》四卷、《月令雜說》二卷、《樂記二十三篇注》一卷、《孝經考異》

一卷、《子夏易傳》一卷、《詩考異》四卷、《韓詩遺說》二卷、《訂訛》一卷、《盧植禮記解詁》一卷、《爾雅古注》三卷、《說文舊音考》三卷、《蔡邕月令章句》二卷、《王肅禮記注》一卷、《聖徵論》一卷、《尸子》一卷、《賈唐國語注》一卷、《蕭該漢書音義》二卷、《校鄭康成易注》二卷。先生初因劉氏臺拱獲識阮文達，其後館文達署中為多。文達寫其書為副本，以原本還其家。嘉慶十六年卒，年四十五。

【臧庸】臧庸，字拜經，初名鏞堂，沉默樸厚，學術精審，著《拜經日記》十二卷、《拜經堂文集》四卷，又嘗輯《月令雜說》一卷、《孝經考異》一卷、《樂記二十三篇注》一卷，又輯《子夏易傳》一卷、《詩考異》四卷、《韓詩遺說》三卷、《訂訛》一卷、《盧植禮記解詁》一卷、《爾雅古注》三卷、《說文舊音考》三卷、《蔡邕明堂月令章句》二卷、《王肅禮記注》一卷、《聖徵論》一卷、《帝王世紀》一卷、《尸子》一卷、《賈唐國語注》一卷、《蕭該漢書音義》二卷、《校鄭康成易注》二卷〔見遺書〕，皆有補於經〔王念孫序〕。其輯《子夏易傳》，辨此傳為漢韓嬰所作，非卜子夏〔見遺書〕。庸弟禮堂以孝聞，大學士朱珪稱之早卒〔朱珪《知足齋文集》〕。著《說文引經考》二卷。(《揅經室集・續二集》)

【臧拜經別傳】拜經姓臧名庸，字西成，又字拜經，本名鏞堂，武進縣人。父繼宏，業賈。康熙間，有與閻百詩同時老儒玉林先生名琳者，拜經之高祖也。乾隆五十四年，餘姚盧學士文弨主常州書院，拜經往受經學，抱玉林先生所著《經義雜記》質於學士，學士驚異之，於校《經典釋文》中多引其說。五十八年，在蘇州從嘉定錢少詹大昕、青浦王侍郎昶、金壇段縣令玉裁講學術，錢公、王公薦拜經於湖廣總督畢公沅，授其孫蘭慶經。嘉慶元年歸，丁父艱。二年，元督浙江學政，延拜經至西湖，助輯《經籍籑詁》。三年，《籑詁》成，拜經至廣東南海縣校刊於板，而臧氏《經義雜記》諸書亦以是時刊成之。五年，元巡撫浙江，新闢詁經精舍於西湖，復延拜經至精舍補訂《籑詁》，校勘《注疏》。七年，歸常州。九年，入京應順天甲子鄉試，王伯申侍講引之、桂香東侍講芳皆引重之。桂侍講命其弟桂菖從之學。秋試，房考吳美存編修其彥薦其文，主司抑之。十一年，南歸，過揚州，伊墨卿太守秉綬延修《廣陵圖經》。十二年，復應元招至杭州，讀書於北關署中。十四年，歸里，病。十五年，復應順天庚午鄉試，不中式。吳編修延之修中州文獻書。十六年，復病，七月，卒於吳氏館，年四十有五……其為學，根據經傳，剖析精微，德清

許周生兵部宗彥謂其好學深造，如皇侃、熊安生，當求之唐以上也。所著之書，擬《經義雜記》，為《拜經日記》八卷，高郵王懷祖先生念孫亟稱之，用筆圈識其精確不磨者十之六七……元初因寶應劉端臨臺拱獲交拜經，十年之間，於我乎館者為多。卒之後，元寫其所著書為副本，以原本還其家，敘玉林先生入《儒林傳》中，而以拜經附焉。顧儒林為國史，文體宜簡，乃復述所未盡者為別傳，以告後之學人，且致其哀悃云爾。（阮元《揅經室集》二集卷六）

【亡友臧君誄】武進臧君歾於京師，余方遊冀州，逾月知耗。念自交契星回歷七，君以學問益我，以手足愛我，非尋常之相與，能不痛哉！今夏四月，君方病瘏，余往問之，當在床第，編校未休，因出少時所校《月令》《樂記》二篇，屬余審視。余以二篇之意勸之曰：「足下抱病，而好學不輟，或者朝聞之意乎？然《月令》順陰陽，候天氣，《樂記》言合生氣之和，故吸新吐故，陰陽之藏也，進退步趨，剛柔之節也。養生者，乃儒者之要道，非道家之曲說。足下誠銳精覃思，亦宜休息隨時，養其氣，所以舉萬事，存其身，所以集令名。」君得余書，時以沈困答以難愈，遂以嘉慶十六年七月癸卯卒於京師之逆旅。昔歲乙丑，余往貴州，以書別君，君覆書曰：「努力此別，誠恐骨肉委同草露，身後之文則以相託。」雖余之譾陋，得交於君，而素不善文，即作之，亦何益損？然君之手札七年以來猶在囊篋，念其相知，適益余悲，又安得不為君誄乎？君名庸，字西成，原名鏞堂，以縣學生為國子監生，年四十五。其友長洲宋翔鳳為之誄曰：義緯在天，江河在地，人思不滅，乃有名字。吁嗟吾友，弱年勵志。手抱篇策，跡在闤肆。性命古文，糞土時議。當其一得，即有獨至。窮原得根，稽同核異。異彼冥行，索塗摘埴。名動鄉曲，學求大師。盧君講授，高足相隨。劉向校藝，楊雄識奇。君從修定，見跋不疲。縶余伯舅（葆琛先生），絕學是追。說字解經，非世所知。君之得力，往往在茲。著作初就，矯矯冠時。《尚書》家學，五十六篇。忍饑閉門，心孤力專。伯叔□□，遺經遂傳。北海《論語》，散如秋煙。拓遺茵缺，細別精研。世之善本，惟此一編。字無亥豕，書積丹鉛。……拜經日記，過從頻讀。諧聲轉注，發蒙起覆。宿儒首肯，後學心服。充君志趣，心力耳目。然疑皆定，往詁可覆。君之功勳，在彼卷軸。君之地位，躒孔陵陸……鴻儒易失，議論誰堪。著作千古，同心兩三。涼臺已至，寒雨相兼。一鉦寒館，和墨書縑。日言與行，憾無芥纖。清風自今，留為後談。（宋翔鳳《樸學齋文錄》卷四）

【許顗經籍題跋·拜經日記書後】《拜經日記》十三卷，武進臧鏞堂撰。

鏞堂一名鏞，又名庸，字在東。是書考訂異同，分別源流，辨正俗誤，體例與其高祖琳《經義雜記》相仿，世多疑其剿襲，然其中明引《雜記》及琳《困學鈔》，又辨取琳書。考周壽昌《思益堂日記》載陶梁云「彭甘亭謂人曰：『臧在東學問，祇在衣箱子裏。』蓋在東先人故老學，所著述未刊行，臧出輒載其先世稿於行篋中，人或有所質，臧必閉戶發篋，詳閱而後能對。」云云，疑者殆即本此。實則《雜記》後由鏞堂刊行，當時王昶幕中相輕薄之言，奚足據也。茲但以書論，如據《七略》以子夏《易傳》為韓嬰作，據《別錄》以《王制》為非漢人作，據《呂覽》「命大尉」作「命火封」，以《月令》為非秦制，及以「苟日新」為《說文》苟部「自急敕」之苟，與艸部「苟」字不同之類，俱極精確。惟謂「蔡邕《石經儀禮殘碑》同此今《禮》」，則鄭注所云「今文」者，為小戴所傳高堂生之本，熹平所定石經，自有兼取今、古文，非鄭之所稱「今文」本，乃以為可以論他經，不可以論《儀禮》，殊失之偏。謂孔疏引《論語》「是月」之文以證「是月禫」，義至允協，則《檀弓》「是月」，「是」與「寔」通，「寔月」即「實月」，言實足一月，蓋蒙上「祥縞」為義，與《論語》「是日哭」之文無所繼者不同。謂「先之以子夏」，「夏」為「貢」字之誤，則《論語·先進》篇四科十人，本合上文「從陳、蔡」為一章，《釋文》所引鄭本可證，當時有子夏、冉有甚明，安得謂陳、蔡之厄無子夏。其時子夏年十九，申之以冉有者，或亦因其年少而申之，然亦第有是意而曾未見諸行事，故謂之「蓋」。蓋者，未定之詞，必以史不言子夏之楚，遂疑子夏為子貢之訛，則史亦不言冉有之楚，而冉有又係何人之誤？更未免進退失據。謂「《左傳》為姓邱名明作」，則左姓、邱明名，段玉裁《經韻樓集》有《代禮部駁山東巡撫請以邱姓人充先賢左邱明後博士議》，考證最為詳竅，可悟其失。謂「《孟子》七篇為自著」，則篇中諸侯多繫以謚，不應其時俱薨，恐未免全出手定。凡若斯類，均屬可議。張澍《養素堂集》有《與鏞堂書》，但辨其「段干木姓段」一條；劉恭冕《何休注訓論語述》但辨其「《公羊》注引瓜祭為後人誤改」一條，猶未盡也。然其書創通大義則不足，研求古義則有餘，在漢學中要自名家。朱一新《無邪堂答問》，乃與惠棟《九經古義》同譏，謂「掇拾前人棄置不用之說，其所推衍，亦罕精罕」，未為定論。李慈銘《桃華聖解盦日記》云：「其言《詩》之『不吳不敖』及『不吳不揚』，鄭箋本皆作『不娛』，《禮》之『寡人固不固』，鄭注本作『固固焉』，以焉字屬上句讀。《詩》有《釋文》可據，《禮》有《正義》可據，今本皆為王肅說所亂。其論甚確，而盧氏《經典釋文

考證》、阮氏《十三經校勘記》皆不從之，以兩公之素重拜經，又皆身與其事，尚各執所見如是。」蓋亦深有取於其書矣。(《續四庫提要三種》第 652～654 頁)

【姚刑部論文】荀子之文，精實古質處誠可貴，然以變化不測、駿偉縱橫論之，則去孟子遠矣。故昌黎、老泉論文專推孟子，鮮言及荀也。須知孟、荀文各有佳處可學，又須知荀之遠不逮孟子。此二者，放文事思過半矣。《荀子》〈勸學〉〈禮論〉皆是絕好文字，以論學數典為上，不嫌近平實。文家須相題擇所師法。若至孟子，則無所不有，加致為臣無或乎王之不知自范之齊，此等直是羚羊掛角無跡可尋矣。非謂此便盡孟子之妙，但妙處可由此參入。不解此妙，便只是能作老實文字者耳。學問有義理、考證、文章三端，上二端只是一味老實，終是一病也。姚鼐記。(光緒十年費氏所校十二卷清抄本，國家圖書館出版社 2011 年影印版第 471～472 頁)

今按：姚鼐《述庵文鈔序》云：「余嘗論學問之事，有三端焉，曰：義理也，考證也，文章也。是三者，苟善用之，則皆足以相濟；苟不善用之，則或至於相害。今夫博學強識而善言德行者，固文之貴也；寡聞而淺識者，固文之陋也。然而世有言義理之過者，其辭蕪雜俚近，如語錄而不文；為考證之過者，至繁碎繳繞，而語不可了當。以為文之至美而反以為病者，何哉？其故由於自喜之太過，而智昧於所當擇也。夫天之生才，雖美不能無偏，故以能兼長者為貴，而兼之中又有害焉。豈非能盡其天之所與之量，而不以才自蔽者之難得與？」二文可以互相參證。

蕙櫋雜記一卷 （清）嚴元照撰

嚴元照（1773～1817）[註393]，字修能，號悔庵，又號蕙榜，歸安（今屬浙江湖州）人。元照生而識字，四歲能作大書，八齡據案作諸體書，求書者盈戶外，江南以為奇童。性倜儻，不樂市井。其父藏書數萬卷，遇宋元槧本，不惜重價購之。元照既長，延名師督課，舉業之外，兼及群籍。元照既入膠庠，頗負文名，其父又曰：「博而不精，非學也。士以通經為本，窮經必通訓詁，而文字聲音則又訓詁之所由出，捨古訓而以意說經，大道之多岐必始此矣。」元照遵父訓，於是有《娛親雅言》之作。每辯論古義，必進質

〔註393〕彭喜雙：《嚴元照生卒年考辨》，《湖州師範學院學報》2008 年第 5 期。

於父，而後筆之。遇有排擊先儒過當者，則又誡之曰：「辨而爭勝，非學也。議論深刻，非徒招忌，亦恐損福，不願汝曹傚之也。」元照以高材生，試行省屢躓，人或以為病，父則曰：「窮達自有命耳。古人以少年登科為不幸，姑盡其在我可矣。」元照不過貢生而已，早即絕意仕進，致力經傳，於聲音訓詁之學多所闡發。著有《爾雅匡名》《悔庵學文》《柯家山館詩集》《詞集》等書。生平事蹟見《清史稿》卷四八二、《清史列傳》卷六十九、《國朝耆獻類徵》卷四二二、錢大昕《嚴半庵墓誌銘》、許宗彥《三文學合傳》及《兩浙輶軒續錄》卷三〇。

全書僅萬餘言，多涉及重大學術論題，如論朱子之學曰：「朱子之學，由博反約，非空談性理者也。而學朱子之學者，往往流於空疏。予最重王深寧、黃東發兩公所著書，是真能誦法朱子者，學者不可不留意也。」準乎此，又論毛奇齡駁難朱熹曰：「有宋諸儒，自元以後，最尊奉朱子，駁難者雖亦不少，顧未有若毛西河檢討之甚。檢討著《四書改錯》一書，攻訐朱子。向刻《西河合集》中，後懼禍抽出，余曾一見。其書深文醜詆，不遺餘力。盧抱經學士嘗曰：『微論其所言非也，即其氣象已迥與儒者不侔矣。』斯定論也。」又論陸王心學曰：「象山、陽明之學，說者謂近於禪，誠是。而世之人同儒、釋者，輒喜援其語以為證，則學者之過也。獨不觀蓮池尊者《竹窗隨筆》乎？其言曰：『新建創良知之說，是其識見學力深造所到，非強立標幟，以張大其門庭者，然好同儒、釋者，謂即是佛說之真知則未可。』又曰：『《孔叢子》云：「心之精神是謂聖。」楊慈湖平生學問以是為宗，然更淺於良知，均之水上波耳。尊者剖判真確，絕不假借，凡改頭換面，以簧鼓眾聽者，皆尊者之罪人也。』」又論禪解《中庸》曰：「大慧杲禪師論《中庸》云：『天命之謂性，便是清淨法身；率性之謂道，便是圓滿報身；修道之謂教，便是千百億化身。』此與張子韶之甥難問而發，子韶作《中庸解》，首標此說，朱子曾力闢之，蓮池尊者《竹窗三筆》云：『妙喜一時比擬之權辭，非萬世不易之定論，作實法會則不可。』予謂尊者，卓見實非子韶可及。」又論援儒證佛曰：「儒名而墨行者，喜援儒書以證佛語，亦不足深怪，但不可故為割截以逞其私見，羅舉人台山《答汪大紳書》云：孟子教學人切實下手處，祇『必有事焉而勿正心』一語，當下便是不生不滅本體，此非故為割截乎？《大學》明言『欲修其身者，先正其心』，孟子奈何教人勿正心乎？」此外論漢字曰：「諧聲之字，六書中最多。有字本會意而聲亦近者，則云從

某，某亦聲。」今按，漢字以會意兼形聲字居多，此例觸及漢字性質之根本，漢字既非會意字，亦非形聲字，而是會意兼形聲之象意字（吾友師領稱之為「象神字」）。書中又有論辨偽之語，如稱：「慈相寺在德清北門外，有半月泉，泉上刻東坡五絕一首，實偽作也。近湯緯堂《炙硯瑣談》曾辯之，予見壁間有宋人草書，斷碑奇逸可喜，又有徐波詩石刻，惜無好事者磨搨之。」又稱：「《千字文》云：『孟軻敦素。』未詳敦素所出，蓋《孟子外篇》語也。興嗣梁人，當及見其書。今所傳者乃偽書，丁小雅教授曾作疏證辨之。」又稱：「鄭所南《心史》明末始出，顧亭林有詩記之。然此實偽書也。閻百詩謂是姚士粦叔祥所撰，見《尚書古文疏證》卷五上第六十九條下。閻云聞之曹秋岳，當非妄語。」今按：《心史》並非偽書，元照未免隨人說短長矣。

此書有新陽趙氏叢刊本、《峭帆樓叢書》本。此本據國家圖書館藏清勞權抄本影印，書前有殘缺。

【附錄】

【清儒學案·鐵橋學案·鐵橋交遊·嚴先生元照】嚴元照，字修能，號九能，歸安人。諸生。治經史務實學，見知於朱文正、阮文達二公。絕意進取，居石冢村，築芳葦堂，聚書數萬卷，多宋、元槧本。著《爾雅匡名》八卷，旁羅異文軼訓，鉤稽疏證，補邢疏所不逮。又有《娛親雅言》八卷、《悔庵文鈔》《詩鈔》《詞鈔》，於詞尤工。晚移居德清。（參《湖州府志》）

【清史稿·儒林三】嚴元照，字九能，歸安人。十歲能為四體書，補諸生。儀徵阮元、大興朱珪深賞之。熟於《爾雅》，作《匡名》八卷，旁羅異文軼訓，鉤稽而疏證之。著有《悔庵文鈔》《詩鈔》《詞鈔》《娛親雅言》等書。

【三文學合傳】諸生汪家禧，仁和人，楊鳳苞、嚴元照，歸安人。儀徵阮侍郎元督學浙江，三人並以高材生受知。嘉慶四年，侍郎巡撫浙江，立話經精舍，招致三人在其中，家禧年最幼，而沈篤銳敏，好學尤甚，性謙下，常若不及……鳳苞早以《西湖秋柳詞》有名於時，為人性僻，不樂至城市，於經學、小學皆有根柢，尤熟諳明末事……元照生而識字，四歲能作大書，八齡據案作諸體書，求書者盈戶外，江南以為奇童。性倜儻，不樂市井。所著有《悔庵文鈔》《詩鈔》《詞鈔》《娛親雅言》《爾雅匡名》等書，皆可傳。嘉慶二十二年，家禧自閩中歸，得疾而歿，無子。其次年，元照亦歿，三人者皆方聞強記，有守君子人也。（許宗彥《鑒止水齋集》卷十七）

【嚴半庵墓誌銘】予與歸安嚴文學元照交有年矣。予假館吳門，相去僅

兩日程，聞其家多藏書，而尊人善教子，乘興欲往訪之，輒以事阻不果。今冬，元照墨綾至予館舍，稽顙而言曰：「吾父以今年六月十三日棄養，行且卜葬，思所以不朽吾親者，惟先生之文是賴。」予辭不獲已，乃即其行狀稍詮次之。按吳興嚴氏本貫平江之嘉定，明洪武初有達卿者避亂至歸安之石冢村，始占籍焉……年四十始得子元照，甚慧，三四歲即能作擘窠書，君喜甚，思所以教子者，則曰：「浮而不實，非學也。」於是聚書數萬卷，遇宋元槧本，不惜重價購之。元照既長，延名師督課，舉業之外，兼及群籍。既入膠庠，有名矣，則又曰：「博而不精，非學也。士以通經為本，窮經必通訓詁，而文字聲音則又訓詁之所由出，捨古訓而以意說經，大道之多岐必始此矣。」元照遵其訓，於是有《娛親雅言》之作。每辯論古義，必進質於君，而後筆之。遇有排擊先儒過當者，則又誡之曰：「辨而爭勝，非學也。議論深刻，非徒招忌，亦恐損福，不願汝曹傚之也。」元照以高材生，試行省屢躓，人或以為病，君則曰：「窮達自有命耳。古人以少年登科為不幸，姑盡其在我可矣。」噫！今世教子弟者，汲汲於利祿，讀世俗浮濫之文數百首，便可弋獲，視通經學古之儒，指為迂闊，何怪乎士風之日薄乎！予故舉君之教子以為法。君諱樹萼，字茂先，一字半庵，年六十有七，以嘉慶五年六月十三日卒。（下略）（錢大昕《潛研堂集》文集卷四十五）

【陸王之學近於禪】象山陽明之學，說者謂近於禪，誠是；而世之人同儒釋者，輒喜援其語以為證，則學者之過也。獨不觀蓮池尊者《竹窗隨筆》乎？其言曰：「新建創良知之說，是其識見、學力深造所到，非強立標幟，以張大其門庭者。然好同儒釋者，謂即是佛說之真知，則未可。」又曰：「《孔叢子》云：『心之精神是謂聖。』楊慈湖平生學問以是為宗，然更淺於良知，均之水上波耳。」尊者剖判真確，絕不假借，凡改頭換面以簧鼓眾聽者，皆尊者之罪人也。有宋諸儒，自元以後最尊奉朱子，駁難者雖亦不少，顧未有若毛西河檢討之甚。檢討著《四書改錯》一書，攻訐朱子，向刻《西河合集》中，後懼禍抽出，余曾一見其書，深文醜詆，不遺餘力。盧抱經學士嘗曰：「微論其所言非也，即其氣象，已迥與儒者不侔矣。」斯定論也。其中唯《貶抑聖門錯》二卷不無可取，蓋宋儒於孔門諸賢自顏、曾外不無貶抑過當，有以召後人之議論也。（《蕙櫋雜記》）

【本朝經學之盛】本朝經學之盛，迥出唐、宋。《周易》則惠氏棟之《述》，

《尚書》則王氏鳴盛之《後案》，江氏聲之《集注》，《左傳》則梁氏履繩之《左通》，《周禮》則惠氏士奇之《禮說》，《儀禮》則張氏爾岐之《鄭注句讀》，《大戴禮》則孔氏廣森之《補注》，《爾雅》則邵氏晉涵之《正義》。斯皆前古所未有者。若《方言》則戴氏震之《疏證》、盧氏文弨之《校本》，《廣雅》則錢氏大昭之《疏義》、王氏念孫之《疏證》，皆善本也。又如趙邠卿之《孟子章句》向闕章指，皇侃《論語義疏》亦久佚，今復出於世，是學者之幸也。(《蕙榜雜記》)

【讀書貴博，議論貴雅】讀書貴博，議論貴雅。閻百詩、毛西河不可不謂博，而其著書，閻則失之繁雜，毛則失之放恣，難乎其言雅矣。亭林、竹垞可稱雅人。(《蕙榜雜記》)

娛親雅言六卷 （清）嚴元照撰

嚴元照有《蕙榜雜記》，已著錄。

書前有嘉慶元年（1796）錢大昕序，稱其以讀書為家法，而取之富，而擇之精。又有嘉慶十二年（1807）元照自序，稱嘉慶丙辰，先人年六十三，患河魚之疾，思以此娛之，因以娛親名書；其曰雅言，先君所定名云云。又有嘉慶三年（1798）吳蘭庭序、嘉慶十四年（1809）段玉裁序。

此書七萬餘言，分為六卷，卷一《周易》《尚書》，卷二《毛詩》，卷三《三禮》，附《大戴禮》，卷四《春秋三傳》，附《國語》，卷五《論語》《孝經》《孟子》，卷六《爾雅》。故書中考論皆關經傳，應入群經總義類。書中間錄師友之論，以錢大昕、段玉裁、臧庸諸人之說為多。其大旨主實事求是，如引錢大昕曰：「說經不蘄乎新，而蘄乎確。此古今不易之論，宋儒之病，亦在求新。」論漢儒家法曰：「漢儒經師家法，建安喪亂之後，漸失其傳，如何晏於經學本無所得，其撰《論語集解》兼採眾說，不欲墨守一師之言，兩漢專門名家之學，自茲遂破。」

此書已考證經傳文字音義為主，亦有總論經傳者，如論《周禮疏》曰：「《周禮疏》前有《序周禮廢興》一篇，此非賈氏特作此文以冠篇首者，乃後人從疏錄出，妄題之曰《序周禮廢興》也。元照以《儀禮》校之，首篇先小題士冠禮第一，則為之疏，次大題儀禮，又為之疏，次鄭氏注，又為之疏。《周禮》當與之同，乃今唯《天官·冢宰》上及鄭氏注有疏，而大題周禮無

疏，蓋即序廢興之篇也，而毛刻本並大題周禮二字刪之，尤誤矣。」又論疏體曰：「疏體於注經之人所作之序，皆隨為之疏，《尚書》《三傳》《論語》《孝經》皆然，宋人疏《論語》《爾雅》者遵之，即《孟子》之疏，雖刪其篇敘，亂其章指，而於題辭亦未敢棄，獨賈氏之疏《周禮》，不疏鄭君之序，馴至散失，今可見者，唯疏中所自變量語，深可惜也。」書中又間論古書體例：「古書敘述言辭，有兩人之言，總一曰字者，有一人之言，重一曰字者。《孟子》『自范之齊章』內『孟子曰』三字是重文起義，亦猶《禮記・哀公問》孔子遂言曰之例也，趙氏章句分為兩章，別有章指，故知分為兩章，集注合為一章，而以孟子曰三字為羨文，恐皆非是。」又曰：「古人故訓，有一訓而兼兩義者，其義或相近，或較然不同，只以字之形聲假借其義，更可通貫。」

《兩浙輶軒續錄》卷三十稱此書與趙氏《陔餘叢考》命意相似，嚴稍詳於經傳。嘉慶七年（1802）徐養原序亦稱其書於經鉤核異同，宣釋疑滯，於《爾雅》尤多發明，往往補郭氏所未備，其他議論亦俱不苟。

此本據上海辭書出版社圖書館藏清光緒十一年弢園老民刊木活字擺印本影印。

【附錄】

【錢大昕《娛親雅言序》】今海內文人學士窮年累月肆力於鉛槧，孰不欲託以不朽？而每若有不敢必者，予謂可以兩言決之曰：「多讀書而已矣！善讀書而已矣！」胸無萬卷書，臆決唱聲，自誇心得，縱其筆鋒亦足取快一時，而溝澮之盈涸可立待，小夫驚而舌撟，識者笑且齒冷，此固難以入作者之林矣。亦有涉獵今古，聞見奧博，而性情偏僻，喜與前哲相齟齬，說經必詆鄭、服，論學先薄程、朱，雖一孔之明非無可取，而其強詞以求勝者，特出於門戶之私，未可謂之善讀書也。唐以前說部，或託《齊諧》諾臬之妄語，或扇高唐、洛浦之頹波，名目猥多，大方所不屑道。自宋沈存中、吳虎臣、洪景盧、程泰之、孫季昭、王伯厚諸公，穿穴經史，實事求是，雖議論不必盡同，要皆從讀書中出，異於遊談無根之士，故能卓然成一家言，而不得以稗官小說目之焉。苕溪嚴久能氏，少負異才，擩染家學，所居芳茮堂，聚書數萬卷，多宋元槧本，久能寢食於其間，漱其液而嚼其裁，中有所得，質之尊人茂先翁，許諾而謹書之，積久成帙，名之曰《娛親雅言》。貽書乞予序其端。夫古之娛親者，

牽車負米，奔走千百里，契闊跋涉，以謀菽水之歡。而嚴氏之娛，近在庭闈，以圖籍為兼珍，以辯難為舞彩，此其娛有出於文繡膏粱之外者矣。以讀書為家法，而取之富，而擇之精，吾惡能測久能之所至哉！（錢大昕《潛研堂文集》卷二十五）

【段玉裁《娛親雅言序》】以說部為體，不取冗散無用之言。取古經、史、子、集類分而枚舉其所知以為書，在宋莫著於《困學紀聞》，當代莫著於《日知錄》。近日好學之士多有傚之者，而莫著於偃師武虛谷之《經義證》，次則吾友嚴久能之《娛親雅言》。余嘗以為學者記所心得，無忘所能，可以自課，可持贈同人，莫善於是。顧為之是，其弊有二：一曰好為異說，一曰剿說雷同。皆中無所得，藉此邀名，自謂知古學而已。聞之東原師曰：「知十而皆非真知，不若知一之為真知也。」洞徹其本末，務剖其是非。核之書而無礙，反之吾心而帖然。一字一句之安妥，亦天地位萬物育之氣象也。久能所說，皆得諸真知。故近以自娛娛親，遠以娛人，渙然冰釋，怡然理順，其傳世行後無疑也。抑余又以為，考核者，學問之全體。學者，所以學為人也。故考核在身心、性命、倫理、族類之間，而以讀書之考核輔之。今之言學者身心、倫理不之務，謂宋之理學不足言，謂漢之氣節不足尚，別為異說，簧鼓後生。此又吾輩所當大為之坊者。然則余之所望於久能者，勿以此自隘，有志於考核之大而已矣。（段玉裁《經韻樓集》卷八）

【釋良知】王文成以「致良知」三字提唱宗旨，與朱子為難。「良知」二字肇自《孟子》。文成之解良知，實本於朱子。邠卿則訓良為甚。元照案：《後漢書·馬援傳》：「良怖急者可牀下伏。」章懷注：「良，甚也。」又古人良久、良苦之云，皆甚之謂也。上篇良貴，亦當訓甚。《集注》皆訓為本然之善，文成遂得藉以行其說矣。（《娛親雅言》卷五）

【漢儒經師家法】漢儒經師家法，建安喪亂之後漸失其傳。如何晏於經學本無所得，其撰《論語集解》，兼採眾說，不欲墨守一師之言，兩漢專門名家之學自茲遂破。且漢時《論語》魯、古並行，諸家授受本各不同，若於一章之內，文字訓解專主一家，猶之可也。今其書雜陳眾說，一章而載三四家說，以致前後衡決不相檢照者甚多，如「未若貧而樂道」，鄭本無「道」字，故其注曰：「樂謂志於道。」孔本有「道」字，故其注兩言樂道。兩注並存，而經文「道」字之有無遂莫能定矣。「子在齊，聞韶，三月不知肉味。」周生烈曰：「聞習韶樂之盛美，故忽於肉味也。」如周解，則不圖為樂之至於斯，乃歎美

之辭，非別有所指也。何氏於下文又載王肅曰：「不圖作韶樂至於此。此，此齊也。」於是郭象、江熙、范甯皆以為夫子傷慨之辭，雖不知於經之指歸何若，而周、王兩說固已不可合矣。下章古之賢人也，鄭從古作賢仁，故其主云：孔子以伯夷、叔齊賢且仁。《集解》於經文既定作賢人，又載鄭氏賢且仁之語，不反成弔詭乎？如斯之類，尚難枚舉，姑記所疑以諗同學。（《娛親雅言》卷五）

【一訓兼兩義例】古人故訓有一訓而兼兩義者，其義或相近，或較然不同，祇以字之形聲假借，其義更可通貫。茲摘《釋言》篇以見例。如律遹述也，《釋詁》以循訓遹，《說文》以循訓述，鄭氏注《周禮·春官》典同云：「律，述氣者也。」注《禮記·中庸》云：「律，述也。」其義如此，而律、遹、述三字與聿、曰二字互相通借。邵氏《正義》詳之。是又皆為語助詞矣。又疾齊壯也，齊、壯皆從本讀，故注云壯，壯士謂速也，齊亦疾，此一義也，而《毛詩傳·思齊》《禮記注·內則》皆云齊，莊也，《詩正義》云齊莊，《釋言》文，此又一義也。又猷圖也，《釋詁》云圖猷謀也，圖為圖維之義，而《詩·周頌·般》允猶翕河，箋云猶圖也。信按山川之圖而次序祭之，是以為圖畫，又一義也。又畛重也，《左傳·隱三年》憾而能畛，杜預解為安重，郭云厚重，亦本《左傳》，而《韓詩·大雅》云：漢胡寧瘨我，以旱雲瘨重也，則為加重之義，又一義也……凡若此類，以五經注疏考之尚難枚舉，故訓展轉通貫，所謂言非一端而已。循是而求之，乃可得故訓之原委。後世義有虛實之分，音有動靜之別，析之彌煩，則失之彌遠，而古人並訓通訓之法乃蒙然不省矣。（《娛親雅言》卷六）〔註394〕

養吉齋叢錄二十六卷養吉齋餘錄十卷　（清）吳振棫撰

吳振棫（1790～1871），字仲雲，號毅甫，晚年自號再翁，室名養吉齋，錢塘（今浙江杭州）人。升子。嘉慶十九年（1814）成進士，選翰林院庶吉士，散館授編修。二十四年充貴州副考官。道光二年授雲南大理府知府，禁種罌粟，勸藝桑穀，革陋規，建義學，修橋樑，與提督羅思舉講武備，練民

〔註394〕臧在東云：「此條甚好。」徐新田云：「養原案：此與上一條俱有功於《爾雅》，推而廣之，別成《爾雅釋例》一書，亦不朽之業，須將樊、孫諸家訓說參考，乃得其條貫。」

團，回民帖伏。丁母憂，起知山東登州府，移沂州，嚴治海盜，私販私鑄之風以戢。八年調濟南，清積案三百餘起。父憂，起知安徽鳳陽府，尋擢山東登萊青道。十七年署山東按察使，兼署布政使。未幾，以濰縣教匪滋事，部議降調。十九年再授鳳陽知府。明年調安慶。二十一年擢貴州糧儲道。二十三年升按察使，佐巡撫賀長齡創設義學百餘所，建及幼堂、尚節堂以贍孤寡，設紡織局，興布帛之利。二十八年擢山東布政使，調四川。咸豐二年之後，參與鎮壓太平軍。官至四川總督、雲南總督。雲南漢、回積仇，自中原兵事亟，協餉不至，回亂愈恣。團練跋扈，動相殺掠，省城戒嚴。前任總督恒春不能制，夫婦同縊，巡撫舒興阿亦以病求去，惟布政使桑春榮困守危城。清文宗知振械熟悉滇省情形，故以代之。臨危受命，選川兵三千，攜餉五萬馳往。振械至，先駐宣威，進次曲靖。疏言：「先剿後撫，勢順而易，不待智者而知。兵盛餉足，必應如是。前督臣林則徐剿永昌回匪，兵、練萬餘，本省有餉可籌；彌渡獲勝，匪旋受撫，其地祇迤西一隅中之一隅。此次匪遍三迤，情形迥不相同，非數千之兵、十數萬之餉所能蕆事。如率意徑行，徒損國威，於事無補……臣為雲南一省計，並當為天下全局計，豈容再有貽誤，致令徵調無休？故未言剿先言撫，有萬不得已之苦衷，雖成敗利鈍難以逆料，捨此亦別無良策也。」許回民悔悟自新，其負固不服者，痛加剿辦。漢民借團練為名肆行殺掠者，以軍法從事。剿撫並用，撫局始定。同治十年，卒，詔依例賜恤。著有《國朝杭郡詩續輯》《黔語》《花宜館詩鈔》等。生平事蹟見《清史稿》本傳。

《叢錄》二十六卷，所記皆清代同治以前之掌故，以典章制度為主，兼及宮內殿閣苑囿、奇聞趣事、飲食服飾、弆藏編刊。卷一至三記職官典制，按史志類列條分，考鏡源流，於變革異數尤為詳備，且多有實例作證，官史所載失當之處，則以他書相證。卷四記大臣直房制度，卷五記經筵日講、御臨耕耤、朝政御門制度，卷六記刑部典制與頒朔，卷七、卷八記祭祀，卷九、卷十記科舉，卷十一記壽慶，卷十二記列朝廟號、列後尊諡、妃嬪、王、貝勒、群臣諡號，卷十三至卷十五記宮內節慶活動，卷十六記木蘭秋獮，卷十七至卷十九記宮殿苑囿，卷二十記內府編纂鏤板，卷二十一至卷二十六記鑄錢、觀象、用印、服飾、膳食、俸祿、賜賞、婚喪、弆藏。《餘錄》十卷，卷一至卷三記皇行，卷四記康熙己未科場案及文字獄，卷五記白蓮教、滇蜀風情、漢回矛盾，卷六記名勝古蹟、奇聞趣事，卷七記書林佳話，卷八錄君臣嘉傳，卷九、卷十記士林趣談。

　　書前有光緒二十二年（1896）譚獻序，稱以意讀定，類次遺編，分別若盛典，若聖德，若故實，若興革，若異數，繼之以嘉言、宸翰、秘書、禁近、宮闈，繼之以六曹、行省、民物，而後以辭章、佚事、舊聞為閏餘，讀之如遊治昇平之世云云。此錄成書較晚，以事為主，宗旨明白，不分綱目，以類為次，自八旗源流、內閣、六曹、行省、武備、科舉，以至宮闈、苑囿、巡狩，條舉件繫，頗便考查。在私家著作中可謂佳本。此書或採自實錄、會典，或稽之宮檔，或參核群籍，或親歷睹聞，纂錄皆有所本，間有所聞異辭，則附為考證。有例外之典，則列舉時間與主名。制度先後變化，則述其沿革。凡以己意撮錄者，書所自來。其書雖不如法式善、王慶雲諸書標明史源，然體制謹嚴，不發空論，不採小說家言。間或採用傳說，仍闕疑存疑，態度審慎。劉承幹稱其書凡朝章國故、民生利病罔不考鏡得失、鉤索源流，繆荃孫《古學彙刊敘》亦推此錄擇精而語詳，並非溢美之辭。

　　此本據上海辭書出版社圖書館藏清光緒刻本影印。

【附錄】

　　【譚獻《養吉齋叢錄敘》】《養吉齋叢錄》二十六卷《餘錄》十卷，吳尚書仲雲先生遺著。文孫子修編修授鄉里後生譚獻，讀竟，敘之曰：古者柱下之史，孔氏所訪，太史公之所掌，漢初與丞相同尊。掌故之學，為千載表儀。凡夫德禮政刑，質文興廢，一朝設施，流及後世，有以觀採損益，為先進之從焉。六官分之，柱下合之，夫固盛業也哉。先正吳公策名載績，揚歷優賢，所以潤色王廷，敷施疆域者，且數十年。博於聞見，洞於本末，行政之餘日，奏議之鉤稽，涉筆綴文，皆關掌故。循厥端緒，則朝章國典，沿革人文，而懲前毖後，保泰持盈，胥可言外得之。宮闈樞機，曹司侍從，以逮瑣事軼聞，條舉而件繫，皆正史志表之端委。間有所聞異辭正所以備考證。昔者誦言太史公之學既世，而如我公久任封圻，又非不治民之比。令子觀察分巡、今者孫曾子修、絧齋，繼美史職，楹書之寄，正不待藏之名山。獻幸得先睹，妄思以意讀定。類次遺編，或者分別若盛典、若聖德、若故實、若興革、若異數，繼之以嘉言、宸翰、秘書、禁近、宮闈，繼之以六曹、行省、民物，而後以辭章、佚事、舊聞為閏餘，俾承學之士讀之，如遊治昇平之世矣。吳公同時閭王文勤公雁汀大司寇有《石渠餘紀》，雖體例異同，抑亦造車合轍者已。函雅故，通古今，徵文盛世，由此其選也。光緒二十有二年十月，譚獻敘。

　　【武英殿為詞臣纂輯之地】康熙間，特開書局於武英殿，實為詞臣纂輯

之地。乾隆以後，書館盛開，武英殿專司刊校，未嘗廢置。刊行經、史、子、集，謂之殿板。向以親、郡王一人領殿事，而設總裁、提調、總纂、纂修、協修等官，其下則為校錄之士、收掌之員，若剞劂、裝釘，工匠尤夥。道光二十年後，以經費支絀，刊書甚少，僅存其名而已。(《養吉齋叢錄》卷一)

【不得已】明萬曆中西洋人利瑪竇與其徒湯若望、羅雅谷等奉天主教來遊中國，極言授時曆之誤，當時未之信也。至國朝順治元年，若望進渾天星球、地平、日晷、窺遠鏡各一具及輿地屏圖，請依西洋新法推算二年仲秋朔日食。若望先期進時、刻、分、秒，起復方位，至期，令廷臣公同測驗，諸法俱舛，而新法獨合。於是令若望用新法，修時憲曆。時天下初定，海禁尚弛，西洋人來者愈多，散居中國。於濟南、淮安、揚州、鎮江、江寧、蘇州、常熟、上海、杭州、金華、蘭溪、福州、建寧、延平、汀州、南昌、建昌、贛州、廣州、桂林、重慶、保寧、武昌、西安、太原、絳州、開封等處共建天主堂三十餘所。入其教者，厚與金帛。無籍之徒群相依附，其焰遂熾。有歙民楊光先者，著《辟邪論》，又著《孽鏡》《中星說》《選擇議》《摘謬十編》，痛詈新法之非，總名其書為《不得已》。又以若望等邪黨惑眾，包藏禍心，具《請誅邪教疏》，康熙三年赴部投遞，下吏部會審，若望得罪革職。四年，以光先為監副。(《養吉齋叢錄》卷一)

【官學】順治元年，設八旗官學。康熙二十三年，設琉球官學。二十四年，設景山官學。五十二年，設算學於暢春園之蒙養齋。雍正六年，設俄羅斯學。即會同館，設學教之。七年，設咸安宮官學。九年，增設國子監南學。乾隆三年，于欽天監附近設算學。其唐古忒學，歸國子監。(《養吉齋叢錄》卷二)

【不拘定制】雍正間，或用人惟賢，或因事權授，往往不拘定制。而兩人同署西安巡撫，則史貽直、碩色也。協辦山西巡撫，則布政高成齡也。協辦山東巡撫，則吏部左侍郎劉於義也。協理直隸總督，則劉師恕也。管兩淮鹽政兼署織造，則布政高斌也。(《養吉齋叢錄》卷二)

【慎選司官】雍正十一年，世宗以河防關係重大，而全河形勢，非講求閱歷，不能洞曉機宜。特命部院慎選司官二員，引見後派往學習，如才堪任用，即保奏留工。道光間，復循故事舉行，而翰、詹、都察院等衙門亦得與選。雍正間，選派部員，從布政使高斌請也。(《養吉齋叢錄》卷三)

【行取之例】直省知縣，正途出身者，三年行取一次，大省三人，中省二人，小省一人。吏部按期奏請，沿前明舊制也。康熙四十四年，從部議，行

取知縣，以主事用，遇考選科、道時，方准考選。然康熙、雍正間，行取之例，少舉多停。乾隆初，亦間行之。其實前明專重資格，按体遷轉，不得不以部用一途疏通壅滯。本朝州縣之賢能者，得奏題擢用。且繁劇之任，參罰必多。凡無事故，合行取例者，大約居中簡之缺，尋常供職，幸免處分者耳。故事相沿，於吏治無益。乾隆十六年，命永遠停止。(《養吉齋叢錄》卷三)

【迴避之例】同官迴避，乾隆間法始密。其先，如福建巡撫趙國麟與藩司劉藩長聯姻，係雍正十二年具奏允行。又雍正間，魏經國為湖廣提督，特旨以其子魏瓚為提標中軍守備，及為松江提督，以次子魏琨補泰州營游擊。其時，固不拘迴避之說也。後則部例日繁矣。今復有捐免迴避之例。(《養吉齋叢錄》卷三)

【寧壽宮】寧壽宮，康熙間建。外有景福門，內為景福宮，聖祖奉孝惠章皇后居此。乾隆間，御書五福頌，揭於宮中門。列奇石曰「文峰」，西山產也。乾隆壬辰重修，授璽之後，將以是為燕居地，故殿曰「養性軒」，曰「頤和堂」，曰「遂初室」，曰「得閒閣」，曰「符望齋」，曰「倦勤」，皆寓此意。然其後訓政三年，孜孜無倦，迄未嘗移蹕也。標勝之地，尚有「尋沿書屋」、「梵華樓」、「佛日樓」、「擷芳亭」、「延趣樓」、「旭輝庭」、「古華軒」、「抑齋」、「矩亭」、「聳秀亭」、「玉粹軒」、「竹香館」、「楔賞亭」、「翠鬉亭」、「樂壽堂」，堂前後廊壁嵌高宗御書敬勝齋法帖。方丙申落成時，奉孝聖憲皇后宴於新宮。是年茶宴，即以命題。並令大學士于敏中及王際華、董誥至宮瞻仰，俾鋪敘鴻規，措詞親切也。覆命仿乾清宮例，於皇極殿前豫製燈聯。聯句為尚書彭元瑞撰，以東西南北、前後左右，分詮臚頌。高宗極賞其工麗。(《養吉齋叢錄》卷十七)

【戒急用忍】世宗嘗蒙聖祖「戒急用忍」之訓，既踐祚，以此四字為養心殿額。東暖閣額「惟仁」二字，聯語云：「諸惡不忍作；眾善必樂為。」西暖閣額「為君難」三字，聯語云：「原以一人治天下；不以天下奉一人。」按：養心殿有佛堂，朔、望以喇嘛十人放烏卜藏。(《養吉齋叢錄》卷十七)

經史質疑錄不分卷　(清)張聰咸撰

張聰咸(1783～1814)，字阮林，號傅巖，桐城人。嘉慶十五年(1810)舉人，補覺羅教習。詩文宗法古人，於經通《左傳》，於小學通音韻，於史熟

漢晉逸事。著有《左傳杜注辯證》《經史質疑錄》《音韻辨微》《傅岩詩集》等書。卒於京師，年僅三十有二。生平事蹟見《（光緒）重修安徽通志》卷二二三。

　　書中考證，或釋名物，如「釋韎韐」「轡說」「與郝蘭皋農部商《爾雅‧釋山》《釋樂》《釋草》三疏」「復郝蘭皋戶部訂《爾雅》轡首郭注之誤」諸條皆是。或論作者，如「與顧千里明經難左氏四事」條謂：「聰咸曩治左氏，竊謂當陽之學既顯，而古學微矣。其大端紕繆，約有四事。《長曆》非曆也，司馬溫公、王伯厚已糾其失，至本朝江慎修始以今曆推究，其置閏之失實，並《春秋》梓慎卑灶之流，以為長於占驗而不長於推蔀，鄙人不敢以為然也。」或考地理，如「訂大別在安豐大隧直轄冥阨不在郿縣說」條、「復胡景孟編修論大別書」「復姚姬傳夫子論大別書」皆是。

　　桂文燦《經學博採錄》卷八稱其語多有補於經義。張舜徽《清人文集別錄》卷十五稱其《與郝氏論雅訓》二書及《釋韎韐》一篇甚有精意，《漢書補注》及《與阮氏論晉逸史例》等篇頗有條貫，足為理董諸史之式云云。

　　此本據國家圖書館藏清嘉慶二十三年刻本影印。

【附錄】

　　【張聰咸《經史質疑錄自序》】與賢士大夫講習經史，退而尋繹其義，有論難而後得進者，有商榷而不敢附者。嘉慶十七年。

　　【劉開《張阮林傳》】余友張君阮林之卒也，既為誄以哀之矣。今復總敘其家世生平而為之傳，曰：君名聰咸，字阮林，一字小阮，號傅巖，太傅文端公之五世孫也。祖貴西兵備道，諱曾揚。父巴州州判，名元位。張氏為吾邑鉅族，世有達官，才人亦且不乏，而文辭能直追古人，則自阮林始。阮林怯弱，如不勝衣，其筆力精悍無前，振厲風發，不可一世。所為詩宗法少陵，其深造者幾欲神合。近時之善學杜者，未有能或之先也。往時姚惜抱先生見阮林所作，歎曰：「其文其詩，皆有雄傑之氣，可謂異才矣。」先生不輕許可人，而賞識阮林如此。阮林於經通左氏，於小學通音韻，於史熟於漢、晉逸事。著有《左傳杜注辨正》及《經史質疑錄》。阮芸臺宮保、王伯升閣學、胡墨莊給諫皆深器之。余識阮林，在壬戌之冬，而識栗原也，先於阮林後二年，而得筐菽六襄，又後二年，而得石甫，當時意氣相許，以古人為期，歲相過從，歡燕無閒。每當酒酣耳熱，阮林則高歌杜詩以泄其悲憤之懷。滿座聞之，為之動容。自阮林沒，而盛會虛。吾輩雖有燕遊，亦慘然不樂矣，

阮林性簡傲寡合，一時目為狂士。栗原嘗謂余曰：「昔嗣宗能為青白眼，今阮林亦是也。阮林既卒之三年，栗原六襄皆赴官京師，石甫宦海隅，筐菽客豫州，余時自江右歸里，經過舊遊之地，俯仰彷徨，獨增惆悵，回憶總角之歡，恍然在目，十數年中故交雲散，死別生離之感，集於一時，而余年已及壯矣。」阮林詩刊除浮豔，或不能悅眾目，然思深力厚，精氣盤結，神光外燭，必不終掩塵土之下，世固自有識者也。使天假之年，其所造豈復可量，而竟積勞以死。然阮林雖死，其詩之所就，已足以自傳，傳亦必得重名，但未卜時之遲速。要之，歷久論乃定耳。阮林中嘉慶庚午科鄉試，以考館得八旗教習。娶姚氏，今伯昂編修之妹也。有子二，皆聰穎，善讀書，必能繼其父志者。阮林卒時年僅三十有二。（《劉孟塗集》）

【續修四庫全書總目提要（稿本）22—107～108】《經史質疑錄》一卷（聚學軒刻本），清張聰咸撰。聰咸有《左傳杜注辯證》，已著錄。聰咸字阮林，桐城人。張英之五世孫也。嘉慶十五年舉人。博識多聞，銳於著述。其治《左傳》，專以規過杜氏，宗旨與沈欽韓相同，錄中有《與顧廣圻書》，據《毛詩》《尚書》，訂漢水入江以後，尤明稱漢字，杜氏誤讀《禹貢》，積惑遂越千年。《與姚鼐、胡承珙書》，謂大別在安豐，今霍邱縣境……姚、胡二家力爭之，段玉裁獨難之。古今山川同名者何限，乃以吳、楚交兵之地，推斷《禹貢》導漾之文，亦未見其必是。《與郝懿行書》……《與阮元書》……聰咸生長桐城，受業於鼐，而考辨名物訓詁，語有根柢，塗術頗近婺源。雖不及《惜抱軒筆記》之純熟，亦不為方東樹之叫囂。其自識云：「幸與卿士大夫講習經史，退而尋繹其義，有論難而後得進者，有商榷而不敢附者。」足以知其審端致力矣。不幸早卒，未能躋於孔廣森、張惠言之列。此書為其生前所刻，而劉世珩於光緒中重刻之也。

【續修四庫全書總目提要（稿本）15—698】《經史質疑錄》二卷（抄本），清張聰咸撰。聰咸字阮林，號傅巖，桐城人。嘉慶庚午舉人。得覺羅官學教習，留京師，與士大夫往還，講習經史，退而尋繹其義，論難商榷，以求得當，遂成是書。

【張維屏《國朝詩人徵略》卷五十八】張聰咸，字阮林，號傅巖，江南桐城人。嘉慶十五年舉人。有《傅巖詩集》。阮林，太傅文端公五世孫也。張氏為吾邑鉅族，世有達官，才人亦不乏，而文辭能直追古人，則自阮林始。為詩宗法少陵，姚惜抱先生見所作，歎為異才。著有《左傳杜注辨正》及《經史質

疑錄》，積勞以死，年僅三十有二。（《劉孟塗文集》）

【贈道銜原任工部員外郎馬公墓表】同時長洲陳氏奐著《詩毛氏傳疏》，亦為顓門之學，故世之治《毛詩》者多推此兩家之書。其在桐城，有張聰咸阮林、徐璈六裏，學業差近，皆與公善，然皆早世。（馬其昶《抱潤軒文集》卷六）

【桐城耆舊傳】張先生諱聰咸，字阮林，貴西兵備道，諱曾揚孫也。少自矜貴，喜為儷辭。年十六，交同里姚按察更捨去有睎古之志。姚郎中見其詩，歎為奇才，遂從郎中學詩，而與劉孟塗輩為友。嘉慶十五年舉於鄉，得覺羅官學教習，留京師。又嘗之金壇見段先生，退學音韻，之錢塘，見阮文達公，退學考證。及留京師，益以其暇搜輯漢魏晉宋二十四家逸史，兼治諸經，抄錄薈萃，以勞喀血卒，年三十二。著《左傳杜注辯證》十二卷、《經史質疑錄》二卷、《傅巖詩集》四卷、《漢晉逸史》未成。（馬其昶撰，清宣統三年刻本，卷十，第 285 頁）

交翠軒筆記四卷　（清）沈濤撰

沈濤有《瑟榭叢談》，已著錄。

是編為沈濤官大名時所記。交翠軒為大名試院之室，沈氏視事之所。此書不足四萬字，分為四卷，卷一記大名建置沿革，並記金石器物，卷二記大名地方人物軼聞，間評詩文，卷三、卷四雜辨經史，於俗語及詩詞書畫皆有探析。此書尤其重視金石考證。如石門方鐵珊參軍所寄古銅器，沈氏考其形制，斷其為古之甒器。又據《款識》「秉仲作用」四小篆字，斷此銅器乃由「秉仲」造於週末。又如以金石證史，如辨「大名」建置時間。又以金石補史之闕，如沈氏於長垣蓮子祠中得魏興和二年造像，銘文中有「佛弟子程榮以去天平二年遭大苦霜」字，考《魏書孝靜紀》但載春之旱，而不紀秋之霜，蓋史書之漏略。又以金石證金石，如魏興和二年造像銘文中有「去天平二年」字，沈氏言此當為古句法，並引《樊毅復華下租田口算碑》「臣以去元年十一月到官」、《白石神君碑》「去光和四年三公守民為無極山求法食此」為證。

書前有道光十六年（1836）沈濤自序，稱大名試院之後庭有古柏二株，繁蔭翳日，奇態萬狀，學使德文莊公顏其室曰交翠軒。余日與蒼官相對，暇則考訂金石，瀏覽墳籍，或與賓從僚佐擘箋分韻，有得即隨筆疏記，積日成

帙，編為四卷，即命曰《交翠軒筆記》云云。李慈銘稱其雜考群書，多有異聞，其第三卷考據經史，最為精密。〔註395〕一九六六年五月六日謝國楨跋曰：「西雝著作湛深典雅，實較小茗《耐冷譚》高出遠甚，蓋青出於藍也。」

此書有道光十八年（1838）嘉興沈氏刊本、道光二十八年（1848）自刻本、《聚學軒叢書》本。此本據上海辭書出版社圖書館藏道光間刻本影印。

【附錄】

【沈濤《交翠軒筆記》自序】大名試院之後庭有古柏二株，繁陰翳日，樛枝摩穹，夭矯拏攫，奇態萬狀，甫里怪魁之松，樂圃並秀之檜，殆無以過。前學使德文莊公顏其室曰交翠軒。余一剖郡符，再假豸節，皆以試院為視事之所，坐嘯畫諾，日與蒼官相對，暇則考訂金石，瀏覽墳籍，或與賓從僚佐擘箋分韻，有得即隨筆疏記，積日成帙，編為四卷，即命曰《交翠軒筆記》。夫以經術飾吏治，用絃歌化民俗，亦為政者所不廢。若謂不知許事，且食蛤蜊，西山朝來，致有爽氣，則吾豈敢。道光十六年龍集涒灘招搖指亥既生霸，橋李沈濤自敘於樊輿寓。

【湯璥《交翠軒筆記後序》】賀尉先生以博雅通濟之才，含弘凝壹之器，飛聲早歲，服官茂年，南陽懸魚之庭，卷不離手，魏郡課樹之暇，目以代耕。劬經瘁學，政立化行，猶欿然不自有厥躬也。歲捨翼軫，先生方有事於常山金石。璥以羈旅之士，預編校之役，數從譚燕，得聞緒餘。於時先生之著述等身矣，將先刊其觀察大名時所著《交翠軒筆記》四卷，視璥微言，璥竊惟先生為世碩學，不敢以恒言進退，而疏其聞諸師說，得諸簡策者，以為耙導之辭，曰：不走冀北之野，不知駃騠之神也；不入粵人之肆，不知珍寶之多也；不睹區冶之劍，不知刀鋌之銛也；不登后夔之堂，不知音樂之美也。然而走其野而無九方之法以相之，則赤驥綠耳與駑馬草駒齊價矣。入其肆而無賈胡之目以辨之，則簡圭明月與燕石魚目並珍矣。睹其劍而無薛燭之識以察之，則含光承影與苗山羊頭同利矣。登其堂而無師曠之耳以別之，則六英五莖與陽阿採菱無擇矣。是以博識難，博識而能知要實難；辨物難，辨物而能窮微尤難。古君子知其然也，學以砥礪之道，以會歸之勤，以積纍之恒，以貞固之帽，憑眾說領挈六經，瞿然不知日月之逝於上，寒暖之變於下也。沖然不知道德之集於躬，聲名之溢於世也……璥願隨浮遊陳邱之後，奉揚盛德，

〔註395〕李慈銘：《越縵堂讀書記》，上海書店出版社，2000年版，第723～724頁。

婆婆謳吟,以紀政化之淳,塞俗士之議,用章經世之學焉。道光十八年夏五,武進湯璐序。

【謝國楨《交翠軒筆記跋》】宋咸熙《耐冷譚》卷七云:「嘉興沈西雕濤,原名爾振,少有神童之目。時余監理省城敷文書院,執贄來謁,試以經義,應對如流。年才十五耳,予喜甚。金壇段茂堂大令贈以詩,有『他年若數傳經者,門下應推第一人』之句。戴太守廷沐奇其才,妻以女。女名小瓊,號墨華,亦能詩。己巳七月之望,同內子郡齋坐月聯句。魏塘金文沙夫人為之補圖。原唱云:月來皓雲際,商聲喧素秋(西雕);怯寒衣袂薄,咽露草蟲愁(墨華)。樹影踏疑碎,怪禽啼更幽(西雕);夜闌吟不穩,一葉打人頭(墨華)。」足知西雕之逸事。西雕著作湛深典雅,實較小茗《耐冷譚》高出遠甚,蓋青出於藍也。一九六六年五月六日燈下,謝國楨記。

【續修四庫全書總目提要(稿本)13—658】是編為濤官大名時所記也。交翠軒為大名試院之室,舊名交翠軒者,以大名試院之後庭,有古柏二株也,濤視事於此,公事之餘,瀏覽群書,心有所得,隨筆記之。其後編為四卷,即以交翠軒名其書也。書中或訂經史,或考雜事,或記詩詞,或論金石,以考辨為多,亦以考辨為最善。如駁《鍾山箚記》「公羊無人門焉者,無人閨焉者」一節,顧憲成、袁枚謂《論語》子路、子貢評管仲為《齊論語》一節,據智升續集古今佛道、《論衡》《隋書・經籍志》《通志・藝文略》,知中備為三備卜經之一,以駁孫星衍中備即《易緯辨終備》之說。據戴良失父零丁,以駁《恒言錄》稱父曰爹始於蕭梁之說。據岳珂《桯史》,謂韓世忠克敵弓,本於徽宗時知雄州和詵所上制勝強遠弓,邊人謂為鳳凰弓,非由於熙寧元年李宏所獻之神臂弓,以駁《容齋三筆》《揮塵三錄》之誤。據《玉壺清話》,盧多遜幼時,抽取雲陽道觀廢壇上古籤筒一詞,因知今神廟有籤詩,五代時已有,以駁《十駕齋養新錄》依祠山事要《老學庵筆記》謂起於南宋初年之誤,其精鑿不磨。其間亦有稍疏者,如未審《夢溪筆談》避英宗諱,據其謂《論語》「邦君樹塞門」、管氏亦樹塞門之「樹」當為「屏」,又每月一日至十日,冠以初字,沈氏言此始於北宋,其實始於唐時,白香山詩可證。此小小瑕疵,不得以一眚掩其全美也。

【刑天舞干戚】周益公《二老堂詩話》云:「江州陶靖節集末載,宣和六年,臨溪曾紘謂靖節《讀山海經詩》,其一篇云:『形天無千歲,猛志固常在。』疑上下文義不貫。遂案《山海經》有云:『刑天,獸名,口銜干戚而舞。』以

此句為『刑天舞干戚』，因筆劃相近，五字皆訛。」濤案：曾謂「無千歲」為「舞干戚」之誤，其說善矣。惟謂「形天」當作「刑天」，五字皆訛，則又不然。《山海經》刑天本當作形天。天訓為殘，即《淮南·墜形》所謂形殘之屍，古刑、形二字率相通假，見於漢碑者不一而足。天與夭乃字形相近而誤。《詩》「夭夭是椓」，《後漢書·蔡邕傳》作「夭夭是加」可證。細繹詩義，謂形已殘，而猶舞干戚，故曰「猛志固常在」也。(《交翠軒筆記》卷三)

【騎火茶】《學林新編》：「茶之佳者，造在社前，其次火前，其下則雨前。」余案：唐人最重火前。白樂天詩：「綠芽千片火前春。」齊己詩：「白甄封題寄火前。」火前者，寒食禁火之謂也。今人則但重雨前矣。《五色線》云：「龍安有騎火茶，最上不在火前，不在火後故也。」清明改火，故曰騎火茶。(《交翠軒筆記》卷四)〔註396〕

【山兄山長】五代蔣淮東好學能屬文，隱居衡嶽，從而受業者號山長。見《談賓錄》及《湖湘近事》。濤案：五代時號山長者不止一蔣淮東。僧貫休有《懷匡山山長詩》，蓋隱居此山即為一山之長，非如宋元後書院之山長也。《禪月集》又有《思匡山賈匭詩》云：「山兄詩癖甚，寒夜更何為。覓句為頑坐，嚴霜打不知。」云云。則匡山山長疑即賈匭。王季友有《贈山兄韋秘書詩》，山兄、山長皆住山隱者之稱。(《交翠軒筆記》卷四)

銅熨斗齋隨筆八卷　　（清）沈濤撰

沈濤有《瑟榭叢談》，已著錄。

銅熨斗者，乃沈氏所得天和三年之器，據其考訂，為曹魏明帝太和年間物〔註397〕，故以此名齋，又以之名書。

〔註396〕唐毛文錫《茶譜》：「龍安有騎火茶，最上言不在火前，不在火後作也。清明改火，故曰騎火。」明夏樹芳《茶董》「高人愛惜」條：「龍安有騎火茶。唐僧齊己詩：『高人愛惜藏巖裹，白甄封題寄火前。』」今按：清代考據學是在沒有數據庫的情況下做的手工勞動，取得了很大的進展，但也很不完善，幾乎每一個傳統考據的問題都需要重新檢索。此即一例。「騎火茶」在唐代至明代的長時段裏已經被人提出，而清代學者重新談到時，卻完全不知道前人的東西。由此可推測清代學術成果的創新程度需要一一驗證。

〔註397〕《交翠軒筆記》卷一：「余近得銅熨斗一枚，以建初尺度之，柄長一尺七分，蓋徑七寸六分，底徑五寸五分，有銅熨人，高二尺二寸二分，首刻饕餮形，首下有穿以插斗，柄跗正圓而稍穹，徑一尺九分，款識刻於跗上，文曰：大和三年二月廿三日中尚方造……」

此書八卷，卷一至卷三考群經，卷四至卷六考諸史，卷七、卷八考子書及字詞俗語。以局部考證為主，亦有論及著作者，如「《兼明書》」條稱：「《宋史·藝文志》邱光庭《兼明書》既入經部禮類，又入經解類，一卷之中，重複如此，實則應入子部雜家類也。」又如「竹書非紀年」條稱：「《史記五帝紀》正義引《括地志》云：『故堯城在濮州鄄城縣東北十五里。』《竹書》云：『昔堯德衰，為舜所囚也。又有偃朱故城，在縣西北十五里。』《竹書》云：『舜囚堯，復偃塞丹朱，使不與父相見也。』」案，《晉書·束晳傳》：《竹書》自《紀年》十三篇外，尚有《師春》《瑣語》等七十五篇，則所引竹書不知在何篇之中，非紀年之文也。今本《紀年》固非晉時舊文，而或據此以疑《紀年》之偽託，則非矣。」其他考證俗詞者，如「把」條稱：「把有平、仄兩音，《廣韻》以音博下切者為把持之把，以音蒲巴切者為把搔之把，即爬之正字。《漢書·貢禹傳》『農夫捽草把土』正用把字。案，《隋書·五行志》『鄴中童謠曰：金作掃帚玉作把，淨掃殿屋迎西家』，則古把持之把，亦作平音。」

此書於考訂筆記中，頗見功力，不僅於古籍之文字錯訛、釋義不洽者多所訂正，尤能不為名家成說所囿，自出新見。俞樾稱其考證經史，頗為精審，故其《茶香室叢鈔》徵引甚夥。劉咸炘稱：「西讔乃茂堂弟子，校勘細密，八卷中無甚苟且語，好以《說文》本字證書，是其師法，而論《尚書》古今文，《詩》三家、《論語》古魯諸異字往往武斷，亦似其師。西讔以《論語》孔注為偽，已難令人信從，此又以史遷書為用《古文尚書》與臧、王及其師說爭，彌覺可憎矣。」〔註398〕

此書初刻於咸豐七年，別有《式訓堂叢書》本、《校經山房叢書》本。此本據天津圖書館藏清光緒間會稽章氏刻本影印。

【附錄】

【續修四庫全書總目提要（稿本）13—599】是編為雜記之屬，自群經以至詩餘，皆所考訂。濤從段玉裁遊，故學有根柢，書中可取者甚多，如《爾雅翼·釋草》引韋昭《魯論解》云莠草似稷無實，余氏《古經解鉤沉》以為《論語》秀而不實之注，濤謂《魯論解》乃魯語解之訛，即《國語》魯語馬餼不過稂莠之注，精鑿不磨。又《漢志》儒家有《周史六弢》六篇，自顏師古以來，並以為即今之《六韜》。濤謂今之《六韜》，當在太公二百三十七篇之內，《周

〔註398〕劉咸炘：《內景樓檢書記》，《推十書》子類第587頁。

史六韜》，「六」乃「大」字之誤，即莊子則陽之《太史大弢》，《古今人表》誤作《周史大弢》，千年疑誼，一朝發之，令人快絕。然其間亦有失檢點者，如謂望諸即明都，卷七云《列子‧湯問》《釋文》引《山海經》曰「大荒之中有神，人面鳥身，名曰禺強。」簡文云北海神也，然則梁簡文曾注《山海經》，今《隋書‧經籍志》不載，不知此所引者全襲陸德明《莊子‧大宗師音義》，梁簡文有《莊子講疏》，名見《隋志》，濤未檢《莊子音義》，致成此謬，真所謂明辨秋毫而不能自見其睫也。

【諡文正】錢少詹《跋揮麈後錄》云：「宋時李昉、王旦皆諡文貞，後來避仁宗諱改為正字。范希文、司馬君實之文正即文貞也。《諡法》有貞無正，宋人避諱有正無貞。」濤案：費袞《梁溪漫志》云：「諡之美者，極於文正，司馬溫公嘗言之而身得之。國朝以來，得此諡者，惟公與王沂公、范希文而已。若李司空昉、王太尉旦皆諡文貞，後以犯仁宗嫌名，世遂呼為文正，其實非本諡也。」《建炎朝野雜記》其說略同。據此，則希文、君實實諡文正，少詹考之不審耳。《宋史‧夏竦傳》賜諡文正，劉敞言世謂竦姦邪而諡為正，不可改諡文莊邪？與正對，故原父爭之。若貞之與莊同為美名，又何區別之有乎？（《銅熨斗齋隨筆》卷六）

【顏淵自殺】《命義篇》：「顏淵困於學，以才自殺。」他書但言顏子早死，無自殺之語。此蓋猶言膏以明自煎，蘭以香自焚，顏子好學以死，不啻以才殺其身耳。初非謂死於非命也。然《宋書‧文九王傳》：「景素秀才劉璡上書曰：曾子孝於其親而沈於水。」曾子沈水書亦不載，則顏淵自殺或亦於傳有之，而今不傳耳。又《列子‧力命篇》云：「顏淵之才不出眾人之下，而壽十八。」亦與《史記》《家語》所記不同。（《銅熨斗齋隨筆》卷七）

【隨齋】《直齋書錄解題》間附隨齋批註。隨齋不知何許人。錢少詹云：「考元時有楊益字友直，洛陽人，官至撫州路總管，所著有《隨齋詩集》，或即其人。」濤聞之先世父吏部公曰：案卷三鄭樵《石鼓文考》批註有先文簡字。宋龍圖閣學士吏部尚書新安程泰之大昌諡文簡，曾孫榮字儀甫，號隨齋，元時人。周益公作文簡墓誌云：「公自宦遊去鄉里，樂吳興溪山之勝而卜居焉。晚得安吉梅溪鄉邸閣山，規營塋城，卒葬其地。」文簡自歙遷湖，子孫貫安吉，與直齋同時同里，而批註所云：「樵以秦斤秦權有丞斲兩字，遂以石鼓為秦物，先文簡論而非之。」其說具載《演繁露》，則隨齋之為榮確然無疑矣。然則隨齋乃程榮，非楊益，少詹誤。吏部公諱叔珽，號雙湖，著有《頤彩堂文

集》。(《銅熨斗齋隨筆》卷八)

經史答問四卷　　(清)朱駿聲撰

　　朱駿聲(1788～1858),字豐芑,號允倩,吳縣人。嘉慶二十三年(1818)舉人,道光六年(1826)始用大挑詮黟縣訓導,咸豐元年(1851)繕定所著書由禮部進呈御覽,賞國子監博士銜,尋升揚州府學教授。著有《六十四卦經解》《說文通訓定聲》《傳經室文集》等書。生平事蹟見《清史稿》卷四八七、朱駿聲自編《石隱山人自定年譜》。

　　此書今存四卷,為問答體,未注問人姓字,凡五百餘條,涉及群經、《漢書》《史記》《戰國策》,亦有論及《論衡》《淮南子》者,究以論經之語為多。如答問《易經》爻詞俱與《象》通而不與《大象》通曰:「《爻》《象》通者,公宗文王之旨也,不與《大象》通者,公非豫為孔子釋也。《爻詞》為占《易》者言,《大象》為學《易》者言。」如論偽書《蔡仲之命》曰:「偽書因《左傳‧定公四年》祝鮀之言而擬之。此篇古文原第在《冏命》之後、《費誓》之前,當是穆王時蔡君,為度之孫若曾孫。古諸侯世子嗣位,必錫命於天子,此《序》之『蔡叔』非度,『蔡仲』非胡也。即《費誓》亦非伯禽,乃穆王時君,《序》言『伯禽宅曲阜』者,追敘始封之地,因嫌於君陳分正之東郊,故詳記封地也。此與三監及淮夷叛、作《大誥》,乃兩時兩君兩事,《史記》則誤合為一耳!」又論毛奇齡《古文尚書冤詞》之說曰:「偽《書》有確可證者,斷非冤獄。」並詳列證據十二條。又論《子貢詩傳》曰:「魯賜《詩傳》與申培《詩說》大同小異,余以為魯申培弟子有東海太守魯賜,明嘉靖中豐坊所作偽書二種,一《詩說》、一《詩傳》,非託於衛端木賜,乃託於東海太守、培之弟子耳!後人以訛傳訛,遂以為孔子弟子子貢也。」論「三通」(《通志》《通典》《通考》)優劣曰:「鄭漁仲詞章之學略可觀覽,其傲睨一世、自命不凡者,由其天分甚高,涉獵該博,精力又自過人。惜乎學未邃、養未醇也。《二十略》果事事深造,豈非千古一人哉?即如《六書》一略,淺陋乖舛,師心立說之處,如同囈語。未入門庭而反訶詆叔重,不亦妄乎?」

　　此書據上海辭書出版社圖書館藏清光緒二十年刻本影印。

【附錄】

　　【朱孔彰《經史答問敘》】先君著述數十種,《說文通訓定聲》一書,刊

-981-

行最早；其餘考訂經史，皆以六書貫穿精義，未刊之稿尚多，少從嘉定錢竹汀宮詹遊，故往往述其語；又與朱先生右曾友善，先生所著《逸周書集訓》，先君亦與商訂；後與黟汪先生文臺、俞先生正燮、程君鴻詔及弟子程朝鈺、朝儀等質疑問難，有《經史答問》一編，亂後頗有散失，今存四卷。李君宗媚喜讀先人書，屬子蘊貞訪求遺稿，請次弟刊行。嘗謂彰曰：「先公論方言古音一條，如『壹戎衣』，注謂：『當從《康誥》作「殷」，衣、殷一聲之轉，今徽州黟縣人語猶如此。』其說精矣！鄙人因推斯旨：如吾黟謂大風之聲曰『喟』，按：即『揚』字……惜不及見先公，一質證之，未知然否。」彰曰：「君說皆是也，他日刻就斯編，並附君語，當亦先君所許。未期月刊成；而君父子先後謝世。嗟彼蒼之難問，惜善人之云亡，於乎傷矣！光緒甲午夏五，男孔彰謹識。

【偽書確證】問：「偽《書》二十六篇，夫人知之，而毛西河獨信之，有《古文尚書冤詞》之著，其說不同，何也？」曰：「偽《書》有確鑿可證者，如《堯典》『二十有八載』四句，《孟子》明引之，今分在《舜典》中，一也。《禹謨》引《左‧莊八傳》『德乃降』，降乃夅服之夅，此魯莊公語而誤引之，二也。《五子之歌》乃太康、仲康、武觀等兄弟五人淫溢康樂，遭羿之亂，須於洛汭，史臣傷時憂世而作；今以為太康有母弟五人皆賢，述禹戒而作歌，古書所未見，三也；《仲虺之誥》『推亡固存』四字乃《左‧襄十四傳》中行獻子語而連用之，四也。《湯誥》『敢用玄牡』數語，用《論語》，《墨子‧兼愛篇》略同，然《論語》真孔注，謂《墨子》引作《湯誓》，而《墨子》則以為禱旱之詞，五也。《咸有一德》『將告歸』，按太甲復歸之後，伊尹本無告歸之事，此仿周公復政明辟之意鑿空撰出者，六也。《旅獒》『獒』讀為『酋豪』之『豪』，西戎無君，稱強大有政者為『酋豪』，今乃以犬高四尺之『獒』當之，七也。《周官》『六服群辟』又曰『五服一朝』，按《禹貢》『五服』、《周禮》『九服』，且前後矛盾，八也。又『不學牆面』，用《論語》『正牆面而立』，使不讀《論語》『牆面』二字，不知何語，九也。《君陳》『惟孝，友于兄弟，施於有政』，用《論語》而割去上『孝乎』二字，以《周語》『令德孝恭』代之，不知『孝乎惟孝』四字為句，自有偽《書》，至貽誤後人，並《論語》亦誤讀，十也。又《爾惟》『風下民惟草』，用《論語》，然《論語》有『草上之風必偃』句，今割去此句，其誼難明，十一也。《君牙》『夏暑雨』四句，用《禮記‧緇衣》，然《緇衣》『夏日暑雨，資冬祈寒』作

對，『資』讀為『至』也，今以『怨』『詻』連文而去上文一『日』字，增下文一『詻』字，妄行改竄，十二也。此斷非冤獄。」(《經史答問》卷四)

【助之為虐】問：「天下之惡皆歸焉，朱子謂惡名之所聚，似乎為紂抱冤，恐非子貢語意。」曰：「惡者，惡人也。《史記》云：『紂資辨捷疾聞，見甚敏，材力過人，蓋其初不善不如是之甚，惟費仲惡來輩助之為虐，故至此。』《牧誓》曰：『乃惟四方之多罪逋逃。』是也。」〔註399〕

【固天縱之】問：「固天縱之，吾丈句讀甚新，但果何出？幸詳示其所自。」答：「此本漢應仲遠《風俗通》。亡友史雪汀最賞其說。蓋『多能』本不足言『聖』，亦有『聖』而不『多能』者。大宰不足以知聖，故有此言。子貢則本末並到，故曰固天縱之，兼該一切，將『聖』而又『多能』也。則『將』字、『又』字俱圓融，此突過前人者。」(全祖望《經史問答》卷六)

蘿藦亭劄記八卷　　(清)喬松年撰

喬松年(1815～1875)，字健侯，號鶴儕，徐溝(今山西清徐)人。道光十五年(1835)進士，授工部主事，再遷郎中，擢江寧布政使，仍留辦糧臺，擢安徽巡撫，調陝西巡撫，授河東河道總督。卒諡勤恪。咸、同間在泰州時廣招詞人，主持風雅。著有《緯攟》。生平事蹟見《清史稿》本傳、方濬頤《太子少保東河總督喬公墓誌銘》(載《續碑傳集》卷二十七)。

全書八萬言，分八卷。卷一論《易》《書》《詩》，卷二論《春秋》《三禮》《論語》《孟子》《孝經》《爾雅》。卷三論天文、地理、《史記》《漢書》。卷四論《說文》、音韻、詩文、金石墓誌。卷五至卷八雜考字詞俗語、人物著作。論經以《書》《詩》《春秋》《三禮》為多。如辨《古文尚書》之真偽，稱：「《古文尚書》，朱子疑之，而未昌言斥之；明梅氏鷟作《考異》乃力攻其偽，盡發其覆；本朝閻百詩作《疏證》，以申其說；王西莊鳴盛又作《尚書後案》及《後辨》，以竟其義。後出之書，以前人之書為基，繼長增高，益詳且密，故王書尤精。此外，通儒多同此議。史遷親從孔安國問故，今之古文若果為安國所學，史遷不容不見，乃《史記》所襲用《尚書》之文皆今

〔註399〕　【今按】王曰：「古人有言曰：『牝雞無晨；牝雞之晨，惟家之索。』今商王受惟婦言是用，昏棄厥肆祀弗答，昏棄厥遺王父母弟不迪，乃惟四方之多罪逋逃，是崇是長，是信是使，是以為大夫卿士。俾暴虐於百姓，以奸宄於商邑。」(《牧誓》)

文，而無一句古文，是史遷並未見此古文也，則非安國所學明甚。據此一節，即可斷其為偽而無疑。史遷所述，有在《今文尚書》之外者，疑是安國所受真古文矣。西莊《後案》既闢東晉古文之偽，又搜討鄭康成注於群書而匯存之，其為功於鄭學洵大。」又稱：「毛西河謂古文不偽，作《冤詞》以折梅、閻，此亦愛古守舊之意，與其輕疑不如過信，亦未可全非，特作偽之顯而易見者，莫甚於割《堯典》以為《舜典》，增出二十八字，彼姚方興者何所受之，直臆造而已，臆造而割裂之，致《堯典》止於帝曰欽哉，堯之事未終，而二十有八載帝乃殂落，入於《舜典》矣，《孟子》引此語而曰《堯典》，真鐵案也。」又如論《毛詩序》，稱：「三百四篇之序，雖長短不同，而非出一人之手。然愚細審序語，其發端一二語或至三語發明大意者，則古序，在毛公之前者也，其推闡之語，則後儒衍之，或即衛敬仲所附益。序後推闡之語，為後儒附益無疑。」又稱：「《詩序》起語，縱非子夏、毛公作，而詞句簡而有要。後儒附益之語，便多枝蔓。」又論《春秋》大義曰：「說《春秋》者動謂有一字之褒、一字之貶，遂疑夫子執筆如後世作書，發凡起例，先立科條，愚竊以為不然。夫子謂述而不作，又謂非天子不議禮、不制度，乃肯自創格律，以為予奪耶？其書王，或曰天王，或曰王，正如後世或稱皇帝，或祇稱帝，非有他義，而以王不稱天為貶，夫子以侯國之臣而貶共主之王，先為戎首，又何以杜亂臣乎？必不然矣。為此論者，總是以私意測聖人，疑夫子所為筆削者，別有深文奧義，大異於人者，而不知夫子祇據事直書，別無奇特也。」又論《公羊傳》曰：「《公羊》精於言理，而不善於比事，立嫡以長不以賢，立子以貴不以長，子以母貴，母以子貴，立嗣之通義，而以論仲子、桓公則疏，君子大居，正傳國之大義也，而以釋宋穆公之渴葬則舛，不從其言，則君必死，國必亡，從其言則君可以生易死，國可以存易亡，應變之微權也，而以例祭仲之逐君則悖。故專言其理未嘗不精，而所指之人則謬戾無當，此管緘若之言，誠切中公羊之失，世之儒生但能言理議古，而不能斷事治今，皆公羊之類也。」又如論朱熹補《大學》「格物致知」章，稱：「格物致知，朱子所補之義，誠為空廓，故陽明以格為格其非心之格，訓為格拒，以物為外物，然此物字承上文物有本末之物而來，未可指為外物也。愚意以度量解格，謂致知必須度量事物之理。所謂致知在格物者，言欲致吾之知，在即物而求其理也。蓋人心之靈為知，而事各有理，苟於事理未審，則其知猶未精也，是以學者於凡天下事之至吾前者，當反覆揆度所以然之故，與所

以處之之宜，必期無所差忒，而凡事皆得曲當，則達於理而不誤用其知矣。此謂致知在格物。如此似平易淺近，學者可以共喻。愚嘗謂朱子言語頗有似今之時文，言之爛然成章，可觀可聽，而殊無實際，不但有不可行者，且有不能講者。」又有論史書者曰：「作史最難，其文工者其事疏，其事詳者其文宂，《史》《漢》之文雄奇，而紀或失實，傳多不備，後人作史，於事詳矣，而文不足傳，準古酌今，惟當取法歐陽《五代史》，簡練綜覈，亦可稱良矣。元人修《宋史》多腐語，其論事亦多迂見，而不切事情。」又有論詩文者，如謂「柳子厚文字雄視百代，而言有極迂者。」又曰：「古人文字，但期不悖於道，不似後世字梳而句櫛之。」又曰：「鍾、譚敗壞風氣，即如袁子才鼓動流俗，皆詩教罪人，幸世不乏知詩者，力遏其流，披猖尚未甚久，其焰近稍息矣。」此外，如稱：「凡詩文得善讀者讀之，倍覺其工，前人論詩有幾分作、幾分讀之語。」又曰：「漢人以經斷獄傳為美談，實不可為訓。大抵出於兩途：迂儒不達人情，不明事理，但執半言單詞以為斷，由於拘固；憸人逢迎世主，巧於比附，借經語為舞文之具，由於譎詭。兩者之心術不同，而無當於經義則一。」皆為通達之論。

此書有《山右叢書》初編本。此本據湖北省圖書館藏清同治刻本影印。

【附錄】

【喬松年《蘿藦亭劄記自序》】鸞孔盤雲以揚采，文之至華也。而野鶩瓦雀亦具羽毛。蘭檀從風以流芬，香之至貴也。而苞蕭叢艾亦有臭味。世之老師宿儒說經鏗鏗，才人墨客道古娓娓者固已多矣，固已精矣，如僕陋劣，乃復伸眉搖筆，振振有辭，斯誠醯雞井蛙之見哉！然而穿穴群言，差勝博弈，勒成一編，可佐宴譚。同治癸酉季春，塗水喬松年自識。

【名宦志】喬松年，字鶴儕，山西徐溝縣人。道光甲午、乙未聯捷成進士。由工部主事以知府揀發江蘇，補常州府，升常鎮通海兵備道，擢兩淮鹽運使司，特旨准其專摺奏事。時兵燹兩淮，引地不通，招集散商行假道法淮鹽由東壩運銷，更立淮南總局，創設大棧行，拖帶法運赴江，廣銷售，商獲厚利，淮鹺復興，每年得課數十萬兩，接濟餉糈賴以不竭。咸豐十年，擢江寧布政使，司管江北糧臺，兼鹽運使，司淮揚道，駐紮邵伯驛。江南官軍大潰，賊益熾，南臺星散，水師無從索餉，江北岌岌可危，松年聯民團沿江堵禦，與各水師將領約，片帆不准北向，暫由北臺協濟餉糈，堵賊不得南渡，叛將薛成良謀不軌，松年密遣王萬清等賺成良入邵伯湖擒之，江北一隅得以瓦全，實

松年不分畛域所致。嗣移駐泰州，整頓團練，嚴防沿江各口，力保裏下河，籌辦揚州善後。凡有益於士民者次第舉行，揚之人至今感頌弗衰。嗣升安徽巡撫，歷陝西巡撫、倉場侍郎、東河總督，卒於官，贈太子少保，諡勤恪，入祀安徽、江蘇名宦祠。松年少年通籍，揚歷中外，豐功偉烈，載在國史，第就邦人所感頌者繫之，以誌盛德至善，民不能忘云爾。松年一生禮賢下士，不喜西人諸器。公餘之暇，手不釋卷。著有《論語淺解》《蘿藦亭箚記》、詩古文詞、《緯䆉》各數十卷，重刊宋板朱子《儀禮經傳通解》。(《增修甘泉縣志》卷八)

【墨守講章】今人墨守講章，見持古義者則訝而嗤之，宜為通儒所笑。然漢儒拘墟膠執，如師丹因劉歆移書博士請立左氏，至乞骸骨。此等見識與今之章句鄙生何異。(《蘿藦亭箚記》卷一)

【房中八家】王充《論衡》曰：「素女對黃帝陳五女之法，非徒傷父母之身，乃賊男女之性。」《漢書·藝文志》列房中八家，而論之曰：「房中者，情性之極，至道之際，是以聖王制外樂以禁內情，而為之節文。」傳曰：「先王之作樂，所以節百事也。樂而有節，則和平壽考。迷者弗顧，則生疾而隕命。」愚按：以班史言之，則男女之事非通人所諱，而交接之際固有道以行乎其間。後世愬置諱言，殆非古人之意。王充謂賊男女之性，蓋彼時已有如後世之採戰者，故充以為譏。又按：班書此三樂字，皆當讀作喜樂之樂，不當讀作禮樂之樂。所謂外樂者，即指交接而言。樂在形體，故曰外也。其所列八家，容成也，務成也，堯舜也，湯盤庚也，天老也，天一也，黃帝也，三家內房也。天一、三家內房不知誰何。黃帝、天老、容成則雜記皆謂有御女術者。務成、堯舜絕不聞也。務成隱士或有此術。堯舜長年，容亦有之。獨湯與盤庚為大不可解。《論衡》又曰：「世子作《養書》一篇，密子賤、漆雕開、公孫尼子之徒亦論情性，與世子相出入。」(《蘿藦亭箚記》卷八)

【華清池非唐作】驪山湯泉覆之以屋，甃石為塘，然製殊隘陋。人指為華清遺跡，殆不然也。《明皇載錄》云：「新廣湯池製作宏麗。安祿山於范陽，以白玉石為魚龍鳧雁，仍為石樑，及石蓮花以獻上，以石樑橫互湯上，蓮花出於水際，又置長湯數十間，甃以文石。又於湯中壘瑟瑟及丁香為山，以象瀛洲、方丈，如石蓮花瑟瑟。」丁香山自不能存至今，然其池必闊，甃石必不改。今池不及半畝，甃石乃常石也，其非唐作明甚。又旁引一小池，僅可浴嬰兒，乃指為太子池，尤陋。蓋數百年來舊跡已荒，後人重作，狹其制，而存其

名耳。(《蘿藦亭劄記》卷八)

【喬松年論清甲二字】徐溝喬勤恪公松年《蘿藦亭劄記》云:「孔紓墓誌:『娶京兆韋氏,山東清甲家也。』王蘭泉不得其解,清甲謂清門甲族耳。」云云。聲木謹案:勤恪解「清甲」貳字,亦殊牽強。大抵撰文者,非盡能深知古文義法,鄉曲之士亦每多喜弄筆墨,石刻中墓誌類此者甚多。唐宋八家古文非不高古,石刻傳於世者有幾。後世所傳,論字不論文。歐陽詢、虞世南、顏真卿、柳公權等所書之碑,細繹其文,已多可議者,況其下焉者乎!(劉聲木《萇楚齋三筆》卷八)

管見舉隅一卷　(清)王培荀撰

王培荀(1783~1859),字景淑,號雪嶠,自號雪道人,淄川人。道光元年(1821)舉孝廉方正。六上春官皆報罷。道光十五年(1835)大挑一等,以四川酆都知縣試用,歷官榮昌、新津、興文知縣。歸里後,主講般陽書院。著有《四書集義》《學庸集說》《聽雨樓隨筆》《鄉園憶舊錄》《雪嶠日記》《雪嶠外集》《王氏家傳》《王氏一家言》《雪嶠閒錄》等書,與王者政合刻《蜀道聯轡集》。生平事蹟見《(道光)濟南府志》卷四二。

此書共收文十五篇,前五篇專論六經,後十篇為《井田論》《氣數論》《書韓文公〈原道〉後》《三教論》《為政寬猛論》《天論》《正統論》《大人小人論》《財論》《封建論》。如論《周易》曰:「他經言理,《易》獨標象,言理則語落邊際,舉此遺彼,立象則大小精粗無不包括,舉一可該萬也。」論《詩經》曰:「觀於《詩》而後知聖王之教人,普以周顯而切也。」《井田論》稱:「後世儒者好言井田,迂論也,斷不可行。雖然,儒者多未察其理,拘於相傳之一二語。依其言,不獨今不可行,即古亦不可行;通其意,不獨古可行,即今亦可行。夫今非能取田而井之也,而其法可師。」《書韓文公〈原道〉後》稱:「韓子《原道》,名雖原道,意在闢佛,其以老子並論者,明聖道不得不並排二氏,其實以佛為主,朱子譏其不言格物致知,似謂韓子遺卻入手工夫,此未深明韓子立言之意也。」又稱:「朱子闢佛,與昌黎異者,何也?唐惑於佛,患在風俗,故辨之於粗跡;宋歧於佛,患在學術,故辨之於性功。患在風俗者,庸愚皆迷焉,言不必深;患在學術者,高明皆溺焉,言不得淺。其世殊則旨各有歸,朱子不得以之議韓公也,第朱子所闢者

禪學，而人以陸子為禪則非矣……國初實踐之儒，殊不如是，務名者乃立說，自謂程、朱的派，其實行不掩言，特貶陸王以自高聲價，正陸王之所深惡，亦朱子之所不取。」《正統論》稱：「古有正而不統者，有統而不正者。既正矣，雖未一天下，亦可以正統歸之，如昭烈偏安，而《綱目》以之接獻帝是也。得統矣，而未出於正，如秦以暴，隋以篡，不能不以統歸之，而謂為正統，不可也。」

　　書前有道光二十八年（1848）培荀自序，稱間述舊聞，不泥一家，為童蒙計，非敢陳於博雅士。〔註400〕論者以為，培荀之學，華而不實，議論多而考證少，諸所議論，亦無所見地。〔註401〕

　　孫殿起《販書偶記》載：「《管見舉偶》二卷，《讀書緒論》二卷，淄川王培荀撰，清道光戊申年至己酉年榮梨官廨刊。」孫乃瑤《王雪嶠先生行略》亦謂此書五卷，而此本版心有「卷一」字樣，則此一卷本非全本。此本據中國科學院圖書館藏清道光二十八年榮梨官廨刻本影印。

【附錄】

　　【續修四庫全書總目提要（稿本）12—88】《管見舉偶》（光緒刊本），《管見舉偶》一卷，清濟南王培荀撰。王培荀字雪嶠。是書為其雜文，論《易經》《書經》《詩經》《春秋》隱公、禮樂、井田、《氣數論》、韓文公《原道》後、《三教論》《為政寬猛論》《天論》《正統論》《大人小人論》《財論》《封建論》。培荀之學，華而不實，議論多而考證少，諸所議論，亦無所見地。惟論韓愈《原道》，頗能持平，謂韓子《原道》，名雖原道，意在闢佛。其以老子並論者，明聖道不得不並排二氏，其實以佛為主，朱子譏其不言格物致知，似謂韓子遺卻入手工夫。此未深明韓子立言之意也。唐惑於佛，患在風俗，故辨之於粗跡。宋岐於佛，患在學術，患故辨之於性功。患在風俗者，庸愚皆迷焉，言不必深；患在學術者，高明皆溺焉，言不得淺，其世殊則旨各有歸，朱子不得以之論韓公也。朱子辨釋、老於毫芒，此平日察脈理，辨藥味，未疾而預防之法也。韓子明大道，挽頹俗，下針砭，去腫毒，此治標之術也。又云高行之僧，彼征逐利欲號為文人者，方愧服之不暇，又安能闢？故居今而以闢佛自命者，非迂則妄。天下未有無流弊，佛以清淨為宗，沿而崇土木，積財

〔註400〕　《續修四庫全書》第 1159 冊，上海古籍出版社，2002 年版，第 183～184
　　　　頁。
〔註401〕　《續修四庫全書總目提要》稿本第 1 冊第 88 頁。

貨，甚至人主捨身，公主避地，生其世者，公卿迎合，窮民怨諮，有心世道之人倡言排之。《原道論》言似粗疏，義實切要，念在君國，為一時計，議論平允，頗能去門戶之見為可取云。

【正統論】世局之變也，自曹氏以揖讓文奸取漢天下，衍至唐、宋，不改故轍，亂臣賊子以為得計，讀史者不勝髮指，嘗憾造物縱此奸人，壞萬世紀綱，獨何心歟？返復推求，乃浩然歎曰：此天之不得已也，此天心之至委曲也。何也？古今氣數不能無變更，國運不能無興廢，二三百年、五六百年必有易代之事，而自來得統之正者不多見。非湯、武而藉口征誅，篡也；非堯、舜而藉口揖讓，亦篡也。夫同一篡，至於稱兵爭奪，殺戮天下之無辜，未如安靖無事，若不知有變故之為愈也。然而天豈縱奸人哉？殺運不肯輕開，而綱常大義不可一日不明於天下。彼曹氏、司馬氏等無論史冊誅斥，婦人孺子亦無不唾罵，不轉瞬而子孫受禍，即以所施於人者施之，或加甚焉。其人有凶狡之才，無積累之德，志懷篡竊，心非救世，雖以術取，而身受惡名，究之實禍亦不能免，豈不為千秋之炯戒哉？然而民得休息於其間者，固非一日，夫然後知雖氣運之舛錯，天理之顛倒，而天心自有一定，運於不覺也。說者謂唐舉兵除暴安民，原可不襲禪讓之跡，惜當時臣子無識，聽其主之所為，宋藝祖亦倉卒黃袍加身，二君之才德既殊，亦非素志覬覦如曹氏、司馬氏也。故規模宏遠，歷世久長，天之眷亦迥異焉。天本無心，而聽人之自為。雖曰氣運，而理存其中。惜乎唐、宋皆為隋、周大臣，起而攘奪其子孫，論者猶不能無議焉耳。或曰湯伐桀，武伐紂，湯、武獨非夏殷之臣乎？曰：三代時勢未可與後代同論。湯之祖受土地人民於唐虞，非受於夏也。周之國初受於唐虞，其後遷徙流亡，王季、公劉披荊斬棘，自創基業，非受之於商也。天無二日，民無二王，雖非親受其封爵，不可不奉其名號，此古今通義也。彼唐、宋之主，所居者隋、周所命之位，所食者隋、周所賜之祿，豈與湯、武同哉？其不得不襲禪讓舊套，正是其良心難昧，則得統亦未為甚正。得統之正者，惟漢與明。曰：然則布衣非君之民乎？臣不可干天位，布衣獨可覬非常乎？曰：是又有說秦、漢、六國殘害其君，楚之遺民臣子舉兵復仇，是為義兵。若滅秦有天下，其得統視漢更為光顯。惜有其名，有其勢，而無湯、武之德耳。漢高得天下於楚，楚為與國，非滅共主，況志在除殘哉？明太祖起寒微，意在避難，何嘗有大志？元政不綱，群雄角立，如秦時逐鹿，捷足者先得，既聽元主之遠遁沙漠，復送其太子還國，兵不血刃，天與人歸，得統之正，誠莫漢、明

若也。元之得統，亦正惜不久。古今得統之正，莫如本朝。太祖太宗創立國基，非受於明，雖加龍虎大王名號，亦如湯、武尊共主之義，社稷人民自為經理，迨後太宗勢已無敵，屢屢求和於明，不從屈己下人，乃文王事殷之心，愛民無已之意也。無如天奪其鑒，固執不聽，喪於流賊，遺臣乞師，乃誅暴以安天下。又漢與明之所不及也。嗚乎盛哉！宜乎制度文為，度越千古，而卜世卜年，默邀天眷於無已也。夫君有慚德，立其朝者亦不免赧顏，人亦何幸生今世為本朝之臣子哉？民□生息安聚，而天心亦為之暢然無憾，然後知前代之變局而委曲以全百姓，皆天之不得已也。古有正而不統者，有統而不正者。既正矣，雖未一天下，亦可以正統歸之，如昭烈偏安，而《綱目》以之接獻帝是也。得統矣，而未出於正，如秦以暴，隋以篡，不能不以統歸之，而謂為正統，不可也。有不正並未得統者，如朱溫篡唐，其時藩鎮多未歸梁，雖移唐祚，天下未一也，《綱目》與僭號諸國分注，是矣。而梁紀之前大書太祖皇帝，令人刺目，如曹氏篡漢，孫氏猶存，安得以統歸之？諸國多用天祐年號，唐雖亡而未亡，說者欲以南唐主繼之，蓋烈祖為憲宗第八子建王恪之後，郊祀以高祖，神堯配天，與昭烈無異。後唐清泰方絕，李昇即位，更唐之的派也。昭烈本號漢，而人目之為蜀，非朱子莫與正之。李昇雖初號齊，而終號之為唐，以見唐之未亡。蘇氏《正統論》不以得統為貴，而是非自有定論。其見甚卓。凡強暴篡竊之人，雖有天下，不足齒數，足扶倫紀而驚萬世，與《綱目》之說雖異，而論不可磨。

菉友蛾術編二卷　（清）王筠撰

　　王筠（1784～1854），字菉友，又字貫山，一字泉友，山東安丘人。道光元年（1821）舉人，二十四年（1844）以國史館謄錄議敘選山西鄉寧知縣，並曾權知曲沃、徐溝二縣。著有《說文釋例》《說文句讀》《說文繫傳校錄》等書。生平事蹟見《清史稿》列傳卷二六九。

　　全書不足三萬言，分為二卷。上卷雜論諸經，以論《毛詩》者為多。他如論《左傳》《國語》曰：「《左氏春秋傳》及《國語》，漢人皆謂一人所作。案：《國語》蓋劄記之書，猶之賈子《新書》，《傳》蓋薈萃鍛鍊而成之，猶之《治安策》也。是以一事而兩國皆見，一役而分書其事為數篇，《傳》則無之矣。然其行文自成體制，與《傳》固不同，《治安策》則與《新書》無異文，是又

古今人不相及矣，而在《新書》者，其光芒不如《策》，則其聚精會神之所致也，又豈後人所及哉？」下卷多考《漢書》《說文》《楚辭》《文選》及俗語等。又有論讀書者曰：「今人所作之書，未嘗醞釀全書於胸中，只是零星湊泊，則我之讀之也，亦到處可住耳，若讀後漢以前之書，必須窮數十晝夜之力，一氣讀之，先得其命意若何，立格若何，再讀第二遍，則須一二年工夫，逐篇細審其字句，庶或得其書一半，若枝枝節節讀之，先與他作書時不相似，仍是他底書，不是我底書。」

論者以為，菉友之學，積精全在《說文釋例》，標舉分別，疏通證明，能啟浚長未傳奧旨。此編則其讀書之劄記，雖非其精力所注，然所考論，持平心以求實義，觸類引申，而無破碎支離之語云云。〔註402〕可謂持平之論。

此本據上海辭書出版社圖書館藏清咸豐十年宋官疃刻本影印。

【附錄】

【王彥侗《菉友蛾術編識語》】先大人嘗曰：「子孫於祖父遺書，不能繼修者，即以原本發刻亦佳。」此書甫屬草稿，因與玉山先生校而刊之。咸豐九年五月，男彥侗謹識。

【續修四庫全書總目提要（稿本）12—104～105】《菉友蛾術編》（家刊本），《菉友蛾術編》二卷，清安丘王筠撰。王筠字菉友，又字貫山……菉友之學，積精全在《釋例》，標舉分別，疏通證明，能啟浚長未傳奧旨。《蛾術編》則其讀書之劄記，雖非其精力所注，然所考論，持平心以求實義，觸類引申，而無破碎支離之語。如……蓋王氏之學，在其所注《說文四種》，而此編為其平日筆錄，故不足以見長焉。

【清史稿·儒林傳】王筠，字貫山，安丘人。道光元年舉人，後官山西鄉寧縣知縣。鄉寧在萬山中，民樸事簡，訟至立判。暇則抱一編不去手。權徐溝，再權曲沃，地號繁劇，二縣皆治，然亦未嘗廢學。筠少喜篆、籀，及長，博涉經史，尤長於《說文》。《說文》之學，世推桂、段兩家，嘗謂：「桂氏專臚古籍，取足達許說而止，不下己意。惟是引據失於限斷，且泛及藻繢之詞。段氏體大思精，所謂通例，又前人所未知。惟是武斷支離，時或不免。」又謂：「文字之奧，無過形、音、義三端。古人之造字也，正名百物，以義為本，而音從之，於是乎有形。後人之識字也，由形以求其音，由音以考其義，而文

〔註402〕《續修四庫全書總目提要稿本》第 12 冊第 104 頁。

字之說備。六書以指事、象形為首,而文字之樞機即在乎此。其字之為事,而作者即據事以審字,勿由字以生事。其字之為物,而作者即據物以察字,勿泥字以造物。且勿假他事以成此事之意,勿假他物以為此物之形,而後可與蒼頡、籀、斯相質於一堂也。今《說文》之詞,足從口,木從中,鳥、鹿足相似從匕,苟非後人所竄亂,則許君之意荒矣。」乃標舉分別,疏通證明,著《說文釋例》二十卷。釋例云者,即許書而釋其條例,猶杜元凱之於《春秋》也。又以二徐書多涉草略,加以李燾亂其次第,致分別部居之脈絡不可推尋。段玉裁既創為通例,而體裁所拘,未能詳備。乃採桂、段諸家之說,著《說文句讀》三十卷。句讀云者,用張爾岐《儀禮鄭注句讀》之名,謂漢人經說率名章句,此書疏解許說,無章可言,故曰句讀也。篤治《說文》之學垂三十年,其書獨闢門徑,折衷一是,不依傍於人。論者以為許氏之功臣,桂、段之勁敵。又有《說文繫傳校錄》三十卷、《文字蒙求》四卷。他著有《毛詩重言》一卷,附《毛詩雙聲疊韻說》一卷、《夏小正正義》四卷、《弟子職正音》一卷、《正字略》二卷、《蛾術編》《禹貢正字》《讀儀禮鄭注句讀刊誤》《四書說略》。咸豐四年,卒,年七十一。

癸巳類稿十五卷 （清）俞正燮撰

俞正燮（1775~1840）,字理初,黟縣人。性強記,經目不忘。年二十餘,北走兗州謁孫星衍。時星衍為伏生建立博士,復訪求左氏後裔。正燮因作《丘明子孫姓氏論》《左山考》,星衍多據以折衷群議,由是名大起。道光元年（1821）舉人。明年,阮元主會試,士相謂曰:「理初入彀矣!」發榜報罷。其經策淹博,為某考官所憎惡,故意匿之,阮元未之見也。房考官王藻扼腕歎息,引以為恨事。晚年主江寧惜陰書舍。參纂《大清會典》《欽定春秋左傳讀本》《行水金鑒》,撰輯《五代史補注》《宋會要》,著有《癸巳存稿》《四養齋詩稿》。生平事蹟見《清史稿》卷四八六、《清史列傳》卷六十九、《（光緒）重修安徽通志》卷二一九、夏寅官《俞正燮傳》、王立中《俞理初先生年譜》。

書前有道光十三年（1833）王藻菽序,稱理初有《類稿》三十卷,尚未付梓,余索觀之,卷帙頗繁,且係初稿,懼其挈之南行,久而散失,商諸及門孔繼勳、邱景湘、吳林光,醵金為付剞劂,鳌其正者十五卷為正集,餘為外集,

以俟續梓。〔註403〕目錄後有道光十三年程恩澤記，稱「吾里學派，自江、戴昌之，金、程承之，其緒蕃變，率以治經為宗，都說經鏗鏗，尤善治史部，則有吾師凌次仲先生，與師角立不倚，則有吾友俞理初先生」。又稱「凡學無門徑則雜，雜則經學溷漢、宋，天文學溷推步、占驗，執一則隘，隘則暖暖姝姝，悅一先生之言，墨守訓故，甚且持古疾以病今，理初先生憂之，於是察兩漢門徑，端其趨向」云云。〔註404〕

正燮治經以漢儒為主，曾謂秦漢去古不遠，可信者多。生平除治經外，於史學、諸子、天文、輿地、醫方、星相，以及釋道之書，無不探窮源，辨列雅偽。嘗謂「通人不專家，專家無通人」。俞氏具有樸素之人權觀念與平等思想，敢於以傳統反傳統。《貞女說》謂後世女子不肯再受聘者，謂之貞女，其義實在未安。《娣姒義》謂「禮本人情」，《徵商論》謂「商賈，民之正業，不得以為賤」，《嚴父母》謂不知古人言嚴者皆敬也，《師道正義》謂師可敬則道尊，非為暴酷。然《妒非女人惡德論》謂依經史正義言之，妒非女人惡德，妒而不忌，斯為上德云云，未免標新立異，似非通論。

劉咸炘稱理初考據極博，文多徵引密塞，自成一體，有前後互證之妙。又稱其中精語可舉為讀書法者：「《詩》無達詁，得其句例即達詁；《春秋》占詮，多斷章輾轉生義。」〔註405〕然李慈銘稱其書引證太繁，筆舌宂漫，而浩博殊不易得，又稱理初博綜九流，而文繁無擇，蓋經學之士多拙於文章云云。〔註406〕

此本據國家圖書館藏道光十三年求益齋刻本影印。

【附錄】

【王藻畇《癸巳類稿序》】黟縣俞正燮理初，敦甫夫子辛巳再典江南省試所得士也，與同門久而不相識。癸巳春闈，余忝與分校之役，得理初卷，異之，意其為皖省宿學無疑也。既又得徐卓舉生卷二卷，根柢相伯仲，同時並薦，舉生得雋，而理初下第矣。比舉生來謁，詢以皖省知名士，則首舉理初，因撮闈文中一二語，趣舉生亟往詢之，果理初也。舉生之與理初遇不遇，各有命，而愛素好古，澹泊寡營，不詭遇以求合。其搜討之勤，識議之博，上下

〔註403〕《續修四庫全書》第1159冊，上海古籍出版社，2002年版，第259頁。
〔註404〕《續修四庫全書》第1159冊，上海古籍出版社，2002年版，第265頁。
〔註405〕劉咸炘：《內景樓檢書記》子類第389頁，第404～405頁。
〔註406〕李慈銘：《越縵堂讀書記》，上海書店出版社，2000年版，第782～783頁。

古今，縱橫馳騁，分鑣並驅，悉講求於根柢之學，故其見之於文也，真而不鑿，要而不蕪，質而不俚，華而不縟，覃精研思，實事求是，率皆發明經史奧義，旁及諸子百家九流之說，剖晰疑似，若辨黑白，可不謂博學強識君子哉？舉生著作甚多，余未之見，其《經義未詳說》五十四卷，先已梓行，時方攜之行篋，乞序於余。理初有《類稿》三十餘卷，尚未付梓，余索觀之，卷帙頗繁，且係初稿，懼其挈之南行，歸而散失，亟商諸及門孔繼勳熾庭、邱景湘鏡泉、吳林光蓀，醵金為付剞劂，釐其校正者十五卷為正集，餘為外集，以俟續梓，題曰《癸巳類稿》，明是編之輯成於癸巳也，理初之志也。舉生成進士，以本班注邊，既復從需次之暇歸理舊業。理初鎩羽南歸，而茲稿之輯不至湮沒無傳，信乎遇不遇固有命，而傳不傳亦各有定數也。若雨生者可以傳矣。於其歸而送之行，因以為雨生序。道光十有三年癸巳夏六月，王藻菽原氏書於京寓之求日益齋。

　　【程恩澤《癸巳類稿序》】吾里學派，自江、戴昌之，金、程承之，其緒蕃變，率以治經為宗，都說經鏗鏗。尤善治史部，則有吾師凌次仲先生。與師角立不倚，則有吾友俞理初先生。凡學無門徑則雜，雜則經學潤漢、宋，天文學潤推步、占驗；執一則隘，隘則曖曖姝姝，悅一先生之言，墨守訓故，甚且持古疾以病今。理初先生憂之，於是察兩漢門徑，端其趨向，於其歧則閉也，寢饋經史，旁通諸子百家九流，於其偽則鏟也。不寧惟是，宋之亂漢易判，魏晉之亂漢難判。淄澠流合，易牙能分之。摭古人之愚，若辨黑白，乃益見古說之可信矣。書缺有間，箋疏脫訛，徵之於諸子百家九流，有時而窮，則援及釋典、道藏以為助，秕糠塵垢，尚堪陶鑄，矧其精者，啟我質我，不猶愈於求野乎？然非先生受性精敏，一覽便記，又烏能宏覽博辨，差擇助詮若是之廣且大歟？先生著述甚富，未暇寫定，今春應禮闈試，受知於王菽原主政，主政薦剡未售，急索其著述，伙金刊之，蓋欲以千秋身後名償俗耳目一第之榮也。用心良苦，聞者感歎，惜乎時日稍迫，僅得十之三四耳。記十年前，與先生篝燈夜坐，偶有作述，援筆立就，引證賅洽，退而檢諸篋，無一誤事誤言，洵乎才學識有千萬人而無數者，書將就委，序於澤，澤學術譾陋，焉云知先生？然私幸並世見一傳人，引吾里江、戴之緒，且未有艾也。（程恩澤《程侍郎遺集》卷七）

　　【程恩澤《癸巳類稿又序》】右《癸巳類稿》十五卷，吾友俞理初所著也。理初負絕人之資，篤好讀書，自識字積發素寢饋，凡四五十年，其善於始也，

能入其眇，於終也，能出叢。籍城擁手，翻翻不輟，輟輒大半成誦，地人名稱，事回穴數，載極見某庋某冊某篇行語，即中是，謂能入萃。昔賢往事判黑白，搖筆灑灑千萬言，某可據，某可刊，某不可憑，某宜斟也，一篇中計，迭簡不勝舉，使起昔賢論往事，亦頷是謂能出，出入之際，無精心卓識，果力則絢，博而支絢，斷而歧，宋以後逮有明，豈無博見強識，則徇虛車絀實用，恒若斯也。惟識足以徹千古之鄗，辨足以息萬喙之爭，富足以會古今之通，明足以別真偽之涸，然後縱橫勃窣，底於是乃已。故治經貴一也，緷牽於注疏則隘，畔離於訓故則野，援證典確，荸甲新意，皆陶鑄秦諸書、漢諸儒，斯得之。治史貴紛也，讀未終卷，遂持論則塞。讀一史未他及，遂持論則陋。正窮乃稗，稗窮乃注，注窮乃金石，全史醞釀，歧說旁溢，斯得之。尤善言天象暨曆數，以為泰西法積精然，豈三代、秦、漢人所豫解以某時曆，衡某時法，是非區分則三代、秦、漢人不能委其過。尤善言地輿，說方域以為中外同軌，不道險，今昔異履，不詳憲，惟殊方遐國人所忽，必當察察，則萬一可據，為攻戰之導也。至於掌故之鉅，名物之細，聲詁之雅，七緯三式，釋典、道藏、素靈之奧，景教之歧，凡諸儒撟舌方皇者，稱引首首，如肉貫串，絲在柵，則又非恒量所能測識者也。加以受性方直，偽書誣古，必辨，魏晉儒改故訓，蔑先儒，必力辨邪醜，正否嫉賢，必覯縷辨。嗚呼！古心哉！古人哉！凡理初手成宏鉅，書不自名者甚夥。年過六十，而聰強審密不德，其著作未可涯。此冊斷自癸巳年，故曰《癸巳類稿》，刻成，索序於予，予讀之甚愜也。爰就所窺及者諿之，其諸廣邅，以俟大雅。（程恩澤《程侍郎遺集》卷七）

【續修四庫全書總目提要（稿本）11—666】俞氏之學，引江、戴之緒，學貫九流，不主一家。於讀書時隨筆疏記，標題之有無不同，而以聯想所及之材料附之。每成一文，證據周遍，斷以己意，故其立說精確無以復易。是編所收錄雜文二百四十九篇，於經史百家之說皆有考證。俞氏不獨考據擅長，即其見識之卓越，亦非嘉、道諸儒所能及也。

【妒非女人惡德論】妒在士君子為惡德，謂女人妒為惡德者，非通論也。古見官文書者，宋明帝以湖熟令袁慆妻妒忌，賜死，使近臣虞通之撰《妒婦記》。又以公主多妒，使人代江斅撰《辭婚表》，見《宋書·后妃傳》。有云：「姆奶爭媚，相勸以嚴；妮媼競前，相詔以急。聲影才聞，少婢奔迸，裙袂向席，老醜叢來。左右整刷，以疑寵見嫌；賓客未冠，以少容見斥。」《魏書·宗室傳》：「元孝友上表云：古諸侯娶九女、士一妻、一妾，晉令諸侯王

娶妾八人，郡公侯六人，第一二品四人，三品四品三人，五品六品二人，七品八品一人，至聖朝忽棄此數，由來漸久，將相多尚公主，王侯皆娶后族，故無妾媵，習以為常，舉朝既是無妾，天下殆將一妻。設令志強廣娶，則家道離索，身事屯邅，內外親知，共相嗤怪。父母嫁女，則教以妒；姑姊逢迎，相勸以急，以制夫為婦德，以能忌為女工，妒忌之心生，則妻妾之禮廢，妻妾之禮廢，則姦淫之兆興，此臣之所毒恨者也。請製令王公一品，娶八通妻，備九女。二品，備七。三品、四品，備五。五品、六品，則一妻二妾。限一週年，悉令充數，若不充數，及待妾非禮，使妻妒加捶撻者，免所居官。妻無子而不娶妾，科以不孝之罪，離遣其妻。」《北齊書·元孝友傳》亦有之。《舊唐書·職官志·司封》云：「親王，孺人二，媵十。一品，媵十。二品，媵八。國公、三品，媵六。四品，媵四。五品，媵三。」《唐書·百官志》云：「凡置媵，上其數，補以告身，散官三品以上皆置媵。」《朝野僉載》云：「唐貞觀中，桂陽令阮嵩妻妒，刺史崔邈云：『一妻不能禁止，百姓如何整肅？妻既禮教不修，夫又神明安在？』解見任。此崔邈意與元孝友同。妒者，婦人常情，妒而忌，則殺人者死，傷人抵罪，何煩詔表令檄牽妒言之哉？」《明會典·刑部律例一》云：「親王，妾媵十人，一次選。世子，郡王，四人。二十五歲無子，具二人，有子即止，三十無子，始具四人。長子至將軍，三十無子，具二人，三十五無，具三人。中尉，三十無子，娶一妾，三十五無子，具二人。庶人四十以上無子，許娶一妾。」《律例四》云：「民年四十以上無子者，方聽娶妾，違者笞四十。」此則婦女無可妒，禮法之最善者也。《易林》云：「二婦同夫，志不相思，心懷不平，志常愁怨。」《意林·申子》云：「妒妻不難破家，一妻據夫，眾妻皆亂，此不可奈何者也。」《韓非子·內儲說六·微二》云：「衛人有夫妻禱者，而祝曰：『使我無故得百束布。』其夫曰：『何少也？』對曰：『益是，子將以買妾』」。《意林·典論》云：「上洛都尉王玉，以功封侯，其妻泣於內，恐富貴更娶妻妾。」《三國志·袁紹傳注》、魚豢《典略》亦同，此其夫必素佻達者。《後漢書·馮衍傳注》：「衍與妻弟任武達書云：『先聖之禮，士有妻妾，年衰歲暮，恨入黃泉，遭逢嫉妒。家道崩壞，醉飽過差，輒為桀紂，房中調戲，布散海外，家貧無僮，賤為匹夫。故舊見之，莫不悽愴，曾無憫惜之恩。惟一婢，武達所親見，頭無釵飾，面無脂粉，不原其窮，不揆其情，訕訕藉藉，不可聽聞，暴虐此婢，不死如髮，半年之間，膿血橫流，宜詳居措，且自為計。每以上書告訴相恐，

此婦性蓋暴急，衍誣之為妒。』」《漢書．貢禹傳》言：「諸侯妻妾，或至數百人，豪富吏民，蓄歌者數十，時無限制，衍以宦斥，貧不具憧，自不能具妾。循衍書意，蓋有愧衍於其妻矣！丈婦之道，言致一也。夫買妾而妻不妒，則是恝也，恝則家道壞矣。天地絪媪，萬物化醇，男女媾精，萬物化生。」《易》曰：「三人行則損一人，一人行則得其友。」言致一也。是夫婦之道也，依經史正義言之，妒非女人惡德，妒而不忌，斯上德矣。(《癸巳類稿》卷十三)

【徵商論】《孟子》言：「古之為市，有司者治之，有賤丈夫罔市利，始徵商。」謂仁政本不徵商。商君則言重賦抑末，《墾令篇》云：「重關市之賦，則農惡商，商有疑惰之心。」《外內篇》云：「末事不禁，則伎巧之人利；市租太重，則民不得無田。食貴糴，食不利，而又加重徵，則民不得無去其商賈伎巧，而事地利矣！」按：商賈，民之正業，《易》稱「先王通商賈」，《書》言「虞夏使民懋遷有無化居」，周《酒誥》言「牽車服賈，養父母，可以欒飲，建國若鄭，不侵其業」。不得以為賤，又斥之為末。戰國士無恆產，乃始發憤詈富人。《戰國策》魯仲連云：「商賈之行不忍為。」又有商君之策，皆所謂橫議，疾貧妒富，亦其識之未宏也。周時太宰九職，商賈阜通貨賄，閭師任民任商，以市事貢貨賄，其徵商也，經入，則九賦有關市山澤幣餘，司門徵其貨賄，廛人斂絘總質廛罰之市布。其無邸肆立持，則肆長斂其總布，又泉府有市之徵布。其經出，則大府職以待膳服喪紀賜予，廛人布人膳府，至凶荒禮喪，則《司市》云市無徵，《司關》云國凶箚則無關門之徵，譬農凶歲不取盈也。《孟子》乃謂仁政關譏而不徵，市又不廛不徵，或由不悉周法。後人有擇，書不能讀，折衷至當，分持孟子、商君之說，或曰非仁政，或曰抑末反本，天理爛熟，使天理仁政兩者不能並立。四民皆王者之人，君臣之義，無所逃於天地之間，不應商賈獨以仁政不事君，專以徵科苛責農民。上下相接以義，商賈若是末，則聖王循天理，不得因末為利。若云重徵以抑末，則何如禁絕之，乃反誘而徵之哉！楚漢兵爭農廢，財在商賈。漢雜用王霸，欲商賈輸財，不得其名，直曰困辱之而已。至桑弘羊竊商君之說，始飾其辭曰：「富商大賈，無所牟大利則反本，而萬物不得騰躍。」鄭康成注關市山澤幣餘之賦云：「皆末作當增賦者。」若今賈人倍算，夫聖人仁政固徵農矣，仁政獨不宜授田課植農桑而不徵歟？農豈亦末作罔利當征之？使反不循天理凍餒歟？然則不徵商非仁政，徵商非抑末也。夫徵商與徵農，其義一也。(《癸巳類稿》卷三)

【前輩愛才之篤】嘉慶朝士之以博洽聞於時者，北則張石洲穆，南則俞理初正燮，一時學人，無及之者。理初舉於鄉，數困公車，某科阮文達典會試，都下士走相賀曰：「理初登第矣。」王菉原禮部為同考官，得一卷，驚喜曰：「此非理初不辦。」亟薦之。是日文達適有小疾，未閱卷，副總裁汪文端公廷珍，素講宋學，深疾漢學之迂誕，得禮部所薦卷，陽為激賞，俟禮部退，亟鐍諸笥中，亦不言其故。及將發榜，文達料理試卷，詫曰：「何不見理初卷耶？」命各房搜遺卷，禮部進曰：「某日得一卷，必係理初手筆，已薦之汪公矣。」文達轉詰文端，堅稱不知，文達無如何，浩歎而已。榜後，理初往謁禮部，禮部持之痛哭，折節與論友朋，不敢以師禮自居。且贈詩四首，有云：「如是我聞真識曲，最難人說舊知名。」又云：「冥鴻已分翔寥廓，暮雨蕭蕭識此心。」其傾倒也至矣。理初所著書，初名《米鹽錄》，禮部為鳩貲選刻其半，易名曰《癸巳類稿》。（李岳瑞《春冰室野乘》卷一）

【春海道友】俞正燮，字理初，黟縣人。道光元年舉人。負絕人之資，篤好讀書，尤善言天象暨曆數。以為泰西法積精。然豈三代、秦、漢人所豫解？以某時曆衡某時法，是非區分，則三代、秦、漢人不能委其過。凡理初手成宏鉅書不自名者甚夥。年逾六十，而聰強審密不憊。自著為《癸巳類稿》十五卷，侍郎刻而為之序。其論蓋天、宣夜、恒星七曜古義、《五行傳》用亥正及古憲、九道、四分、九執諸篇，一切皆隸焉。又有《癸巳存稿》十五卷，靈石楊氏刻入《連筠簃叢書》中。（諸可寶《疇人傳三編》卷二）

【俞正燮久困公車】黟俞君正燮，宏達淵涵，愷深經術，嘉、道間一通儒也。公車久不遇，道光癸巳，儀徵太傅主會試命下，諸鉅公輒相與賀曰：「理初入彀矣。」榜發，報罷，已而知卷在王菉原禮部房，禮部固力薦，而新安相國深嫉迂誕之學，捆束置高閣，儀徵竟未見也。後十年，為人述此事，猶扼腕太息。禮部既得君，則大喜，延入邸中，索觀所著書，為釀金付雕，即今所傳《癸巳類稿》也。愛士若兩公，士雖不遇，不足喟矣。〔按：俞又有《癸巳存稿》，刊靈石《楊氏叢書》中。〕（陳康祺《郎潛紀聞二筆》卷十四）

【三命四命五命】《閱微草堂筆記》卷十五《姑妄聽之》前有小序云：「三十以前，講考證之學，所坐之處，典籍環繞如獺祭。三十以後，以文章與天下相馳驟，抽黃對白。恒徹夜構思。五十以後，領修秘籍，復折而講考證。今老矣，無復當年之意興，惟時拈紙墨，追錄舊聞，姑以消遣歲月而已。」余頗愛紀河間之《筆記》，亦喜其《四庫全書提要》《簡明目錄》之文。「五

十以後」「復折而講考證」云云，當即指修《四庫》、作《提要》之事，而不知其「三十以前」所講考證為若何，「三十以後」之文章又若何也。及讀《紀文達公遺集》，內收駢散各體，殊無預期所望之美。李慈銘（蓴客）《越縵堂日記》稱「文達於經史之學則實疏，集部尤非當家」云云，初以為高傲岑之言，原不足為準，讀《遺集》後，則亦頗瞠目視之。惟蓴客極推其子部之詳密，卻未敢苟同。夫子部包羅最雜最廣，豈能盡通？余讀《四庫提要》，覺於子部術數類收書最陋最粗，論斷尤為草率。如劉誠意之《滴天髓》，已著錄於《明史‧藝文志》，而《四庫》失收；《三命通會》中屢屢引及《洞霄寶鑒》，按《洞霄寶鑒》亦即《窮通寶鑒》之別名，早已流行於民間，明代多種筆記多有引及之者，別有為宮廷秘藏而內蘊更詳者名《造化元鑰》，皆未之及。著錄《三命通會》之《提要》，既稱其「採撮群言，得其精要」，又謂「其立論多取正官正印正財，而不知偏官偏印偏財亦能得力；知食神之能吐秀，而不知傷官之亦可出奇」云云，尤為大謬。蓋不知其書後四卷，竟全論傷官、七殺、梟神之得者也。是乃僅將其書略一翻檢，未遑通讀，遂下筆如此輕率故耳。按論《三命通會》者，惟清初陳之遴（素庵）相國所著之《命理約言》最善，其卷四《雜論》有云：「張逸叟楠著《命理正宗》，頗能區分條晰，亦病故拙詞蕪。惟萬進士民英著《三命通會》，區分條析，文理朗順，而意在搜採，義無確一，貴多而不貴精，能博而不能約，然較諸術家，則勝遠矣。」素庵相國與吳梅村詩伯，為兒女親家，皆擅「子平」，行家之言，自非門外所能及。實則《三命通會》一書，僅是命學中之類書，互相牴牾之處，在在皆是。任何一造，皆可推之為大富大貴，亦可斷之為極窮極賤，在其書中，俱可得其根據，所以素庵相國謂其義無確一也，而提要竟稱其採撮精要，大誤而特誤矣。張楠之書，又名《神峰通考》，與較早之《淵海子平》及《命理約言》等，皆乾隆前命書之典要，而竟無一著錄。又讀《閱微草堂筆記》卷十二《槐西雜志》二，考定日辰實時，謂「余撰《四庫全書總目》，亦謂虛中推命不用時，尚沿舊說。今附著於此，以志余過」云云。可見術數類提要確乎大體皆出紀公手筆，並非他人所為而由其統稿劃一者。但於李虛中所遺存之《命書》三卷，雖由文達公於《永樂大典》中輯出，尚未遑細讀及校訂也。《三命通會》中所引之《鬼谷》遺文頗多，實即皆是《命書》中所有者。而其中所謂之四柱，乃指年月日胎而言，與宋後之指年月日時非一，則紀公此考亦可存疑。俞正燮（理初）於《癸巳類稿》《癸巳存稿》中嘗考

定三命、四命、五命之分歧與演變，精審不移，與紀公之一知半解異矣，而不得以後來必然居上為之解嘲也。他如明代早已流傳、託名為邵堯夫所撰之《梅花易數》，劉誠意之《奇門遁甲全書》三十卷，皆未收錄。又《太素脈訣》原書有二十卷者，《存目》僅有一卷。此或當時私家所藏，未肯上獻，是又不可專責文達之疏漏，而尊客稱許其精，乃正露其本人之底蘊所短闕者乎？（劉衍文《雕蟲詩話》卷三）

癸巳存稿一五卷　　（清）俞正燮撰

俞正燮有《癸巳類稿》，已著錄。

正燮於道光癸巳年刻其文稿，因號《癸巳類稿》，餘未刻之文悉存篋中，遂題曰《癸巳存稿》。書有道光二十九年（1849）張穆序，稱理初足跡半天下，得書即讀，讀即有所疏記，每一事為一題，鉅冊數十，鱗比行篋中，積歲月證據周遍，斷以己事，一文遂立。〔註407〕

此書十五卷。卷一、卷二為經說，卷三以下為書後、雜說、論說、字、道釋、詩文等。俞氏主張男女平等，如卷四「女」「妻」「女人稱謂貴顯」「出夫」諸條，為婦女大鳴不平。卷五會同河道記，卷六喀爾喀、伊犁、蒙古，卷十畝制、尺、石斗升、宋秤等條，均具史料價值。梁啟超謂俞氏之學長於局部考證，其實已開後人專題論文之先河。

書中頗多精語，如詆宋人說《禮》，謂好以大言說經，不曾省視經文。鄭氏經熟，古人訓語委曲，在不肯失字本義，故能簡。古惟單字還音之文，不就字求義，不得謂迭韻文不求義也。古書備列其事，今人以不見而疑之。又論古書奇偉事，謂以義推之，非有奇異。古人著書不論書，論書則多言多敗。單行古文說興，惟韓愈、歐陽修、曾鞏諳於故實而又不失格調，他或不顧也。古作者賞論文字，專重謀篇，有取捨，選亦必有取捨。校者詳其異同；非有彼此是非之見，凡書皆然。古姓名省文，乃言徵不稱在之意，通於常談。漢儒短在務攻異己，長在精思古訓，不作無稽之言。胡氏《春秋傳》不足為書，辨者亦疏於披覽。

李慈銘稱其書雜記古今，不分門類，亦無目錄，較之《類稿》，為無倫次。所採浩博，兼綜說緯，固多可觀，而筆舌宂漫，有學究氣，且時雜以戲

〔註407〕《續修四庫全書》1159冊，上海古籍出版社，2002年版，第607～608頁。

譖不經之辭。又稱其學務雜博，而時有小說氣。《酷儒莠書》《愚儒莠書》諸條所徵，掛漏之甚，而又多不確當。〔註408〕秋濤《朔方備乘》卷五十八《辨正癸巳存稿敍》稱其中論俄羅斯事數則，自言嘉慶十年寓都門時，聞俄羅斯有遣使來之事，因檢閱群書，漸積搜輯，得書一百八十七條，搜採既富，足裨見聞，其考訂處亦多能詳人所略，然以過求新異，往往失之穿鑿，不盡可為典要。

此本據上海辭書出版社圖書館藏道光二十八年靈石楊氏刻《連筠簃叢書》本影印。

【附錄】

【張穆《癸巳存稿序》】《癸巳存稿》者，黟俞君理初於道光十三年編刻平生所為文，題曰《癸巳類稿》，而以未刻者總寫成袠，緣其初名存，以備散佚云爾。先是，壬辰冬，理初館新城陳碩士侍郎所，為校顧氏《方輿紀要》，穆一再過之，頗多請益。理初賞之，曰：「慧不難，慧而能虛，虛而能入為難。」因與訂交。然理初年長於穆者倍，穆禮事之，尊為先生，不敢與齒也。越年春，儀徵太傅主會試，命下，諸鉅公輒相與賀曰：「理初入彀矣。」闈文出，穆為效寫官之役，經義、策問皆折衷群言，如讀唐人《正義》、馬氏《通考》，而汰其繇緛也。榜發，竟報罷。已而知其卷在通州王菽原禮部房，禮部固力薦之，而新安相國深嫉迂誕之學，捆束置高閣，儀徵初未之見也。後十年，穆謁太傅於邢上，太傅為述此事，猶扼腕太息有餘恨，云禮部既得理初，則大喜，延入邸中，素觀所著書，為醵金付雕，於是天下始得讀所謂《癸巳類稿》者，同使理初幸獲一第，其自為謀，亦不過刻書而止，所惜者國家失此宏通淹雅之材耳。理初足跡半天下，得書即讀，讀即有所疏記，每一事為一題，鉅冊數十，鱗比行篋中，積歲月證據周遍，斷以己意，一文遂立。讀其書者，如入五都之市，百貨俱陳，無不滿之量也。然細字密書，厶增乙跨，稿草襲積，猝不可讀。當議刻《類稿》之時，發篋攤書几上，屬日照許君印林及穆為檢之，擇其較易繕寫者，得如干篇，分類排次，以付梓人，前所刻十五卷是也。及《類稿》既竣，賣其書稍有餘貲，乃覓抄胥為寫未刻之稿，又得尺許，即今所刻是也。理初方年二十餘，負其所業，北謁孫淵如觀察於兗州，時觀察既為伏生建立博士，復求左氏後裔，理初因作《左丘明

〔註408〕李慈銘：《越縵堂讀書記》，上海書店出版社，2000年版，第784～785頁。

子孫姓氏論》《左山考》《左墓考》《申雜難篇》，觀察多採其文，以折眾論，而理初陳古刺今之識亦由是日益堅，故其議論學術與觀察恒相出入也。顧以家貧性介，知其學者寡，奔走道塗四十年，緒紛餘潤不足贍妻孥，年逾六十，猶不能一日安居，遂其讀書著書之樂也。歲戊戌，以公車在都。穆自西來，將南遊，暫事羈棲，與朝夕見，殆將百日，始別去，而理初留滯會邸，至十月，碩士侍郎之公子淮生假以資斧，乃得南歸，復相遇於泰州道中，因與偕謁祁淳甫學使，學使厚飫之，約其春初復來。己亥正月，理初果相訪於江陰。未帀月，余隨輶車北渡，歷試徐、海諸郡，遂由淮安入都，而理初留江陰縣署，為學使校寫三古六朝文目及此存稿副本。七月，學使邀赴金陵，言於制府，聘掌惜陰書舍，教惜陰書舍者，陶文毅所特設以課諸生古學也。地據城西高阜，江流一線，浮浮目前，致為幽勝，脩脯所入，亦較優贍。余聞之喜，以為此足抵理初晚節菟裘矣。乃次年五月，遂卒於書舍中。書生薄祜至於此極，可為系欷矣。其年冬，學使還朝，余從假得存稿副本，又越七年丁未，刻入《楊氏叢書》，放《類稿》例，亦釐為十五卷，中多引申未竟之作，不復刪。惟《積精篇》灑灑萬餘言，為理初極用意之作，穆以為非後學所能遽解也，則汰去之。夫以理初之學之年，覈其著錄歲月，多在小子未生以前，顧不以為庸陋忘年折節，引為同志，此意何可忘也。至其學行本末，則《類稿》程春海侍郎兩序詳言之，茲不復綴云。道光二十九年五月夏至日，平定張穆序。

【續修四庫全書總目提要（稿本）11—667】先是，俞氏所書疏記，巨冊數十，鱗比行篋，張穆、許印林為擇其較易繕寫者，分類排次，以付梓人。及類稿既竣，賣其書，稍稍有餘，乃複寫其未刻之稿，即存稿也。是書所收雜考之文，凡二百六十篇，經史雜事皆有考證。俞氏治學，不宗一家，其每立一題，證據遍周，始斷以己意，故立說多精確。俞氏是書考論之處，為讀書得間之作，非隨筆箚記者所能比擬。

【八股文限字】康熙七年，定鄉會試，復用八股時文，限五百五十字。二十年，限六百五十字。四十五年三月，陳廷敬奏，會元尚居易首篇一千二百餘字，向來作文不得過六百五十字，所作違例，應斥革。從之。乾隆四十三年，復限以七百字。

【論翁方綱詩】國朝諸儒，能言而不能行者，莫如大興翁蘇齋學士方綱。學士侈言理學，研究宋五子書，乃至跪求差使，見於《嘯亭雜錄》，以妾為妻，

並已死二妾亦扶正，見於《翁氏家事略記》。平生尤喜言詩，手錄古今評注杜詩者三十餘家，至三十三遍之多，可謂勤矣。又推闡趙秋谷宮贊執信《聲調譜》之說，撰《小石帆亭著錄》六卷，以暢厥旨，其法益密。易王文簡公論詩主神韻之說，為「肌理」二字，亦可備一說，皆於詩學有裨。獨至其所自作之詩，極與所言相反。其詩實陰以國朝漢學家考證之文為法，尤與俞正燮《癸巳類稿》《癸巳存稿》相似，每詩無不入以考證。雖一事一物，亦必窮源溯流，旁搜曲證，以多為貴，渺不知其命意所在。而爬羅梳別，詰曲聱牙，似詩非詩，似文非文，似注疏非注疏，似類典非類典。袁簡齋明府論詩，有「錯把抄書當說詩」之語，論者謂其為學士而發，確為不謬。百餘年來，俞氏之集，名雖行世，試問何人取而誦讀則效？聊供插架之用。《復初齋詩集》流傳益罕，欲供插架而未能，豈非不行於世之明驗乎？文章乃千古之公物，公是公非，自有定評，決非一二人以私意所能擾亂也。（劉聲木《萇楚齋隨筆》卷三）

癸巳剩稿一卷首一卷附錄一卷　　（清）俞正燮撰

俞正燮有《癸巳類稿》，已著錄。

書前有同治八年（1869）胡澍《癸巳存稿目並遺篇題詞》，又錄葉名澧《橋西雜記》記俞正燮者二條。目錄後有丙申正燮記，又有同治七年（1868）趙之謙題記。

此書為剩稿，係當日一再刊落之文。其中大塊文章首推《積精篇》，其篇末曰：「房術語雜出，忽狂忽狷，皆有小道可觀之長。世儒不明其終始，乍見一二語，為所震盪，則足以為世害。男女居室，人之大倫，庸德則康強，無逸則長壽，要在知其派別，悉其難易，博學審問，慎思而明辨之，則能篤行儒修，知生理之原，絕眾害之萌，而合陰陽自然之數也。」張穆以為此文非後學所能遽解，則汰去之。鄧實稱此為俞氏極用意之作，於男女相感之微，洞徹罔遺，文極有關於生理學，不可以其涉於男女之事而掩秘，故刊於《國粹報》。然孫寶瑄《忘山廬日記》稱此篇不過拉雜引房中術，別無精義云云。

蔡元培《俞理初先生年譜跋》極力推崇俞氏之學，稱其特點有二，曰認識人權，曰認識時代，既能以男女平等之立場發言，復能隨時代而進步云云，實則以「有學問之思想家」或曰「有思想之學問家」視之。今按，俞氏三書，實則為一書。然今人整理之《俞正燮全集》，既不按文體編排，又不按年月

編次，且此書中文章亦未能盡收其中。此為考據家之文集，似按文體編排為佳。

此本據國家圖書館藏道光十三年求益齋刻本影印。

【附錄】

【俞正燮《癸巳類稿手跋》】潤臣與其兄昆臣為正燮理《癸巳類稿》，已付刊。丙申夏，潤臣索此《剩稿》，欲寫存之，笑與之約：「得清本，即以與正燮，而以此草與潤臣。」其與否想必肯也。丙申六月初九日，正燮記。○《癸巳存稿》三冊，竟留尊處。弟攜另寫本去，冀有所增益，以謬承繩愛，乃不自知其醜，瑣瑣奉瀆耳。日來無事忙，語無條理，事無頭緒，此其所短也。匆此，即問近好。祝頌不宣。正燮頓首，七月十六日。

【趙之謙《癸巳類稿題記》】平定張石洲已校定訂。此書刻入靈石楊氏《連筠簃叢書》。余求之七年不能得，僅一見於張叔平比部處，曾乞抄，比部不與。聞俞君有孫在江西，守藏全稿，欲往尋之而未果也。今遇此本，則原稿故在，而其家所有者當是副本，因以重價易之。汪容甫先生有言「屬有天幸，每得善本，獲福已多」，人貴知足。余自報罷後，貧不能歸，賣畫所入，以供饘粥，餘資購書，計數十年來所得不少。此書又遇之意外，若冥冥中默相之者。屢斥於有司，屢困於逆旅，非我生之不幸也。同治戊辰九月十有三日，會稽趙之謙撝叔記於都門南班捷胡同邑館。

【胡澍《癸巳類稿題詞》】黟俞理初先生所著《癸巳類稿》十五卷，南通州王氏為之刊行，世多有之。未刻者曰《存稿》，張石洲明經亦編為十五卷，靈石楊氏刻入《連筠簃叢書》，而流傳甚少。昨歲獲一刻本，因借趙撝叔同年，得諸葉氏所藏稿本三冊對勘，知張明經所刪，不止《積精》一篇，尚有《魏新字》等十五篇，實共刪去十六篇。內除《板閘喻》及《時憲書後葉》兩篇與《類稿》所刻大同，不數，乃別錄存之，冠以原目，而刻本增多四十三篇之目附焉。於是先生之稿咸完具無遺失。同治八年己巳二月，郡後學胡澍書於京都大吉巷寓齋。

【俞理初學說】凡此種種問題，皆前人所不經意，至理初，始以其至公至平之見，博考而慎斷之。雖其所論，尚未能為根本之解決，而亦未能組成學理之系統，然要不得不節取其意見，而認為至有價值之學說矣。（蔡元培《中國倫理學史》）

彊識編四卷續一卷 （清）朱士端撰

朱士端（1786～1872）〔註409〕，原名效端，字希呂，號銓甫，揚州府寶應人。道光元年舉人。考充右翼宗學教習，選廣德州訓導。清廉自矢，教士有方。未幾引疾歸。精於許氏形聲之學，嘗以二徐本互校，擇善而從，不擅改原文，所斠正金壇段氏刪改之失甚多。又以鐘鼎彝器諸文考合《說文》所載古籀各體，並精確不磨。晚年閉戶著書，窮年矻矻，著有《齊魯韓三家詩釋》《說文校定本》《說文形聲疏證》《宜祿堂收藏金石記》《吉金樂石山房詩文集》《知退齋筆記》《檢身錄》。生平事蹟詳見《續纂揚州府志·文苑傳》。

書前有道光十三年（1833）湯金釗序，稱博稽往籍，研究古義，聲音訓詁，尤多心得語，有益經傳之作云云。又有咸豐十一年（1861）士端自序，又附陳宗彝與朱士端二書，單懋謙、丁晏與朱士端各一書，王壽同與朱士端二詩，姚元燮與朱士端一詩，張寶德與朱士端二詩，楊後於朱士端二詩。書後有同治元年（1862）士端跋、咸豐十一年（1861）張寶德跋。

全書五萬餘字，分正、續二編。正編四卷，卷一雜考群經，卷二釋《爾雅》，卷三證《說文》，卷四辨古音、子史。此書以考證為主。卷三後有士端自識，稱：「右第三篇，專研小學，謹依《玉篇》《汗簡》暨歐、趙諸錄，薛尚功、王復齋款識，並近世大儒王石臞先生《讀書雜志》、阮相國太夫子《鐘鼎款識》諸書，尋許氏之源流，正後儒之刪改，非好異矜奇，亦非嚮壁虛造，此余《說文校定本》所由著也。蓋經傳由古文而篆，由篆而隸，或以形近傳訛，或以聲近致誤，即文字假借亦由聲音，可不合古文、篆、隸互為推求邪？」至於「唐魏徵《群書治要》引經多古義」「《六帖》引《詩》斷句合古讀法」「古地名多轉語合聲」「董子詁經取聲同之例」「董子詁經以重言詁一言之例」諸條，類能發凡起例。

續編一卷，亦多考經傳諸子、音韻字書。如「《墨子》引經多古文」條稱：「《墨子》書多古字古音，每假借通用。《尚同篇》周頌之道之曰：載來見彼王，聿求厥章。按，載來彼辟聿曰音俱相近，讀法各有輕重疾徐長短之變轉，近莊氏《周頌口義》引作『戴見來王彼求厥章』，士端所據為畢氏校刊古本，又經孫淵如、盧抱經、汪容甫諸先生商訂從之，又引《尚書》『龔喪厥師』，偽孔作『用爽厥師』，龔用喪爽音同，王氏《讀書雜志》云：《墨

〔註409〕 程希：《揚州學派學者朱士端卒年及字號考辨》，《揚州教育學院學報》2018年第 4 期。

子》引經多古文，以讀者尚少，未經改竄，古文轉賴以得存。士端謂《墨子》引詩在三家前，引《尚書》乃真古文，不可據今本以改古書，董舉一二以識其略。」

此本據復旦大學圖書館藏清同治元年刻本影印。

【附錄】

【陳士端《彊識編自序》】道光己丑，計偕入都，假館王伯申尚書宅，得親炙其尊大人石臞先生。時與子蘭昆仲相切礛，並交江寧陳君雪峯、吳君伯英泉同年友上元溫明祢、黟俞理初，又表弟江都汪孟慈講求許、鄭之學，有裨益焉。癸巳正月，湯相國夫子辱問拙著，因繕錄《彊識編》就正，蒙贈數言，親題簡端，拳拳愛才之心，至淡且切。噫！知己有幾人哉！宗室錫生齡為余教習宗學受業弟子，咸豐壬子典試浙江，督學皖省，遇於江上，以校勘此編為己任，惜年未四十，奄忽徂逝，此舉遂寢。回憶己亥歲，自廣德司訓吉歸，重理舊業，邑中諸同人亦勸刊，未果。今夏四月，張容園徵君避地居敝邑，過訪訂交，見余《說文》校定本，宜祿從友朋命也。張君名寶德，字容園，上元諸生，舉辛亥制科孝廉方正，家藏經籍、金石甚富，尤精小學，工篆隸，著有《鐵硯齋雙鉤石刻文字》，已刊行世。咸豐十一年歲次辛酉七月，士端謹識。

【張寶德《彊識編跋》】國朝江以北不乏通儒。寶應亦多治經之士，若精摯六藝六書，並宗許、鄭，又考證金石文字，皆發明前人所未到者，近如劉氏楚楨，卒後惟朱文銓甫一人。少受業於其從父武曹先生，繼親炙高郵王氏父子，學有淵原，著述等身，繕錄待梓。今年七十有六，猶手不釋卷，洵巋然魯靈光也。曩與余俞理初夫子、陳雪峰世丈共討論之，二君嘗向余稱其學，因知其名。廿餘年來，恨未一見。今春轉徙斯邑，往謁席前，盡讀其所撰之書，獲益匪淺。同人亟勸鏤板，惜其力未逮焉。竊請將《彊識編》若干條先付剞劂氏，以永其傳。屬加選訂，余慚寡陋，敬謝不敢應，勉任校字董丁，以附名簡末，則幸甚矣。是為跋。辛酉七月，上元張寶德。

【單懋謙《答朱銓甫世叔書》】銓甫世叔大人合下暌違絜訓，倏逾廿年，景仰光儀，時殷跂慕。夏間胡明經交來手示，備荷垂注，殷殷拳感，且無既恭惟頤性養壽，味道研經，衍漢儒古義之傳，擅洛社耆英之望，固海內士林所宗仰也。劙詹山斗，欽佩實深，承示近刻《彊識編》，於聲音訓詁中獨抒心

得，其淹貫精確，洵與伯申尚書所著《經義述聞》相匹敵，羽翼傳注，嘉惠後學，名山不朽之業其在斯乎？聞尚有《說文校定本》《金石記》等書，儻能並付梓人，公諸同好，則沾丐更靡涯矣。佺供職春明，毫無建樹，素殄幸位，只益疚心，加以蒲柳侵霜，漸增衰態，駑駘暮齒，何敢棧豆縈懷，惟冀故里晏然，得遂歸棲之願，斯為幸耳。肅泐復謝，恭請壽安。伏惟垂照，世愚佺單懋謙頓首謹啟。(《彊識編》卷首)

【丁晏《與朱銓甫同年書》】銓甫七史年大人閣下：大世史來淮，接到手示，詢悉道履安和，壽開八秩，忻喜無量。弟衰配杜門，賤體仍復頑健，不廢讀書。承示《彊識編》，粗閱一過，宿儒邃學，皛然靈光。卷中言虞《易》主孟氏，仲翔自言五世傳孟氏之學，有明徵矣。校《毛傳》鱣大魚，大字為王肅所加，確不可易。弟有《尚書餘論》，具言《孔叢》《家語》，皆王肅一手所為也。論《爾雅》倨牙即騶牙，實補前人所未及。又言段注妄改許書，段刻《毛傳》，亦有肊改妄增，不獨《說文》也。又言《廣韻》《類篇》引《說文》之誤，其說甚核，足見後人據它書以改許書未為悉當，實事求是，微吾史何足以知之。弟近來畢求義理，藉以養心。視少學為差進。拙著《易述傳》《禹貢集釋》尚未印成，容隨後寄呈是正。大兒在都，到臺已補福建道。二兒已升比部副郎。弟今年政七十，不欲如世俗飲宴，寫《七旬學易小像》，寄上冊頁，即求題詠。大孫延福微幸入學，又外孫婿清河王生兆楨選拔連三科，皆王姓淮人為之語曰：「三代王家，三人拔貢。七旬丁老，七世生員。」附書之，以博一笑。草此奉達，藉請頤安。弟晏頓首。(《彊識編》卷首)

東塾讀書記二十五卷　　(清)陳澧撰

陳澧有《公孫龍子注》，已著錄。

書前有同治十年(1871)陳澧自述，稱：「少好為詩，及長棄去，泛濫群籍。中年讀朱子書，讀諸經注疏子史，日有課程。尤好讀《孟子》，以為《孟子》所謂性善者，人性皆有善，荀、楊輩皆未知也。讀鄭氏諸經注，以為鄭學有宗主，復有不同，中正無弊，勝於許氏《異義》、何氏《墨守》之學。魏晉以後，天下大亂，而聖人之道不絕，惟鄭氏禮學是賴。讀《後漢書》，以為學漢儒之學，尤當學漢儒之行。讀朱子書，以為國朝考據之學源出朱子，不可反詆朱子。又以為國朝考據之學盛矣，猶有未備者，宜補苴之。」《東

塾集》卷四《復劉叔俛書》亦稱：「中年以前，治經每每有疑義，則解之考之，其後幡然而改，以為解之不可勝解，考之不可勝考，乃尋求微言大義、經學源流正變得失所在，而後解之，考之，論贊之，著為《學思錄》一書，今改名曰《東塾讀書記》。此書自經學外，及於九流諸子、兩漢以後學術。至宋以後，有宋元、明《學案》之書，則皆略之，惟詳於朱子之學。大旨在不分漢宋門戶，其人之晦者則表章之。」《東塾讀書論學劄記》之五曰：「余之學以考據為主。論事必有考據，乃非妄談；說理必有考據，乃非空談。」〔註410〕此乃夫子自道之語，可窺其旨趣矣。李肖聃《湘學略》亦稱：「蘭甫之學，究聲律以同天，箋《水經》以釋地，其學宗崑山顧氏，作《東塾讀書記》以仰企《日知》之緒，而晚年父子相依，日抄《朱子語類》，其心尤欲息鄭、朱之爭，通漢、宋之郵，與湘鄉曾文正國藩持論若合符契。其平生通今博古，精思力踐，又誠無愧於古人，故同、光學者群相崇仰。」

　　是編乃陳澧晚年所著，皆積學有得之言。全書雖標二十五卷，實為十五卷，乃陳氏七十歲時手訂付刊。卷一《孝經》，卷二《論語》，卷三《孟子》，卷四《易》，卷五《書》，卷六《詩》，卷七《周禮》，卷八《儀禮》，卷九《禮記》，卷十《春秋三傳》，卷十一小學，卷十二諸子，卷十五鄭學，卷十六三國，卷二十一朱子。卷一三、卷一四、卷一七至卷二〇、卷二二至卷二五未成。門人廖廷相稱其餘未成稿本十卷，遺命名曰《東塾雜俎》（收入《敬躋堂叢書》，於一九四三年由北京古學院刊刻成書）。此書旨在探尋微言大義及經學源流正變得失。遵鄭氏《六藝論》，以《孝經》為道之根原，六藝之總會，學《易》不信虞翻之說，學《禮》必求禮意；次考周秦諸子流派，抉其疵而取其醇；其次則表章漢晉以後諸儒粹言至論。惲毓鼎《澄齋日記》盛稱其中《孟子》一卷於《孟子》論性、論政處發明大義，可纂入義疏。然鍾泰《中國哲學史》駁之云：「至近人引鄭氏（玄）相人偶之言，謂通彼我斯謂仁（見清陳澧《東塾讀書記》。梁任公《先秦政治思想史》蓋又襲陳氏之說者），而不知『君子無終食之間違仁，造次必於是，顛沛必於是』，『仁者不憂』（並見《論語》），不必對人而始有仁，離人而即無仁也。」

　　《學思錄序目》自稱：「余為《學思錄》，所引之書大約注疏、正史、朱子書為多。可謂醇正矣，於近人所謂淵博，則未也。」劉咸炘稱其考訂不下嘉、

〔註410〕陳澧：《陳澧集》，上海古籍出版社，2008年版，第二冊第357頁。

道儒者，而能求大義，不為委瑣，則又勝之。又稱蘭甫可謂能嚼家常飯者，其言醇醇有味云云。〔註411〕李慈銘稱其謂《左傳》多後人增入語，取姚姬傳、吳起輩附益之說；謂荀子所謂學者止欲求勝前人，其非十二子中尤專攻子思、孟子，蓋其失甚矣；又謂荀子詆子游氏之言甚於子張、子夏氏，或以子思、孟子之學出於子游，則誣說遊辭云云。〔註412〕全書實事求是，言必有徵，可謂不朽之作。

此書有廣州鎔經鑄史齋自刻本、光緒二十四年紉蘭書館重刊本、《海粟樓叢書》本。稿本十二冊藏於廣東省中山圖書館，為《學思錄》原稿，已收入《陳澧集》。此本據上海辭書出版社圖書館藏光緒間刻本影印。

【附錄】

【陳澧《學思錄自序》】余少時志為文章之士。稍長，為近儒訓詁考據之學。三十以後，讀宋儒書，因而進求之《論語》《孟子》及漢儒之書。近年五十，乃肆力於群經、子、史，稍有所得，著為一書。《論語》曰：「學而不思則罔，思而不學則殆。」乃題曰《學思錄》云。

【與胡伯薊書】僕近年為《學思錄》，惟抄撮群書，不成著述之體，欲待二三年後乃編定之。今內度諸身，外度諸世，不可復緩，然且及今為之，猶恐汗青無日，為一生之遺恨。今以論著之大旨告足下。僕之為此書也，以擬《日知錄》，足下所素知也。《日知錄》上帙經學，中帙治法，下帙博聞，僕之書但論學術而已。僕之才萬不及亭林，且明人學問寡陋，故亭林振之以博聞，近儒則博聞者固已多矣。至於治法亦不敢妄談，非無意於天下事也，以為政治由於人才，人才由於學術，吾之書專明學術，幸而傳於世，庶幾讀書明理之人多，其出而從政者，必有濟於天下，此其效在數十年之後者也。天下之人才敗壞，大半由於舉業，今於此書之末，凡時文、試律詩、小楷字皆痛陳其弊，其中發明經訓者，如《論語》之四科，《學記》之小成、大成，《孟子》之取狂狷，惡鄉原，言之尤詳，則吾意之所在也。（陳澧《東塾集》卷四）

【學思錄大指】《東塾遺稿》第二十六冊載先生開列《學思錄》大指凡四十四條：一、勸經生讀一部注疏。二、救惠氏之學之弊。三、救高郵王氏之學之弊。四、辟王陽明之譌。五、分別士大夫之學，老博士之學。六、辨語錄不

〔註411〕劉咸炘：《內景樓檢書記》，《推十書》子類，第565頁。
〔註412〕李慈銘：《越縵堂讀書記》，上海書店出版社，2000年版，第796～798頁。

由佛氏。七、明朱子之為漢學。八、於晉人尊陶公，明其非詩人，非隱逸。九、鬮老氏流為申、韓、李斯。十、明法家之弊。十一、發明狂狷之說。十二、發明性善。十三、發明《論語·學而章》。十四、發明《學記》。十五、發明四科之說。十六、拈出以淺持博。十七、尊胡安定。十八、尊江慎修。十九、指出歐陽公之病。二十、發明昌黎之學。二、昌言科舉八股之害。二十二、明訓詁之功。二十三、分別內傳、外傳之不同。二十四、指漢《易》之病。二十五、拈出費氏家法。二十六、標出《禮》意之說。二十七、標出《詩譜》大指。二十八、辨《周禮》之醇。二十九、發明《禮記》之體裁。三十、標舉《孝經》為總會根源。三十一、標出《中庸》「博學」五事為《中庸》之要。三十二、辨格物。三十三、辨明德。三十四、引申格物補傳。三十五、感時事。三十六、辨別先師、名臣之不同。三十七、拈出陸清獻「書自書，我自我」之語。二十八、考周末儒者。三十九、說自己著書之意。四十、明鄭學維持魏南北朝世道。四十一、引申阮文達《春秋》學術之說。四十二、辨戴東原《孟子字義疏證》。四十三、明輯古書之功與其誤處。四十四、明讀書提要鉤玄之法。以上四十四條乃其犖犖大者。（《陳澧先生年譜》第 139 頁）

【續修四庫全書總目提要（稿本）13—697】是編乃澧晚年所著，皆續學有得之言。其門人廖廷相識語云：「《東塾讀書記》十二卷，又三卷，已刻成，其餘未成稿本十卷，遺命名曰《東塾雜俎》云云。」此本目列二十五卷，實僅十五卷，未成者十卷也。卷一《孝經》，卷二《論語》，卷三《孟子》，卷四《易》，卷五《書》，卷六《詩》，卷七《周禮》，卷八《儀禮》，卷九《禮記》，卷十《春秋三傳》，卷十一小學，卷十二諸子，卷十五鄭學，卷十六三國，卷二十一朱子也。未刻成十卷者，卷十三西漢，卷十四東漢，卷十七晉，卷十八南北朝隋，卷十九唐五代，卷二十宋，卷二十二遼金元，卷二十三明，卷二十四國朝，卷二十五通論也。澧深於漢學，而亦尊崇宋儒，不偏不倚，執中用閎，觀其鄭學與朱學並重，即可知矣。澧引《語類》一百三十一及一百三十三以明之，可以袪後世之惑矣。統核全書，語平淡而意篤實，文淺近而義精深，斷非漫言調和漢、宋者所可擬也。至若李慈銘詆其《左傳》多後人增入語，及子思、孟子之學出於子游，蕭穆駁其幹父之說，則無足重輕，蓋書體甚大，不可專責其一枝一節也。

【清史稿·儒林傳】陳澧，字蘭甫，番禺人。道光十二年舉人，河源縣訓導。澧九歲能文，復問詩學於張維屏，問經學於侯康。凡天文、地理、樂律、

算術、篆隸無不研究。中年讀諸經注疏、子、史及諸子書，日有課程。初著《聲律通考》十卷，謂：「《周禮》六律、六同皆文之以五聲，《禮記》五聲、六律、十二管還相為宮，今之俗樂有七聲而無十二律，有七調而無十二宮，有工尺字譜而不知宮、商、角、徵、羽。懼古樂之遂絕，乃考古今聲律為一書。」又《切韻考》六卷、《外篇》三卷，謂：「孫叔然、陸法言之學存於《廣韻》，宜明其法，而不惑於沙門之說。」又《漢志水道圖說》七卷，謂地理之學當自水道始，知漢水道則可考漢郡縣。其於漢學、宋學能會其通，謂：「漢儒言義理，無異於宋儒，宋儒輕蔑漢儒者非也。近儒尊漢儒而不講義理，亦非也。」著《漢儒通義》七卷。晚年尋求大義及經學源流正變得失所在而論贊之，外及九流諸子、兩漢以後學術，為《東塾讀書記》二十一卷。其教人不自立說，嘗取顧炎武論學之語而申之，謂：「博學於文，當先習一藝。《韓詩外傳》曰『好一則博』，多好則雜也，非博也。讀經、史、子、集四部書，皆學也，而當以經為主，尤當以行己有恥為主。」為學海堂學長數十年。至老，主講菊坡精舍，與諸生講論文藝，勉以篤行立品，成就甚眾。光緒七年，粵督張樹聲、巡撫裕寬以南海朱次琦與澧皆耆年碩德，奏請褒異，給五品卿銜。八年，卒，年七十三。他著有《說文聲表》十七卷、《水經注提綱》四十卷、《水經注西南諸水考》三卷、《三統術詳說》三卷、《弧三角平視法》一卷、《琴律譜》一卷、《申范》一卷、《摹印述》一卷、《東塾集》六卷。

【勸學篇‧守約第八】大率群經以國朝經師之說為主，《易》則程《傳》與古說兼取。《論》《孟》《學》《庸》以朱注為主，參以國朝經師之說。《易》止讀程《傳》及孫星衍《周易集解》。《書》止讀孫星衍《尚書今古文注疏》，《詩》止讀陳奐《毛詩傳疏》，《春秋左傳》止讀顧棟高《春秋大事表》，《春秋公羊傳》止讀孔廣森《公羊通義》，《春秋穀梁傳》止讀鍾文烝《穀梁補注》，《儀禮》止讀胡培翬《儀禮正義》，《周禮》止讀孫詒讓《周禮正義》，《禮記》止讀朱彬《禮記訓纂》。《論》《孟》除朱注外，《論語》有劉寶楠《論語正義》，《孟子》有焦循《孟子正義》，可資考證古說，惟義理仍以朱注為主。《孝經》即讀通行注本，不必考辨。《爾雅》止讀郝懿行《爾雅義疏》，五經總義止讀陳澧《東塾讀書記》、王文簡引之《經義述聞》。（張之洞撰）

【箚記最可觀者】由此觀之，則箚記實為治此學者所最必要，而欲知清儒治學次第及其得力處，固當於此求之，箚記之書則夥矣，其最可觀者，《日知錄》外，則有閻若璩之《潛丘札記》，錢大昕之《十駕齋養新錄》，臧琳之

《經義雜記》，盧文弨之《鍾山箚記》《龍城箚記》，孫志祖之《讀書脞錄》，王鳴盛之《蛾術編》，汪中之《知新記》，洪亮吉之《曉讀書齋四錄》，趙翼之《陔餘叢考》，王念孫之《讀書雜志》，王引之之《經義述聞》，何焯之《義門讀書記》，臧庸之《拜經日記》，梁玉繩之《瞥記》，俞正燮之《癸巳類稿》《癸巳存稿》，宋翔風之《過庭錄》，陳澧之《東塾讀書記》等。（梁啟超《清代學術概論》）

攀古小廬雜著十二卷 （清）許瀚撰

許瀚（1797～1866），字印林，一字元翰，室名攀古小廬，日照人。道光十五年（1835）以拔貢舉順天鄉試，官嶧縣教諭。所校刊宋、元、明書籍，精審不減黃、顧。龔定盦詩稱：「北方學者君第一，江左所聞君畢聞。土厚水深詞氣重，煩君他日定吾文。」〔註413〕著有《攀古小廬古器物銘釋文》《攀古小廬碑跋》《攀古小廬文》等書。生平事蹟見《清史列傳·儒林傳》《清史稿·儒林傳》、袁行雲《許瀚年譜》、曹漢華《增廣許瀚年譜》。

《攀古小廬文》前有丁晏序，稱印林邃於小學，如所論《說文》或體重文，深明汶長六書之旨，而講求古韻又極盡其能事，乃匯錄其雜文及讀書箚記，蔚為一編。〔註414〕書前有葉景葵識語，稱其《韓詩外傳校議》一卷精思入微。〔註415〕

此書為許瀚讀書箚記，卷一至卷三為《經傳說》，卷四、卷五為《小學說》，卷六至卷十為《金石說》，卷十一、卷十二為跋。如「《偽古文尚書》襲《墨子》誤斷句說」稱：「《偽古文尚書》割裂《論語》《墨子》及真《泰誓》為《武城》，予小子既獲仁人一段，《泰誓》中雖有周親一段，閻百詩、宋半塘、王西莊論之詳矣。瀚謂偽書不僅剽竊，並不識《墨子》句讀。偽書取裁《墨子》以成文，痕跡顯然，而《墨子》之言亦未可據。武王伐紂，會師孟津，軍於牧野，安得有事於泰山隧。作偽者知其不合事實，故屏棄泰山等字，而唯攘其文字，狡矣。或武王初巡，方東嶽告祭之辭，亦可通去，要非伐商時誓辭也，泰山疑即涉《泰誓》傳聞致誤。」「辨誣」條稱：「乾隆間

〔註413〕龔自珍：《己亥雜詩·別許印林孝廉瀚》。
〔註414〕謝國楨：《江浙訪書記》，上海書店出版社，2004年版，第226頁。
〔註415〕《續修四庫全書》第1160冊，上海古籍出版社，2002年版，第651頁。

修《四庫全書》，館臣上提要，於《韓詩外傳》摘其疵語六，非事實者五，一條重見者二。」並辨其疵語第一條「稱彭祖名並堯禹」、非事實第三條「謂舜生於鳴條一章為孔子語」、一條重見弟二條「申鳴死白公之難事」之誤。並曰：「說詩必此詩，定非知詩人。予喜《韓詩外傳》能盡《詩》之蘊，包羅萬有，寄興無方，而論者謂其非說《詩》之書，是以鮮有善本，嘗取群書校勘，得異同五六百條，其稍成片毀者，三十許條而已。」卷三有《讀四庫全書提要志疑》，涉及《史記》《周秦刻石釋音》《水經注碑目》《焦山古鼎考》《金石文字記》《古今印史》《孔北海集》《定齋集》《文心雕龍》《唐子西文錄》《恬志堂詩話》《帝範》諸種提要，為《四庫提要》研究之寶貴資料。卷四《尚書韻》《論語韻》《孟子韻》《左傳韻》《孝經韻》討論聲韻。

謝國楨稱書中所考漢代石刻漢嵩山三闕、三公山碑、元氏封龍山碑等舊拓本，審定行款，辨析文字，徵引史事，詳考其制度，尤啟發余研治兩漢史蹟之事。至其所釋六朝造像石刻中「維那」二字，為總攝一寺，即後來僧官之稱；張紹《瘞鶴銘辨》閣本引「顧起元」為「顧元慶」之誤，皆確鑿有據，足為考史之資云云。〔註416〕小學說中求古韻八例，轉注舉例，為求古音之道有八，轉注之例有七，凡此諸條，均前人之所未發。

此本據上海圖書館藏清咸豐間刻本影印。

【附錄】

【續修四庫全書總目提要（稿本）12—336～337】《攀古小廬雜著》十二卷（清刻本），清許瀚撰。瀚字印林，山東日照人。道光乙未以拔貢舉順天鄉試，官嶧縣教諭……是編卷一至卷三《經傳說》，卷四、卷五《小學說》，卷六至卷十《金石說》，卷十一、卷十二《金石書籍跋尾》。其《經傳說》中，《偽古文尚書襲墨子誤斷句說》《大毛公名考》《毛魯韓詩同出荀子同用子夏序考》，皆考訂詳明，而《韓詩外傳校義》尤為精覈。《小學說》中求古韻八例，轉注舉例，為求古音之道有八，轉注之例有七，凡此諸條，均前人之所未發。至《金石說》中，篆文及銅器銘文多未刻全，蓋尚未刻成之稿也。

【清史稿·儒林傳】許瀚，字印林，日照人。道光十五年舉人，官嶧縣教諭。博綜經史及金石文字，訓詁尤深。至校勘宋、元、明本書籍，精審不減黃丕烈、顧廣圻。晚年為靈石楊氏校刊桂馥《說文義證》於清河，甫成，

〔註416〕謝國楨：《江浙訪書記》，上海書店出版社，2004年版，第226頁。

而板毀於撚寇，並所藏經籍、金石俱盡，遂抱鬱而歿，年七十。他著有《韓詩外傳勘誤》《攀古小廬文》。

【清代學人列傳】許瀚，字印林，山東日照人。幼博綜經史及金石文字。年逾冠，入縣學。道光乙酉，道州何文安公視學山左，奇其才，拔貢成均，次年入都，即寓何邸，得與公子紹基友，互相考訂。治小學，尤深於聲音訓詁之原。至勘定宋、元、明舊籍，精審度不減顧澗薲、黃蕘圃。輦下知名士若張穆、苗夔、俞燮輩，皆昕夕過從，以學問相切劘。夔自珍素少許可，獨推為北方學者第一。其見重於時如此。會核錄重修字典，議敘得州同街。乙未，北闈鄉試中式；五上春官不利。應聘主講漁山書院，修輯《濟寧州志》。復選投嶧縣教諭，旋丁憂去官。丙午，河帥潘芸閣侍郎延校史籍，因識丁晏、魯一同、許楗，文字往還，契合無間。而商城楊鐸實卿交最摯。己酉，為山西楊氏校刊桂氏《說文義證》。時患偏痹，養病里門，尚力疾從事。咸豐、庚辛之際，太平軍犯東境，越日照，所藏書籍碑版悉付劫灰。幸先期走避，獲免於難。未幾遂卒。所著惟《攀古小廬文》數卷梓行。遺著一卷，刻入《滂喜齋叢書》，《韓詩外傳勘誤》則僅存遺稿。其致楊實卿書謂：「古人造字，實由於音。近代若王氏父子及金壇段氏，略悟此義，惟未有專成一書者。欲治《說文》，宜從事聲音之學。」又謂：「《說文》中所列重文，治之者咸不明其例。倘將《說文》所有重文勒為一編，亦發前人未發之蘊。」此亦可見其小學之一斑矣。（清代佚名撰）

【日照縣志·人物志】許瀚，字印林，由拔貢舉順天鄉試。八歲失恃，事繼母以孝聞。母歿，撫幼弟四人咸底成立。父年邁，色養得歡心。叔父母貧，迎養於家。從兄歿，為遺子置家室，分田贍之。司鐸齊東滕縣，勖士子，勵實行，主講濟寧沂郡書院，授諸生業，原本經義。訪先賢先儒裔，設祠，請立奉祀生。典隆俎豆，士林向風。一生篤好許、鄭之書。受知於高郵王文簡公、道州何文安公，經學、小學淹貫賅洽。較刊桂氏《說文義證》。著有《攀古小廬集》《經說》《經韻》《詩文集》《轉注舉例》諸書。工書翰，士林珍之。祀鄉賢。國史館有傳。

【唐鄭仁愷碑跋】碑云：「夫學始於周、孔，中於老、莊，終於釋教。」三教歸一，不知仁愷之學果如是歟？抑融之諛詞歟？其序先儒，次老，次釋，差有權衡。或云，老天道，釋地道，儒人道，故史遷先黃老，此則非鯫生所敢妄議。然碑銘詞又云：「遵釋、老兮憲孔、墨。」是融雖工於文，其於道之邪

正茫然不辨黑白，固無足深論也。

【高先生書冊後】言為心聲，書為心畫，誠中形外，其理一也。竹雲先生書法魯公，間涉他家，而執使轉用壹歸之顏。蓋自古端人正士，如蔡忠惠公、韓魏公率由斯路。翰墨所寄，如見其人。心正筆正，即此是學有自來矣。哲嗣伯平衰集遺書，惓懷手澤，淵源家學，罔敢失墜。翰幸預觀瞻，敬書其後，用誌仰企焉。

丁戊筆記二卷　　（清）陳宗起撰

陳宗起（1798～1832），字敬庭，號叔度，丹徒人。道光五年（1825），選貢成均，以母老不赴。發憤著書，不以一義自足。自天文曆算、勾股割圜諸術，下及水經、地志、小學、雜家，靡不窮究。著有《經說》《周禮車服志》《考工記異字訓正》《考工記異讀訓正》《考工記鳥獸蟲魚釋》《養志居文集》《養志居僅存稿》。生平事蹟事蹟見《晚晴簃詩匯》卷一三二。

此書二卷，為其讀書雜考之作，由其子克勄所編。書中以考史為主，凡天文、地理、字詞、制度、人物、稱謂等，皆有涉及。如「萬歲」條謂此二字古人不專以頌君，亦不始於武帝時。又如「二聲一字」條稱此說雖多巧合，然如叵字本從反可，與不可字各有義訓，非若隨以一字呼為二聲、以二字呼作一聲者比，又以徽定讀脛，音類稍隔，至謂起於西人，則尤不然。署名「丁戊」，指丁亥（1827）、戊子（1828）兩年。

其書實事求是，不雜浮辭，訓詁、史地、雜事之屬，皆有據依。然間有失誤，如「讖緯」條據《史記·趙世家》扁鵲「昔秦穆公嘗如此，七曰秦讖，於是乎出矣」一語，斷定讖緯不始於東漢，未免不辨讖、緯之別。首條「星度差」，特別標明為乙酉，云：「此條錄於乙酉，於次在丁、戊以前，以無所附入，故列之此編之首。」云云。其時年屆而立，發憤讀書，惜其積累不厚，考索不深。陳氏處於乾嘉考據學之巔峰時代，見賢思齊，博貫群籍，惜享年不永，未克大成。

此本據上海辭書出版社圖書館藏光緒十一年養志居僅存稿本影印。

【附錄】

【譚獻《陳先生遺書敘》】古者十五而入大學，三年通一經，三十而五經立。然三代盛時，儒者則通群經，而無所謂專門各家，孔門之徒猶曰身通六

藝。漢興，秦焰既燼，遺書間出，於是《詩》有齊、魯、韓、毛，《書》有伏、孔，《樂經》亡矣，《易》則施、孟、梁丘，《春秋》三家教衍嚴、顏，《禮》則大小戴，淵原且殊。《淮南王書》曰：「溫惠柔良者，《詩》之風；淳龐敦厚者，《書》之教；清明條達者，《易》之義；恭儉尊讓者，《禮》之為；寬裕簡易者，《樂》之化；刺譏辨議者，《春秋》之靡。」西京大師，自合而分；爰暨東漢，由分而合。淵乎高密鄭君，群經撰述，兼綜讖緯，闢「三禮」之榛蕪，號嫥精焉。至於單文大義，應人倫之問，則有《鄭志》，制節品物，發前哲之覆，則有《五經異義駁》。惟夫內外既通，津梁畢達，流裔既長，垂垂二千年間，以待後之達者，緒而杼之，簏以業之，庶幾性合天道，加王心焉。聖清振古，師儒輩出，江淮之間，其林淵矣。絕續之日，有陳先生，夫以抱負壙策，方領矩步，信行清操若高翔，閉門誦習若魏應，固已皎皎若日，不硌硌如石，隱居教授有年。執友若柳興宗賓叔、張崇蘭漪谷，《春秋》《尚書》之師資也。先生道真自葆，博綜六經，不名一師，依古實事求是之學，遠近承流，推之崔儦、沈麟士，當其謙，不箸書，而件繫之者十餘萬言，尤致謹於典章名物，蓋深於禮者也。昔者聞之，「禮是鄭學」。先生乃有之似之。先生身沒，東南兵起，亦如鄭公之世，黃巾為害，群書腐敝，寫定末由，閱五十有三季，令子克劬掇梂書之殘，收傳寫之本，猶可分經條列，鉅細不遺。凡《經說》八卷、《經遺說》一卷、《周禮車服志》一卷、《考工訓釋》三卷，學者得之以繼《鄭志》。今不異於古所云，中有別白，知所折衷，禁十二物，頗殊後鄭。流宥五刑，季長亦失。若此者，駁《五經異義》之比也。然以淑艾之私，尋省本末，先生所學在於執禮者，有如《需》五受社娶禮，《歸妹》六宗至貴禋祀惟天，說詩至重，較四篇推究禮制，《春秋傳》之配祖衡統，捄正注疏，凡此皆觸類而長。先生蓋深於禮者，車服之制，詳紀考工一器，而工聚高密之嫥精，亦先生之嫥精已。古史者學春秋家，百家諧於天人之故，皆與六藝同原。先生枕藉圖史，無微不甄。今可見者《丁戊筆記》二卷，又群言之總龜也；雜文歌詩三卷，因以附焉。推本經術，言不離於宗。獻竊歎，大道日散，揚雄氏所譏書肆說鈴者日出，凡學有本有原，束帶自修，學道謙讓者，其本告之詁言，多學而識者，其原經者常也。四術以正，則五性以成。頌其詩，讀其書，不知其人可乎？必有論世而尚友者與？（譚獻《復堂文續》卷一）

【續修四庫全書總目提要（稿本）13—726】是編為雜考之屬，乃其長子克劬所編。據《書》中星度差一節，克劬識語云，此條錄於乙酉，於次在丁戊

以前，以無所附入，故列之此編之首。則丁戊當是丁亥戊子，即道光七八年，丁亥宗起年三十，戊子年三十一也，星度差一節，固為乙酉所記。餘若上卷繫陳豨一節，下卷仰、準、廁牏三節，亦並不屬本書，當在宗起別撰之《稽古錄》《問字錄》《識小編》中，三書稿佚，無所附麗，故克劼編入此本也。其書實事求是，不雜浮辭，訓詁、史地、雜事之屬，皆有據依。以《戰國策》為蒯通所撰，牟庭《雪泥書屋雜志》已有此蒯，宗起與之暗合。惟《漢書·食貨志》所云「天下大氐無慮皆鑄金錢矣」一句，無慮當用《廣雅》都凡之訓，宗起不以為然，不知古人自有復語，此疑所不當疑也。

【左丘明】史公《報任少卿書》：「左丘失明，厥有《國語》。」《文選》李注引《漢書》曰：「《國語》，左丘明作。」《困學紀聞》引劉炫謂「《國語》非丘明作」，又引傅玄云「《國語》非丘明作」，有一事而二文不同。又載葉少蘊曰：「古有左氏、左丘氏，不得為一家，文體亦自不同。」案《左傳》成十六年疏云：「先賢或以為《國語》非丘明作。」（《丁戊筆記》卷一）

【流民法】《漢書·萬石君傳》：「惟吏多私徵求無已，去者便，居者擾，故為流民法以禁重賦。」師古曰：「朝廷特為流人法，又禁吏之重賦也。」案：此注非也。蓋其先民多流亡，而賦役故在，苦累居者，故為流人法。使長吏核實不累居者，此所謂禁重賦也，非兩事故。下文云今流民愈多，計文不改。蘇林曰：「校戶口，文書不改減也。」師古反不取蘇說，未明書義也。（《丁戊筆記》卷一）

【獨居】貧約性所安，索居獨難耐。捨業起踟躕，何處覓良會。庭桂冬森森，高可出簷外。黃梅正發花，疏拙別有態。欣然與盤桓，遊興忽中怠。乃知林棲者，種樹有深賴。（見《晚晴簃詩匯》卷一三二）

【出郭】出郭見牧童，牽牛下岡去。緩步如不前，逢人語絮絮。牛饑思美草，且置不遑顧。語罷復間間，餘情向何處。予故無心者，悠然與之遇。恐有塵勞人，因茲百感聚。（見《晚晴簃詩匯》卷一三二）

讀書偶記八卷　（清）趙紹祖撰

趙紹祖（1752～1833），字繩伯，號琴士，寧國府涇縣人。道光元年（1821）舉孝廉方正，滁州訓導，賞五品銜。後主講池州秀山、太平翠螺書院。紹祖少有神童之目，自為諸生，久困場屋，遂專力於考訂校補之學，齋號古墨，

博學嗜古，著述至數百卷。其詩追摹盛唐，頗與明七子相近，蓋樸學之餘事也。〔註417〕著有《通鑒注商》《校補竹書紀年》《新舊唐書互證》《段氏說文注訂》《涇川金石記》《安徽金石略》《古墨齋金石文跋》《古墨齋筆記》《消夏錄》《琴士詩鈔》等書，輯有《涇川叢書》《金石文鈔》等書，前人編輯而成《古墨齋全集》。生平事蹟見《清史稿·文苑傳》附俞正燮傳、《清史列傳·文苑傳》、陶澍《趙琴士徵君墓誌銘》、朱珔《趙琴士徵君傳》。

此書為考證經史之作，前三卷考經，後五卷證史，勘誤補遺，俱見學識。其學重經輕傳。如「胥鼓南」條稱：「後之言義理者，寧背經而不敢背朱；言考據者，寧背經而不敢背鄭。」可見其學術傾向。全書考證頗為詳盡。又間涉辨偽，如「《古文尚書》」條稱：「《古文尚書》，唐人最所尊信，故作為《義疏》，立之學官，而自宋以來疑之，雖朱子嘗用『危微精一』四語作《中庸序》，而亦疑其為假書。至明梅鷟，沿吳草廬之說，而始大放厥辭，國朝閻百詩、惠定宇又本梅鷟之說，而抉摘掀揭，幾於身無完膚矣。然諸儒疑信相參，所言亦各有罅漏，今略舉之，不能詳盡，亦不復詮次也。」又辨《孟子外書》之偽：「李贊庵《函海》、吳稷堂《藝海珠塵》皆刻有《孟子外書》四篇，近崇明施彥士集《逸文》一卷，以附其後，而總刊之，其用心可謂勤矣。然於此亦可見此四卷之非真本，而為後人之所收輯而增益者也。《古文尚書》之疑，實始朱子，然『人心道心』四語，本無大弊，故朱子用以作《中庸序》。近世閻百詩、惠定宇本旌德梅氏之說，以為出於《荀子》，而攻之不遺餘力，亦可謂多事矣。後世學者欲闢而明之，何患無辭？不可更作偽以益其偽也。此書卷二中有一章云：『子上謂孟子曰：「舜之詔禹曰，人心惟危，道心惟微，惟精惟一，允執厥中，子其識之。」』使書中無此四語，而孟子不知，則子上於何書得之？使書中有此四語，則孟子讀書豈有不知，而待子上之獨舉此而語之也？前既無所因而發，後又無所闢而明，而曰子其識之，亦索然而寡味矣。其為偽也決矣。」持之以故，立論不苟。

此本據華東師大圖書館藏清道光四年古墨齋刻本影印。

【附錄】

〔註417〕《晚晴簃詩匯》卷一百三十三。

舜典／五子之歌／西伯戡黎／武成／康誥之康當為諡／旅獒／古文尚書；卷二：詩序非國史作／序作於毛傳後／讀詩／衛宏傳言馬融作毛詩傳／吳楚杞宋無風／列國之風非獨備於魯／陳恒公方有寵於王／公矢魚於棠／晉殺其大夫趙同趙括／檀弓／大功廢業／今月令／骨鼓南／賢賢易色／十室之邑／緇衣羔裘／素衣麑裘／黃衣狐裘／吉月必朝服而朝／惜乎夫子之說君子也／彼哉彼哉／如好色則慕少艾／旱乾水溢則變置社稷；卷三：祥禫／喪服不為高祖制服經有闕文／四世而緦／高祖之父／出妻之子為母期／慈母如母／無服之殤以日易月／繼父同居／子思之哭嫂也為位／夫之祖父母世父母叔父母／經不為族曾孫族孫制服；卷四：重黎羲和／顏懿姬／費惠公／聶政刺韓傀／曹交／扁鵲／五諸侯／百年之間見侯五／王陵／馮無擇馮敬／灌夫／杜周／衛陽侯建德／成安侯韓延年／褚先生；卷五：史家歲首書元／秦兵不敢闚函谷關十五年／韓姬弒其君悼公／顏師古注漢書不引周書諡法／王嘉為南陵丞／三國時有兩劉岱／陳琳為袁紹作檄／三國志別有微意／晉書不當為嵇阮立傳／束皙傳述紹年／陶淵明傳誤／魏書自序／北史／南史／房玄齡／韋弘機傳／唐六臣周三臣／趙韓王／陳舜俞／王曾初相時錢若水已卒／虞允文采石之戰；卷六：相國丞相／公主／連敖／官／官家／相王相公公相公王／明府／三元考／膏粱／卿／娣姒／姨／堂兄弟／奴；卷七：荀子非相／王莽曹操皆同姓為婚／雲臺二十八將及王常等四人次序／三國志注所引書名／陶詩書甲子／東坡用事之誤／睢陵家丞／古文孝經孔氏傳／孟子外書／至遊子／李鄩侯傳／古文苑／用韻／圍棋；卷八：天下縣名相同／虞書十二州／秦郡／漢郡／侯國二百四十一／光武省併十三國。

【續修四庫全書總目提要（稿本）12—75】《讀書偶記》（道光刊本），《讀書偶記》八卷，清涇縣趙紹祖撰。紹祖字伯繩，又號琴士。九歲即以能文稱。二十應童子試，以經解冠八邑，受知於朱筠。既屢薦棘闈不售，乃益專力於經史百家及碑版文獻之屬，著有《通鑒注商》《涇川金石記》《安徽金石略》諸書，已並著錄。是編所錄，皆其考證經史之作。如論《五經正義》，皆孔穎達撰序奏上，今通謂之孔疏，然考其序，與《新書·藝文志》，則作者非一手也。《舊書》：「太宗以經籍去聖久遠，文字訛謬，詔前中書侍郎顏師古考訂五經，頒於天下，又以儒學多門，章句繁雜，詔國子祭酒孔穎達，與諸儒撰定《五經義疏》，凡一百七十卷，名曰《五經正義》。」《新書》：「初，穎達與顏師古、司馬才、章王、恭王琰受詔撰《五經義訓》，凡百餘篇，號

《義贊》，詔改為《正義》，博士馬嘉運駁正其失，詔更令裁定，功未就。永徽二年，詔中書門下與國子三館博士、弘文館學士考證之，於是尚書僕射于忠寧、右僕射張行成、侍中高季輔就加增損，書始布下。」蓋書雖奉敕，同撰者多，而孔氏實獨主其事，十六年雖詔覆審，其實亦無所更改，永徽二年雖詔加考證，其實亦無所刊定，不過虛引名銜以塞責而已。然則史所言，皆未必得其實，而自唐至今，所以但謂之孔氏《正義》，而諸人不與也。又論陳壽《三國志》云，陳壽身為晉臣，晉受魏禪，偽魏，是偽晉也，故不得紀魏而傳蜀者，勢也。然不曰《魏史》《魏書》，而曰《三國志》者，是已為等夷之說矣。《先主傳》後評云「蓋有高祖之風，英雄之器焉」。而猶恐觀者之未知其意也，於是與蜀末特收楊戲之《季漢》贊而大書之曰「贊昭烈皇帝」，此其用意微也。而後世不察，猶以不知正統譏之，過矣。諸所議論，明允翔實，洵皆讀書得間之作也。

【續修四庫全書總目提要（稿本）15—697】《讀書偶記》八卷（家刻本），清趙紹祖撰。紹祖字繩伯，號琴士，涇縣人。廩貢生，歷署滁州、廣德州儒學訓導，主持池州秀山、太平翠螺兩書院。道光辛亥，舉孝廉方正。是書一二卷皆商榷經義之作，三卷言禮，四卷以下則考訂諸子百家。書中論喪服、論古今韻諸條，最推翔實平允。

【清史稿·文苑三】趙紹祖，字琴士，涇縣人。年十二，受知學使朱筠，補諸生。筠授以《說文》，曰：「讀此日無過十字。讀《注疏》，亦無過十葉。必精造乃已。」紹祖熟於史事，嘗應布政使陶澍聘，修《安徽省志》，詳贍有法。道光初，年七十，舉孝廉方正。又十二年，卒。注有《通鑒注商》《新舊唐書互證》《金石跋》《安徽金石記》《涇川金石記》《金石文正續鈔》。

【涇縣儒林】趙紹祖，字琴士，涇縣廩貢。官滁州訓導，道光元年舉孝廉方正，純孝性成，居喪盡禮。晚年主講書院，以敦行植品訓迪後進。著有《古墨齋十五種》，其進呈御覽者，《涇川叢書》《金石文鈔》《新舊唐書互證考》。歿祀鄉賢祠。（何紹基《重修安徽通志》卷二百二十《人物志》）

【趙琴士徵君傳】君古文宗昌黎，以夙熟史事，集六卷內論數首，識力卓然。詩十卷，大抵不屑綺麗，上沿盛唐之派。兼工書畫，旁及於弈。在他人得一已擅場，而君直視為餘。（朱琦）

【唐藩鎮論】杜陵之懷太白詩曰：「文章憎命達。」太史公曰：「虞卿非窮愁亦不能著書自表見。」則是人窮而後能文章，非文章之能窮人也。瞿懷

清先生幼負俊才，能詩古文辭，而屈於有司之繩尺，往往負氣使酒，為不平之鳴。先伯祖星閣公嘗為作《變化氣質論》相規勖。先生頗折節以從，而卒困而死。人窮文與？文窮人與？不平之鳴亦烏可以已也。然虞卿得史邊一傳，名施於後世，而老杜「文章憎命達」一語，士不遇者皆噓唏於此言。以星閣公之少所許可，而於先生則歎惜之，諮嗟之。其形之於筆墨者，至不啻一而再，再而三焉。則先生其亦可以無恨矣乎？嘉慶六年正月，琴士趙紹祖識。

【徐榜宦遊日記】此宦遊日記，前明徐方伯薦所公歷官時之所自課。在當時或不止此，後人掇其餘而刻之者也。內十三哨戒諭，當是備兵辰沅時所作。今按：武陵姚季問作公辰沅道生祠記，云諸苗為梗，公如沅州，按視十衛十三哨，獎猛勸良，策駑磨鈍，三年間縛生擒而犁其庭者八百口，衝擊電掃，破八九，塞苗穴，則公之武功可見。又按公集中有谷戰圖說小序，自云拜命入疆，苗醜竊發，巡歷鎮筸，觀風五靖，無非崇山峻嶺，懸崖淵谷，退而歎曰：「地勢如此，無怪乎新息武侯不能盡得志。」乃取諸名將陣圖有當於谷戰之法者，編為十圖，且為之說，以頒示諸將，領為訓練式。夫苗民之匪用靈，而為今聖世之所當遏絕亟矣。惜乎其圖不傳，其說亦不可得而見也。興懷及此，遠想慨然。嘉慶五年六月，後學趙紹祖識。

【史疑之審訂】歷代稱史學者，亦惟評騭舊聞，抨彈往跡，甫翻史略，即可成文，昔人所以有翫物喪志之譏，又有「讀史令人心粗」之慨也。至於本朝諸儒，皆實事求是，有疑必審，有誤必訂，而非前人所可及。如錢大昕之《廿二史考異》、王鳴盛之《十七史商榷》、趙翼之《廿二史箚記》、張熷之《讀史舉正》、洪頤煊之《諸史考異》，皆通校全史者也。梁玉繩之《史記志疑》、錢大昭之《兩漢書辨疑》、沈欽韓之《兩漢書疏證》、梁章鉅之《三國志旁證》、趙紹祖之《新舊唐書互證》、施國祁之《金史詳校》，皆專考一史者也。披郤導窾，莫不精深確當，讀史者宜奉為指南矣。（徐珂《清稗類鈔・著述類》)

【趙紹祖撰述】涇縣趙琴士徵君紹祖，道光辛巳孝廉方正，年至八十餘始卒。生平研究經史，搜求金石，撰述拾種，屹然為嘉道間一學者。惟其撰述，除《通鑑注商》《安徽金石略》《金石文鈔》《續鈔》四種外，外間罕有知之者。因其當時陸續刊行，半無序跋，且多係零種，是以不甚流播。予見有人搜輯其《古墨齋全集》，刊本較為賅備，爰錄其撰述名目，刊本年月，有無序跋於此，以供後人考核。計《通鑑注商》十八卷，嘉慶己卯自刊本，

無序跋。《校補竹書紀年》二卷、《原委》一卷，無刊本年月，前有洪亮吉序。《建元紀》二卷，道光庚寅孟夏刊本，卷首有自記七行。《安徽金石略》十卷，道光十四年自刊本，無序跋，《聚學軒叢書》中有重刊本。《金石文鈔》八卷，嘉慶七年仲春自刊本，前有法式善行書序。《金石續鈔》二卷，無刊本年月及序跋。《讀書偶記》八卷，道光甲申自刊本，序無跋。《古墨齋筆記》六卷，道光丙申自刊本，無序跋。《消夏錄》一卷，道光元年春月自刊本，前有潘恩簡序，及卷首自記七行。《琴士文鈔》六卷，道光壬辰自刊本，前有趙仁基序。《蜀輶日記》《皇華草》合編四卷，道光癸巳自刊本，後有自跋。此二書原為安化陶文毅公澍所撰，日記與詩原屬二書，徵君合編為一。其所撰，仍有《新舊唐書互證》□□卷，此編未見，其遺逸者，必仍多矣。（劉聲木《萇楚齋三筆》卷四）

消暑錄一卷　（清）趙紹祖撰

趙紹祖有《讀書偶記》，已著錄。

書前有紹祖自序，稱：「庚辰之夏，天旱甚熱，無避處，不得已，於室之西偏屏擋甕盎，得方丈地，設二几一椅，取說部、詩話等數十種，拉雜觀之，偶有所得，輒筆記之。凡得五十二則。」〔註418〕嘉慶二十五年（1820）潘恩簡跋亦稱：「庚辰之夏，溽暑太甚，火雲閣雨，枯岸蒸霞，先生則息蔭書林，遊神藝圃，醰醰古味，索諸室中，蟲蟲蘊隆，驅之簷外，因取昔人所聚訟不決者，覃思幽討，釐而辨之，得若干條，匯為一帙，名曰《消暑》。」〔註419〕

此書不過萬言，為紹祖讀書筆記，不分卷，亦不標目，多論史考史之語，如曰：「真宗眷待寇準之衰，容齋謂由於王欽若城下之盟之一言。余謂澶淵之役，萊公本欲戰，不欲和，而帝實欲之，豈得以此為準咎也。欽若特藉此開端，而驚心動魄，深入真宗之隱者，只是孤注二字，蓋帝本不欲親征渡河，而準強之，其心至是猶悸也，故一聞言而意遂移。容齋不舉此而舉彼，未為得其情矣。」又論敬齋誤會宋九嘉「三恨」之旨：「宋九嘉自言平生有三恨，一恨佛老之說不出於孔氏前，二恨詞學之士多好譯經潤文，三恨大才

〔註418〕《續修四庫全書》第 1161 冊，上海古籍出版社，2002 年版，第 108 頁。
〔註419〕《續修四庫全書》第 1161 冊，上海古籍出版社，2002 年版，第 107 頁。

－1022－

而攻異端。《古今黈》謂佛、老異端固當恨，至於譯經潤文本諸故訓，開釋奧義，亦儒學所先務。余按：九嘉之說雖不知其究竟如何，然疑敬齋誤會其旨。蓋此三者皆是恨異端，繹經指繹佛經耳，唐世繹經多學士大夫為之潤色，宋人習氣又好以佛經中語入詩文，雖荊公、東坡恐亦未免。故九嘉云然。若繹九經以潤色文章，焉可恨耶？」

此本據復旦大學圖書館藏清道光元年古墨齋刻本影印。

【附錄】

【趙紹祖《消暑錄自序》】庚辰之夏，天旱甚熱，無避處，不得已，於室之西偏屏擋甕盎，得方丈地，設二几一椅，取說部、詩話等數十種拉雜觀之，偶有所得，輒筆記之。七月二十一日雨，二十二、二十三、二十四日大雨，儵儵然爽矣。孫同璋有田十餘畝，焦枯之後，繼以愁霖，佃者刈其餘數石，慍而來納，遂傾於几下。余笑而起，乃止焉。凡得五十二則。

【潘恩簡《消暑錄跋》】琴士先生味道之腴，汲古得綆，貫串百代，斧藻群言，所輯《金石文鈔》《新舊唐書考證》《通鑒注商》《古墨齋筆記》等書，凡數十種，驅墨如飛，不脛而走，美矣博矣。庚辰之夏，溽暑太甚，火雲閣雨，枯岸蒸霞。先生則息陰書林，遊神藝圃，醰醰古味，索諸室中，蟲蟲蘊隆，驅之簷外，因取昔人所聚訟不決者，覃思幽討，鏊而辨之，得若干條，匯為一帙，名曰《消暑》，只以自娛。恩簡解滯連環，識同膠柱。九變復貫，知奧義之難探；一隅反三，幸迷途之可指。得片言之悟，腋欲風生；析千古之疑，胸真冰釋。珠能記事，無非照夜之光；瓜可鎮心，先得清涼之味。雒誦循環，煩襟盡滌，不覺梧蔭之移晷也。嘉慶庚辰年七月，愚弟潘恩簡拜跋。

【續修四庫全書總目提要（稿本）13—434】是書乃嘉慶庚辰避暑時讀說部、詩話等書，隨筆所記，五十二節也。所據者，蓋為《夢溪筆談》《侯鯖錄》《敬齋古今黈》《五總志》《容齋隨筆》《甕牖閒評》《避暑錄話》《耆舊續聞》《捫虱新語》《孫公談圃》《西溪叢談》《冷齋夜語》《韻語陽秋》《藏海詩話》《吳禮部詩話》諸書。此作於《讀書偶記》之後。紹祖長於史學，故考證之處頗有可取。如證李宓擊南詔，《連昌宮詞》之岐薛，遼金之年號，錢鏐之死與楊溥之僭位，張九齡之卒與楊妃入宮之年，輔公祏反江東之年號，皆為有據之言……不得以其所據說部、詩話之書而少之也。

求闕齋讀書錄十卷　　（清）曾國藩撰

曾國藩有《讀書儀禮錄》，經部已著錄。

道光二十五年（1845）曾國藩撰《求闕齋記》，曰：「一損一益者，自然之理也。物生而有嗜欲，好盈而忘闕。凡外至之榮，耳目百體之耆，皆使留其闕陷。」故以「求闕」名其齋。

全書十卷，卷一《周易》《周官》《儀禮》《禮記》，卷二《左傳》《國語》《穀梁傳》《爾雅》、詁訓雜記，卷三《史記》《漢書》，卷四《漢書》《後漢書》《三國志》《通鑒》《文獻通考》，卷五《管子》《莊子》《淮南子》，卷六《楚辭》《陳思王集》《阮步兵集》《陶淵明集》《謝康樂集》《參軍集》《宣城集》，卷七《李太白集》《杜少陵集》《陸宣公集》，卷八《韓昌黎集》《昌黎外集》《柳河東集》，卷九《白氏長慶集》《李義山集》《杜樊川集》《嘉祐集》《元豐類稿》《東坡文集》《東坡詩集》，卷十《山谷詩集》《劍南詩集》《朱子文集》《元遺山詩集》《陽明文集》《望溪文集》《孫文定集》《文選》《古文辭類纂》《駢體文鈔》《廣韻》，為其平日讀書隨筆題識。光緒時王定安乃分門別類彙集成編。曾國藩於四書五經之外，最重《史記》《漢書》《莊子》、韓文，為文取法桐城，於古文辭用力頗深。如論《韓昌黎集·雜說四》曰：「謂千里馬不常有，便是不祥之言。何地無才？惟在善使之耳。」論《伯夷頌》曰：「舉世非之而不惑，乃退之生平制行作文宗指。此自況之文也。」論《送王秀才序》曰：「讀古人書而能辨其正偽醇疵，是謂知言。孟子以下，程、朱以前，無人有此識量。」論陽明文集曰：「文章之道，以氣象光明俊偉為最難而可貴，如久雨初晴，登高山而望曠野，如樓俯大江，獨坐明窗淨几之下，而可以遠眺，如英雄俠士褐裘而來，絕無齷齪猥鄙之態，此三者皆光明俊偉之象。文中有此氣象者，大抵得於天授，不盡關乎學術。自孟子、韓子而外，惟賈生及陸敬輿、蘇子瞻得此氣象最多。陽明之文亦有光明俊偉之象，雖辭旨不甚淵雅，而其軒爽洞達，如與曉事人語，表裏粲然，中邊俱澈，固自不可幾及也。」非寢饋十年，不能語此。曾國藩善於讀書，所選之書目皆為中國傳統文化之必讀書也，豈可輕忽之哉！

書中於文獻辨偽亦頗究心，如辨《惜往日》之偽：「自吳才老疑《古文尚書》為贗作，《朱子語類》亦數數疑之，明宣城梅氏、崑山歸氏復申其說，我朝自閻百詩後辨偽古文者無慮數十百家，姚姬傳氏獨以神氣辨之曰不類，柳子厚辨《鶡冠子》之偽亦曰不類。余讀屈原《九章·惜往日》，亦疑其贗

作，何以辨之？曰不類。」又如辨《陳思王集》之《鰕䱎篇》曰：「按解題云：謂《長歌行》者以芳華不久，當努力行樂，無至老大乃傷悲也。此則有遠志而思立功於世者，殊與《長歌行》不類。」又疑《阮步兵集》多後人所附益，辨第四十八首曰：「按《上林賦》注，焦明似鳳西方之鳥也，此與鳴鳩並舉，殊覺不倫，末二句與前四句尤為不倫，疑後人所附益也。」辨第六十四首曰：「首二句與第九首相似，而基字不如岑字之穩，末句思嫌姬語尤不倫，疑非阮公詩，後人附益之耳。」第八十二首：「此與四十四首七十一首語意重複，別無精義，疑亦後人附益之也。」辨《笑歌行》與《悲歌行》為贗作：「此首與《悲歌行》二首皆非太白詩也。郭茂倩《樂府》以《悲歌行》錄入雜曲歌辭，以《笑歌行》錄入新樂府辭，不知有何區別，殆亦強作解事，不辨其為贗作耳。」今按：曾國藩不失為古文家，喜憑感覺，缺少實證，然辨偽僅憑風格難以定案。

此本據光緒二年傳忠書局本影印。

【附錄】

【續修四庫全書總目提要（稿本）13—660】國藩平日讀書，往往隨筆題識於卷上，或載諸日錄箚記，光緒時，東湖王安定乃分門捃摭為《讀書錄》，以求闕齋名之。求闕者，國藩自號也。首二卷讀經，三、四卷讀史，卷五讀子，以下讀集。其《讀儀禮錄》，即採入《續經解》者也。國藩亦粗知文字通轉之理，觀於卷二之雜記即可知。惟不善引用，故講論經子，時乖其義。然尋繹文意，用心細密，《周禮》《儀禮》頗有可採之處。論史則不重其學，偏重其文，蓋囿於歸、方、劉、姚之見也。讀集一部，最為有用，論事則頗合義旨，言文亦時有會心。蓋國藩服膺姚鼐，雖以義理、詞章、考據並重，實以詞章為最善也。

【求闕齋記】國藩讀《易》至《臨》，而喟然歎曰：剛侵而長矣，至於八月有凶，消亦不久也，可畏也哉。天地之氣，陽至矣，則退而生陰，陰至矣，則進而生陽。一損一益，自然之理也。物生而有嗜欲，好盈而忘闕。是故體安車駕，則金輿鏓衡不足於乘；目辨五色，則黼黻文章不足於服。由是八音繁會不足於耳，庶羞珍膳不足於味。窮巷甕牖之夫，驟膺金紫，物以移其體，習以蕩其志，向所搤捥而不得者，漸乃厭鄙而不屑御。旁觀者以為固然，不足訾議。故曰位不期驕，祿不期侈，彼為象箸，必為玉杯。積漸之勢然也。而好奇之士，巧取曲營，不逐眾之所爭，獨汲汲於所謂名者，道不同不相為謀。或

貴富以飽其欲，或聲譽以厭其情，其於志盈一也。夫名者，先王所以驅一世於軌物也。中人以下，蹈其不實，於是爵祿以顯馭之，名以陰驅之，使之踐其跡，不必明其意。若君子人者，深知乎道德之意，方懼名之既加，則得於內者日浮，將恥之矣。而淺者譁然驚之，不亦悲乎？國藩不肖，備員東宮之末，世之所謂清秩。家承餘陰，自王父母以下，並康強安順。孟子稱「父母俱存，兄弟無故」，抑又過之。《洪範》曰：「凡厥庶民，有猷有為有守，不協於極，不罹於咎，女則錫之福。」若國藩者，無為無猷，而多罹多咎，而或錫之福，所謂不稱其服者歟？於是名其所居曰「求闕齋」。凡外至之榮，耳目百體之嗜，皆使留其闕陷。禮主減而樂主盈，樂不可極，以禮節之，庶以制吾性焉。若夫令聞廣譽，尤造物所靳予者，實至而歸之，所取已貪矣，況以無實者攘之乎？行非聖人而有完名者，殆不能無所矜飾於其間也。吾亦將守吾闕者焉。道光二十五年五月，曾國藩謹記。

【曾國藩夜課】湘鄉曾文正公國藩《求闕齋日記類鈔》云：「料理官事，摘由備查一也，圈點京報二也，注解《搢紳》三也。此三者，夜間之功課，亦留心庶事之一法也。」云云。聲木謹案：合肥李文忠公鴻章，晚年以大學士住京之時，每日京報一本，必從頭自尾，逐字細看一遍，寒暑無間，然後安寢。一室內，偶有僕人誤燃雙燭者，時腿足行履已不便，雖至遠，必自起滅其一。先文莊公聞其每晚看京報從無間斷，謂其善於做官，且甚服其儉德。（劉聲木《萇楚齋續筆》卷九）

南滑楛語八卷　（清）蔣超伯撰

蔣超伯（1821～1875），初字夢仙，改字叔起，號通齋，自號南滑翁，江都（今江蘇揚州）人。道光二十五年（1845）進士，改翰林院庶吉士，授編修，由刑部郎中補授江西道御史，官至廣東按察使。性耽吟誦，居恒手不釋卷。著有《通齋全集》《通齋先生未刻手稿十二種》（載臺北《明清未刊稿彙編初輯》）。生平事蹟見自撰《通齋自記》《國朝御史題名》《江都縣志》（載《碑傳集補》卷一七）。詩集中有《五十自述》，亦可窺其生平經歷。

此書八卷，卷一至卷六為雜錄，間有考證，卷七《管子》《荀子》《淮南子》《鶡冠子》，卷八《莊子》《列子》《韓非子》《法言》《尸子》《穆天子傳》，亦多考訂。其論學大旨主「貴悟」之說，又推重漢儒經師家法。但比較輕視

明人。如「明人積習」條曰：「掊擊之習，無過於前明士大夫。剿襲之陋，亦無過於明人。」「明人著作多不經」條指斥「明人事求立異」。書中頗重辨偽。如「《關尹子》之謬」條曰：「古人著書，必遠摭旁徵，以引申其緒論，《大學》一篇，述及《盤銘》，荀卿之書多同《戴記》，《韓詩外傳》引《荀子》之說，凡四十有四條，《汲冢周書》於《夏箴》開望之詞，亦皆採及……若《關尹子》一書，創侻異之篇名，一宇、二柱、三極、四符、五鑒、六匕、七釜、八籌、九藥，炫爐鼎之末技，《八籌篇》青蛟、白虎、寶鼎、紅爐乃羽流之餘唾，非諸子之訓言矣。焦竑以《文始經》決非關尹作，其說當矣。」又如「黃石公」條曰：「兵書多託名黃石公，不但《素書》而已，另有《黃石公兵書》《黃石公秘經》《黃右公記》《黃石公五壘圖》《黃石公北斗三奇法》《黃石公陰謀行軍秘法》等書。」又如「梅妃」條曰：「坊刻叢書有曹鄴《梅妃傳》，妃事蹟不見於史，殆杜撰耳。或云《妝樓記》有之，然《妝樓記》亦無稽小說，非張泌筆也。」又如「太素脈」條曰：「《太素脈法》昉於醫和，至宋時有僧智緣，與王珪、王安石同時，察脈知人貴賤休咎，其說遂大行於世，俗言傳自崆峒樵者，非也。」「古書多淆亂」條曰：「古書多為後人羼亂。如莊休之外篇、雜篇有漢人攙入語，其改田恒為田常即確證也。馬遷之《史記》馮商、孟柳均曾續之，見劉歆《七略》，漢章帝時又曾詔楊終刪之，見終本傳，則今之遷史非原書也。《蒼頡篇》曰：『漢兼天下。』則非李斯語也。《本草》多漢世郡名，恐非神農作也。《易林》繇詞，世疑有崔篆增入者，亦非焦氏本書也。」能窺見古書附益現象。

書前有超伯自序，稱儒、墨相糅，齟齬迭見，錯雜靡次，軒輊或乖，此荀子所謂楛云云。又有李承霖序，稱是編乃平日隨筆所綴，其徵引瑰奇，類多俗儒未見之籍，其證佐精審，不為調人兩可之詞云。王伯祥稱：「異聞勝解，絡繹腕底。卷尾讀《管子》諸篇，尤具特識，為諸子之學者足資採摭已。」〔註420〕劉聲木筆記於此書有所駁正。

此本據南京圖書館藏清同治十年兩罍山房刻本影印。

【附錄】

【續修四庫全書總目提要（稿本）13—458】是書自第一卷至第六卷為雜錄，間有考證，第七卷讀《管子》《荀子》《淮南子》《鶡冠子》，第八卷讀《莊

〔註420〕王伯祥：《庋榢偶識》，中華書局，2008年版，第11頁。

子》《列子》《韓非子》《揚子法言》《尸子》《穆天子傳》，亦多考訂，惟不甚精密。《廣韻》頵字注，孔子頭也，超伯不知所本。考《牟子·理惑篇》云，伏羲龍鼻，仲尼反頵，即《廣韻》之所據也。《後漢書·左慈傳》「行視諸爐」，章懷注：「爐猶肆也。」最合文義，超伯訓爐為灶以駁注，而不知其非也。今行《列子》本為兩漢偽撰，而《楊朱》一篇，尤足以表見魏晉之玄思，而超伯既信《列子》為真書，又以《楊朱》一篇為朱自撰，可謂無識之甚矣。《淮南·詮言訓》桃梧，與《說山訓》桃部，注有二解，超伯疑《說山》解為許君之注，不知《太平御覽》三百五十七明引《詮言》注為許君之說，則說山注解桃部為地名，為高注無疑，超伯之言真所謂倒植者，其學力之不深，於此可見。然前六卷所言店長制度、常談俗語，可以增廣見聞。即末二卷中，如謂《淮南·原道訓》注舜藏金於嶄巖之山三句，出於陸賈《新語》，《莊子·人間世》司馬彪注「麗、小船也」，引《魏志·王朗傳》注以證之，並可依據。綜覈前後，不能謂全無可採也。

【蔣說所本】國朝蔣超撰《蔣說》二卷，《四庫提要》言：「《蔣說》者，蓋因其姓以名書，如僧肇著書名曰《肇論》之類也。」云云。聲木謹案：《四庫提要》之言未確，僧肇著書名曰《肇論》，乃以名名書，非以姓名書明矣。以姓名書者，漢魏朗著書數篇，號曰《魏子》，是以姓名書，由來以久。江都蔣叔起方伯超伯《南滑楛語》云：「蔣虎臣先生著書名《蔣說》，亦有所本。後漢酈炎誡子止戈《遺令》云：『我十七而作《酈篇》。』《蔣說》亦猶《酈篇》。」云云。引證亦確，善於《四庫提要》原文。（劉聲木《萇楚齋續筆》卷三）

【唐玄宗梅妃】江都蔣叔起方伯超伯所撰《南滑楛語》中，有云：「坊刻叢書，有曹鄴《梅妃傳》，事蹟不見於史，殆杜撰耳。或云《妝樓記》有之，然《妝樓記》亦無稽小說，非張泌筆也。」聲木謹案：《欽定全唐詩》中有云：「梅妃即江妃，唐玄宗因其好梅，戲名為梅妃。」詩中有梅妃《謝珍珠》詩，玄宗亦有《題梅妃畫真》詩，班班可考，不得以不見於史為疑。（劉聲木《萇楚齋續筆》卷五）

【文字禪等名目】北宋釋惠洪編輯其詩文，名曰《石門文字禪》，三十卷，釋氏收入《大藏》中。明華亭董文敏公其昌以「畫禪」名室，成《隨筆》四卷。聲木謹案：江都蔣叔起方伯超伯《南滑楛語》云：「明釋蓮儒輯緇流工繪事者錄為一卷，命曰《畫禪》。」云云。即文敏「畫禪」二字所本。明

釋正勉、性通同錄釋子之詩，編成《古今禪藻集》二十八卷。《四庫全書提要》云：「謂之《禪藻》者，明人換字之陋法，猶曰僧詩云爾。」云云。《文字禪》《畫禪》等名目，正與《禪藻》同意。（劉聲木《萇楚齋三筆》卷八）

思益堂日劄十卷 （清）周壽昌撰

周壽昌（1814～1884），字應甫，一字荇農，晚號自庵，長沙人。道光二十五年（1845）進士，累遷內閣學士兼禮部侍郎。著有《漢書注補校》《後漢書注補正》《思益堂集》等書。生平事蹟見《清史稿·文苑傳》《清史列傳·文苑傳》、周禮昌所撰《行狀》。

此書乃其證經考史、談藝論文之作。其書合說部、雜家類體裁，略仿《容齋隨筆》。書中記載，頗足資考證，如「竊襲前人書」條於典籍辨偽頗為留心，「魏默深遺文」條論《水經注》戴襲趙案，以「五妄」之論駁段玉裁，證戴震所校《水經注》乃抄襲趙一清著作而成。咸豐丁巳夏，胡心耘歸自都門，攜此書五卷寫本示葉廷琯，間有舛誤，葉氏嘗為之參訂。

王先謙《思益堂集敘》稱《日劄》博綜兼搜，尤詳掌故，其文詞皆清絕可喜，而於駢體文義法尤精云云。然劉咸炘稱：「故事考訂兼有，亦多可取。而卓論不多，無苟且而多不詳。荇農於小學不甚深，惟熟班書耳。記軼事掌故多有關係，校說《左傳》多可取。」〔註421〕

此書有五卷本，當成於道光、咸豐年間，有同治三年鉛印本，光緒九年刻本，後由申報館仿聚珍版式印行，實為未竟之作。此本據復旦大學圖書館藏清光緒十四年刻本影印。

【附錄】

【周壽昌《思益堂日劄題記》】右《約言》三十九條，壽昌二十歲以前所著，始凡數百條，羅竹青秀才鈴見之。諷曰：「君乃欲著《周子》乎？似可不必。」遂恧然自沮，不敢示人。間時刪薙，約存百餘條。郭筠仙侍郎燾同館王方伯署中，瞥見之，頗有欣賞處，為圈數條。道光丁未，攜之京師，間又刪去數十條。凌荻洲工部玉垣極嘉許之，曰：「吾代君刪定，何如？」工部時與胡光伯侍讀焯同寓，光伯又刪去三條，今所存皆工部所定也。稿久不存，亡兒淪蕃從敝書中檢出，寫入日劄中，既數年矣。今春，徐壽蘅廷尉

〔註421〕劉咸炘：《內景樓檢書記》，《推十書》子類，第572頁。

同年樹銘見過，予取此書呈教，數日後，廷尉問曰：「日簡中約言是何人著？精警博奧，殆非近代手筆。」予乃實告，相與大笑，嗚呼！子雲之知，不賴後世；仲翔之感，良以不憾。昔致曾文正書為此言，暮歲復遇廷尉。壽昌雖一生作蠹魚，可無悔矣。光緒九年癸未春暮，七十退叟周壽昌記。

【魏默深遺文】邵陽魏默深同年源曾函寄古文三首，俱未經刊行者，恐久或湮沒失傳，亟錄於此。其書《明史稿》一云：「嘗聞楊椿之言曰：『《明史》成於國初遺老之手，而萬季野功尤多，紀傳長於表志，而萬曆以後各傳又長於中葉以前。袁崇煥、左良玉、李自成傳原稿皆二鉅冊，刪述融汰，結構宏肅，遠在宋、元諸史上。』以上楊氏原文，是則是矣，然《宋史》以來，人人立傳之弊仍不能革，即如太祖功臣十八侯，人各一傳，或同一事而既見於此，復見於彼，使以此例施之《史記》《漢書》，則列傳當多數倍。平雲南事止宜見於沐英傳，其從征諸將附於沐英傳後足矣。平夏、平朔漠以李文忠、藍玉為主，其從征諸將附二人傳末足矣。至於《外國傳》止宜擇其二三島夷之大者立傳，其餘止附見國名匯書本傳之後，乃島不過數十里，人不過數百家，漁村蜑戶，動列蕃國，何與共球僅據三寶太監下西洋歸奏鋪張之詞，毫無翦擇。至於食貨、兵政諸志，隨文抄錄，全不貫串，或一事有前無後，或一事有後無前，其疏略更非列傳之比。且列傳雖詳，而於明末諸臣尚多疏略。即黃得功、李定國二人，予所見野史述其戰功事蹟數倍本傳，此略所不當略，與前之詳所不當詳，均失之焉。」《書明史稿二》云：「嘗讀故禮親王《嘯亭雜錄》曰：『康熙中，王鴻緒、揆敘輩黨於廉親王而力陷故理邸，故其所撰《明史稿》於建文君臣指謫無完膚，而於永樂及靖難諸臣每多恕辭，蓋心所陰蓄，不覺流於筆端。從古憸壬不可修史。王司徒言未可非也。』又聞安化陶文毅公之言曰：『王鴻緒《史稿》於吳人每得佳傳，於太倉人尤甚，而於他省人輒多否少可。張居正一傳，盡沒其功績，且謗以權奸叛逆，尤幾無是非之心。幸乾隆中重修《明史》，略為平反，善哉！』二公之言或謂《明史稿》出萬季野之手，其是非不應舛戾。折之曰：《史稿》於王之寀列傳後附採夏允彝《幸存錄》數百言，以折衷東林、魏黨之曲直。夫《幸存錄》黃南雷詆為『不幸存錄』，又作《汰存錄》以駁之，故其前錄則巢氏序謂出夏公身後，冒託其名，後錄稱夏淳古撰，全謝山駁其中先人備位小宰一語，其時小宰乃呂大器，而淳古父允彝僅官考功，豈有子誣其父之理？淳古十五從戎，十七授命，孝烈貫金石，視匪黨如糞壤，豈有堪掛其齒之理？蓋

馬、阮邪黨所偽撰，而竄允彝父子之名以求信於世。其書專以扶邪抑正為事，雖以孫承宗、熊廷弼之功業忠烈，皆曲加污蔑。一則曰：『聞其不能無欲。』一則曰：『惟知善罵以避封疆之責』。而於邪黨楊維垣、張捷、馬、阮皆曲為解脫，乃南雷所深惡，豈有季野為南雷高弟，反採錄其言以入正史？其為王鴻緒增竄無疑。且明太祖平張士誠，惡蘇民為士誠守城不下，命蘇、松田畝悉照私租起賦，凡淮張文武親戚及後日籍沒富民之田悉為官田。建文二年，降詔減免，每畝只輸一斗，可謂干蠱之仁政，乃成祖篡立，仍復洪武舊額，至今流毒，數百年未已，此事建文是，永樂非，比戶皆知。今《史稿》祇載成祖殺齊泰、黃子澄、方孝孺，夷其族，執鐵鉉於山東，至京殺之，其餘屠戮忠臣數百人，株連夷滅親戚十餘家，妻女發象奴及教坊為倡，皆諱不書。即蘇、松浮糧復額，殃民之政，亦為之諱。考宋時蘇州田租三十萬，水田每畝租六升。至洪武中，而蘇田十六分，僅一分為民田，餘十五分皆官田，所以蘇、松浮糧至三百七十餘萬。宣德中，況鐘為知府，正統間，周忱為巡撫，先後奏減十分之三，尚存一百七十萬，而歲歲逋負不能足額。萬曆中，始有歲納至八分之令。我朝康熙、雍正又豁免其半，改折其半，始定今額。鴻緒身為吳人，豈有不知而曲筆深諱。若非禮親王誅心之論，烏能洞史臣之肺腑哉？鴻緒身後，其子孫鏤板進呈，以板心雕『橫雲山人史稿』，遂礙頒發，攘善而不遂，其攘盜名而適阻其名，豈非天哉？又云：《幸存錄》處處以東林與攻東林者對勘，夫攻東林者何人，何以毫無稱謂，蓋去『攻東林者』四字，則必稱閹黨，將如何下筆，故為此蒙頭蓋面，掩耳盜鈴之計，不言何人，可謂心勞日拙，欲蓋彌彰矣。其先謂馬士英是小人中君子，阮大鋮是小人中小人，其後又謂某某等不如阮大鋮尚有俠爽之氣，可與言大誼，明出馬、阮餘黨，於國亡之後尚懷餘毒，含沙陰射，不得不嫁名於忠烈之夏允彝父子。嗚呼！麟豸而為桀犬之吠乎？」其《書趙校水經注後》云：「近世趙一清《水經注》為戴氏所剿，而其徒金擅段氏反覆力辯，為趙之剿戴，謂趙氏成書在前，刊書在其身後，凡分經分注之例，趙氏未嘗一言，至戴氏始發明之。及聚珍板官為刊行，而後人校刊趙書，或採取戴說，故二書經文無異。是不以為戴氏之剿趙，而反以為趙氏之剿戴，且怪梁耀北昆仲刊趙書時何不明著其參取戴校之故，謂以攘美成疑案，其說呶呶千餘言，註誤後學，靡所折衷，請詳闢其妄，以正欺世盜名之罪。考趙氏書未刊以前，先收入《四庫全書》，今四庫書分貯在揚州文匯閣、金山文宗閣者，與刊本無二，

是戴氏在四庫館時先睹預竊之明證，其後聚珍官板刻行又在其後。若謂趙氏後人刊本採取於戴，則當與四庫著錄之本判然不符而後可，豈四庫書亦為趙氏後人所追改乎？其妄一也。若謂趙氏序例中未言經文不重舉某水注必重舉某水之例，則不知趙本第二卷《河水》篇下首言之矣，江水又東，徑永安宮下為注之混經，則附錄中歐陽玄《水經序》又言之矣，皆戴氏所本，何謂趙氏不言？妄二也。且趙一清與全氏祖望同時治《水經》，全氏《水經》未刊，予曾見其抄本，凡例一卷，於經注分晰尤詳。凡戴氏所舉三例，皆在其中，故趙書不復重述凡例，豈若戴氏攘人所纂，故於趙書首闢其注中有疏之說，謂同於豐坊之偽本及戴氏所校《水經》，則又於第一卷《河水》篇《爾雅》河出崑崙墟下引《物理論》十六字為注中之小注，故雜在所引《爾雅》之間，《山海經》下引《括地圖》十三字，亦同此例。其餘不一而足。是則注中小注之說，戴氏既竊之，而又斥之，盜憎主人，不顧矛盾，壹至是乎？妄三也。此外，戴氏臆改經注字句，輒稱《永樂大典》本，而《大典》現貯翰林院，源曾從友人親往翻校，即係明朱謀㙔瑋等所見之本，不過多一酈序，其餘刪改字句，皆係戴之偽託於《大典》，而《大典》實無其事，且恃秘閣官書海內無從窺見，可憑城社售其臆欺。妄四也。至趙氏《畿輔水利書》百六十卷，為戴氏就館方制府時刪成八十卷，則段氏亦不能曲譯。謂戴就方敏恪制府館半載，何能成此鉅帙？知其必有底稿，非出戴一人之手。試問《戴氏水利書》既據趙為藍本，何以凡例中又不一字及於原書，深沒其文，若同創造，是戴氏之於趙一竊再竊，不僅月攘，宜其書至嘉慶中又為吳江通判王履泰所竊，刪改為《畿輔安瀾志》，進呈被賞，可為郭象之報。妄五也。戴為婺源江永門人，凡六書、三禮、九數之學無一不受諸江氏。有同門方晞所作《群經補義序》稱曰同門戴震可證。及戴名既盛，凡己書中稱引師說，但稱為『同里老儒江慎修』，而不稱師說，亦不稱先生，其背師盜名，合逢蒙、齊豹為一人，則攘他氏之書猶其罪之小者也。平日譚心性，詆程、朱，無非一念爭名所熾，其學術、心術均與毛大可相符，江氏亦不願有此弟子也。」

【思益堂日箚】長沙周荇農侍郎壽昌《思益堂日箚》言：「凡得雙眼花翎者，必兼宮銜，此定例如此。」云云。聲木謹案：光緒甲午，孝欽顯皇后六旬萬壽慶典，恩江督劉忠誠公坤一獨蒙恩賞戴雙眼花翎。劉忠誠公不懌，有賀之者，語人曰：「你以後可稱我為雙眼翎子乎？」意謂不若得宮銜，可稱宮保也。據此，則得雙眼花翎者，未必盡皆得宮銜矣。京官之得花翎，必須大慶典

始可得。壽州孫文正公家鼐，以毓慶宮行走特勞，德宗景皇帝大婚，孫文正公僅得賞戴花翎而已。京官之得宮銜者，較之疆臣為少，即有之，亦無人以此稱呼。宣統初年，外省人員有以那宮保稱那中堂桐者，京官聞之，無不竊笑，吒為聞所未聞。（劉聲木《萇楚齋續筆》卷三）

讀書雜釋十四卷　（清）徐鼒撰

徐鼒（1810～1862），字彝舟，號亦才，別名敝帚齋主人，江蘇六合人。道光二十五年（1845）進士，授檢討。官至福建延平府知府。著有《未灰齋文集》《楚辭校注》《小腆紀年》等書。生平事蹟見《清史列傳·文苑傳》《六合縣志·人物志》。

書前有咸豐十一年（1861）徐鼒自敘，稱漢初說經守師法，人治一經，經治一說，無一人兼治數經，一經兼治數說者云云。〔註422〕

全書十四卷，卷一《周易》，卷二《尚書》，卷三、卷四《詩經》，卷五至卷七「三禮」，卷八《春秋傳》，卷九《爾雅》，卷十《孝經》《論語》，卷十一《孟子》，卷十二《夏小正》《呂覽》《尚書中候》《老子》《楚辭》《史記》《漢書》《後漢書》《晉書》《水經注》，卷十三《說文》，卷十四《鐘鼎彝器款識》、漢碑、《文選》及雜記。此書以考證群經字詞為主，亦有通論之語，如「為天子勞農勸民」條曰：「訓詁之起於聲音，漢以後知之者蓋少，其兩字之轉注，或即以此字之雙聲切韻為彼字注者，偶舉之，尤覺觸處旁通。」又如「訊申胥」條曰：「夫居今日而欲明古音古義，非可憑虛臆斷，所賴有古人書耳，豈可以一人之見妄疑古經乎？」又如「繡綏也」條曰：「邵晉涵《爾雅正義》、郝懿行《爾雅義疏》採輯舊注，折衷群言，近世治《爾雅》者，無過兩家。邵明於義例，而考核不逮郝之精；郝則詳於經，而或略於注。」又如「《說文》引經不一家」條曰：「蓋古人著書例寬而義精，今人著書例嚴而義淺，不得據今人繩古人書也。」又如「視於無形聽於無聲」條曰：「宋儒說經，往往為理學所蒙涸。」

俞樾稱其說經本之漢儒，為詩古文詞本之《史》《漢》《騷》《選》，盡去宋、元以來空疏不學之弊，而亦不為近人穿鑿附會之言。祁文端公謂可與亭

〔註422〕《續修四庫全書》第 1161 冊，上海古籍出版社，2002 年版，第 461 頁。

林、潛丘分席，聞者韙之云云。〔註423〕然桂文燦《經學博採錄》卷六稱其以己意商榷折衷者，有《讀書雜釋》稿本八冊，微特淺陋，不足問世云云。前者過於溢美，後者又未免稍苛矣。

此書有《敝帚齋遺書》本、《金陵叢書》本、光緒十二年排印本。此本據天津圖書館藏清咸豐十一年刻本影印。

【附錄】

【徐鼒《讀書雜釋自敘》】漢初說經守師法，人治一經，經治一說，無一人兼治數經，一經兼治數說者。自東京修明經術，鴻生鉅儒負帙來遠方者，蘭臺石室之書多於天祿之舊，班固綜其異同，作《白虎通義》。自後許氏之《五經異義》、鄭氏之《駁五經異義》並尊於世。《唐·藝文志》別之為經解類十九家，蓋踵劉向《五經雜義》之書而為之也。宋以後著錄之書多於前代，理學家鑿空之談，無復說經之法矣。國朝鉅儒輩出，阮氏《經解》中所列若干家，又《經解》未列而書可傳者亦十餘家，然遵用古學則語多雷同，旁及類書則又嫌瑣屑，又近儒之通弊焉。鼒幼從先大人治經，好涉獵，有所疑輒以私意志之眉額，先大人始怒詞之，繼而笑曰：「任汝所為，勝飽蠹魚耳。」久之，自覺蹈雷同瑣屑之弊，而家藏之書點污已遍矣。戊子、己亥，館揚州史氏，治《月令》，見高察之義間優於康成，作《月令舊解異同》。讀洪興祖《楚詞補注》，作《楚詞校勘記》，未卒業，而聞先大人疾革，匆匆卷篋歸，底稿散失過半。癸丑四月，粵匪犯六合之南關，藏書毀焉，就行篋所遺留者錄鄙說而復勘之，不復覺為雷同瑣屑，蓋向時因學而知其不足，今廢學則自忘其醜，則即是書之既棄之而復取之者，亦可見予學之不殖將落乎？然以是志先澤焉，則固當過而存之矣。（徐鼒《未灰齋文集》第七）

【六合縣志本傳】徐石麟，字穆如，號軼陵。廩貢生。試用教職，以子鼒貴，晉四品封。幼失恃，祖以冢孫鍾愛之。比長，學益進。年十八，補諸生。明年，食廩餼。壯歲病目幾盲，遂不能治舉子業，以教職試用，歷署邳州、宿遷、儀徵學官，以繼母命與諸弟析爨，其壯麗室屋悉推以與諸弟，石麟獨取馬廄圃涸數十間，改葺為授徒家塾，平居肆力經史，讀《通鑑》至十數過，論詩不取晚唐，而獨嗜陸務觀詩。著有《四書廣義》《軼陵詩文鈔》各若干卷。子鼒見《忠義傳》，鼒另傳。徐鼒，字彝舟，石麟子。垂髫時受書，日誦千言，

〔註423〕俞樾：《徐彝舟先生所著書序》，《春在堂雜文》四編卷七。

為文有奇氣。道光乙未舉於鄉。乙巳成進士，改庶吉士，散館授檢討。考取御史。咸豐三年，粵賊陷金陵，六合戒嚴，賊前後屢犯境，時鼐方假歸，與辦團練，以保城功加贊善銜，旋奉命以知府用。八年，授福建福寧府知府，蒞任後修文廟，瘞暴骨，捕海盜，益整飭書院，捐廉俸購書數十種，立「讀書門徑」七則、「讀書功候」八則，自是諸生得肆力根柢之學。是年秋，六合城陷，鄉人避難，往者百數十人，鼐計口授食，內署資用為絀。時會匪粵匪出入閩、浙之交，福建巡撫徐公宗幹檄鼐治糧臺，並辦防剿事，以積勞卒，事聞，詔贈道銜，蔭一子，賜葬祭如例，逾年以閩紳請入祀名宦祠。鼐既負懿才，所為詩及駢文皆抗志希古，已乃壹意治經。自少游維揚，其後走京師，遍交當世通才碩彥。大司寇江都史公致儼藏書稱極富，鼐館其家，益博通群籍，以淹雅著稱。所著多至十數種，其已行世者有《讀書雜釋》十四卷、《小腆紀年》二十卷、《未灰齋文集》十卷；別有《周易舊注》十二卷、《度支輯略》十卷、《明史藝文志補遺》一卷，寫定未刊；其《禮記匯解》《小腆紀傳》《說文引經考》並未卒業。又嘗補《毛詩》《爾雅注疏》，參以陳啟源、段玉裁、王念孫、臧琳、邵晉涵、郝懿行、阮文達諸家之說。校《公羊》《左氏傳》，則參以孔廣森、顧棟高、劉文淇諸家之說。讀《老子》，疑河上公注為偽作，參考王弼注本，著《老子校勘記》並《淮南子校勘記》。病王逸注《楚辭》自《天問》以下頗鑿空，參以洪興祖《補注》、朱子《章句》，著《楚詞校注》，皆未及梓行。其《小腆紀年》紀明福、唐、桂三王事，本勝國諸家稗史，參互推勘，五歷寒暑，尤生平精力所注云。

【平秩南訛】《尚書》「平秩南訛」，《群經音辨·人部》引《書》作「平秩南偽」。《漢書·王莽傳》「以勸南偽」，《史記索隱》作「南為」，曰：「為，依字讀。孔安國強讀為訛。」阮氏元、段氏玉裁皆謂古文本作「偽」，故《索隱》謂安國強讀。今《書經》作「南訛」，《史記》作「南訛」，皆依衛包所改也。（卷一）

【左右流之】《詩·關雎》：「左右流之。」傳云：「流，求也。」此本《爾雅·釋言》。箋云：「左右，助也。言后妃將供荇菜，必有助而求之者。」訓左右為助義同《說文》，《說文》無佐祐字，左右即今之佐祐字也。《集傳》云：「或左，或右，言無方也。流，順水之流而取之也。」陳啟源曰：「訓為『無方』，則於『芼』義難通矣。朱子以『芼』為『熟而薦之』。夫熟而薦之，於禮當有常所，安得云無方乎？」（卷二）

【視於無形聽於無聲】宋儒說經，往往為理學所蒙潤，如《曲禮》：「視於無形，聽於無聲。」鄭注云：「視、聽恒若親之教使已然。」簡切有味，真西山謂是「戒慎不睹，恐懼不聞」，抑何迂闊可知。（卷五）

【鷺路龍鱗】汲古閣《漢書》本已屬近代佳本，而其間訛舛甚多。如《禮樂志·郊祀歌十九章·惟泰元》章末云：「建始元年，丞相衡奏罷『鷺路龍鱗』，更定詩曰『涓選休成』。」今刻本移下，冠『天地並況』之上矣。《天地》章末云：「丞相匡衡奏罷『黼繡周張』，更定詩曰『肅若舊典』。」今刻本移下，冠『日出入』之上矣。讀書不求善本而徒事辨駁，亦所謂無事而自擾者。（卷十二）

【《說文》引經不一家】凡揚雄、司馬相如、董仲舒、衛宏、劉向諸人之說，靡不搜採；當日三家《詩》並立學宮，反不得為信而有證乎？故薫謂：許氏所引《詩》與今文異者，皆本之三家。《自序》云「《詩》毛氏者」，從義之多者言之也。蓋古人著書例寬而義精，今人著書例嚴而義淺，不得據今人繩古人書也。（卷十三）

諸子平議三十五卷　（清）俞樾撰

俞樾有《春在堂隨筆》，已著錄。

此書三十五卷，計《管子》六卷、《晏子春秋》一卷、《老子》一卷、《墨子》三卷、《荀子》四卷、《列子》一卷、《莊子》三卷、《商子》一卷、《韓非子》一卷、《呂氏春秋》三卷、《春秋繁露》二卷、《賈子》二卷、《淮南內經》四卷、《太玄經》一卷、《法言》二卷。

俞樾謂治經之道其要有三，曰正句讀，審字義，通古文假借；治諸子亦然，然治子難於治經；治諸子者，必以前後文義、全書體例悉心參校，而又博觀唐以前諸書所援引，訂正異同云云。〔註424〕章太炎稱其治群經不如《經義述聞》諦，諸子乃與《讀書雜志》抗衡。《曾文正公書札》卷十四《覆何子貞》稱《群經平議》《諸子平議》，往往精審軼倫，惟年未五十，成書太速，刻之太早，間有據孤證以定案者，將來仍須大加刪訂云云〔註425〕，深中肯綮。平心而論，俞氏以治群經之法治諸子，故能稍勝於前。然其書成於戰時，

〔註424〕俞樾：《春在堂雜文》五編卷七《左祉文諸子補校序》。
〔註425〕章太炎：《太炎文錄》卷二《俞先生傳》。

顛沛流離，且無充足書籍比勘，難免差強人意。《古書疑義舉例》誠為傑作，然兩部《平議》豈能與高郵王氏分庭抗禮？

此書有同治九年初刊本。此本據光緒二十五年《春在堂全書》本影印。

【附錄】

【續修四庫全書總目提要（稿本）12—374～375】《諸子平議》三十五卷（《春在堂全書》本），清俞樾撰。樾字蔭甫，號曲園，著有《群經平議》三十五卷，又以周、秦、兩漢諸子之書亦各有所得，往往可以考證經義，然諸子之書文詞奧衍，且多古文假借字，注家不能盡通，而儒者又屏置弗道，傳寫苟且，莫或訂正，顛倒錯亂，讀者難之。清代諸儒，精通故訓，於諸子多所發明，若洪頤煊之《讀書叢錄》、王念孫之《讀書雜志》、孫志祖《讀書脞錄》、桂未谷之《札樸》、畢沅之校《呂氏春秋》，皆有補於前修。樾更因諸家之緒而推廣之，著《管子平議》六卷、《晏子春秋平議》一卷、《老子平議》一卷、《墨子平議》三卷、《荀子平議》三卷、《商子平議》一卷、《韓非子平議》一卷、《呂氏春秋平議》三卷、《董子春秋繁露平議》二卷、《賈子平議》二卷、《淮南內經平議》四卷、《揚子太玄經平議》二卷、《揚子法言平議》二卷，總名之曰《平議》。如云《讀莊子人間世篇》云：「『大枝折、小枝泄』，泄即抴之假字，而《詩·七月》篇『以伐遠揚』『猗彼女桑』之義見矣。」《讀賈子君道篇》云：「文王有志為臺，今匠規之，而《詩·靈臺》篇『經始靈臺，經之營之』之義見矣。」《讀淮南子時則篇》曰：「大禱祭於公社，而知《月祭》『大割祠於公社』割乃周之誤字，周乃禂至假借，禂祠即禱祭也。」凡此之類，皆秦火之前，六經舊說，孤文隻字，皆可寶貴，所以餘杭章太炎稱是書為不朽之作，斯言信矣。

【題俞蔭甫《群經平議》《諸子平議》後】聖徂曠千禩，微言久歇絕。六籍出燔餘，諸老抱殘缺。尚賴故訓存，歷世循舊轍。從宋洎有明，軌塗稍歧別。皇朝襃四術，眾賢互摽揭。顧閻啟前旌，江戴紹休烈。迭興段與錢，王氏尤奇傑。大儒起淮海，父子相研悅〔謂高郵王懷祖先生念孫及其子文簡公引之〕。子史及群經，立訓堅於鐵。審音明假借〔王氏精於古音，謂字義多從音出，經籍多假借字，皆古音本同也〕，課虛釋瘢結〔王氏每於句調相同者，取彼釋此，謂之句例，又戒不得增字以釋經，皆係從虛處領會〕。旁證通百泉，清辭皎初雪〔王氏立訓必有確據，每議昔人望文生訓，或一字而引數十證，其反覆證明，乃通者必曲暢其說，使人易曉〕。九原如有知，前聖應心折。俞

君一何偉，躍步追囊哲。盡發高郵奧，擔囊破其鑐。君昔趨承明，鳳鸞與頑頡。軺車騁嵩洛，康衢誤一跌。子雲宦不達，草玄更折節。文囿芟天蘤，經神供清醲。庬言頗抵排，諸子亦梳抉。復從群賢後，森然立綿蕝。嗟余老無成，撫衷恒惵惵。閡才不薦達，高位徒久竊。茲編落吾手，吟覽安可輟。（曾國藩《曾文正公詩集》卷一）

【左祉文《諸子補校》序】余嘗謂治經之道，其要有三，曰正句讀，審字義，通古文假借。治諸子亦然。然治子難於治經。經自漢以來，經師遞相傳授，無大錯誤。子則歷代雖亦著錄，然視之不甚重，讎校不精，訛闕殊甚，凡諸子書之詰為病者，皆由闕文訛字使然，非元本如此也。治諸子者，必以前後文義、全書體例悉心參校，而又博觀唐以前諸書所援引，訂正異同。然唐以前書亦非可盡據，去非求是，存乎其人。高郵王氏《讀書雜志》精密之至，然喜據《群書治要》改易舊文，不知此書來自東洋，彼國於校讎之學固不甚精，而以改吾中國相傳之本，往往得失參半，此亦通人之一蔽也。余所著兩《平議》久行於世，自謂《諸子平議》稍勝於《群經平議》，而海內好學之士不吾鄙棄者，則皆喜讀《群經平議》，而《諸子平議》讀者少矣，何也？治經猶與舉業有益，而治諸子無與舉業也。夫為之則甚難，而成之又不為世所重，宜其無為之者矣。陽湖左祉文運奎，好學深思之士也，有《諸子補校》之作，《管子》《荀子》《墨子》各數十條，蓋未成之書，然與余所稱治經三要則皆有合焉，余甚喜夫吾學之不孤也，為書數語，以縱臾其成。（俞樾《春在堂雜文》五編卷七）

【論俞樾】《芻言報》第二十號言：「德清俞某，以翰林放學差，被劾罷官，求復無術，則一變而為名士。時軍務事竣，湘中將帥頗占聲勢，俞乃極意阿附。自謂曾文正目之為「拚命著書」，以比合肥之「拚命做官」，其實文正有無此言，何人能質證之。又不知如何籠絡得一彭剛直，而一生遂恃此為活。自以經學為標幟，然《群經平議》《諸子平議》，則人皆謂稿出某寒士，又有謂稿本出戴子高手。某將死，以稿賤售於俞，俞遂據為著述之基，而附益以他著述，遂袞然成鉅帙。其實除一二考證書略有可採，餘皆無足取，詩文亦庸濫。至袖中書，皆刻貴人與彼書札，則此老心術之鄙陋盡露矣。尤可恥者，則一生步趨隨園，而書中多詆隨園，亦見其用心之姦邪也。前年逝世，其訃告特闢新樣，先印己之詩數十首，大略言世緣已盡，順化歸真。其列辭某辭某，至辭西湖、辭俞園，而殿以辭俞樾，又夾一片於名之旁，印『即辭行』三字，

其訏亦詭誕不經。不知者，必以為此實能灑脫一切，合仙、佛而一之者。實則一生卑諂籠絡之伎倆，不如此，不足與其平生所言互相印證。欺人生前不足，又欺人死後，此老誠狡矣哉！」云云。聲木謹案：此語殊為透闢，實亦言之太甚，尚不至如此。罷職翰林掌教，亦題中應有之文，端不賴親家之力。何況其學術人品，雖不能大過於人，亦不能無一長可取，一概抹煞，殊未公允。惟拼命著書，為曾文正公所言，堪與李文忠公拼命做官相比，及與彭剛直公為親家，此亦何足算，而全書記此語及稱親家者，不下數十百處，實屬太著痕跡，殊失君子自重之道，宜為後人所指摘。予異日當條列其目，專輯一書，見其言之非虛，後人當引以為戒也。（劉聲木《萇楚齋續筆》卷七）〔註426〕

【經學有北南二派】長沙有校經堂，創自湘撫吳榮光。光緒初，學使餘姚朱肯夫少詹迨然籌款擴之，人才號為極盛。湘潭葉奐彬主政德輝，其魁碩也，有論經之言，今節錄之。其論經學北派也，則曰博野有顏元，蠡縣有李塨。塨所著曰《周易傳注》，《詩經傳注》，《李氏樂學錄》。元之學，一傳而為李塨，塨又受學於毛奇齡，此南學合北學之始。再傳而為程廷祚，則又以南人而為北學。然如所著《晚書訂疑》，《禘祫辨誤》二書，絕不附和毛氏《古文尚書冤詞》及《郊社禘祫問》之說，是則冰寒青勝，派同而學不同。至所著《春秋識小錄》，已入乾嘉考據一派，其殆學成之日乎？元之學，初不行於南方，厥後二百餘年，德清戴望本其先世家學，著《顏氏學記》一書表揚之。望晚年又從陳奐受《毛詩》，從宋翔鳳受《公羊》，所注《論語》，即發明《公羊》之義，是又轉入南學今文派矣。曲阜有孔廣森，所著曰《顨軒所著書》，孔廣林所著曰《孔叢伯遺書》。廣森受學於戴震，震為江永高弟，是當列於婺源派之再傳。然北方為漢學者，紀文達公昀無傳書，獨孔氏一家為之，至馬國翰而極盛，故特列為一派，以張漢幟。其論經學南派也，則曰崑山派有顧炎武，所著曰《亭林遺書》《音學五書》《日知錄》。徐乾學為炎武甥，所著為《讀禮通考》。潘耒為炎武弟子，刻《亭林遺書》。炎武之學，出於朱子，而實事求是，遂開東南漢學之先，論一代儒宗，當以炎武與元和惠周惕為不祧之祖。江藩《漢學師承記》退炎武與黃宗羲居於卷末，是誠所謂蚍蜉撼大樹者矣。元和派有惠周惕，所著曰《詩說》。士奇為周惕子，所著為《易說》《禮說》《春秋說》。棟為士奇子，所著為《易例》《周易述》《易

〔註426〕【今按】劉氏又曰：「大抵考證之學，推勘益精，如築室然，後來者居上，亦理勢使之然也。」

漢學》《易大義》《易微言》《周易本義辯證》《古文尚書考》《明堂大道錄》
《禘說》《左傳補注》《九經古義》。惠氏三世治經，至棟而益盛，吳中漢學，
實惠氏一家開之。故周惕與炎武，不獨化被三吳，澤及桑梓，即天下後世亦
當推為兩鉅師焉。棟之弟子，一為江藩，著《周易述》《補爾雅小箋》。一為
余蕭客，著《古經解鉤沈》，皆於漢學一派有功後學者也。婺源派有江永，
所著曰《周禮疑義舉要》《儀禮釋例》《儀禮釋宮增注》《禮記訓義擇言》《深
衣考誤》《禮書綱目》《律呂新義》《律呂闡微》《春秋地理考實》《鄉黨圖考》
《群經補義》。戴震為永弟子，所著曰《戴氏遺書》。段玉裁為震弟子，所著
曰《經韻樓全書》《說文解字注》。龔自珍為玉裁外孫，所著曰《尚書泰誓答
問》《春秋決事比》。龔橙為自珍子，所著曰《詩本誼》。永之學出於朱子，
震乃操入室之戈，再傳而為玉裁，猶是古文學一派。三傳而為自珍，又轉入
今文學一派。此無他，師承之嚴重不如漢京，故學者但隨風氣為轉移，遂不
惜背師而馳，自亂統系。常州派，一曰陽湖派，有莊存與，所著曰《周官記》
《周官說》《周官說補》《春秋正辭》四種。述祖為存與從子，所著曰《尚書
校逸》《尚書說》《毛詩考證》《周頌口義》《夏小正考釋》《五經小學述》《說
文古籀疏證》。劉逢祿為述祖弟子，所著曰《尚書今古文集解》《公羊何氏釋
例》《公羊何氏解詁箋》《論語述何》《發墨守評》《箴膏肓評》《廢疾申何》。
龔自珍為逢祿弟子，所著曰《婺源三傳書》。魏源亦逢祿弟子，所著曰《書
古微》《詩古微》。孫星衍所著曰《周堂集解》《尚書今古文馬鄭注》《尚書今
古文注疏》《明堂考》《魏三體石經考》《孔子集語》。張惠言所著曰《茗柯全
書》《儀禮圖》。成孫為惠言子，所著曰《說文諧聲譜》。常州之學，本分二
派，一為今文學派，莊氏一家開之，傳至龔、魏，橫流極矣。然其學通天人
之故，接西京之傳，蓋得董、賈之精微，而非如龔、魏之流於狂易。江藩《漢
學師承記》不列其名與書，殆有彼哉之意乎？一為古文學派，孫星衍卓然名
師，為古學之勁旅，當時與洪亮吉齊名鄉里。亮吉所著《左傳詁》，遠不如
孫之精深。蓋洪後以史學地理名家，精神別有專用也。惠言精研《易》《禮》，
實惠氏之旁支。崑山元和以外，其學派未有過於常州者也。儀征派有阮元，
所著曰《皇清經解》《詩書古訓》《車制圖解》《儀禮石經校勘記》《曾子注釋》
《十三經注疏校勘記》《經籍籑詁》。元主持漢學，全在《經解》一書。節鉞
所至之處，於廣州則創學海堂，於浙江則建詁經書院，兩省承學之士，百年
以來，猶沿其餘風。湘省漢學興起最遲，然創「湘水校經堂」者，則其弟子

巡撫吳榮光也。瞽宗之祀，其為先河乎？長沙王先謙續編《經解》一書，推衍宗風，網羅散佚，其嫡派終在湖湘。新學既興，南風不競矣。高郵派有王念孫，所著曰《讀書雜志》《廣雅疏證》。引之為念孫子，所著曰《經義述聞》《經傳釋詞》。高郵自創一派，專以形聲訓詁校勘古書，於是千古沈晦不可解之文詞，循其例，無不渙然冰釋。俞樾踵其後，為《群經平議》，為《諸子平議》，為《古書疑義舉例》，而後四部書之訛文脫簡，重門洞開，可謂周、孔之掃夫，劉、班之嫡子。曾文正《聖哲畫像記》推為集小學之大成，蓋猶等夷之見矣。南雷派有黃宗羲，所著曰《易學象數論》《深衣考》《孟子師說》。南雷得蕺山之傳，其理學為陽明一派，然為全祖望所私淑，又為萬斯大兄弟受業之師，浙中經學之風，故當以宗羲為鼻祖。四明派有萬斯大，所著曰《萬氏經學五書》。斯同為斯大弟，有《石經考》。四明之學，為浙中漢學之先聲，非毛奇齡逞其口辯一味叫囂之比也。少時兄弟師事南雷，得聞蕺山之緒論，平日持論，以為「非通諸經，不能通一經；非悟傳注之失，則不能通經；非以經釋經，則亦無由悟傳注之失」。至理名言，誠實事求是之義。當時並無「漢學」名幟，而治經之法遂為一代宗風，不可謂非豪傑之士也。桐城派有方苞，所著曰《望溪全集》。劉大櫆為苞弟子，不傳經。姚鼐為大櫆弟子，有《左傳補注》《公羊補注》《穀梁補注》《國語補注》《九經說》。桐城方氏說經諸書，源出北宋，再傳為鼐，以參合義理、考據、詞章為宗。桐城之學，至此一變，曾文正師之。東塾派有陳澧，所著曰《東塾讀書記》《漢儒通義》。澧為阮元再傳弟子，然近世所謂漢、宋兼採一派者，至澧而始定其名，故別為派以殿於後。（徐珂《清稗類鈔》·經術類）

古書疑義舉例七卷　（清）俞樾撰

俞樾有《諸子平議》，已著錄。

此書所列古書體例，略有三端：一曰古書用字體例。此類有「上下異文字同義例」「上下文同字異義例」「錯綜成文例」「兩語似平而實側例」「倒文協韻例」「變文協韻例」「以大名代小名例」「以小名代大名例」「以雙生迭韻字代本字例」「以讀若字代本字例」「實字活用例」「反言省乎字例」「助語用不字例」「也耶通用例」等條。二曰古人行文體例。此類有「錯綜成文例」「古人行文不嫌疏略例」「古人行文不避重複例」「一人之辭而加曰字例」「兩

人之辭而省曰字例」「文具於前而略於後例」「文沒於前而見於後例」「舉此以見彼例」「因此以及彼例」「古人引書每有增減例」「高下相形例」「敘論並行例」等條。三曰古書訛誤原因。此書後三卷，皆論古書訛誤之原因，是俞氏總結前代及自身校勘經驗所得，於後世之校勘可謂發凡起例，如「兩字義同而衍例」「兩字形似而衍例」「以旁記字入正文例」「因誤衍而誤刪例」「因誤字而誤改例」「重文作二畫兒致誤例」「簡策錯亂例」「文隨義變而加偏旁例」。又有古書訓詁體例數條，如「以重言釋一言例」「語急例」「語緩例」。即有因襲，亦有新創。

此書一出，影響頗廣，後之學者續補之書不斷，如劉師培《古書疑義舉例補》、楊樹達《古書疑義舉例續補》、馬敘倫《古書疑義舉例校錄》、姚維銳《古書疑義舉例增補》、孫德謙《古書讀法略例》皆是。劉師培《古書疑義舉例補小序》稱幼讀德清俞氏書，至《古書疑義舉例》，歎為絕作，以為載籍之中，奧言隱詞，解者紛歧，惟約舉其例，以治群書，庶疑文冰釋，蓋發古今未有之奇云云。劉咸炘稱蔭甫一生著述亦以此為最。〔註427〕《書目答問》列入儒家類考訂之屬，稱此書甚有益於學者。《清史稿》亦稱此書與《群經平議》《諸子平議》尤能確守家法，有功經籍云云。

此本據光緒二十五年《春在堂全書》本影印。

【附錄】

【俞樾《古書疑義舉例自序》】夫周、秦、兩漢，至於今遠矣。執今人尋行數墨之法，而以讀周、秦、兩漢之書，譬猶執山野之夫，而與言甘泉、建章之鉅麗也。夫自大小篆而隸書，而真書，自竹簡而縑素，而紙，其為變也屢矣。執今日傳刻之書，而以為是古人之真本，譬猶聞人言筍可食，歸而煮其簀也。嗟夫，此古書疑義所以日滋也歟？竊不自揆，刺取九經諸子，為《古書疑義舉例》七卷，使童蒙之子習知其例，有所據依，或亦讀書之一助乎？若夫大雅君子，固無取乎此。〔註428〕

【續修四庫全書總目提要（稿本）12—159～160】《古書疑義舉例》（《春在堂全書》本），《古書疑義舉例》七卷，清俞樾撰。是書取古書中疑義，而歸納之，得條例八十有八，其大意謂周、秦、兩漢，至於今遠矣，執今人尋行數

〔註427〕劉咸炘：《內景樓檢書記》，《推十書》子類第565頁。
〔註428〕《續修四庫全書》1162冊，上海古籍出版社，2002年版，第279頁。

墨之文法，而以讀周、秦、兩漢之書，譬猶執山野之夫，而與言甘泉、建章之巨麗也。自籀、篆而隸書而真書，自竹簡而縑素而紙，其為變也屢矣。執今人傳刻之書，而以為是古人之真本，譬猶聞人言筍可食歸而煮其簀也。此古書疑義所以日滋也。然則古書之難讀，信如樾之所論，推厥難讀之因，不外二端，一則古今文法之不同，一則展轉傳刻之致訛，其屬於文法之不同者，則有上下文異字同、上下文同字異、倒句、倒序、錯綜成文、參互見義、語急、語緩諸例，其屬於傳刻致訛者，則有兩字義同形似而衍、涉注文而衍、因誤奪而誤補、因誤字而誤改、字句錯亂、簡策錯亂、據他書而誤改、據他書而誤解、分章錯誤、分篇錯誤、誤讀夫字、誤增不字諸例。不知其例，雖白首讀經，難得其義，習知其例，雖童蒙之子亦有所依據，庶幾疑難易釋，而古義易明也；非徒有資於考證章句訓詁之間也。有清考證之學陵越前代，然皆追尋於一字一句之間，所謂說《堯典》十萬言，訓「若稽」三萬字，使初學覽之，益疑惑而不得其解，其不涉於破碎餖飣之嫌者幾希。惟高郵王伯申《經傳釋詞》為能發明條例，世稱善本。樾之學近乎王氏，其《群經平議》《諸子平議》之作，殆仿《經義述聞》《讀書雜志》，而是書實足與《經傳釋詞》相比美，博收而簡要，取精而用宏，其有益於來學，豈淺鮮哉！

【俞先生傳】俞先生，諱樾，字蔭甫，浙江德清人也。道光三十年成進士，改庶吉士。既授編修，提督河南學政，革職。既免官，年三十八，始讀高郵王氏書。自是說經依王氏律令。五歲，成《群經平議》，以劃《述聞》。又規《雜志》作《諸子平議》，最後作《古書疑義舉例》。治群經，不如《述聞》諦，諸子乃與《雜志》抗衡。及為《古書疑義舉例》，輻察鰓理，疏紾比昔，牙角才見，紬為科條，五寸之矩，極巧以莛，盡天下之方，視《經傳釋詞》益恢郭矣。先是浙江治樸學者，本之金鶚、沈濤，其他多凌雜漢、宋。邵懿辰起，益誇嚴。先生教於詁經精舍，學者嚮方，始屯固不陵節。同縣戴望，以丈人事先生，嘗受學長洲陳奐，後依宋翔鳳，引《公羊》致之《論語》。先生亦次何邵公《論語義》一卷。始先生廢，初見翔鳳，翔鳳言《說文》「始一終亥」，即《歸藏經》，先生不省。然治《春秋》頗右公羊氏，蓋得之翔鳳云。為學無常師，左右採獲，深疾守家法違實錄者。說經好改字，末年自敕為《經說》十六卷，多與前異。章炳麟讀《左氏》昭公十七年傳：「其居火也久矣，其與不然乎？」證以《論衡·變動篇》云：「絑然之氣見，宋、衛、陳、鄭災。」說曰：「不然者，林然之誤，借林為絑。」先生曰：「雖昫善，

不可以訓。」其審諦如此。治小學不掫商、周彝器，曰：「歐陽修作《集古錄》，金石始萌芽，榷略可採。其後多巫史詆豫為之。韓非所謂番吾之跡，華山之棋，可以辨形體、識通假者，至秦、漢碑銘則止。」雅性不好聲色，既喪母、妻，終身不肴食，衣不過大布，進饎不過茗菜。遇人豈弟，臥起有節，氣深深大董，形無奇姹，老而神志不衰，然不能忘名位。既博覽典籍，下至稗官歌謠，以筆筍泛愛人。其文辭瑕適並見，雜流亦時時至門下，此其所短也。所著書，自《群經平議》《經說》而下，有《易說》《易窮通變化論》《周易互體徵》《卦氣值日考》《卦氣續考》《書說》《生霸死霸考》《九族考》《詩說》《荀子詩說》《詩名物證古》《讀韓詩外傳》《士昏禮對席圖》《禮記鄭讀考》《禮記異文箋》《鄭康成駁正三禮考》《玉佩考》《左傳古本分年考》《春秋歲星考》《七十二候考》《論語鄭義考》《何劭公論語義》《續論語駢枝》《兒苫錄》《讀漢碑》。自《諸子平議》而下，有《讀書餘錄》《讀山海經》《讀吳越春秋》《讀越絕書》《孟子高氏學》《讀文子》《讀公孫龍子》《讀鶡冠子》《讀鹽鐵論》《讀潛夫論》《讀論衡》《讀中論》《讀抱朴子》《讀文中子》《讀楚辭》，如別錄。其他筆語甚眾，然非其至也。年八十六，清光緒三十三年卒。贊曰：浙江樸學晚至，則四明、金華之術苶之，昌自先生。賓附者，有黃以周、孫詒讓。是時先漢師說，已陵夷矣。浙猶榖張，不弛愈縝。不逮一世，新學頓生，滅我聖文，粲而不蟬，非一隅之憂也。（章太炎《太炎文錄初編》文錄卷二）

【空前絕後之作】讀曲園《賓萌集》五卷、《補篇》一卷。是月讀俞樾《曲園雜纂》四十七卷、《群經平議》三十五卷、《諸子平議》三十五卷、《俞樓雜纂》五十卷、《第一樓叢書》三十卷、《賓萌集》六卷、潘曾沂《東津館文集》三卷，共二百六卷。曲園拼命著書，經、子大義剖晰至精，非斷斷一字一音之異同，以為該博者比也。《古書疑義舉例》尤學者不可不讀之書，蒙嘗推是書及王文簡《經傳釋詞》為經彙篇，真空前絕後之作。然尚有條例待後人之補苴者，能於治經餘暇，取前人舊說之可信及己所心得，一一比傅，而彌縫其缺陷，亦嘉惠後學之盛業矣。偶思恒言心平氣和，心平則氣自和，內省此心幾於平矣，而氣仍若有不和者，何也？治經使人心細，亦使人心平，細入毫芒則盛氣自平，此亦由體驗而得之。今人喜談經濟，我謂未易言也。近而一邑一鄉，我所生長之地，歲輸地丁、漕米之數，胥吏所以舞弊者，何在如何而使弊竇永絕，求之簡策，而格格不入，求之紳耆而依約以對，又不

可率臆妄斷也。博稽之而細核之，十止能得五六，其難若此。則夫遠適千里，風土異宜，言語異音，更何以周知其利弊而為之區處乎？讀《經世文編》，顧亭林、陸桴亭所論賦役，今時則翻其反矣，故經世之學有二要：一曰因地，一曰因時。（《徐兆瑋日記》）

湖樓筆談七卷　（清）俞樾撰

俞樾有《春在堂隨筆》，已著錄。

書前俞樾自序，稱頻年主講西湖詁經精舍，精舍有樓三楹，可以攬全湖之勝，然其地距城遠，賓客罕至，或終日雨，則終日不見一人，無與談，談以筆，積久遂多，稍稍編次之。

全書七卷，卷一、卷二論經，卷三談《史記》，卷四談《漢書》，卷五談小學，卷六談詩文，卷七記雜事。其論經者，如論《中庸》曰：「子思作《中庸》，漢時已有此說。太史公亦信之，然吾謂《中庸》或孔氏之徒為之，而非子思所自為也。《中庸》，蓋秦書也。吾意秦並六國之後，或孔氏之徒，傳述緒言，而為此書。秦始皇二十八年琅邪刻石文曰：『普天之下，摶心壹志，器械一量，同書文字。』二十九年，之罘刻石文曰：『黔首改化，遠邇同度。』皆與《中庸》所言合，故知《中庸》作於此時也。其曰：『上焉者雖善無徵，無徵不信，不信民弗從，下焉者雖善不尊，不尊不信，不信民弗從。然則一稟時王之制矣。』此亦秦人之語也。」又論《周禮》曰：「《周禮》一書，乃周衰有志之士所為，亦欲自成一代之制，以詒百王之法，非周公之書，亦非周制也。」論《尚書》曰：「東晉所出《古文尚書》，正如刻楮為葉，翦彩為華，索索無生氣，望而知為贗筆。淺人以其文從字順，而喜讀之，皆齊梁小兒之見也。」又曰：「戰國傳聞之事，多好事者為之，往往失真，孟子辭而闢之，卓矣。乃其所載古事，如瞽瞍使舜完廩、濬井之類，不知本何書。近人或據以補《舜典》之逸，恐未必然也。以愚論之，如所稱舜避堯之子於南河之南，禹避舜之子於陽城，益避禹之子於箕山之陰，皆好事者為之，而非事實。禹、益事固不可考，若舜事明載《虞書》，曷嘗有南河之避乎？」又論三禮曰：「《周禮》一書，未必周公所作。即果出周公，亦周之官制耳，非禮經也。漢世初出，本謂之《周官》，王莽時劉歆為國師，始建立《周官經》，以為《周禮》，然東漢時馬融作《周官傳》、鄭康成作《周官注》，未嘗竟目

為《周禮》也。」又論《辨奸論》曰：「老蘇《辨奸論》，或謂是坡公所作。此固不然。老蘇學識自在二子之上。當荊公未進用時，天下想望風采，老蘇獨著論力詆之，真不愧見微知著之學。其後東坡與程正叔同朝，惡其不近人情，力言其姦邪，此正用老蘇料荊公故智。乃老蘇於荊公則受知言之名，東坡於伊川則負失人之咎，益歎老蘇高見，非坡公所及也。」

此本據清光緒二十五年刻《春在堂全書》本影印。

【附錄】

【俞樾《湖樓筆談自序》】余頻年主講西湖詁經精舍。精舍有樓三楹，可以攬全湖之勝。春秋佳日，輒徜徉其上。然其地距城遠，賓客至，或終日雨，則終日不見一人，無與談，談以筆。積久遂多，稍稍編次之，定為七卷。弟一、弟二卷談經，弟三卷談《史記》，弟四卷談《漢書》，弟五卷談小學，弟六卷談詩文，弟七卷談雜事。雖詹詹小言，或勝於群居終日，言不及義者乎？俞樾記。

【俞樾《宋澄之湖樓筆談說文經字疏證序》】錢竹汀先生《說文答問》，歷舉《說文》中某字即九經中某字，得三百二十三字，而陳恭甫先生作《說文經字考》以彌補其缺，又得三百有四字，可謂備矣。余於兩先生後掇拾其所未盡，則所得僅九十九字，刻入《湖樓筆談》中。醜女效顰，貧兒炫富，良可笑也。錢氏之書有甘泉薛君子韻為之疏證，成書六卷，初刻於閩，再刻於揚，而前年鄞人郭君傳璞又重刻之，並以陳氏及余所補者附刻於後。夫陳、錢兩家適相當也，末綴余書，所謂貂不足而犬續者歟？然陳氏之書至今無疏證者，而余書則吳下有江建霞標曾為作疏證，其書未行，而宋澄之文蔚又踵為之。兩君皆余門下士也，余因覆按此九十九字中鄰即葵丘之葵，已見錢氏《答問》矣，他如譎權詐也，憰亦權詐也，則晉文公譎不必作憰，展轉也，則展轉反側，不必作輾，余前所舉亦有不必然者。澄之謂憂戚字本作戚，許君欲別於干戚字，故加心作慽，洞洞屬屬字本作屬，許君欲別於連屬字故加女作嫋，善哉學問之事豈尚苟同乎？余嘗深喜番禺張維屏《經字異同》一書，其書四十八卷，古書援引，異同羅列無遺，嘗願為之疏證，而精力不逮，澄之倘有意乎？（俞樾《春在堂雜文》，《春在堂全書》四編七）

【續修四庫全書總目提要（稿本）35—134】《湖樓筆談》七卷，亦其獺祭之餘，志奇抒見之作。計卷一、卷二談經，卷三談《史記》，卷四談《漢書》，卷五談小學，卷六談詩文，卷七談雜事。曲園經訓小學，曆數詞章，卓然為海

內宗匠，其議論已散見前臚各書，惟論史當以此為最，如卷三秦列侯條云，秦有列侯，又有倫侯，琅邪臺刻石云，列侯武成侯王離、列侯通武侯王賁、倫侯建成侯趙亥、倫侯昌武侯成、倫侯武信侯馮母擇，倫侯之名，止見於此，此倫侯之名，實一斑史家忽略未知者也。趙高條云，《始皇紀》二世三年，沛公已屠武關，使人（祈）〔私〕於趙高，按高帝紀遣魏人寧昌使秦，然則望夷之事，高固受計於沛公也，高本趙之疏屬，《索隱》謂高痛其國為秦所滅，誓欲報讎，卒殺秦子孫而亡其天下，未為無據，使子嬰不殺趙高，高祖入關，必有所以處之矣。是趙高實留侯之徒，尤為讀《史記》者所未知。古人讀書慎密，信非後人所及，至駁賈山《至言》堯、舜、禹、湯、文、武累世廣德，以為子孫基業，無過二三十世者，罪始皇，語云：「二世三世，至於萬世，傳之無窮。」此乃臨文之宜，以此罪始皇則過矣。語尤平恕，此雖僅見全豹之一斑，亦可窺全書之旨矣。《湖樓筆談》云者，其《自序》云：「余頻年主講詁經精舍，有樓三楹，可以攬全湖之勝，春秋佳日，輒徜徉其上，然其地距城遠，賓客罕至，或終日雨，則終日不見一人，無與談，談以筆也。」

【易一名而含三義】《繫辭傳》云：「《易》之為書也不可遠，為道也屢遷。」然則易之名義自取之變易。《釋名·釋典藝》曰：「易，易也，言變易也。」此得其本義矣。《乾鑿度》乃云：「易一名而含三義。所謂易也，簡易也，不易也。」鄭康成依此義作《易贊》及《易論》云：「易簡，一也；變易，二也；不易，三也。」推尋其義，殊不可通。《繫辭》云：「夫乾確然示人易矣。夫坤隤然示人簡矣。」是易簡之德分屬乾坤。《易》首乾坤，應題易簡，去簡著《易》，於義何居？若夫天尊地卑，乾坤以定，不易之義，亦有可言，然義取不易。（《湖樓筆談》卷一）

【語增】古人文字喜為已甚之辭，稱其早慧，則曰「顏淵十八天下歸仁」；語其晚成，則曰「曾子七十乃學，名聞天下」。王充有《語增》之篇，非無見也。（《湖樓筆談》卷七）

【曲園正論】讀曲園先生《第一樓叢書·湖樓筆談》七卷。卷二論家貧子壯則出分，以為天地生人固日分之勢，世以累世同居為美談，殆高世之行非所謂中庸不可能者？亭林先生《日知錄》譏姚崇遺令，欲放陸生之意，預為分定，將以絕其後爭，謂此乃衰世之意。《曲園小箋》引《詩》「豈伊異人，兄弟具來」，禮若非所獻，則不敢以入宗子之門，見古人未嘗不分居，蓋亭林實有激而言，曲園則正論也。（《徐兆瑋日記》）

悔翁筆記六卷 （清）汪士鐸撰

汪士鐸（1804～1889），字振庵，號悔翁，江寧（今江蘇南京）人。道光二十年（1840）舉人，光緒中授國子監助教銜。〔註429〕著有《讀史兵略》（署胡林翼名）、《水經注圖》《漢志釋地略》《漢志志疑》《補南北史志》《悔庵詩鈔》《悔庵詩餘》等書。生平事蹟見士鐸自編《汪悔翁自書紀事》、繆荃孫《汪士鐸傳》（載《續碑傳集》卷七四）、趙宗復《汪梅村年譜稿》（收入北京圖書館出版社《晚清名儒年譜》第三冊）。

此書為考證經史之作，卷一、卷二考群經，卷三訂《爾雅》《說文》，卷四至卷六雜論史地。以零星考據為主，間有評論之語，如論《爾雅》郭注曰：「郭注不詳者百四十事，大約訓詁異詞，後人皆能詳之，雖未必盡合，然十得八九矣。惟鳥獸草木，則郭所未詳者，後人亦不能詳，以訓詁可通，以六書鳥獸草木不能臆說也。然亦補其十之七八。」其學根柢經術，以為聖賢大道，有體有用，體原一貫，用則萬變。嘗自述云：「士鐸家極貧，然性好讀書。先君子好理學，嘗訓士鐸曰：『窮而在下，須記「餓死事小」四字。』除程、朱經注之外，禁勿觀。」又嘗為《種樗老人傳》以自況。其詞曰：「種樗老人，自忘其氏字，似漢、魏間人，喜種樗，樗成林甚茂……顧自少多忘年交，與北海管幼安、高密鄭康成、汝南許慎、南郡龐德公、豫章陶潛、范陽酈道元、京兆杜佑、吳陸德明、洛陽賈公彥、魯孔穎達往還最數，東海徐陵、南陽庾信亦嘗把臂，稍閒輒與諸人議論。樗林閒人笑其迂曲，弗恤也。」士鐸自品其書，曰：「《筆記》為上，詩次之，詞又次之，而文最下。」語雖自抑，庶幾近之。

此本據吉林大學圖書館藏清光緒間張氏味古齋刻本影印。

【附錄】

【續修四庫全書總目提要（稿本）11—679～680】《悔翁筆記》六卷（光緒刻本），清江寧汪士鐸撰。汪士鐸，字振庵，別字梅村，道光庚子舉人。少從績溪胡培翬、荊溪任泰遊，精通「三禮」，於《水經注》致力尤勤。其治學也，根柢經術，以為聖賢大道，有體有用，體原一貫，用則萬變。雖窮居，於

〔註429〕《光緒實錄》卷二一七：諭內閣：黃體芳奏循例薦舉教官一摺，江蘇舉人汪士鐸等，篤志潛修，績學不倦，允宜量予獎勵，以資勸感。舉人汪士鐸著賞給國子監助教銜。

人鮮尺寸裨益，然不可不讀經世書，儲待他日用。曾文正以謂「芳潔欲師陶靖節，湛冥略近蜀君平」，其推重如此。士鐸著述甚多。咸豐三年，粵寇陷金陵，僅以身免，稿皆毀佚。刊行者，有《水經注圖》二卷，附《漢志釋地略》《漢志志疑》各一卷，《南北史補志》十四卷，《梅村文》十三卷、《詩》十五卷、《詞》五卷，別修《江寧府志》十五卷，《上元江寧兩縣志》二十九卷，並已著錄。是編所錄，卷一、卷二經部，卷三考訂《爾雅》，卷四、卷五、卷六雜論史地。書中如論漢人增益《爾雅》，後人增益《爾雅》，《爾雅》分編，《爾雅》經字，《爾雅》引書注，《爾雅》義異，《爾雅》文異，《爾雅》字異，注疏紕繆，《爾雅》脫文衍字，郭注脫文，實為研究《爾雅》之條例，而匡正郭注之失；《儀禮漢制考》引《儀禮》以證漢制，足備一代之制；《漢志》江水經流、吳時金陵四水、《水經》渙水過水、揚州水利諸條，可以扶翼《水經注》，立論精湛，援引賅博，不失為一代通儒。士鐸自品其書，《筆記》為上，詩次之，詞又次之，而文最下。語雖自抑，然實能自道其學術得失之所在也。

【備徵錄原序】常人無不好，而實無所好，惟瑰奇卓犖之士乃有深好以寄其心之所適。嵇之琴，阮之嘯，劉之酒，其尤著者也。文士之於著述也亦然。當其好之所存，雖貧困險夷生死之際，苟境得稍紓，而好之不恤。迨所好既成，而世即以是名之。惟好之未堅，則又有可好者奪之。且或作輟於其間，斯其所成就亦有限。獨山莫善徵使君言：「書之傳不傳，視作者精力之所及。」誠篤論也。同郡侯君杏樓，篤敬士也，以所纂《江浦備徵錄》視余，其周也若璧之圜，其斷制若琮之方。隆殺有節，若杅上之圭；旁推交通，若射出之璋。舉其邑山川、田賦、人物、宮室，搜輯無遺，條以目，括之以綱。雖細若璣珠，而悉貫之若珩璜，非朝邑、武功所能陵跨也。聞君事此者且十年，廢人事，屏嗜欲，從田父野老相諮詢，上下荒隴破冢，猩狐榛莽之區，皆君耳目脛胇之所周至，為之專如此，為之久且勤又如此，宜其書之超群倫而與古作者爭席也。方今賢卿大夫甫議志乘，綴學之士咸懷鉛槧以待命。予謂江浦一邑即舉君所成書以報郡，非其事之至順，而至捷者乎？故題其首以諗世之選事者。江寧汪士鐸。(《江浦稗乘》)

【士鐸不考原本】《郡國志》曰：「平阿縣有當塗山。」戴刪「當」字。守敬按：《續漢志》無「當」字，故戴刪。然《初學記》六、《御覽》四十三、《通鑒》梁普通五年，《注》引此並作當塗山。《後漢書·滕撫傳》陰陵人徐鳳反，築營於當塗山中。即此。章懷云，當塗縣之山。蓋就山言曰塗山，就

縣言曰當塗山，如弋山亦稱弋陽山，蒙山亦稱蒙陰山也。當塗、平阿二縣相接，故分有此山。又《地形志》，已吾有當塗山。《隋志》，塗山縣有當塗山。皆稱當塗山之證。酈氏下以荊山、當塗對舉，當塗緊承此當塗山言，足徵「當」字不宜刪。淮出於荊山之左。趙淮改渠。守敬按：非也。此《注》同言淮水，與渠水無涉趙不知下北注之之字是訛文，以為別有一水注淮，故臆改渠與上應。自趙妄改，汪士鐸不考原本，其《悔翁筆記》遂議酈氏之誤，冤矣。《初學記》《御覽》《通鑑》注引並作淮。《地表志》，已吾有荊山。《通鑑》梁天監十四年，魏楊大眼督諸軍鎮荊山。胡氏引《水經注》淮水過塗山而後至荊山云云，今塗山在鍾離縣西九十五里，荊山在縣西八十三里。顧祖禹謂淮流屈曲，故道里相懸。宋濂《遊山記》，二山本相聯屬，而淮水繞荊山之背，神禹鑿開，使水流二山間，其疏鑿之跡猶存。塗山在今懷遠縣東南八里。荊山在縣西南一里。（楊守敬《水經注疏》卷三十）

【託名著書】文士厄於時命，託身卑澤，不能及物，欲借一二空言光顯於世，往往依附於人，為富貴強有力者所掩。世傳《呂氏》八覽成於門客之手，以予觀國朝諸著述家，如《呂覽》一流者蓋不少也。南海伍崇曜以貲雄於一鄉，延譚瑩於家，為輯《粵雅堂叢書》數百種，各有題跋，殿以崇曜之名，後其書盛行海內，士林交口頌南海伍氏，鮮有道及瑩者。《行水金鑑》本鄭餘慶撰，題曰傅澤洪。《皇朝經世文編》本魏源撰，題曰賀長齡。《續經世文編》本繆荃孫、汪洵合撰，題曰盛康。《讀史兵略》本汪士鐸撰，題曰胡林翼。左宗棠始入張亮基幕，繼入駱秉章幕，今所傳張、駱二司馬奏稿皆宗棠筆也。李鴻章奏議先為薛福成等擬，後為吳汝綸、于式枚等擬。徐松代松筠撰《新疆識略》，筠遂進呈御覽，稱為「欽定」。畢沅開府武昌，幕賓最盛，精研史學者推邵晉涵，今所傳畢氏《續通鑑》一書，半係晉涵裁定，分任纂述者歲久不能具述，蓋湮沒久矣。至徐乾學諂事明珠，刻《通志堂經解》成，駕名納蘭成德，攜板贈之，其卑鄙蓋不足道矣。（胡思敬《國聞備乘》卷二）

【敘曾文正公幕府賓寮】凡以宿學客戎幕，從容諷議，往來不常，或招致書局，並不責以公事者，古文則瀏陽縣學教諭巴陵吳敏樹南屏，前翰林院編修南豐吳嘉賓子序，候選內閣中書武昌張裕釗廉卿。閱覽則前翰林院編修德清俞樾蔭甫，芷江縣學訓導長沙羅汝懷研牛，諸生新城陳學受藝叔，知永寧縣當塗夏燮謙甫，江蘇知縣獨山莫友芝子偲，舉人衡陽王闓運紉秋，秀水楊象濟利叔，刑部郎中長沙曹耀相鏡初，出使俄羅斯參贊道員武進劉瀚清開

生，知易州直隸州陽湖趙烈文惠甫。樸學則海寧州訓導嘉興錢泰吉警石，知棗強縣桐城方宗誠存之，候補郎中海寧李善蘭壬叔，舉人江寧汪士鐸梅村，候選道石埭陳艾虎臣，諸生南匯張文虎嘯山，德清戴望子高，儀徵劉毓崧北山，其子壽曾恭甫，海寧唐仁壽端甫，寶應成蓉鏡芙卿，候選知府金匱華蘅芳若汀，候選縣丞無錫徐壽雪村。右二十六人，吳敏樹、羅汝懷、吳嘉賓名輩最先。敏樹與張裕釗之文，所詣皆精。莫友芝、俞樾、王闓運、李善蘭、方宗誠、張文虎、戴望皆才高學博，著述斐然可觀。（薛福成撰，鄭振鐸《晚清文選》卷中）

煙嶼樓讀書志十六卷煙嶼樓筆記八卷　（清）徐時棟撰

徐時棟（1814～1873），字定宇，一字同叔，號淡濘、淡齋，別號西湖外史，又號柳泉，寧波府鄞縣人。道光二十六年（1846）舉人，兩上春官，即家居不復出，後以輸餉授內閣中書。自妙時有志著述，湖西煙嶼樓藏四部書六萬卷，盡發而讀之，丹黃雜下，徹夜不倦，上自經訓，旁及子史百家，靡不究覽，為全祖望之後浙東學派之集大成者。著有《鄞縣志》《柳泉詩文集》《煙嶼樓文集》《煙嶼樓詩集》等書，今人整理為《徐時棟集》（寧波出版社 2013 年版）。生平事蹟見《兩浙輶軒續錄》卷四〇、董沛《清內閣中書舍人徐先生墓表》、龔烈沸《徐時棟年譜》（寧波出版社 2016 年版）。

目錄後有其孫徐方來識語，稱其為筆記，非手定本，歿後，請吾師陳詠橋、董覺軒審定，又屬馮孟顗校閱，於凡徵引必取原書校定，其可類分者釐為《讀書志》十六卷。〔註 430〕

《煙嶼樓讀書志》十六卷，凡經十一卷，史二卷，子二卷，集一卷。卷一、卷二《尚書》，卷三《詩經》，卷四《周禮》《儀禮》《禮記》《大戴禮》，卷五、卷六《左傳》《胡傳》，卷七《大學》《中庸》，卷八、卷九《論語》，卷十《孟子》，卷十一群經總義、小學；卷十二、十三考史，卷十二《史記》《漢書》《後漢書》《三國志》《晉書》《南史》《北史》《舊唐書》《新唐書》《新五代史記》《宋史》《金史》《明史》，卷十三《通鑒前編》《甲子會紀》；卷十四、十五雜論諸子，卷十六校錄集部。

〔註 430〕《續修四庫全書》第 1162 冊，上海古籍出版社，2002 年版，第 477～478 頁。

　　《煙嶼樓筆記》八卷，凡二百九十八條，卷一記風土人情，卷二為掌故
佚聞，卷三記碑拓，卷四記喪葬事宜，卷五雜記前人傳說之誤，卷六為瑣聞
雜記，卷七記前人文集之誤，卷八記對聯，其文雖非盡為考據，亦足以資多
文。

　　徐氏治學，不傍漢，不徇宋，習考證而兼通程、朱之學。常主先秦之書，
以平眾難，故無墨守之弊。卷十一有云：「墨守傳注，不敢稍聞異議，其失
諂而固；排擊先儒，以意自創新解，其失鑿而妄，皆非也。過猶不及也。余
嘗謂是非天下之公，爭論一己之私。先儒何嘗無得失，細心察之見；先儒何
必不非議，平心言之自足也。」此論甚平正。論者以為通儒，良有以也。至
若辨《尤射》《禽經》之偽作、論昌黎徐偃王廟碑之陋識。此書雖不如顧、
閻之精博，然亦陳澧《東塾讀書記》之流亞。筆記曰：「『天下本無事，庸人
自擾之』，此見道閱歷之言。」又曰：「一切禮法，盡可棄之。人道由此滅絕
矣！」最為痛論。

　　此本據中國科學院圖書館藏民國十七年鄞縣徐氏蓬學齋鉛印本。

【附錄】

　　【董沛《清內閣中書舍人徐先生墓表》】同治十二年十一月八日，柳泉徐
先生卒，年六十。其友董沛流涕言曰：自謝山太史歿，吾鄉之學統幾絕。先生
以經術文章主盟壇坫，後進高材生咸北面稱弟子。四方知名之彥以事之四明
者，皆頤望見顏色，出所業，相證問，而不佞遊處三十年，時以一得之愚請益
於先生，而先生時啟發之。歸乎一老，東南人才所視為標準者也。今而後，吾
黨之士其誰與為質耶？先生名時棟，字定宇，一字同叔，學者稱柳泉先生。
其先出偃王，在太末者為大宗。唐光化間，自衢遷臺。宋南渡後，自臺遷明，
遂為鄞縣人。曾祖嘉獎卜宅月側之西。祖廷芳，貤贈奉直大夫。父桂林，由
武生授營千總，詔旌義行，贈奉直大夫。母李氏贈宜人，陳氏封太宜人。先生
為義行第三子，陳出也，姿性通敏，委己於學，成諸生，充道光癸卯優貢，旋
中丙午舉人，以輸鑲授內閣中書。自其少時有志著述，兩上春官，即家居，不
復出。湖西煙嶼樓藏四部書六萬卷，盡發而讀之，丹黃離下，徹夜不倦。對湖
居人，恒以五鼓望先生燈火，候晨旦，燈滅，俄頃而天明矣。泊邊城西，遭兵
火之厄，圖籍俱盡，乃營新宅，購藏如其舊，寢息於中，老而彌篤。窮年兀
兀，著書數百卷。余屢館其家，恒出其篋笥之軼，而相與討論之。故知先生之
學者，莫余若也。先生覃思精詣，治經有心得，不傍漢，不徇宋，常主先秦之

書，以平眾難，故不蹈近人墨守之弊。《尚書·湯誓》有二，一為伐桀，見於今文，一為禱旱，錯見於古書。梅氏竊取古書，以綴《湯誥》，而禱旱之誓湮矣。先生正之，則有《逸湯誓考》。《太誓》亡於秦火，河內女子所獻亦偽書也。近代崇漢學，據以為真，先生非之，則有《三太誓考》，言《詩》韻者，始自陳第，亭林肇繼之，往往以漢、魏之韻強合古音，先生以《詩》證《詩》，分為七部，而周人之韻著焉，則有《詩音通》。避寇建墺，閉戶說《詩》，以《褰裳》為告密，以《葛生》為悼亡，以《猗嗟》為誇婿，以《賚》《般》為祭太山之詩，以《下武》為美成王之作。其他箋釋，雜引諸經解之，則有《山中學詩記》。讀允宗之書而嫌其疏也，則有《春秋規萬》。讀西河之書而斥其妄也，則有《舜典補亡駁義》《四書毛說駁正》。又嘗補朱輯之逸經，校畢，刻之《呂覽》，以暨群經、《國語》皆有論著。此則先生羽翼經傳之功也。四明舊志宋、元凡六家，先生購而刊之，其考異也曰《箚記》，其補闕也曰《佚文》，其述諸家之傳也曰《作者》，其摭前人之議論也曰《雜錄》，而山經鄉志之屬以其目附焉，曰《餘考》。為宋儒袁正獻公請從祀，創四明未有之舉，詳其本末，曰《事實錄》，考其系代，曰《世譜略》。舒氏子孫刊文靖遺集，屬先生審定之，先生參核群書，以糾近刻《宋元學案》之謬，曰《新校廣平學案》。迴年修縣志，當事請先生主之，商榷凡例，仿史館列傳之體，徵引文句，各注本書，所探逾千種，建議為貞烈節孝請旌，一邑至千餘人，而擇其尤著者，人自為傳，以列之新志。搜訪鄉先正詩文，上自漢、唐，以迄於元，踵諸家耆舊之集，而益所未備，凡數十冊。此則先生表章文獻之力也。他所撰述，若《偃王志》，若《北宋譜疏證》，若《家傳》，若《言行記》《思舊記》，皆徐氏一家之書，亦精確可傳後者。先生論文，漢以司馬氏為宗，而參以劉向，唐以韓氏為宗，而參以柳宗元，故所作宏深雅健，奄有眾長。詩則浩浩直達，無門戶之習。樂府法漢、魏，詞近蘇辛，其餘事也。詩集十八卷，已刊行。文集四十卷，以命其甥葛祥熊刻之。我朝二百餘年，經術如惠定宇、江慎修、王伯申，文章如姜西溟、惲子居、姚姬傳，皆元、明以來所不易見，然而兼是二者，自望溪、皋聞而外，亦無多焉。望溪研究義理，而不甚長於考證。皋聞則申明漢儒，猶是專門守己之學，其文章雖無愧正宗，而經術則各據一是也。先生之文章中立乎方、張之間，蓋庶幾矣。至其沉潛遺經，援據古訓，本漢經師之家法，而於宋代講學諸儒亦闡發不遺餘力，信乎其為通儒也。前娶宋氏，同縣人，道光二十六年十月三日卒，年三十三。後娶葉氏，慈谿人，咸豐十年十二

月五日卒，年三十五。先生甫四十，立仲兄子隆壽為後，以佐振議敘九品銜。後納妾鮑氏，奉化人，生子隆籬，尚幼……嗚呼！三十年來，先生之益我多矣。余幸得稍知古今，而不以荒陋自畫者，先生之力也。先生臨歿，猶嗚咽執余手，鄭重以遺文相屬。今而後四明之學統其誰繼之耶？不腆之文，以表先生，余非徒哭其私也已。光緒元年四月，同縣董沛表。（《煙嶼樓讀書志》卷首）

【徐方來《煙嶼樓讀書志序》】先大父筆記，非先大父手定本也。大父歿後，先府君傾資刻其遺著，復裒輯剩墨，凡書隙紙尾零篇斷句，手抄成帙，名曰《煙嶼樓筆記》，請吾師陳詠橋、董覺軒兩先生審定，藏之篋衍。今去府君歿二十又七年，先大父系下方來，為長及令不編訂成書，恐遂散佚，以滋罪戾，乃取原稿重抄一過，屬吾友慈谿馮孟顒貞群校閱。孟顒讀書精審，於凡徵引，必取原書校定，其可類分者，氂為《讀書志》十六卷，審慎別擇，編為定本。昔吾大父跋閻徵君《潛丘札記》，嘗謂其所錄各條皆漫無斷制，發揮者又往往為當日摘出備用之語，為日既久，雖百詩亦茫然不知摘此何為者，而子孫乃刻以問世，可謂不愛其先人云云。又今所編《讀書志·孟子志》中有云：「若言事錯誤，子孫可以正其祖父，弟子可以正其先師。」謹本斯旨，為刪節若干條，修正若干條，與孟顒商榷既定，重念先大父讀書之勤，與府君裒錄之苦心，是用付之排印，以永其傳，非敢戾先志以問世也。既成，遂識其原委如此。戊辰清明節，第二孫男徐方來謹識。（《煙嶼樓讀書志》卷首）

【續修四庫全書總目提要（稿本）11—675】《煙嶼樓讀書志》，徐時棟，字定宇，一字同叔，學者稱柳泉先生。道光癸卯優貢，旋中丙午舉人，以輸饟授內閣中書。自其少時，有志著述，兩上春官，即家居，不復出，湖西煙嶼樓藏四部書六萬卷，盡發而讀之，丹黃雜下，徹夜不倦。是編卷一至卷十一證經，卷十二、卷十三考史，卷十四、卷十五雜論諸子，卷十六校錄集部。徐氏治學，不傍漢、不徇宋，習考證，而兼通程、朱之學，常主先秦之書以平眾難，故無墨守之弊，《尚書》《湯誓》有二，一為伐桀，見於今文，一為禱旱，錯見於古書，梅氏竊取古書，以綴湯誥，而禱旱之誓湮矣。時棟正之，則有《逸湯誓考》《太誓亡於秦火》；河內女子所獻，亦偽書也。近代崇漢學，據以為真。時棟非之，則有《三太誓考》；《淮南·主術訓》「桀之力能推移大犧」，其實推移大犧乃桀之二臣，《呂覽·簡選篇》「湯以戊子戰，郕、遂禽推移大戲」可證也，《淮南》以為形容桀之多力，實為誤解，因《金樓子·興王篇》，

而論式商容之閭，式字之妄，凡秦、漢人著書，無不云表閭者，《興王篇》亦云「釋百姓之囚，表商容之閭」，知是時偽書雖出，蓋未盛行；至若辨《尤射》《禽經》之偽作、論昌黎徐偃王廟碑之陋識。其於詩文，尤主維繫禮教，而深斥浮蕩輕薄之作，以為傷心敗俗，可謂篤君子。是書雖不如顧、閻之精博，然比諸陳澧《東塾讀書記》，無多遜焉。

【續修四庫全書總目提要（稿本）11—676】：《煙嶼樓筆記》，是編亦讀書筆記之作。凡二百九十八條，其文雖非盡為考據，亦足以資多文。如記晉安帝「大亨」為「一人二月了」，齊文宣「天保」為「一大人只十」，宋太宗「太平」為「一人六十卒」，此年號之奇應者；「侯景」二字，為「小人一百日天子」，「李順」二字，為「一百八日川」，此姓名之奇應者；記石晉少帝號開運而降契丹，後梁帝號廣運而入於隋，識者謂運字是軍走，故其君皆為軍所走也，考年號用運字者絕少，宋時吳曦、李順兩反賊，僭號曰轉運，一曰應運，後皆伏誅，此字真不吉祥耶？此雖敷會之言，然亦甚為巧合。至若引《曠園雜志》所載崔夫人誌銘，而為崔夫人辨冤，直斥元微之、王實甫、關漢卿、顧炎武諸人之謬，引張季鷹（鷹）詩「暮春和氣應，白日照園林，青條若總翠，黃花如散金」，不應三月中乃有菊花，而斥士人指黃花為菊花之誤。時棟承四明之學，宗尚博雅，文章立乎方、張之間，說經本漢經師之家法，而於宋代講學諸儒亦闡發不遺餘力。是編雖為筆記雜錄，要亦見其學有本源，非信手抄涂者所可同日而語也。

【會稽之險】吾鄉，古越地也。其山鎮曰會稽。《呂覽·有始篇》：「土有九山，其九山以會稽為稱首。」又《上德篇》：「太華之高，會稽之險。」注：「會稽山名，在吳郡。」按：今會稽山無甚險阻。而呂氏云云，若天下山險無過此者。蓋當時地在海濱，多鉅浸。其險在風浪舟楫間，不在山林跋涉也。今則皆桑田矣，故不復見有所謂險者。（《煙嶼樓筆記》卷一）

【毀荊公祠】雍正間，李敏達公衛，巡撫浙江。嚴檄鄞縣撤毀王荊公祠。不知何以至今其廟無恙。且荊公祠在鄞者，非一處。愚謂荊公在朝，誤國罪不勝言。而令鄞時，則惠政甚多，於吾鄉水利尤極整頓。故他處廟可廢，而鄞廟獨不可毀。此亦改祀於鄉之意也。（《煙嶼樓筆記》卷一）

【禁婦女入寺院】先府君家教，不許婦女入寺院燒香念佛。常曰：「少年婦人入寺門，此與倚門賣笑者相去幾何哉？」近時大家士族無不縱其家室拜經禮懺。風俗之壞，深可痛憫。宋臣朱光庭《請戒約傳習異端疏》有曰：「乞

今後，應士大夫與民庶之家婦女，並不得入寺門，明立之禁。」嗚呼！此非儒生之迂論，乃風教之大防也。咸豐十年春，粵寇犯浙，殺掠甚慘。先是俗以二月十九日為觀音大士誕日，凡杭州以至外省郡縣婦女至天竺燒香者至無萬數，而是日粵寇猝至，盡被淫殺，或遂擄掠以去，號哭震天，屍血載路。嗚呼！劫數之來或非人力所能挽。而以深閨士女無故出受其禍，此豈可諉諸氣數者乎！記余少時，聞有婦女數千人至普陀燒香，而海盜蔡牽猝至，淫掠甚夥。又聞某年間，猝遇風颶，沉溺婦女燒香船楫無數，覆轍多不勝紀，而愚夫愚婦至死不悟，可哀也夫！（《煙嶼樓筆記》卷一）

【匿年之禁】司馬朗十二試經為童子。監試者以朗身體壯大，疑其匿年。劾問。然則古時固有匿年之禁，今日就試者無不匿年。究之，甚覺無謂。吾幼時試童子，亦匿三年。後既達籍於部，不能追改。甚悔之。今世以試年為冊年，謂填寫於冊也。吾試童子，匿三年；子舟匿二年。吾以甲戌十一月生，子舟以丙子四月生。及癸卯，余得優貢，子舟中鄉舉，並刻行卷。書履歷年歲，一時未及檢點，改年不改月，於是吾以丁丑十一月生，子舟以戊寅四月生。或見而疑之曰：「聞二君同母者也，天下豈有隔四月復生子者耶？」聞之不覺自笑，甚矣作偽之拙也。（《煙嶼樓筆記》卷二）

【科舉軼事】今學院試秀才，俗謂之考等第。《摭言》云：「天寶、開元間，有《神州等第錄》，以記得人之盛。」定例，每三年學使視學將畢，舉其文行優者，貢入太學，謂之優貢。浙江定額六人，鄉試後，取各學官所舉者試之學使署中。既取發榜，有正取，有備取，謂之草榜。鄉試榜發，遇正取中有中舉人者，則以備取補之。重複出榜，謂之正榜。向例只試一場。道光癸卯年，有入奏者，謂當與拔貢一律加試一場。第一場四書文二篇，第二場經解策論、五言八韻各一首。然拔貢入京朝考後，有一等、有二等、有御門之典。一等多以七品小京官用，二等或用知縣，或用教官。其出身較舉人為易。若優貢朝考，但有二等，不過準作貢生而已。蓋上不御門，故無選用也。

國家待拔貢優於優貢。於是士子亦重視拔貢。其實優貢難而拔貢易。拔貢十二年一舉，府學貢二人，縣學貢一人，即吾浙計之，凡九十四人；優貢三年一舉，浙額六人。十二年四舉，先後合計不過二十四人。且拔貢每縣有之，無論其文風如何，必當依例選拔。若優貢則非大郡縣不易得也。故小州僻縣，有自開國以來不得科第者。而輒以拔貢、歲貢為土產。

道光癸卯科，南海羅蘿村師文俊，視學吾浙，優貢草榜正取六人。洪章

伯昌燕第一，余第二，沈玉士熙齡第三，章采南鋆第四，諸葛榴生壽煮第五，金翰臬鶴清第六。是年，章伯、翰臬中鄉舉，補以余金坡鑾、顧奏雲成俊。其後翰臬中道光乙巳榜眼，採南中咸豐壬子狀元，章伯中咸豐丙辰探花。草榜六人中，而鼎甲備焉。亦科場佳話也。

蘿村師得人之盛，為近來學使所僅見。一經賞識，多掇科第以去。其待士子，一番熱腸。真使受者感激不盡。即以余所身受者言之，凡教官舉優行於學使，必以苞苴。余惡之，不願舉也。師按臨至寧波，歲試畢，即問府學教官：「何以不舉徐時棟？」方雪齋成　詭對曰：「某固舉之，以其患病初愈，恐連日應試不能支耳。」師信其言曰：「當為補舉之。」及科試，凡向例當連日試者，皆改定日期。余凡應五試，無不間日者。始亦不覺，後聞方言，乃知試期為余而改。其曲體士心如此！癸卯九月，余同弟子舟時梁謁師杭州。師言邇來咳嗽大作，精力不支，還朝後當以病乞休。及還朝召對，聖恩優渥，由通副洊升至工侍。師勉力視事，未敢告退。既而奉命相視陵寢，歸後病大作，遂以病告。乙巳冬間事也。明年秋，江南當閱。兵部以在任諸臣名列單請旨。上顧問：「羅文俊病愈否？」答云：「未也。」又問：「何時可瘥」？答云：「久病，恐一時難愈」。乃命周芝臺師祖培典試浙江。撤棘後往江南。是時蘿村師尚養病京邸也。丁未春，余應禮部試入都，師以病不接一客，而獨召余至邸，慰勉甚至。余下第南歸，聞師亦以是年夏歸里。不數年，遽赴道山。痛哉！師為人真懇篤摯。在浙三載，大得士心。還朝以後，盛被宣廟知遇，一歲數遷。凡遇科場，無不與者。未大用，而以病去。天下惜之。師少年茶苦。髫時里中大疫，師家伯叔群從十餘人，死亡殆盡，惟師及太夫人與一妹無恙耳。太夫人教師成立，故師繪《紡燈課子圖》以誌痛。丁未三月，余謁師京邸，師以是圖命題。逡巡不敢下筆，至今以為恨。

道光二十六年，丙午科，浙江鄉試填榜，填至六十六名，諸公座皆小憩點心。

監臨語主試，謂浙中有鄭訓成者（歸安人），已曾三中副車，今科得勿又在此數乎？及填六十七名，拆彌封傳唱，正是此公，相與大笑。而第一名則嘉興張慶榮叔未先生——廷濟之子也（嘉慶戊午解元），時先生猶健在。時有「鄉薦四科鄭」「秋元兩世張」之謠。是年試畢，余與李蓮史世濂、馮午卿同歸，舟泊越城，或往神祠中問籤。籤云：「刀劍之金，利不多有。（第三句忘之矣），文光射斗。」

余笑曰：「吾獲雋矣。」諸君問故。余曰：「星家者言，壬申、癸酉刀劍金，今舟中無此二年生者，故曰不多有。壬申、癸酉既不多有，則吾甲戌自當首屈一指。而文光射斗四字，必是名數，豈余應中第七名耶？」後余中二十名。或曰：「斗字從二從十，故二十也。」神亦靈驗乎哉！

司馬郎十二試經為童子。郎監試者以朗身體壯大，疑其匿年。劾問。然則古時固有匿年之禁，今日就試者無不匿年。究之，甚覺無謂。吾幼時試童子，亦匿三年。後既達籍於部，不能追改。甚悔之。今世以試年為冊年，謂填寫於冊也。

吾試童子，匿三年；子舟匿二年。吾以甲戌十一月生，子舟以丙子四月生。及癸卯，余得優貢，子舟中鄉舉，並刻行卷。書履歷年歲，一時未及檢點，改年不改月，於是吾以丁丑十一月生，子舟以戊寅四月生。或見而疑之曰：「聞二君同母者也，天下豈有隔四月復生子者耶？」聞之不覺自笑，甚矣作偽之拙也。

近時試官及村塾師，以「黃花如散金」命題者，官師生徒並以黃花指菊花。蓋因菊有黃花，遂無黃花而非菊矣。按此本《張季鷹雜詩》中語。太白《送張十一遊東吳》詩，所謂「張翰黃花句，風流五百年」者也。季鷹詩云：「暮春和氣應，白日照園林。青條若總翠，黃花如散金。」不應三月中乃有菊花也。

取士，捨詩賦用經術，將使學者窮經明理，以通達乎修齊治平之道。由空言以至實用，其法何嘗不美，但必強天下萬世學者奉一先生之說以為程序，則性靈汩沒盡矣！近世學者但須一部高頭講章、幾篇時調墨卷，便可歷取科第，置身清要，讀書真復何用哉？朱光庭疏請諸經、《論》《孟》各試大義，仍須先本注疏之說。或注疏違聖人之意，則先駁其注疏所以違之之說，然後斷以己見，及諸家之說。以義理通、文采優者為上；義理通、文采粗者為次；義理不通，雖有虛文，不合格。按：果如此，則士子尚知讀書窮究義理，而經學不致盡廢也（明人應試之文尚有糾正舊說者）。

「君子賢其賢而親其親」，道光丁未會試題也。是科，余與張詩農編修庭學同號舍，來相商曰：「此題頗難。」余曰：「無佳文耳，題則何難之有」？曰：「但說賢賢親親，固不難，不知賢賢是說謨烈，親親是說統緒」。余驚問：「何出？」曰：「講章如此。」余笑曰：「講章何足道？此豈聖經賢傳耶！而從之耶？」詩農亦然余言。然是年時文名手，往往為講章所誤，東牽西扯，至於

格格不能吐矣。又次題為「蓋有之矣我未之見也」。夫子明明說有之，而講章必云無之。講章之可惡如此！

　　前輩時文家，雖極陳腐，猶知讀書。今則周、程、張、朱，尚有知者；漢、唐、宋、元，幾不識何代矣。即使滿紙典麗奧博，亦不過從經。余必讀百子、金丹等摘本，稗販而來，古書在今日真復何用？嘗有「歲寒然後知松柏」，題文用「松耶柏耶」四字，「子貢曰紂之不善」題文用「吾豈知紂之善否哉」八字，士大夫滿座皆瞠目咋舌，不知所云。或曰此必成語，或曰必怪僻子書中語。而不知一用《齊策》中太子建事，一用《晉語》中驪姬之言。《國語》《國策》竟成僻書，可歎哉！

　　「城中好高髻，四方高一尺。」凡整頓風教，其權必操之於上也。欲正文體，則必自試官始。宋嘉祐初，士好新奇。僻澀語則如「狼子豹孫，林林逐逐。」怪誕語則如「周公伻圖，禹操畚鍤，傅說負版築來築太平之基。」及歐公知貢舉，力懲其弊，而士風丕變（見歐公事蹟）。蓋主持於試官，則其教易而速也。道光季年，試官偶取選體文數篇，其後尋摘剽竊，人人傚之。而僻澀怪誕之語，亦復不亞嘉祐矣。時無廬陵，反謂是典博華麗。風趨而上。異哉！
（《煙嶼樓筆記》卷二）

　　【墓誌壙誌】宋人往往一墓兩誌，既有墓誌，又有壙誌。壙誌多子孫所作，墓誌多出自名人。始吾疑之。以為壙誌既在穴中，而復置墓誌。一穴寬廣曾有幾何？可容此重疊耶？一誌已足，兩之又安需耶？豈壙誌固置穴中，而墓誌不過求名手撰著，為傳世計，不置於墓耶？後聞袁氏修正獻公墓，墓上得楊慈湖所作墓誌，而後知壙誌在穴中，墓誌則在槨上，又結磚如橋以覆之，而後封土者也。按此法甚善，蓋年久之墓，夷為平地。誤掘者必自上而下，一見墓誌，即知古墓，可無開壙之患矣。（《煙嶼樓筆記》卷三）

　　【誌墓但書卒年月日】古例，誌墓但書卒年月日，而無生年月日。此古人重忌日之意。後惟大作家猶守此法耳。溫公《書儀》載，誌石刻文式，但有某年月日終，某年月日葬。至《朱子家禮》始云某年月日生。然則，此法壞於南宋也。（《煙嶼樓筆記》卷三）

　　【駁四禮疑】呂氏坤作《四禮疑》多以己意臆見，猜測古禮，而妄譏議之，往往聽其辨難，似乎有理。及至細心考究，則全無是處。即如其論誌石條云：「誌於石示來世也。文其辭，篆其姓名，合而錮之，以鐵埋諸地中，將誰示乎？不若誌諸碣。「又曰：」誌石本注云：「慮異時誤為人所動，見石而知其

姓名，庶能掩之。』謬哉，其為說也！石在墓頭，發及石，則見棺也半矣！兩石內向，重重鐵束，誰復從容為汝鉗錘耶？即或開之，豈皆通文辨篆人耶？即知其姓名，死者之德能致開者之重否？即為掩之，能肯復束此石否？石既不束，能必墓不再動否？此說大可笑也。不如題姓名於碣面，詳家世於碣陰。有功德者，表諸神道，使有目者皆得見之，免致誤動之尤愈乎？」云云。愚謂呂氏此言不知古人之所以用心，肆口妄言，以疑後世。不可不急為駁正者也。夫誌石之設，為盜賊乎？為常人乎？若盜賊，則以扣大墓為能事，題碣表神道，已是招之使來。何況見誌石而望其重掩之，而復束此石乎？若常人，則各有良心，始雖誤掘，未有既見誌石，知是人墓，而猶下鍬錘者，況讀其文，知其德行功業如是，而有不為之禮葬者乎？大約墓前碑碣，至久不過二三百年，而古墓久遠，未有不夷為平地者。賢子孫未必世有拜掃之典，既闕表揭之石，又亡滄海桑田，輾轉易主。世間地師淵源相承，其相法時復相類，故往往有地師指穴，開之而遇古穴者。年代既遠，棺骨盡化壙中，空無所有。有疑為遷葬之空穴者矣！有疑為藏金之故窖者矣！惟誌石，萬無朽理，見其刻石，遂使人人知是古墓。稍有良心，必將為之掩蓋。此孝子慈孫所以作誌石之遺意。為久遠計，非為眼前計也。微旨如此，彼惡知之？（《煙嶼樓筆記》卷三）

【咸豐十年二月杭州之禍】余自道光三十年下第南歸，不渡錢江者，今十年矣。近自杭州來者，皆言西興漲沙得八九里，彼岸則去草橋門甚邇。記余渡江時，出草橋門必走沙路將十里，然後可坐江船。若西興渡口，則江船傍村岸也。今兩岸適與相反，滄海桑田，固不可測。而形家者言，亦有未可盡廢者。蓋凡省會郡縣，以至村落市鎮，必求其地氣凝聚，然後得安堵無恐。若省城之外，曾不數年，而江水侵蝕其地，至八九里之多，則地氣不固，顯有明證。然則咸豐十年二月之禍，雖曰人事，豈非天哉！（《煙嶼樓筆記》卷四）

【演義優劣】史事演義，惟羅貫中之《三國志》最佳。其人博極典籍，非特藉陳志、裴注敷衍成書而已。往往正史及注，並無此語，而雜史、小說乃遇見之。知其書中無來歷者希矣。至其序次，前後變化生色，亦復高出稗官。盛傳至今，非幸也。乃至周秦列國，東西兩漢，六朝五代，李唐趙宋，無不有演義，則無不可覆瓿者。大約列國兩漢，不過抄襲史事，代為講說，而其人不通文法，平鋪直敘，驚人之事，反棄去之。隋、唐、漢、周、宋初諸書，則其人並不曾一見正史，直是信口隨意捏造妄說，有全無情理，一語不可究詰者。俗語、丹青，以為故事，扮演上場，愚民舞蹈，甚至亂民假為口實，以煽庸

流。此亦風俗人心之患也。有心世教者，當禁遏之。(《煙嶼樓筆記》卷四)

【藏書厄於兵火】古今藏書之家，無不厄於兵火。如江元叔、宋宣獻、晁文元、宋綬、周密，前人記之詳矣。玉仲言云：「葉少蘊藏書於雪川。丁卯，與宅俱焚。而李泰發家書，亦是歲火。同歲罹劫，亦可怪也。」余自弱冠即好購書，二十餘年，亦將十萬卷。咸豐十一年，遭粵寇。在煙嶼樓者，盡為人竊掠。其在城西草堂者，尚五六萬卷。同治二年十一月二十九日，草堂焚如，皆灰爐矣！而奉化人有於亂後出數千金買天一閣書，別為屋藏之，亦以十一月此旬中被火。旁舍無恙，惟書屋獨毀，與吾家先後才數日耳。異哉！(《煙嶼樓筆記》卷六)

東湖叢記六卷　（清）蔣光煦撰

蔣光煦（1813～1860），字日甫，號生沐，海寧人。諸生。著有《斠補隅錄》《花樹草堂詩稿》《別下齋書畫錄》等書。生平事蹟見《(民國)杭州府志》卷一四六。

書前有咸豐六年（1856）小引，稱僻處海隅，見聞寡陋，惟嗜破籍斷碑，遂得遂抄，初無義例，叢零掎拾，自備遺忘云云。〔註431〕末題「放庵居士蔣光煦識於商瓻周鼎秦鏡漢甓之齋」。《東湖叢記》有藏書一印云：「昔司馬溫公藏書甚富，所讀之書終身如新。今人讀書，隨手拋置，甚非古人遺意也。夫佳書難得易失，稍一殘缺，修補無從。每見一書或有損壞，輒為憤惋，如對殘廢之人。數年來，搜羅略備，卷帙斬然，所以遺吾子孫者至厚也。後人觀之，宜加珍護。即借吾書者，亦望諒愚意也。遺經堂主人記。」光煦又嘗刻《別下齋叢書》《涉聞梓舊》，世稱善本。〔註432〕其藏書樓名別下齋。咸豐十年（1860），太平軍入硤石，藏書樓被焚，所刻書板、珍籍及金石書畫亦化為劫灰，其時避難鄉間，光煦聞信，嘔血而亡。其弟名光熖，亦好藏書。

此書所載，皆光煦讀書時所錄典籍遺文、序跋及所見鍾鼎銘文、碑刻拓本、古人墓誌等，各篇之後，間有案語。全書六卷，凡一百四十二條。隨意

〔註431〕《續修四庫全書》第1162冊，上海古籍出版社，2002年版，第654頁。
〔註432〕葉昌熾《藏書紀事詩》詠蔣光煦：「群玉英光訪寶章，積書忙似鼠搬薑。奩中舊史遺甓室，別下叢編繼兔床。」《甘泉鄉人稿·以常南陔刻率更千文贈蔣生沐生沐報以漳蘭四盆賦寄生沐》：「蔣君邇來富墨妙，佳刻喜得英光堂。欲師米老錄待訪，寶章一一加評量。」自注：「生沐近得岳倦翁所刻《米帖》。」

編排，亦不分類。綜覈其書，大致有三類：一曰徑錄他人序跋。書中一一注明出處，如元本李善注《文選》跋條、元本《春秋左傳句讀直解》跋條所錄陳鱣跋語皆見《簡莊綴文》。二曰補他書未備。如《續經義考》條錄沈廷芳《續經義考》案語數條，沈書元本散佚，於此可略見其書之立意。《補經義考》條錄錢東垣《補經義考》凡例十四則，其書未刊行，於此可見其書之大概。三曰錄鍾鼎碑刻文字跋語。如《姜遐斷碑》錄九百餘字，可補王昶《金石萃編》之不足。然亦有明言有序跋而未錄者，如《詩經講集說》條言此影元抄本有盧觀自序及吳簡跋而未錄。

李慈銘稱此書雜舉秘籍佚文，載其序跋，間及古碑，略如盧抱經氏《群書拾補》、張月霄《愛日精盧藏書志》之例，而不分門類，多掇纖屑，更出吳兔床、袁壽楷諸君之下，蓋近於收藏骨董家，非真知學者也。〔註433〕然俞樾《蔣生沐東湖叢記序》稱其書實精審，與同時嘉興錢警石《曝書雜記》可相伯仲云云。〔註434〕

此本據華東師大圖書館藏清光緒九年《雲自在龕叢書》本影印。本書又有咸豐六年《別下齋叢書》本。

【附錄】

【俞樾《蔣生沐東湖叢記序》】昔孔子將作《春秋》，先聚寶書，蓋網羅放失之盛心也，之杞而得《夏時》，之宋而得《坤乾》，搜訪古書，亦云勤矣。班固本《七略》作《藝文志》，於每書之下往往撮舉其大旨，雖史家體例略而

〔註433〕 李慈銘：《越縵堂讀書記》，上海書店出版社，2000年版，第560頁。今按，
　　　　 李慈銘光緒甲申（1884）十一月二十五日日記載：「蔣氏別下齋所刻諸書，
　　　　 惟李氏（富孫）兄弟所著三種，有功經學，其餘皆短書小集，無甚重輕。如
　　　　 《石門碑醳》，乃嘉慶中諸城王春林（森文）署陝西略陽縣知縣時於褒城縣
　　　　 石門道中摸拓摩崖石刻，自漢楊孟文《石門頌》以迄宋人題名，凡二十五種；
　　　　 或別寫釋文，或縮臨真蹟，而附以《遊石門記》及略楊白崖之《郙閣頌碑考》，
　　　　 寫刻精工，足為清玩。其曰醳者，漢碑以當釋字也。又《箕田考》，乃朝鮮
　　　　 人西原韓久庵（百謙）所著，以朝鮮平壤城外田分四區，區皆七十畝，為田
　　　　 字形，謂是箕子遺法，合乎殷人井田七十而助之制。《峽石山水志》乃雍正
　　　　 中海寧蔣擔斯（宏仁）記其峽石鎮西山之勝，前有於越陳梓序，謂由吳門及
　　　　 海昌，中間數百里原野平敞，而巍然隆起，乃有峽川兩山，獨高於橫夊，騷
　　　　 人墨客，遂藉以遊憩。又謂嘗於秋霽登智標浮圖，望吾越中諸山，澹煙一抹，
　　　　 白鳥雙去，其語題目佳境，頗有小品勝致，蓋亦能文之士，惜其字裏顛末，
　　　　 不可考矣。兩山者，審山（亦名沈山）、紫微山也。」
〔註434〕 俞樾：《春在堂雜文》三編卷三。

未詳，然如《古五子》十八篇注云：「自甲子至壬子，說《易》陰陽。」《讕言》十一篇注云：「陳人君法度。」雖後世不見其書，而得此一語，猶可見其梗概。至宋王厚齋氏，又捃拾遺文為之補志，古書古義賴有十一之存，厥功偉矣。自是以後，搜遺補逸，遂成一家之學。至我朝而鉅儒輩出，皆信而好古，崇實學而掃空談。若竹垞朱氏之《經義考》、義門何氏之《讀書記》，原本經史，提要鉤玄，使承學之士窺制述之藩籬，識文章之體要，而麻沙傳刻之訛亦藉以辨別，意甚善也。海昌生沐蔣君，自十齡即喜購書，其家藏書印於浙右，所得多宋元槧本及舊抄本，既出其所藏者，刻為《別下齋叢書》。而又有《東湖叢記》六卷，則皆記其所見異書秘籍，而金石文字亦附見焉。自序稱「破籍斷碑，性所癖嗜，叢零掎拾，自備遺忘」。然其書實精審，與同時嘉興錢警石先生《曝書雜記》可相伯仲。原版毀於兵燹，哲嗣澤山孝廉謀重刻之，乃以示余，且屬為之序。余自惟譾陋，汾河委笈，凤非成誦，何足序君之書哉？重違孝廉之請，又嘉孝廉昆仲皆能讀父書，於大亂之餘，抱殘守闕，孜孜不倦，昌黎不云乎：「固宜長有人，文章紹編剗。」余讀此編，既歎老輩人讀書之精審，而又深為孝廉昆仲望也。（俞樾《春在堂雜文》三編卷三）

【蔣母馬安人傳】安人海昌馬氏，歸候選布經歷蔣君星槐，亦州人也。蔣君篷劉氏生子光煦，十歲，蔣君卒。安人課之讀，涕泣告誡之，光煦亦感動，自厲於學。（錢儀吉撰）

【齋名別下】海寧蔣生沐先生光煦，居邑之硤石鎮，性好藏書，道咸間曾輯刻《別下齋叢書》二十八種、《涉聞梓舊》二十五種，頗為藝林稱重。惟齋名「別下」，莫得其解。嘗以詢之先生後裔，亦無人能舉其出處者。偶讀王伯厚《困學紀聞》，見卷首有深寧叟自題韻語凡八句，內云：「困而學之，庶自別於下民。」乃悟「別下」二字，其義如是，蔣氏蓋本此語以名齋耳。（朱彭壽《安樂康平室隨筆》卷四）

【蔣光煦《刻拜經樓藏書題跋記後序》】光煦少孤，先人手澤半為蠹魚所蝕，顧自幼即好購藏。三吳間販書者皆莒人，來則持書入白太安人，請市焉。輒歎曰：「昔人有言：『積金未必能守，積書未必能讀。』若能讀，即為若市。」以故架上書日益積。稍長，欲得舊刻舊抄本，而莒賈射利之術，往往索時下諸刻，與易而益之金，則輾轉貿易，所獲倍蓰。未幾，凡余家舊藏，世所恒有之書，易且盡矣。今計先後裒集者，蓋得四五萬卷，露鈔雪購，其值已不貲。而舊刻舊抄本之中，莒賈弊更百出，割首尾，易序目，剟畫以就讕，刓字以易

名，染色以偽舊。卷有缺刻，他版以雜之；本既亡，錄別種以代之，反覆變幻，殆不可枚舉。故必假舊家藏本，悉心讎勘，然後可安。

吹網錄六卷 　（清）葉廷琯撰

　　葉廷琯（1791～1868，一作 1792～1869），字紫陽，號調笙、調生、苕生，晚號十如老人、龍威遯隱，吳縣（今江蘇蘇州）人。廩貢生，候選訓導。著有《鷗陂漁話》《廣印人傳》《楙花盦詩》等書。生平事蹟見《（同治）蘇州府志》卷八四。

　　全書六卷，卷一考證經史，卷二考證《通鑒》，卷三考證金石碑刻，卷四、卷五考證評議其他書籍，卷六考述葉夢得著作事蹟。

　　書前有同治九年（1870）汪曰楨序，稱其淡於榮進，潛浸樸學，一以考佐經史為營，垂八十不衰，顧常欿然，無少滿假，每草一條，必反覆考榷，事隱而得其證，思窮而通其旨，脫然披解云云。〔註 435〕又有廷琯自序，稱宋方外惠洪述佛印禪師語曰：「學者漁獵文字語言中，正如吹網欲滿，非愚即狂，以此為好論說、尚著述者儆，誠為切至。」顧斯語也，罕譬而喻，即以文字語言論，亦已妙絕古今矣。此書所談雖皆儒家事理，其病根在愚狂，則與前說正相類，知不免為古德所訶，無如結習已深，一旦破除非易，即觀惠洪述斯語而載之《林間錄》，方欲自去愚狂之弊，不覺已近漁獵所為……則知非而欲寡，未能名書本意，實兼斯二者，若夫離文字語言而求所心得，則透網而出，尚請俟諸異時云。或謂之曰：「子既以儒家著書，而以釋家之語名之，毋乃見譏於識者。」答曰：「是說誠然。然宋儒講學之書，已襲取唐時釋子語錄之名，下此則小說家，有宋人《鐵圍山叢談》，近世如紀文達之《如是我聞》，彭甘亭之《懺摩錄》，亦皆以釋家語命名，拙著蓋竊援其例爾。」〔註 436〕楊鍾羲《雪橋詩話餘集》卷七稱其書多識吳中掌故，徵文考獻，足備志乘之遺云。

　　此本據復旦大學圖書館藏清同治八年刻本影印。

【附錄】

　　【汪曰楨《吹網錄序》】《吹網錄》《鷗陂漁話》各六卷，吳郡葉調生先生

〔註 435〕　《續修四庫全書》第 1163 冊，上海古籍出版社，2002 年版，第 1 頁。
〔註 436〕　《續修四庫全書》第 1163 冊，上海古籍出版社，2002 年版，第 2 頁。

諱廷琯撰。葉氏代有撰述，其著錄於說家者，宋之石林名最富。先生本石林後，家甄胄人文之藪，師友皆一時勝流。弱冠才譽籍甚，既而淡於榮進，潛浸樸學，一以考佐經史為營。垂八十不衰，顧常欿然，無少滿假，其為書經知故，證明者悉著所從來，若不與焉……日楨之生後先生二十年，避地上海，相識逆旅中，時先生已七十，粹然和易……嘗見其兀兀著書，每草一條，必反覆考權，事隱而得其證，思窮而通其旨，脫然披解，躍然笑舞，不可一二計也。今先生往矣，此樂不可復掇。宿草之悲，其何能已……同治庚午正月，烏程汪日楨序於會稽學署。

【吹網錄《吹網錄自序》】宋方外惠洪述佛印禪師語曰：「學者漁獵文字語言中，正如吹網欲滿，非愚即狂。以此為好論說、尚著述者儆，誠為切至。」顧斯語也，罕譬而喻，即以文字語言論，亦已妙絕古今矣。不敏此書所談雖皆儒家事理，其病根在愚狂，則與前說正相類，知不免為古德所訶。無如結習已深，一旦破除非易，即觀惠洪述斯語而載之《林間錄》，方欲自去愚狂之弊，不覺已近漁獵所為，信乎結習難除，釋與儒殆無二致也……則知非而欲寡，未能名書本意，實兼斯二者，若夫離文字語言而求所心得，則透網而出，尚請俟諸異時云。咸豐九年，歲次己未，仲秋之望，吳門十如居士葉廷琯識。○或謂余曰：「子既以儒家著書，而以釋家之語名之，毋乃見譏於識者。」余曰：「是說誠然。然宋儒講學之書，已襲取唐時釋子語錄之名，下此則小說家，有宋人《鐵圍山叢談》，近世如紀文達之《如是我聞》，彭甘亭之《懺摩錄》，亦皆以釋家語命名，拙著蓋竊援其例爾。

【續修四庫全書總目提要（稿本）4—489】《吹網錄》六卷（同治八年刊本），清葉廷琯撰。廷琯字紫陽，號調笙，一號苕生，晚號十如老人，吳縣人。廩貢生，候選訓導……是書考訂經史碑帖書籍，辯證頗為該洽。曰吹網者，取宋釋惠洪述佛印禪師「吹網欲滿，非愚即狂」之語也。中記所見諸古書，考據源流，論斷得失，自其所長……狐白之裘，固非一腋。其網羅會粹之勤，亦未可遽沒也。

【蘇州府志·人物】葉廷琯，字調生，廩貢生，候選訓導。弱冠才譽籍甚。錢塘陳大令文述賞之，妻以女，淡於榮進，潛浸樸學，一以考佐經史為營。又嘗甄錄同時未刻詩為存、殉二集，凡百六十餘家。同時有王汝玉字潤甫，諸生，張照，布衣，並工詩，與廷琯為友。汝玉先廷琯卒，廷琯錄其詩入《感逝集》。照殉庚申之難，遺稿散佚。

【上海縣續志·遊寓】葉廷琯，字調生，吳縣諸生。志趣高淡，好為樸邀之學。咸豐庚申，避地華涇，時年七十，劬學不衰。同治紀元，蘇紳以孝廉方正薦，辭不就。丁卯歸，次年卒，年垂八十。

【灤陽續錄誤收金人詩為近人詩】葉調笙所著《吹網錄》云：紀文達公昀《灤陽續錄》，載其座師介野園宗伯乾隆丁丑年所作恩榮宴詩曰：「鸚鵡新班宴御園，摧頹老鶴也乘軒。龍津橋上黃金榜，四見門生作狀元。」文達自言「鸚鵡新班」不知出典，當時擬以詢野園，而因循忘之。郭頻伽《靈芬館詩話》則謂元遺山《探花詞》五首，中有句云「殿前鸚鵡喚新班」，野園殆即本於是歟？然去一「喚」字，於理未協。〔此以喚字屬鸚鵡，故謂去之未協。〕余嘗閱《中州集》第八卷，則見此詩乃知為金吏部尚書張大節所作，題為《同新進士呂子成輩宴集狀元樓》。所異者，「御園」為「杏園」，「摧頹」為「不妨」，「四見」為「三見」，「作狀元」為「是狀元」耳。野園殆見此詩事頗類己，偶書之而略改數字，見者遂誤謂以為野園所作也。至「鸚鵡新班」，當是金源故事，尚須博考。頻伽亦以此詩為野園作，故謂遺山句是其所本。若就金人而言，據《中州集》小傳，張大節於明昌初已請老，計在遺山之前數十年，應是遺山詩本之張句，「喚」字之可去與否，亦難以臆定也。（徐珂《清稗類鈔·著述類》）

鷗陂漁話六卷　（清）葉廷琯撰

葉廷琯有《吹網錄》，已著錄。

全書六卷，卷一至卷三述宋、元、明、清人之遺事逸聞，卷四、卷五雜談明、清詩文，卷六談書畫，末附奇聞。此書側重於掌故雜說，雜述宋蘇軾、岳飛、李清照，明文徵明、董其昌、張居正，清傅山、沈德潛、陶澍、王昶等名流掌故遺聞、遺詩佚詞及經眼書畫，以晚明及清代史事居多。如「顧亭林勖甥語」條云：「亭林先生嘗勖其甥徐立齋相國曰：『本體國經野之心，而後可以登山臨水；有濟世安民之略，而後可以考古論今。』此正先生自道其抱負，一部《郡國利病書》，胥在是矣。自漢以下，堪為此語者殆無幾人。」立齋為徐元文號、徐乾學弟。此言足以見亭林風骨。「附記遍行堂記事」「劫灰錄李定國事」條與金堡（澹歸）、李定國行事有關，「楊大瓢之父遣戍事」條記及清代文字獄事，「和珅詩」條記和珅之附庸風雅，「鄭板橋筆榜」條錄

鄭板橋於乾隆二十四年自定潤格,「綠牡丹傳奇」條則考釋戲曲《綠牡丹》創作緣起、作者及明末黨社鬥爭情況。

書後有同治元年（1862）金玉曼跋,稱自經史群籍、碑版詩畫以及昔賢之清徽亮節、國之軼事遺聞,彌不搜討極精。〔註437〕又有同治三年（1864）汪曰楨跋,稱考證精密,詞氣和平,不為奇激之論,陸定圃先生評以為必傳之作。〔註438〕又有徐庠、吳釗森、亢樹滋等題詩。〔註439〕

此本據上海辭書出版社圖書館藏清同治九年刻本影印。

【附錄】

【續修四庫全書總目提要（稿本）4—490】《鷗陂漁話》六卷（同治八年刊本）,清葉廷琯撰。廷琯有《吹網錄》,已著錄。是編皆其雜考典籍,以及遺聞佚事,靡不各有根據……如溫體仁家書,證以烏程張秋水《蠅鬚館詩話》所載,知督師袁崇煥之獄,實由體仁逢君之惡,讒譖而成,可為讀史者論世之助。又如黃陶庵集外詩,本從丹陽葛倉公集中所載錄之,可以考見南都末造情景,不特為黃集補遺也。其他辯證之處,可取者尤多。烏程汪曰楨稱其精密和平,為儒者實事求是之學。勘驗斯篇,知非溢美矣。

【架上無整齊書】《因樹屋書影》述其先人作觀宅四十吉祥相,其第二條「架上無整齊書」注云:「本本精良,一一完善,手且未觸,目於何有?但觀架中,便知腹中。」此為藏書而不讀者痛下針砭。然余謂真能讀書者,必能珍護,若但如櫟園所云,適足啟子弟輕褻簡編之惡習,豈雅人深致哉!

【蘇沈良方】宋世士大夫類通醫理,好集方書,如今時所傳《蘇沈良方》最著,亦或見之所撰書中。我祖石林先生《避暑錄話》曾載數條,至今有傳其法而活人者。偶見張介賓《景嶽全書》載一方名遊山方,云治心脾痛,此藥極奇,葉石林遊山,見一小寺頗整潔,問僧所以仰給者,則曰素無田產,亦不苦求,只貨數藥以贍,其脾疼藥最為流佈。有詩云:「草果元胡索,靈脂並沒藥。酒調一二錢,一似手拈卻。」右等分末,每服三錢,不拘時,溫酒調下。景嶽載此方,上標「良方」二字,蓋識其所自採。按:《蘇沈良方》之外,據《書錄解題》所列某氏方、某氏方,南宋復有數家,此遊山方不知採自誰氏?今

〔註437〕《續修四庫全書》第1163冊,上海古籍出版社,2002年版,第187頁。
〔註438〕《續修四庫全書》第1163冊,上海古籍出版社,2002年版,第187頁。
〔註439〕《續修四庫全書》第1163冊,上海古籍出版社,2002年版,第187~188頁。

檢石林公遺著諸種皆無之，或在所佚《玉澗雜書》中耶？

【胡珽】仁和胡珽，字心耘，官太常寺博士，僑居吳下。好收宋元舊本書，手自校勘，有得即記。與吳葉廷琯調生友善。咸豐庚申冬避亂滬瀆，辛酉四月歿於旅舍，年四十，藏書散亡。所著《石林燕語集辨》《嬾真子錄集證》二書，皆未刊。余輯《杭州藝文志》，錄其目以存其人，蓋里中無復有知其人者矣。調生《吹網錄》卷五，附載其所記校勘語十二條，則亂後追憶，病中以屬調生者；卷六載心耘輯宇文紹奕事實六條，尤吉光之片羽矣。（吳慶坻《蕉廊脞錄》卷五）

【劉文清姬人善書】諸城劉文清公之側室黃夫人，能學公書，幾亂真。包慎翁嘗見其與公家書一冊，筆筆精妙，真尤物也。葉廷琯《鷗波漁話》亦載此事，惟黃作王，云：「《淵雅堂集》有句云：『詩人老去鶯鶯在，甲秀題簽見吉光。』」注云，王常為公題甲秀堂法帖籤子，惕翁蓋嘗見之，故有是詠。此文清逸事之最可傳者。惟黃王互異，必有一訛。慎翁與文清交頗深，所見夫人跡最多，所載當不誤也。（李嶽瑞《春冰室野乘》卷上）

【觀金子春煙波畫船冊子偶憶吳中舊遊】江南此境最銷魂，舊夢摩挲尚有痕。雙櫓曳聲回綠水，千燈浮影送黃昏。秋風蘋葉尋詩路，細雨桃花賣酒村。他日五湖容泛舸，鷗夷名姓待君論。（徐世昌《晚晴簃詩匯》卷一百三十三·葉廷琯）

讀書雜識十二卷　（清）勞格撰

勞格（1820～1864），字保艾，一字季言，仁和（今浙江杭州）人。諸生。與次兄權俱以治經名，一時有「二勞」之目。著有《唐郎官石柱題名考》《唐御史精舍臺題名考》。事蹟見勞檢《亡弟季言司訓事略》《兩浙輶軒續錄》補遺卷五。

書前有光緒三年（1877）丁兆慶序，稱：「季言竟以憂鬱致病，病數月卒。易簀時，以生前叢殘手稿十數冊付予，云：『平生精力在此，但隨得隨錄，未竟其緒，為憾事，寂寞身後，若為之排比成書，可乎？』予含淚而應之。季言所著雖存，而殘缺失次，驟難窮其端委，嘗撫編三復，期不負故人之託，而後可適青主，促子董理，踵成其實，爰發篋視之，悉殘篇斷簡，窮數年之力，綴輯成編，為《讀書雜識》十二卷。季言習諸史而尤熟於唐代典

故，錢少詹以後一人而已。」〔註 440〕

此書為丁兆慶輯其校勘群書之語而成，有校正一書僅一二條者，亦有可成卷帙者，如卷三至卷五為《晉書校勘記》，卷八為《讀全唐文劄記》及《補遺》，卷九、卷十為《宋人世系考》。亦頗有可採者，如「劉燁《雲莊集》」條稱：「此書俱真西山文，係後人羼入，惟奏議從碑本傳抄出，節錄不全，講議數首是雲莊文。」又如「洪邁《野處類稿》」條稱：「此即朱松《韋齋集》。案，《大典本》蘇過《斜川集》有誤入洪邁作者。」

李慈銘稱：「此書自卷一至卷六，皆雜校群籍，為之補正，一書或不過一二條；卷七亦雜綴，而附以《唐杭州刺史考》，卷八為《讀全唐文劄記》，卷九卷十為《宋人世系考》，卷十一、十二亦雜考群書，頗乏倫次，蓋編纂之失。其學泛博無涯涘，強識過人，勤於搜採，不愧行秘書矣。」〔註 441〕陸心源《書勞氏雜識後》云：「季言熟於唐、宋典故，考訂詳細，可取者多。惟卷十一『孫奕』一條，頗為全書之累。季言讀書精審，猶有此失，況粗莽減裂者乎？於以歎著書之難也。」〔註 442〕劉咸炘亦稱：「季言劬於校書，此乃其友丁寶書自其所校書中採出者，或輯補，或校正，極為零碎，編次未整。然極多可成種者，如校《蔡中郎集》，《晉書校勘記》三卷，《讀全唐文劄記》，《杭州刺史考》，《宋人世系考》二卷，考宋人事四十餘人，校刪補輯宋、元人文集九十三種皆在其中。觀其學術，大氐但知考史，沿竹汀一派，未為超卓，而勤密尚可。丁氏序謂尤熟唐代典故，錢少詹後一人而已。此語非虛。又與陸心源之徒專精宋氏者異也。」〔註 443〕

此本據清光緒四年吳興丁氏刊《月河精舍叢鈔》本影印。

【附錄】

【丁寶書《勞氏讀書雜識序》】勞氏群從，長青主，次巽卿，幼季言，為笙士先生之哲嗣。笙士博覽多聞，撰《唐折衝府考》，未脫稿，季言續成之，為世所稱。季言校《元和姓纂》《大唐郊祀錄》《北堂書鈔》《蔡中郎集》《文苑英華》及唐宋各家文集示予，皆丹黃齊下，密行細書，其引證博而且精……

〔註 440〕《續修四庫全書》第 1163 冊，上海古籍出版社，2002 年版，第 189～190頁。
〔註 441〕李慈銘：《越縵堂讀書記》，上海書店出版社，2000 年版，第 770 頁。
〔註 442〕陸心源：《儀顧堂書目題跋彙編》，中華書局，2009 年版，第 128～129 頁。
〔註 443〕劉咸炘：《內景樓檢書記》，《推十書》子類，第 590～591 頁。

巽卿精於校讎之學，季言所著殘帙失次。予窮數年之力，輯成《讀書雜識》十二卷，又《唐御史臺精舍題名考》二卷，《郎官石柱題名考》二十六卷，為仁和趙星甫太史鉽創稿，而季言續成之。

【俞樾《讀書雜識序》】國朝稽古右文，超逾前代，而海內士大夫家亦競以藏書為富，精求善本，考證異同，極一時之盛。咸豐、同治間，迭經兵火，典籍散亡，而一二抱殘守缺之士仍能保守遺書，不致失墜。吾湖丁葆書先生自幼嗜書，自謂有書癖，與同志勞氏巽卿、季言兩君交最篤，以宋元舊本互相質證，合所見所藏者薈萃成編，未竟其業，兩勞君相繼沒，君以十數年心力踵而成之，以勞氏先有《讀書雜識》一書行世，此亦勞氏所欲為而未竟者，因題曰《讀書識餘》，慰亡友之餘意，成藝林之鉅觀。使學者知某書有某本、某本之不同，而源流得失約略可見矣。（俞樾《春在堂雜文》四編七）

【續修四庫全書總目提要（稿本）35—128】《讀書雜識》十二卷（《月河精舍叢書》本），清勞格撰……並謂其幼極敏慧，勤於誦習，年十二三即畢諸經，性尤沉靜，有成人風度，嘗病咯血，靜居一室，於枕席間讀漢唐諸史三年。平居讀書，必置一冊於幾，有疑義輒記其間，積久遂成鉅帙。太平兵起，三次遷避，家室飄零，圖書散失，終以憂死云。是編即其所記，病篤時託之於摯友丁寶書者。據丁敘，言受託後未暇檢閱，遲至十數載始得董理，則皆叢碎瑣稿，未能成書，勉為排次，略以時代為先後云。十二卷中，惟第三、第四、第五三卷為《晉書校勘記》，第九、第十兩卷為《宋人世系考》，較有倫次秩序。餘皆散筆箚記之屬，以訂正古人文字、墓碣銘書、典籍訛異為主，皆飣餖瑣屑之言也。倘有人取為資料，汰冗去蕪，勒為文章，亦可以發皇不少。

【丹鉛精舍】季言平居讀書時，每置空冊於案，遇有疑義，輒筆之，暇時翻閱諸書，互相考證，必至精密而後已。藏書之所曰丹鉛精舍。校書之印「實事求是」「多聞闕疑」，著有《讀書雜識》十二卷、《唐郎官石柱題名考》二十四卷、《唐御史臺精舍題名考》三卷，其友丁葆書為之編次。（丁申《武林藏書錄》卷下）

霞外攟屑十卷　（清）平步青撰

平步青（1832～1895），字景蓀，別號常庸、棟山樵、霞偶，山陰（今浙江紹興）人。同治元年（1862）進士，任江西糧道，署按察使。後以疾歸隱，

校輯群書，從事著述。著有《讀經拾瀋》《讀史拾瀋》等書，匯為《香雪崦叢書》。生平事蹟見《清秘述聞續》卷七、《晚晴簃詩匯》卷一六一。

全書十卷，分立名目。卷一記掌故，卷二記時事，卷三記格言，卷四記里事，卷五論文，卷六斠書，卷七論文，卷八詩話，卷九記小說，卷十記方言俗語。此書博採眾說，辨訛訂誤，如「默記之誤」「升菴外集之誤」「妄妄錄之妄」「洪刻名臣言行錄序誤」「淮海集刊誤」「謝疊山行實之誤」「玉磬山房文誤」「如不及齋文鈔校誤」等條皆是。書中頗有心得，如「年譜」條謂年譜之作近代最為蕪穢，善行嘉言，憑空虛構，讀者未終卷，而已知其言之非信史。「以考證入文」條謂姚姬傳論文謂義理、考證、詞章三端皆不可廢，其門弟子陳石士侍郎時舉此以告學子，且云：「能以考證入文，其文乃益古。」「入情愈工愈成宋調」條曰：「文入情，易入稗；詩入情，易入俚。此中消息惟多讀書者知之。」

步青亦能講究讀書方法，如「群書編年格」條詳述南昌龔元玠年表製法，即製版四片，分布甲子至癸亥六十年，每版十六行，用十五行列十五年，四版得六十年，餘一行各書一補字，以便補正行之錄事不盡者，八十葉為一本，甲子得二十周，合一千二百年，印刷四本，得四千八百年，自唐堯甲辰至乾隆己丑四千一百二十六年，尚餘六百七十四年，此格經史子集及名臣名儒年譜有國號年月者俱可紀，故曰「群書編年」，但須參考群書，不得妄記，年月既確，則事核情真，無不可通者云云。其法自今視之平淡無奇，然百餘年前則不失為良法矣。

此本據上海圖書館藏民國六年刻本影印。

【附錄】

【袁文達公行述】《行述》云：甲子，命入直預修《西清古鑒》。按：在二月。遷少詹事，按在七月。旋命南書房行走。又云，甲申塗次命往福建審理，復署倉場侍郎。又云，辛卯晉尚書，按脫工部二字，復充經筵講官，命理直隸水利。又云癸巳充《四庫全書》館總裁，晉階太子少傅，蓋距府君之卒二日矣。庸按：恭勤撰此述時年止二十，故多脫誤據。文達奏議，己巳京察，自陳疏云十四年十一月奉旨著在南書房行走，時官詹事，非甲子年事，是行述入直下脫懋勤殿三字，蓋誤以入直懋勤殿為即供奉南齋，並二事為一也。按《國史·文達列傳》云：「甲申，偕舒赫德使閩，讞楊廷璋案，時暫署巡撫。行述脫去此節。辛卯月，再直南書房。」宮銜之命在文達薨前二日，行述以為距公

薨已二日，皆誤。「作碑版文字，雖其人子弟之狀述有不可據者」，苟河真文家言也。

【集部傳訛】汪汲《事物原會》卷三十八「生人之始」條云：《知新錄》載《風俗通》天地開闢，未有人民，女媧摶黃土為人，力不暇供，乃引繩絙泥中，舉以為人，故富貴者黃土人也，貧賤凡庸者絙人也。汲按：《風俗通》無此段。王勿翦或偶未細核，錯填書名，然各種集部中舛錯不符者，正不止於《知新錄》也。即如陳明卿為有明一代名家，其《四書人物備考》載，孟子娶由氏子仲子，下注出《史記》，查《孟子列傳》並無由氏仲子其人。國朝海寧相國手訂《格致鏡原》一書，綜括包羅，幾無遺義，而所引馬頭娘一段弁以《搜神記》，及考晉干寶《搜神記》內載，迥不相符，究不知所引何本。又舟車類內鞭字之下引《說文》所謂驅遲者也。查《說文》止注驅也，並無所謂驅遲者也之語。因思書籍卷帙繁多，一時不及詳對原本，每致以訛傳訛，集中在所不免，覽者幸曲諒之。按：汪氏各書不免陋略，故特引此以自解，殊不知今世《風俗通》非足本，錢氏竹汀輯有逸文，刻入《群書拾補》，可證陳文莊雖號博洽，然《四書人物備考》等書，坊肆依託，未必出文莊手。陳文莊《格致鏡原》奉敕撰輯，歸里許攜稿，如溫公《通鑑》之書局隨身，然實出妻範武功續手。所引亦未必詳對原書，多採類書腥說，間出亡書，《搜神記》亦非足本，汪所見殆《稗海》本耳。鄙意明末國初，無論別集、總集，與夫雜家、小說，凡所援引，苟原書具在，取而一一詳對，其舛錯不符，校不勝校，其時風氣如此，殊不足異。迨乾隆中開《四庫全書館》，通經學古之士輩出，纂輯各書始掃此弊。既博且精，豈稗販剿說所可及哉？嘉、道以來，顧千里、嚴可均、李兆洛諸家嗣起，校刊群籍，實事求是，益臻大成。自俞理初氏歿，而此道微矣。

【小說不可用】古文寫生逼肖處，最易涉小說家數，宜深避之。避之如何，勿用小說家言而已矣。明季人犯此病者多，以其時小說盛行，人多喜讀之故也。如《龍眠古文一集》附吳道新文論，一云：「作文須如作畫。」又云：「昔王季重謂古今文人取左丘明、司馬遷、劉義慶、歐陽永叔、蘇子瞻、王實甫、羅貫中、徐文長、湯若士，以其文皆寫生者也。袁中郎謂案頭不可少之書：《葩經》《左》《國》《南華》《離騷》《史記》《世說》、杜詩、韓柳歐蘇文、《西廂記》《牡丹亭》《水滸傳》《金瓶梅》，豈非以其書皆寫生之文哉？近日惟譴庵、虞山兩先生可為能寫生者也。李明睿《示學思書》云：文無定

體，五經如《易》與《春秋》，豈是今人文體？《詩》《書》則又異矣。若《莊》、《騷》則又奇之奇者。佛經至五千餘卷，豈復與吾儒同？彼王實甫、羅貫中、施耐庵又豈拘拘於一例乎？得此便知作文之法，要從橫爛漫出入變化，使人莫測其起止乃可。」庸按：譃庵文體纖仄，中郎亦涉佻詭，皆非古文正法眼藏，宜其言之蕪雜。《世說》豈足與《左》《史》並論？《西廂》《牡丹》皆豔曲，施、羅平話均不可置齒頰，《金瓶》乃弇州報父讎有為而作，堪為案頭不可少之書乎？此荊園小語之所為深喟切戒也。所讀之書如是其文，可知國初此風猶未盡滌，如陳孟象龍巖與程石門書，見《藏弃集》卷十一。惟恨無情巒嶽遮吾望眼，不啻劉豫州之伐樹望徐元直也。按元直事僅見《蜀志》諸葛注《魏略》，此所引用蓋為貫中《三國衍義》所誤。尺牘雖小文，佛經、俗諺無不可摭入之，然不可用無稽之小說演義也，況它文乎？徐榆溪答東澗論古文書，至引哪吒析骨，還父剔月，還母始露全身為文之境，何以異此？〔註444〕

【平步青稱名之異】山陰平景孫觀察步青撰雜記十種，名《霞外攟屑》，十二卷，為生平撰述《香雪崦叢書》丙集本。為文集名《樵隱昔寱》，廿卷，為《香雪崦叢書》丁集本。觀察既名步青，書中自稱均云「庸按」，不云「青按」「步青按」。全書既無序跋，亦無原名更名之說，是真不可解。或原係他人撰述，其子孫借刻，未及更改，其故不可知矣。（劉聲木《萇楚齋三筆》卷九）

札迻十二卷　（清）孫詒讓撰

孫詒讓有《墨子閒詁》，已著錄。

史稱其初讀《漢學師承記》及《皇清經解》，漸窺通儒治經、史、小學家法。謂古子、群經，有三代文字之通假，有秦、漢篆隸之變遷，有魏、晉正草之混淆，有六朝、唐人俗書之流失，有宋、元、明校讎之羼改。匡違招佚，必有誼據，先成《札迻》十二卷云云。

書前有光緒二十一年（1895）俞樾序，稱其「精孰訓詁，通達假借，援據古籍以補正訛奪，根柢經義以詮釋古言，每下一說，輒使前後文皆怡然理

〔註444〕今按：小說為民族秘史，不讀小說，難探民族心理之秘，豈可不用小說哉？清代正統文人極端排斥小說，考據家亦以為小說家言不足為據，殊為無理。

順」。〔註445〕目錄後又有光緒十九年詒讓自序，稱此書間依盧文弨《群書拾補》例，附識舊本異文，以備甄考。〔註446〕

此書乃其三十餘年研讀校勘古書心得之作，光緒十九年（1893）撰成。全書所校典籍，自秦、漢至齊、梁，凡七十八種，訂正訛誤衍脫千餘條。所校典籍次第，略以四部之序列之，卷一、卷二為經，卷三為史，卷四至卷十一為子，卷十二為集。凡孫氏所校，皆於各書之下列底本及所參各家校本，如校《管子》尹知章注以影宋楊忱刊本為底本，而參考日人安井衡《纂詁》、洪頤煊《義證》、戴望《校正》、王念孫《讀書雜志》、俞樾《諸子平議》諸書之校語。正文中，各書有篇章者，先列篇章，次列原文，下著案語；無篇章者，徑錄原文。

詒讓校刊典籍，兼重形音義，自語氣、語意而至上下文義、名物制度，皆其校勘之所據，徵文考獻，語必有證。凡遇證據不足及尚存疑義者，或存而不論，或著一「疑」字，或徑書「未詳」「未知孰是」，以示闕疑。如校《春秋繁露》「法不刑有身重懷」，稱「此前後文並復贅，未詳厥旨」；校《吳越春秋》「藁」字曰「藁非穀名，疑當作粱，形近而誤」；校《竹譜》「鐘龍」條，引《初學記》「鍾龍」、《文選》「鐘籠」、《太平御覽》「種龍」諸異文，而言「未知孰是」，皆能存異。

此書所校，多能解惑析疑，使人有撥雲霧而見青天之感，其言文字通假，常使文從字順。然此書亦有考之不密處，如校《老子》「兌」字讀為「隧」，不及俞樾讀為「穴」（穴與閱通）之善，此由今楚簡、帛書本可證。楊樹達《詞詮》亦稱：「孫詒讓《札迻》謂『以類』當作『此類』，非。蓋『以』即可訓『此』也。」百密一疏，不害全書之精覈。胡懷琛撰《札迻正誤》一卷，在其兄樸安所編《樸學齋叢書》第一集中，可資比勘。

詒讓自序稱：「凡所考論，雖復簡絲數米，或涉瑣屑，於作述閎旨，未窺百一，然匡違芟佚，必有義據，無以孤證肊說，貿亂古書之真，則私心所遵循，而不敢越者。」章太炎《孫詒讓傳》稱：「《札迻》者，方物王念孫《讀書雜志》，每下一義，妥眡寧極，淖入湊理。書少於《諸子平議》，校讎之勤，倍於《諸子平議》。詒讓學術，蓋籠有金榜、錢大昕、段玉裁、王念孫四家，其

〔註445〕《續修四庫全書》第1164冊，上海古籍出版社，2002年版，第1頁。
〔註446〕《續修四庫全書》第1164冊，上海古籍出版社，2002年版，第2～3頁。

－1074－

明大義，鉤深窮高過之。」〔註447〕黃侃《文心雕龍劄記》亦稱「瑞安孫君《札迻》有校《文心》之語，並皆精美，茲悉取以入錄」。

此本據華東師大圖書館藏清光緒二十年孫氏家刻、二十一年正修本影印。

【附錄】

【俞樾《孫仲容札迻序》】昔人有謂盧紹弓學士者曰：「他人讀書受書之益，子讀書則書受子之益。」盧為憮然，蓋其言固有諷焉。余喜讀古書，每讀一書，必有校正，所著《諸子平議》幾十五種，而其散見於曲園、俞樓兩《雜纂》者又不下四十種。前輩何子貞先生謂余曰：「甚乎哉！子之好治閒事也。」余亦無以解也。今年夏，瑞安孫詒讓仲容以所著《札迻》十一卷見示，讎校古書共七十有七種，其好治閒事蓋有甚於余矣。至其精熟訓詁，通達假借，援據古籍以補正訛奪，根柢經義以詮釋古言，每下一說，輒使前後文皆怡然理順。阮文達序王伯申先生《經義述聞》云：「使古聖賢見之，必解頤曰：『吾言固如是，數千年誤解今得明矣。』」仲容所為《札迻》，大率同此。然則書之受益於仲容者亦自不淺矣。余嘗謂校讎之法出於孔氏。子貢讀晉史，知「三豕」為「己亥」之誤，即其一事也。昭十二年《公羊傳》：「伯於陽者何？公子陽生也。」子曰：「我乃知之矣。」何劭公謂知「公」誤為「伯」，「子」誤為「於」，「陽」在「生」刊滅闕，是則讀書必逐字校對，亦孔氏之家法也。漢儒本以說經，蓋自杜子春始，杜子春治《周禮》，每曰字當為某，即校字之權輿也。自是以後，是正文字遂為治經之要。至後人又以治經者治群書，而筆針墨炙之功遍及四部矣。夫欲使我受書之益，必先使書受我之益。不然，割申勸為周由觀而肆赦為內長文且不能得其句讀，又烏能得其旨趣乎？余老矣，未必更能從事於此，仲容學過於余，而年不及余，好學深思，以日思誤書為一適，吾知經疾史羔之待治於仲容者正無窮也。

【孫詒讓《札迻自序》】詒讓少受性迂拙，於世事無所解，顧竊嗜讀古書。咸豐丙辰、丁巳間，年八九歲，侍家大人於京師澄懷園，時甫受四子書，略識文義。庋閣有明人所刻《漢魏叢書》，愛其多古冊，輒竊觀之，雖不能解，然瀏覽篇目，自以為樂也。年十六七，讀江子屏《漢學師承記》及阮文達公所集刊《經解》，始窺國朝通儒治經史、小學家法。既又隨家大人官江東，適當東南鉅寇蕩平，故家秘藏多散出，閒收得之，亦累數萬卷。每得一

〔註447〕章太炎：《章太炎全集》第四冊，上海人民出版社，1985年版，第213頁。

佳本，晨夕目誦，遇有鉤棘難通者，疑牾累積，輒鬱轖不怡，或窮思博討，不見端倪，偶涉它編，乃獲確證，曠然昭寤，宿疑冰釋，則又欣然獨笑，若陟窮山，榛莽霾塞，忽覯微徑，遂達康莊。邢子才云：「日思誤書，更是一適。」斯語亮已！卅年以來，凡所以採獲，咸綴識簡端，或別紙識錄，朱墨戢香，紛如落葉。既又治《周禮》及墨翟書，為之疏詁，稽覽群籍，多相通貫，應時櫵記，所積益眾。中年早衰，意興零落，惟此讀書，結習猶復，展卷忘倦，綴草雜沓，殆盈医衍矣。竊謂校書如讎，例肇西漢，都水《別錄》，間舉訛文，若以「立」為「齊」，以「肖」為「趙」之類，蓋後世校字之權輿也。晉、唐之世，束晳、王劭、顏師古之倫，皆著書匡正群書，逢繆經疏史注，咸資援證。近代鉅儒，修學好古，校勘舊籍，率有記述，而王懷祖觀察及子伯申尚書、盧紹弓學士、孫淵如觀察、顧澗薲文學、洪筠軒州倅、嚴鐵橋文學、顧尚之明經及年丈俞蔭甫編修，所論著尤眾。風尚大昌，覃及異域，若安井衡、蒲阪圓，所箋校雖疏淺，亦資考證。綜論厥善，大氐以舊刊精校為據，依而究其微旨，通其大例，精思博考，不參成見，其誸正文字訛舛，或求之於本書，或旁證之他籍，及援引之類書，而以聲類通轉為之鈐鍵，故能發疑正讀，奄若合符，及其蔽也，則或穿穴形聲，捃摭新異，馮肊改易，以是為非。乾嘉大師，唯王氏父子郅為精博，凡舉一義，皆確鑿不刊，其餘諸家得失間出，然其稽核異同，啟發隱滯，咸足餉遺來學，沾漑不窮。我朝樸學超軼唐、宋，斯其一端與？詒讓學識疏譾，於乾嘉諸先生無能為役，然深善王觀察《讀書雜志》及盧學士《群書拾補》，伏家擘誦，恒用檢核，間竊取其義法以治古書，亦略有所寤。嘗謂秦、漢文籍，誼旨奧博，字例、文例多與後世殊異，如荀卿書之案，墨翟書之唯毋，公孫龍書之正舉狂舉，淮南王書之以士為武，劉向書之以能為而，驟讀之幾不能通其語，復以竹帛梨棗，抄刊屢易，則有三代文字之通假，有秦、漢篆隸之變遷，有魏、晉真草之輥淆，有六朝、唐人俗書之流失，有宋、元、明校槧之屢改，遠徑百出，多岐亡羊，非覃思精勘，深究本原，未易得其正也。今春多暇，檢理医藏，自以卅年覽涉，所得不欲棄置，輒取秦、漢以逮齊、梁故書雅記，都七十餘家，丹鉛所識，按冊迻錄，申證厥誼，間依盧氏《拾補》例，附識舊本異文，以備甄考，漢唐舊注及近儒校釋或有回穴，亦附糾正，寫成十有二卷。其群經、三史、《說文》之類，義證閎博，別有著錄，以竢續訂。冊中所錄，雖復簡絲數米，或涉瑣屑，於作述閎旨未窺百一。然匡違芟佚，必有義據，無

以孤證肊說貿亂古書之真，則私心所遵循，而不敢越者，倘附王、盧諸書之後，以裨補遺闕，或有所取爾。編寫既竟，謹舉漢、唐以來校讎家之例論厥要略，覬與學者共商榷焉。光緒十有九年十一月。

【清史稿本傳】孫詒讓，字仲容，瑞安人。父衣言，自有傳。詒讓，同治六年舉人，官刑部主事。初讀《漢學師承記》及《皇清經解》，漸窺通儒治經史、小學家法。謂古子、群經，有三代文字之通假，有秦、漢篆隸之變遷，有魏、晉正草之混淆，有六朝、唐人俗書之流失，有宋、元、明校讎之羼改。匡違捃佚，必有誼據，先成《札迻》十二卷。又著《周禮正義》八十六卷，以為：「有清經術昌明，於諸經均有新疏，《周禮》以周公致太平之書，而秦、漢以來諸儒不能融會貫通。蓋通經皆實事、實字，天地、山川之大，城郭、宮室、衣服制度之精，酒漿、醢醯之細，鄭注簡奧，賈疏疏略。讀者難於深究，而通之於治，尤多謬盭。劉歆、蘇綽之於新、周，王安石之於宋，膠柱鍥舟，一潰不振，遂為此經詬病。詒讓乃以《爾雅》《說文》正其訓詁，以《禮經》、大小《戴記》證其制度。研覃廿載，稿草屢易，遂博採漢、唐以來迄乾、嘉諸經儒舊說，參互繹證，以發鄭注之淵奧，裨賈疏之遺闕。其於古制，疏通證明，較之舊疏，實為淹貫。而注有違牾，輒為匡糾。凡所發正數十百事，匪敢壞『疏不破注』家法，於康成不曲從杜、鄭之意，實亦無悖。而以國家之富強，從政教入，則無論新舊學均可折衷於是書。」識者韙之。光緒癸卯，以經濟特科徵，不應。宣統元年，禮制館徵，亦不就。未幾卒，年六十二。所著又有《墨子閒詁》十五卷、《目錄附錄》二卷、《後語》二卷。精深閎博，一時推為絕詣。

籀𢈪述林十卷　（清）孫詒讓撰

孫詒讓有《墨子閒詁》，已著錄。

書前有劉師培序，稱其囊括古今，綜極術藝，閎劉、班之流略，補歐、趙之缺簡，意存該綜，無假摧陳云云。

此書十卷，卷一至卷三考證經傳文字，卷四至卷六考論典籍，卷七至卷九考辨金石拓片，卷十為論學書信。其考證經傳文字，如《禮記鄭注考上》歸納其疏牾為六條，曰有經本用正字，而鄭本從後出增修之字者；有經疑用正字，而鄭以借字釋之者；有經疑用借義，而注以正字釋之者；有經字誤而

鄭校易未允者；有經字不誤，而鄭誤破之者；有經文訛互，而鄭注未及考正者。其考論典籍，如《牟子理惑論書後》曰：「《牟子》三十七篇，唐宋以後，世無單行本，近世毘陵孫氏，始從釋氏《弘明集》鈔出刊行，首尾尚完具可讀。論中難疑答問，多引《老子》，而末篇云：『所理止於三十七條，兼法老氏《道經》三十七篇。』今世所傳河上公注本《老子》分八十一章，晉王弼注本、唐傳玄校本悉同，而《漢書·藝文志》載老子有《傅氏經說》三十七篇，彼此互證，知漢人所見《老子》固分三十七章，今河上注不爾，足明其為偽本矣。」其考辨金石拓片，如《毛公鼎釋文》錄其所考周毛公鼎銘全文，並總述曰：「銘文前後當分四段讀之，前三段，皆述王錫毛伯之命；末一段，則紀所賜車馬及毛公作鼎以答王休之事也。其文奇詭詰屈似盤誥，所用通藉之字，多足與經傳相證。」其與人論學書信，如《與南海桂孝廉文燦書》《與梁卓如論墨子書》等條，皆關乎學術。

張舜徽稱其書幾乎篇篇可傳，其中陳義尤精者，若卷一《禮記鄭注考》上下篇，卷四《白虎通義考》上下篇，卷九《溫州經籍志》諸篇，疏釋疑滯，暢通大例，為用益宏云云。

此書有手稿本（藏浙江大學）、民國五年（1916）刊本。此本據華東師大圖書館藏清光緒二十年刻本影印。

【附錄】

【與南海桂孝廉文燦書】契闊以後，無任欽遲。前月接誦手教，敬審校讎精博，纂述鴻富，至為忻尉。承惠先集並大著《詩禮異義》一冊，伏案循誦，傾補尤深。詒讓前讀《鄭志》，知鄭君先注「三禮」，後箋《毛詩》訓故異同，不復追改。每惜仲達作疏，不能證明其義。今讀尊著《塞楉斟異》，昭若發蒙，誠有功經學之書也。竊謂詩箋之作，在高密為晚年定論，其所發正校禮注為尤精。尊書折衷是正，申箋者居其大半，最為精審。然內有駁箋申注者數條，以區見求之，似亦當以箋說為是。即如第一條《關雎》君子好逑，箋云怨偶曰仇，謂和好眾妾之怨者。尊考謂《禮記·緇衣》引《詩》述作仇注，訓為匹，禮注為長，而詩箋為短。案：《兔罝》「赳赳武夫，公侯好仇」，箋亦云怨耦曰仇。此兔罝之人，敵國有來侵伐者，可使和好之。《兔罝》之好仇即《關雎》之好逑。尊考據《釋文》定關雎亦當作仇，是也。此姑就今本言之，則箋說自不可議，不然，則兔罝之武夫何以為公侯之好匹哉？陳氏《毛詩疏》

據《國語》《漢書》《文選》定兔罝之好仇亦當訓好匹，其說甚辯。鄙見終不謂然。又尊書援據奧博，多淺學所未窺，若「新廟奕奕」條謂劉昭治《魯詩》，檢《梁書》本傳無此語。《隋經籍志》謂《魯詩》亡於西晉，《隋書》別載石經《魯詩》六卷，則指漢熹平石經魯詩，經文無傳說，劉氏必不能見，尊書所云豈別有所據乎？又「壹發五豝」條謂《鄭志》引《周史》王會云備者取其一發五豝，言多賢也。案《鄭志》此條見《詩正義》者，《周史》上尚有「白虎黑文」四字，詳繹其義，當以「白虎黑文」為王會所云備者，以下乃鄭君自說《禮記》樂官備也之義，與王會無涉。今本《周書》王會有般吾白虎之文，白虎下挩黑文二字，而無樂官備之說，是其確證也。尊書以備者以下為鄭引王會之文，似失檢。凡此諸條，皆小小疵類，於宏旨無害。辱承雅忌，故妄陳之，未知卓見以為然否？詒讓頓首。（《籀𢈪述林》卷十）

【與梁卓如論墨子書】前讀大著《變法平議》，於中國貧弱窳敗之故洞究原本，俾園顱方趾之倫昭然發其蒙瞀，微管之望，中外翹印，深以未得奉手承教為憾。頃奉誦惠畢，猥以前呈拙著《墨詁》厚荷藻飾，有逾涯分，伸紙玩繹，尤增愧悚。讓少溺於章句之學，於世事無所解。曩讀墨子書，深愛其摶精道術，操行艱苦，以佛氏等慈之旨，綜西士通藝之學，九流匯海，斯為鉅派，徒以非儒之論蒙世大詬，心竊悁之，摹校廿年，略識旨要，遂就畢本補綴成注，然經說諸篇闕義眇旨所未窺者尚多。嘗謂《墨經》楬舉精理，引而不發，為周名家言之宗。竊疑其必有微言大例，如歐士論理家雅里大得勒之演繹法、培根之歸納法及佛氏之因明論者，惜今書訛闕，不能盡得其條理，而惠施、公孫龍竊其緒餘，乃流於儇詭口給，遂別成流派，非墨子之本意也。拙著印成後，間用近譯西書復事審校，似有足相證明者……平生雅不喜虛憍之論，不意裹抱鬱激，竟身自蹈之。及讀鴻議，乃知富強之原在於興學，其事深遠，非一蹴所能幾，深悔前說之孟浪，已拉雜摧燒之矣。鄉亦未敢以示人，不審道希學士何從得之？猥荷垂詢，彌切汗顏。此外間有勾緝，大抵芻狗已陳，屠龍無用，不足印塵閱覽，茲勉檢舊刻兩種奉呈大教。瑣屑校讎，無益時需，倘足共覆醬瓿耳。（《籀𢈪述林》卷十）

舒藝室隨筆六卷　（清）張文虎撰

張文虎（1808～1885），字孟彪，一字嘯山，號天目山樵、華谷里民，

南匯（今屬上海市）人。由諸生保舉訓導。後館金山錢家三十年，遍讀其藏書，又三次赴杭州文瀾閣，縱覽《四庫全書》，入金陵書局，校勘《史記》諸書，歸後又主講南菁書院。著有《校刊史記集解索隱正義劄記》《舒藝室雜著》《舒藝室詩存》等書。生平事蹟見《清史稿·儒林傳》。

此書乃其考證校勘經史群書之作。卷一考證群經，「十三經」除《孝經》外，補以《大戴禮記》；卷二、卷三考證《說文》，兼及《玉篇》；卷四校勘《史記》，卷五校正《漢書》，卷六所校書有《後漢書》《三國志》《晉書》《宋書》《逸周書》《管子》《韓非子》《墨子》《呂氏春秋》《淮南子》《莊子》《文選》，而尤以《管子》用力最深。

此書以校勘、考證為主，重視曆算、樂律。校《史記》之《曆書》《天官書》，《漢書》各《紀》《表》《志》日食、晦朔、月日及《後漢書》《晉書》《宋書》之《律曆志》，皆出入曆算，校勘精審，如《漢書·文帝紀》「後四年四月丙寅晦，日有蝕之」條，言《顓頊術》《殷術》皆為四月丁亥朔，無丙寅，而當依《五行志》作丙辰。書中又總結古書義例。如卷二「三部」條疑「凡三之屬皆從三」為後人增，且言：「書中凡無部可歸，亦無從此字偏旁，而獨立一部者，疑皆不當有『凡某之屬皆從某』七字。」書中偶有闡發古書義理之處。如論《中庸》之「時中」曰：「時中者，無時無事而不得其中。孟子譏子莫執中無權，權即所以用中，故言中，又言庸。至於小人者，本不知中，又烏知所以用中？然而變亂白黑，自以為中庸，竊君子之似以為禍於天下，此其所以為無忌憚也。王肅於『小人』下增一反字，義反淺矣。」又間闡詩文意義。如論《樂府詩集·焦仲卿妻》曰：「小吏之母，苛細人也，蓋其待婦過嚴；而蘭芝者，巧慧有餘，和婉不足；小吏則愛妻而不知勸誨。彼於為姑、為婦、為夫之道，皆有闕焉，故一言激烈，便爾遣歸，怨讟之餘，成此事變。婦不能事姑，子不能事母，而姑之不能慈婦，更無論矣。」

李慈銘稱其書實事求是，鉤貫邃密，而《說文》為尤精，於近儒段、桂、錢、嚴之說多有所補正，卓然不刊者也。〔註448〕李笠《史記訂補敘例》亦稱其書研精覃思，啟發窔奧。《舒藝室隨筆》卷四謂：「太史儋見秦獻公，其年周顯王十九年，下距漢文元百七十年。而宗至假凡七世，年數略相當。宗乃儋子，與李耳無涉。」錢穆《先秦諸子繫年考辨》稱顯王十九年已為秦孝公十二年，非獻公，張說誤，又稱至宗為儋子，語亦難信。《舒藝室隨

〔註448〕李慈銘：《越縵堂讀書記》，上海書店出版社，2000 年版，第 760 頁。

筆》卷一亦謂「短喪即威王之喪」，又言「孟子實兩至齊」，惟謂其時猶未見宣王，及梁惠王卒，襄王立，始再適齊云云。錢穆稱由不知以《紀年》校齊威宣年世，故言不多誤。

此本據復旦大學圖書館藏清同治十三年金陵冶城賓館刊本影印。

【附錄】

【州判銜候選訓導張先生行狀】先生姓張氏，諱文虎，字孟彪，又字嘯山，南匯之周浦人。幼穎異，出就外傅，誦讀倍常兒，見插架書，輒自翻閱，信筆評其是非。師禁止之，而心重焉，因以語先生父紹庭公。公家故貧，從先生所好，遂勉令讀書。道光癸未年十六，丁祖母暨紹庭公憂，力營喪葬，皆如禮。然困甚，慮無以奉母。明年為里中王氏童子師，稍獲脩脯，以供甘旨。先生雅不喜帖括，頗肆力於詩古文辭，又以家業維艱，不欲應童子試。業師悜齋姚先生煒琥力持之。丙戌補邑諸生。丁亥丁母憂，力益窘，客授南唐張氏。既而讀元和惠氏、歙江氏、海陽戴氏、嘉定錢氏諸家書，慨然歎為學自有原本，馳騖枝葉無益也。則取九經漢、唐、宋人注疏，若說經諸書，由形聲以通其字，由訓詁以會其義，由度數、名物以辨其制作，由言語、事蹟以窺古聖賢精義所存，旁及諸子史是非得失、源流異同，以參古今風會之變，益無志於科舉。壬辰大比，咸友強之行，試卷墨污，題詩號舍而出。自是不復應試。金山錢雪枝通守熙祚輯《守山閣叢書》，以屬顧尚之先生〔觀光〕。顧先生治醫術，不能專力，舉先生自代。先後館錢氏三十年，所校書，若《守山閣叢書》《指海珠叢別錄》，及鼎卿學博熙輔續輯《世海珠塵》壬癸集，夢華少尹培名輯《小萬卷樓叢書》，無慮數百種，一時考據家稱為善本。嘗三詣杭州文瀾閣縱觀四庫書，手自校錄。績溪胡竹村培翬、元和陳碩甫奐兩先生亦以窺中秘書同寓西湖。胡先生方為《儀禮正義》，陳先生纂《詩毛傳疏》，過從商榷甚歡。中間西遊天目，南登會稽，尤愛天目之勝，因自號曰天目山樵。先生客於外，有二弟又皆就賈，子如也。乙未，年二十八，始就婚於金山姚氏。越四年舉一子，曰錫卣。姚孺人有賢能稱，以是無內顧憂。癸卯，偕錢通守遊京師。通守卒於邸，先生為經紀其喪，載其柩南還。道過維揚，以通守所輯書質證於阮文達公。公由是深契，書函往復無間。時通守輯《指海》未竟，其嗣偉甫培傑、子馨培蓀兩司馬請先生畢其事，先生力任不辭。海陵李壬叔先生善蘭與先生談算契合。咸豐初，李先生從英吉利士人艾約瑟偉烈亞力，新譯《重學》及《幾何原本》後九卷，妻韓綠卿中書應陛任刊《幾何》，鼎卿學博刊《重

學》，皆先生為之參訂。而艾約瑟輩並深明算理格致之學者，聞先生名，數數造訪，質疑問難，咸大折服，歎為彼國專家勿能及。丙辰，移家張涇堰，蓋贅於姚二十有二年，至是始有家也。粵匪之亂，避難回里，又轉徙於奉賢上海間。同治癸亥，錫鹵病歿，抑鬱不自聊，乃就曾文正公聘。初，郡守湘潭袁公芳瑛淹雅好古，折節交先生，屢欲延致之。而先生以錢氏叢書之役，不能應。後袁公數稱先生於曾文正公，文正公心儀之。安慶克復，長江輪舶通行，遂具書介季壬叔先生來招，屬以內軍械所事。而今制軍威毅伯曾公，方刊其鄉先輩王船山先生書，庀局皖垣，即延先生及儀徵劉伯山先生毓崧分任校讎。甲子，大軍克江寧，文正公移節之任，先生與偕，以書局自隨。乙丑，《船山遺書》刊竣，仍留幕府。喟然歎囊所校錢氏諸書，俱毀於寇，而《幾何》《重學》二書尤切於當世之用，請於文正公重鋟以行。是年秋，今傳相蕭毅伯李公繼督兩江，議開書局，刻經史各書，烏程周縵雲侍御學濬總其事，仍延先生校理。因商定條例以呈李公，公亟稱善。所刻如《四書》《十一經》《史記》《前後漢書》《三國志》《文選》、王氏《讀書雜志》《漁洋山人古詩選》，皆先生手校。而於《史記集解索隱正義》一書考索尤深。己巳，晉撫開縣李公宗義以書招先生，書達制軍馬端敏公。公欲留先生書局，逕為書謝之，而後以告。先生於書無所不覽，過目輒記，尤長於比勘，遇疑義必反覆窮究，廣證旁引，以匯於通。往往發前人所未發，都確不可易，具詳所著各書。今其已刊者，曰《校刊史記集解索隱正義箚記》五卷，《舒藝室隨筆》六卷，《續筆》一卷，《餘筆》三卷，《雜著甲編》二卷，《乙編》二卷，《剩槁》一卷，《詩存》七卷，《索笑詞》二卷。其未刊而藏稿於家者，曰《鼠壤餘蔬》一卷，詩《續存》一卷，《尺牘偶存》一卷，《湖樓校書記》《雜記》《續記》《蓮龕尋夢記》《夢因錄》各一卷。其曰《懷舊雜錄》者，具稿而未經編定者也。又嘗以漢、魏以來古樂失傳，而古書之存於今者祇滋後人聚訟。近世若王氏坦，凌氏廷堪，戴氏煦，多所發明，然猶不能有所牽合，乃因端以考其器數，審其聲氣，以究古今之變異，作《古今樂律考》一書。顧尚之先生作《殷秝考》，所以申鄭氏一家之言。先生證之經傳，謂鄭氏誤執緯書及《大傳》之文，致《召誥》注破經從秝，而劉韻又損夏益周，移前五十七算以求密合經文，為作《周初歲朔考》以疏通之。二書經寇亂散佚，未及整比。復以世人論古文，輒曰唐、宋八家。不知唐之與宋原委既殊，門戶各別，豈可概論！乃選錄元道州以下十八家之文，為唐十八家錄若干卷，以破唐宋八家之說之固陋。蓋先生之學，博大宏

達，既以經學、小學、曆算、樂律立其本，泛濫以及其他，莫不洞悉源流，燭見幽隱，實事求是，由博以返約，勿肯苟於著述，亦勿囿於門戶。溯自惠、江、戴、錢諸家而後，可謂集大成也已。先生豐於學而嗇於境。少時迭遭大故，家屢空，殆人所難堪。自是客遊日多，垂白歸來，又恒抱伯道之戚，而先生不以是廢學。盤根錯節，屬志愈專，手一卷外，無他嗜好，老而彌篤。此雖先生天性好學，而百折不回，亦由養之者深也。先生體貌重厚，性端嚴沉默，寡言語，然接之極謙和。曾文正公謂為有儒者氣象。嘗詒以楄帖，有多聞寡欲之語，實錄也。江寧歸後，痛季弟文龍先卒，乃招其仲弟同居。白頭兄弟，一室怡然。於朋友傾誠相款，有困乏者，倒橐周助勿吝。苟有過，直言無隱。或疑其甚，則曰此吾所以酬知己也。後進以文字質者，必指其途徑，期之甚厚，其敦篤類如此。尤喜闡揚潛隱，見有纂述可傳，無論識與不識，必竭蹶以謀之。婦翁姚堅香先生前機，與其兄古然先生前樞以詩詞名，而江陰繆少薇先生徵甲者，詩友也，沒後，後人無力傳其稿，先生並為刊之。顧尚之先生為先生石交，著作等身，莫能任剞劂，先生為謀於上海令獨山莫公祥芝俾為刊布。顧先生算學，獨絕今古，而名未及遠。及書出，而顧先生之學遂大顯於天下。妻朱虞卿先生大韶邃於經術，亦有遺書藏於家。會瀏陽李勉林觀察興銳屬先生刊有用書，先生選錄其經義若干篇，校付梓人，於是承學之士乃知吾郡經師有朱先生。今學使黃公且以二先生書上之史館，將列傳儒林，亦藉先生表彰之力也。又顧先生嘗為錢氏校刊《素問》《靈樞》，復為作《校勘記》二卷，板亦遭毀。是書自《道藏》本及明以來所刊，率瞀亂莫可究詰，顧先生覃精研思，續正其舛訛者數百條，先生歎為精善。歸自江陰，取顧先生校本覆按之，又補正百餘條，思為刊傳，而卷帙繁重未能舉。當病作時，猶手是書不置。此則先生未竟之志也。曩從文正公軍營，於江寧克復，得保舉以訓導選用。光緒初，援例加州判銜。生於嘉慶戊辰五月二十九日，卒於光緒乙酉正月二十日，年七十有八。自姚孺人歿，納妾倪，無出，二弟皆不娶。錫卣遺腹有一女，贅同邑附貢生王保如，生外曾孫孝曾，歸為先生後。孝曾前殤，於是保如承先生意，復以慰曾來歸。二月二十七日，先生弟文豹，扶先生柩，歸葬於南匯長人鄉十七保二區十圖天字圩，甲山庚向，先生自營之生壙。保如謂先生一生劬學，宜有碑表誄傳垂信於後。以萃祥習知先生行跡，屬為狀，將以求作者。萃祥自甲戌春拜見於復園客次，先生不以為不可教，時誘掖之。迨遷居復元，朝夕走謁，奉教尤數，或旬日未至，輒手柬來呼，故於跡為最

親。烏乎！先生已矣。萃祥質性駑下，於先生學行，曾不能仰窺萬一，烏足以發先生之蘊！僅就平日所熟聞於先生者，竭其蕪淺，粗記梗概，冀備大人先生採擇焉。門人閔萃祥謹狀。（載鄭振鐸《晚清文選》卷中）

【文虎詩話】南匯張嘯山先生文虎，周浦人。博聞強識，精《說文》、天算、音律，旁該泛覽，著有《舒藝室正續編》及《舒藝室詩存》。嘗遊曾文正公幕，文正稱為「有儒者氣象」。亂定，自金陵告歸，寓居松江錢氏復園。有一子，早卒。遺一女，嫁其縣人王賡九，王不善治生，先生遺書為其斥賣淨盡。余家從曾叔祖銳卿公與先生交好，唱和頗多，藏有《舒藝室全集》，雕刻絕精，余嘗假觀。倭難時失之。先生有《示姚吉仙女史》一律云：「詩裏尋詩豈有詩，工詩要以古為師。花非蜂釀難成蜜，葉到蠶眠始作絲。食字不仙須待化，借書能讀豈云癡。即今奉母猶多暇，自理何愁向學遲。」女史不知何縣人，然觀詩意，必係名門女弟子。爾時閨秀，略能為五、七言已為難得，乃先生諄諄以讀書規之，與子弟無殊。隨園、湖樓請業者雖多，未聞為此言也。又有句云：「功名莫恨儒冠誤，祗恐功名更誤人」「壓擔新書誇暴富，百城歸去比封侯」，皆為時人傳誦，而集中無之。時南匯丁時水工詞章，頗負才名，先生斥為無本之學。（沈其光《瓶粟齋詩話》四編卷上）

【張文虎索笑詞】同時與陳京卿負通儒之望，而又工詞章者，則南匯張嘯山學博文虎也。學博少時讀元和惠氏、歙江氏、休寧戴氏、嘉定錢氏諸家書，慨然歎為學自有原本，馳鶩枝葉無益也。則取九經漢、唐、宋人注疏，若說經諸書，由形聲以通其字，由訓詁以會其義，由度數名物以辨其制作，由言語事蹟以窺古聖賢精義所存。所著《舒藝室諸筆》，與《十駕齋養新錄》正復如驂之靳。（冒廣生《小三吾亭詞話》卷二）

舒藝室續筆一卷　（清）張文虎撰

《續筆》所校之書，五經之外，兼及《論語》《爾雅》《說文》《隸辨》《史記》《漢書》《中論》《素問》《文選》等，皆文虎續有考校所得，編次而成，以補《隨筆》之未備。其中如考《文選阮嗣宗詠懷詩》『西遊咸陽中，趙李相經過』，謂趙李即趙季、李款，並見《漢書》何並、谷永傳，何並為潁川守，而谷永所言，是長安中事，於咸陽尤切；又考《史記·萬石張叔列傳》『仁為人陰重不泄，常衣敝（布）衣，溺袴期為不絜清』，謂陰重是一事，

常衣二句是一事，以證張晏注之誤，皆考證精確。他若校《說字》《隸辨》《中論》《素問》諸篇，頗多獨見。於江、戴、段、孔諸家之古韻分部，聚其異同，舉其委原，皆據以為考訂之資。蓋文虎之治學，以小學串經史，而歸宿於校勘，故其所得，轉視盧文弨、顧千里諸人為尤確。書中偶或闡釋詩文意義，如王肅以《邶風·擊鼓》之三、四章（三章曰：「死生契闊，與子成說。執子之手，與子偕老。」四章曰：「於嗟闊兮，不我活兮。于嗟洵兮，不我信兮。」）為從軍者與其家室訣別之詩，而張氏謂杜甫《新婚別》一篇深得其意，可謂以詩證經，經詩互闡。

是書實事求是，於錢大昕《十駕齋養新錄》、王念孫《讀書雜志》、段玉裁《說文解字注》間有駁正。書中間有精警之言，如謂君子之利用厚生，自有其大者遠者；謂家庭之際，聖人亦有所窮，故曰天地之大，人猶有憾；謂堯之禪舜，蓋不得已也，然猶歷試諸艱，乃知堯讓許由，必無其事。今考，張氏所校各書之引文，多有訛誤衍脫，近年遼寧教育出版社標點本之校勘記為之一一補正，可資參考。

此書有同治十三年刊本。此本據華東師大圖書館藏清光緒五年刻本影印。

【附錄】

【唐仁壽《舒藝室隨筆跋》】南匯張嘯山先生耆古博覽，不求聞達。仁壽耳其名，殆二十年，僻居家衖，未由奉手。同治丙寅春，之金陵，舍於書局，乃獲與先生同研席。時方校刊太史公書，每遇疑義，輒鈞稽同異，往復商榷，先生所為別纂劄記者也。先生之學，於名物、訓詁、六書、音均、樂律、中西算術靡不洞澈源流，所為詩古文辭空諸依傍，直抒所見，自無馳騁叫囂之習。所著如《春秋朔閏考》《古今樂律考》，稿經寇亂散失，未遑整比。此隨筆六卷，乃筆於群書簡端者。暇日自錄成袠，仁壽因寫藏其副。癸酉冬，先生以年老告歸，亟從臾其先授之梓，若詩古文辭則編刊尚有待云。甲戌秋九月，海寧唐仁壽跋於冶城書閣。

【續修四庫全書總目提要（稿本）11—719】文虎既編次其考證經史之作為《舒藝室隨筆》六卷，其考證續有所得，而為《隨筆》所未載者，輯為《續筆》，其中如考《魯頌·閟宮》「實始剪商」，為翦、踐古通，周自不窋失官，竄於戎狄，歷數世至大王，又為狄人所侵，去豳內徙於岐，蓋商士也，此謂重踐中國之地。張平子《西京賦》「昔者大帝說秦繆公而觀之，饗以鈞天廣樂，帝有醉焉，乃為金策，錫用此土，而翦諸鶉首」，翦亦讀為踐，踐猶履也，猶

管仲言賜我先君履也,《鄭箋》釋翦為斷,失之。《毛傳》訓勤亦未瞭。又考《文選·阮嗣宗〈詠懷詩〉》「西遊咸陽中,趙李相經過」,謂趙李即趙季、李款,並見《漢書·何並谷永傳》,何並為潁川守,而谷永所言,是長安中事,於咸陽尤切。又考《史記·萬石張叔列傳》「仁為人陰重不泄,常衣敝(布)衣,溺袴期為不絜清」,謂陰重是一事,常衣二句是一事,以證張晏注之誤。皆考證精確不易。他若校《說文解字》、校顧南原《隸辨》、校《史記·扁鵲倉公列傳正義》)、校徐偉長《中論》、校《素問》諸篇,頗多精到之見。而記張皋聞《說文諧聲譜》一文,於清代治古韻學者,如戴、江、王諸家之分部,詳覈其異同,而舉其委原,皆可據以為考訂之資,蓋文虎之治學,以文字、音韻、訓詁貫穿經史,而歸宿於校勘,故其所得視顧千里、盧見曾諸人為尤眾也。

舒藝室餘筆三卷 　（清）張文虎撰

卷一考證《詩經》,卷二考證《三禮》《左傳》《論語》《孟子》《爾雅》《說文》,卷三考證《漢書》《管子》《楚辭》《杜詩》《白石道人歌曲》,皆文虎續有考校所得,編次而成,以補《隨筆》之未備。

其論古書曰:「古書可盡信乎?」可見其不輕信古、敢於懷疑之治學態度。其論《詩經》,不宗一家,大旨在闡明詩教。如《揚之水》:「終鮮兄弟,惟予與女。」又曰:「終鮮兄弟,惟予二人。」文虎疑詩人代為忽、突悔過之詞,故曰:「詩之教,溫柔敦厚。」又尊《詩序》而貶《集傳》,如《有女同車》以下五詩,《詩序》皆云「刺忽」,朱子《集傳》斷以為淫奔,而極辨昭公之冤,文虎謂無論聖人刪詩,即彼編詩者何為廣取淫辭乎?於杜詩體會尤深,如評《哀王孫》:「參差錯落,看似語言無次,而一種悲涼感歎,滿眼淚痕,自在意言之外,此謂天地間至文。」評《丹青引》:「每下一筆,必有異樣光采,細思之,亦在人意中。不知何以他人寫不到,而先生獨能之?杜詩全部皆然,不獨此篇也。」評《又觀打魚》:「打魚常事耳,而寫來如史公書楚漢爭衡,范史書昆陽之戰,筆力肆橫極矣,卻又不費浮煙浪墨。日暮二句,正如顏魯公書力透紙背。又接干戈二句,真到二十四分。當觀其胸次如何,勿徒賞其筆力。」評《曲江三章》:「著筆無多而氣象縱逸,尺幅有千里之勢。」其校杜詩,於錢箋多所辯駁。評顧千里校勘之學曰:「校讎固昭其慎,而(顧千里)自謂袪數百年來承訛襲舛,以還唐、宋相傳之舊,則恐未

也。」謂《管子》一書多襲道家言，史公以老、莊、申、韓同傳，有以也。他若校《白石道人歌曲譜》，亦多獨到之見，皆可備參考者焉。

此本據華東師大圖書館藏清光緒七年刻本影印。

【附錄】

【續修四庫全書總目提要（稿本）12—107～108】《舒藝室餘筆》（金陵局本）。《舒藝室餘筆》三卷，清南匯張文虎撰……是編所載，卷一《詩經》，卷二《禮記》《左傳》《爾雅》，卷三《漢書》《管子》《杜工部詩》《白石道人歌曲》，皆《隨筆》《續筆》所未收，故另刊之。其中論《詩》「威儀棣棣，不可選也」，《毛傳》訓「選」為「數」，似詰鞫，文虎引《說文》「選，遣也」，「遣，縱也」，蓋謂人之威儀，不可以或縱，乃己則自盡其道，而為群小所嫉也。論《左傳》「繕完葺牆」，李塗以完為宇字之訛，段玉裁以宇字為添設，王引之《經義述聞》從之，究屬累辭，文虎謂完為垣字，音近而誤，垣雨元切，桓胡官切，皆從互聲，或亦讀桓，上文本云「盡毀其館之垣而納車馬焉」，又云「厚其牆垣」，下文云「修垣而行」，牆、垣並舉，古人自有復語耳，此則非添設矣，皆較舊說為長；其校杜詩，如《夜歸》「堂前把燭嗔兩炬」，注「嗔，一作喚」，「嗔」「喚」皆不可解，疑「煥」之訛；《遣遇》「自喜遂生理，花時甘縕袍」，「甘」下注「刊作貰」，「貰」疑「質」之訛；《詠懷古蹟五首》「古廟松杉巢鶴鸛」，上云野寺，此不當復云古廟，疑古樹之誤；《峽隘》「水有遠湖樹，人今何處船」，「今」字疑當作「來」，或云「吟」字爛文；《秋日夔府詠懷》「常時弟子傳」，「常」疑「當」字之訛；其所校正之字，皆甚精確。至其品題之處，見解亦高出清代批註杜詩諸家之上。他若校《管子》《白石道人歌曲譜》，亦多獨到之見，皆可備參考者焉。

無邪堂答問五卷　（清）朱一新撰

朱一新（1846～1894），字蓉生，號鼎甫，義烏人。同治八年（1869）就學於詁經精舍，光緒二年（1876）進士，改庶吉士，散館授編修。後官陝西道監察御史，以劾內侍李蓮英降御史候補主事，旋乞歸田。歷主肇慶端溪書院、廣州廣雅書院。為人剛直不阿，為學會通古今，博極群書，篤實正大，洞知兩漢及宋、明諸儒家法，務通經以致用。著有《漢書管見》《佩弦齋文存》，匯刻為《拙庵叢稿》，今人整理為《朱一新全集》。生平事蹟見《直臣

名師：朱一新傳》。〔註449〕

　　此書為其晚年主講廣雅書院時答諸生問之筆記。全書五卷，凡一百四十餘條，體例以所問諸生為序，或答諸生之問，或評諸生課卷。此書所涉頗廣，古今中外、歷史地理、政教道德、科學文化、工程時論等，均有言及，頗多獨到之處。大旨主於漢宋兼採。如評《明儒學案質疑》條稱：「宋學之有宗旨，猶漢學之有家法。拘於家法者非，然不知家法不可以治經；好立宗旨者非，然不知宗旨不可與言學術。」評《讀李翱〈復性書〉》條云：「漢、宋諸儒大旨固無不合，其節目不同處亦多，學者知其所以合，又當知其所以分。使事事求合，窒礙必多，斯穿鑿附會之說起矣。」又云：「宋學以闡發義理為主，不在引證之繁。義理者從考證中透進一層，而考證之粗跡，悉融其精義以入之。非精於考證，則義理恐或不確。」又評漢學家「訓詁明物，治經之途徑」之語曰：「其言良有功於經學，第終身徘徊門徑之間，而不一進窺宮牆之美富，揆諸古人小學、大學之教，夫豈其然？」朱氏稱漢學、宋學皆求道之資，故注重漢宋兼顧，與乾嘉諸老專重漢學異趣。然朱氏之兼採漢宋，實為宋學立場，輕漢重宋。又重經世致用。晚清之時，列強入侵，國家內憂外患不絕，故一新多求制夷安邦之策，書中所評諸生《蕃鎮論》《新疆形勢論》《吉林黑龍江邊防考》《周世宗宋太祖用兵次第論》《西遼疆域考》，及答諸生所問吉林白棱河、治河方法、《紀效新書》、伊犁邊界、新疆造鐵路利病諸條，或喻今於古，或直陳利弊，多有通達之見。書中所涉先秦諸子、宋明理學、明清學術、釋老學說、桐城古文、四六駢文，皆詳辨源流。誠如自序所謂「辨章學術，以端諸生之趨向，則不佞與有責焉」。如論清人之學術遜於明人：「康熙時儒術最盛，半皆前明遺老。乾嘉以後，精深或過之，博大則不逮也。」論乾嘉經史校讎之學曰：「目錄校讎之學所以可貴，非專以審訂文字異同為校讎也，而國朝諸儒則於此獨有偏勝。」又曰：「世徒以審訂文字為校讎，而校讎之塗隘；以甲乙簿為目錄，而目錄之學轉為無用。多識書名，辨別板本，一書估優為之，何待學者乎？若夫捨經史而言義理，古來無此讀書之法。」書中討論典籍真偽之處甚多，如曰：「姚氏《古今偽書考》多出臆斷。古來偽書惟子部最多，經部作偽不易。漢、魏、六朝經師，一字

〔註449〕錢穆《八十憶雙親‧師友雜憶》：「(《中國學術思想史論叢》)清代一編，則未能逐篇再自閱讀，徑以付印。尚欲增寫朱一新一篇，材料已齊備，亦以目疾中輟。」

之殊，斷斷考辨。若張霸、劉炫之偽造者，終不能售其奸。近人動輒疑經，唐以前無是也。《皇清經解》中頗有此弊。大率以己之意見治經，有不合者，則鍛鍊周內，以證古書之偽，而後可伸其私說。若推此不已，其禍殆烈於焚書。」論《文中子》非偽，又辨洪承疇《奏對筆記》為偽。論桐城派云：「詞勝不如意勝，意勝不如理勝。理其幹也，意其枝也，詞其葉也，三者具，而後可以成文。為偽體者，理不足而欲以奇勝，是為霸才，歷代皆有之。不如是，不足見天地之大也。」數語頗中肯綮，發前人所未發〔註 450〕。此書尚多針時之見，可取與康有為書並觀者，如論氣節謂：「氣節，遇事乃見，平日只有集義養氣之功，無所為氣節也。高談氣節者，不甚可信……在己只見義理之當言當為，初無氣節之見存，人之聞其風者，乃稱之曰氣節。氣節者，人所加之名，非己可以襲取也。襲取焉，即氣易餒，而節不固矣。氣之所以能不餒者，以其於義理確有所見，言之而犁然有當人心，行之而灼然不惑於利害……若激於一時，而非裕於平日，乃意氣也，非氣節也。翊翊然以此自矜，乃客氣也，尤非氣節也。意氣有時或可成事，客氣則無不償事。」陳寅恪亦稱：「至南海康先生治今文公羊之學，附會孔子改制以言變法。其與歷驗世務欲借鏡西國以變神州舊法者，本自不同。故先祖先君見義烏朱鼎甫先生一新《無邪堂答問》駁斥南海公羊春秋之說，深以為然。據是可知余家之主變法，其思想源流之所在矣。」〔註 451〕

胡玉縉《許廎經籍題跋》稱其書於一事一義，往往委曲詳盡，注中有注，亦復體例秩然。〔註 452〕全書義精識卓之處層出不窮，然亦間有瑕疵，如評戴震曰：「戴氏之《孟子字義疏證》《原善》《緒言》三書則謬甚。東原誤以人慾為天理，宗旨一差，全書皆謬。」蓉生以為東原未識欲中有惡。王元化稱朱氏評東原論欲全是宋學立場，然錢穆認為其識遠超於東原。〔註 453〕天理可以殺人，人慾不能殺人乎？孫寶瑄稱「蓉生先生於漢、宋兩學皆有心

〔註 450〕劉聲木：《萇楚齋隨筆》卷九「朱一新論桐城家文」條。
〔註 451〕陳寅恪：《寒柳堂集・讀吳其昌撰梁啟超傳書後》。
〔註 452〕胡玉縉：《續四庫提要三種》，上海書店出版社，2002 年版，第 657 頁。
〔註 453〕錢穆：《中國近三百年學術史》第八章《戴東原》，商務印書館，1997 年版，第 401 頁。今按：「存天理，滅人慾」，看似荒謬，其實有其合理的內核。現代社會反其道而行之，天理不存，人慾橫流，思想解放，底線失守，肆無忌憚，無惡不作，弄得人類如臨深淵，世界沒有淨土。從戴東原到胡適之，一脈相承，一路狂飆，摧枯拉朽，只有破壞，未見建設，大德功臣乎？罪魁禍首乎？

得，頗能窺見本原，惜其於西國事隔閡而已」〔註454〕，皆為知人之論。王元化晚年細讀此書，撮其要旨，稱朱氏對乾嘉以後之學風嬗變影響甚鉅，又稱書中亦不乏衛道之言云云〔註455〕，可謂持平之論。

此本據湖北省圖書館藏清光緒二十一年廣雅書局刊本影印。

【附錄】

【續修四庫全書總目提要（稿本）35—11】《無邪堂答問》五卷（清光緒刊本），清朱一新撰。一新字鼎甫，號蓉生，浙江義烏人。同治庚午舉人，官內閣中書，光緒二年丙子進士，改翰林院庶吉士，散館授編修。十一年，充湖北鄉試副考官，轉陝西監察御史……一新生而穎異，長嗜濂、洛、關、閩之學，務通經致用。告歸後，張之洞延主廣雅書院，因設院規，分經、史、理、文四科。其論學大要謂：「近世漢與宋分，文與學分，道與藝分。古人設教，但有本末、先後之異，初無文行、學術之別。」又因道、咸以降士夫多習《公羊》，謂西漢大師自有所受，若非心知其義，鮮不蔑古荒經。講學時反覆論難，以正世失……是編則輯主講廣雅時答問之辭而成者，編中如答勞植楠問《文中子》真偽，謂書非偽而不免於誇飾，引《王質傳》與墓誌及王子安集中語為證，且謂：「子雲《法言》後，規橅沿襲成風，《中說》句摹字擬，儼欲以聖自居，人所駭怪，遂並書而偽之耳。」是能見其大者也。於《國朝學案書後》評漢宋之爭，謂：「著述有囿於一時風尚者，風尚既移，即供人指謫，漢學家略涉宋學藩籬而能以之相攻者，惟戴東原。漢學訓詁名物為治經途徑，良有功於為學，然終身徘徊門徑之間，不一進窺宮牆之美，揆諸古人大學、小學之教，夫豈其然？」言尤允洽。論新疆形勢，駁迂腐之見，一曰今之戎馬非溝洫能限，再曰屯田為足食，若伏地雷，何必屯田，平地不可埋乎？皆痛快透澈。他如論史地邊防、藝文部族、國際形勢、路礦利弊，以及庫頁島在亞東國際地位，類能洞中款竅。間有過激，或失當處，亦世尚使然，究非膚淺模棱者能擬也。無邪者，廣雅之堂名，張之洞取「思無邪」義命名，以勵士者也。

【許廎經籍題跋·無邪堂答問書後】《無邪堂答問》五卷，義烏朱一新撰。一新有《漢書管見》等。是編錄其主講廣雅書院時與諸生答問及評論之語，

〔註454〕孫寶瑄：《忘山廬日記》，上海古籍出版社，1985年版，第141頁。今按：如論民主曰：「夫民主者，徒便於亂民之藉口，而非真能以安其國者也。」如此隔膜之論，未免武斷。

〔註455〕王元化：《九十年代日記》，上海古籍出版社，2008年版，第299頁。

其《佩弦齋文存；答龔菊田書》：言是書宗恉甚詳，大致謂「學必期其有用，功必歸諸實踐。由訓詁進求義理，而如漢學家溺於訓詁以害義理者不取；由義理探源性道，而如講學家空衍性天以泊義理者不從。言治術務求可行，而不敢為高遠之論；言時務必明大勢，而深鄙夫揣摩之徒。以此為教，庶鮮流弊」。今按其書，如云「天下無有兩是之理，正當別黑白而定一尊」。又云「凡立言取快一時，其後必多流弊」。又云「凡物皆自無而之有，自有而仍歸於無。物之形可以有無言，物之理不可以有無言」。又云「文字之傳，以目治者難而可久，以耳治者易而輒變」。持論極為名通。其他考訂疑義，亦頗翔實。惟以《王制》為漢文時博士作，以《月令》為後人輯，皆沿舊訛（詳見《家語證偽》下）。以攻《偽古文》者為畔道，以主一無適為展轉相解，以契丹立晉為甚其詞，皆好翻舊案。以鄭樵學識為在諸儒上，與章學誠《文史通義》同一偏見。文王治岐，其時未變為周，安得謂非殷制？一卒偏兩，皆謂車乘，以偏有大小，兩之一卒者，明其卒為正兩之一卒，非大小偏之兩之一卒，捨偏兩之一者，為正兩之一偏，非大小偏之偏，安得謂偏兩為車數、一卒為人數。《禹貢》「三江」，鄭注、《初學記》與孔疏所引，義自相成，安得謂《初學記》誤引？《樂記》鄭注「理猶性也」，此語極精，《中庸》朱注「性即理也」，與《召誥》言節性難通，安得並引為證，漫無區別？驪分東渡海二千里，仍指羅馬東部言；安得泥「東渡」二字？謂《唐書》舉全境，非僅指東部？以拂菻為大秦不誤，南懷仁康熙中官欽天監正，安得謂景教碑崇禎間始出土，南懷仁無從而知？至謂日本終將為俄附庸；又謂日本鐵路債款終將償以國，此皆甲午以前之見解。又謂鐵路與輪船相消長，鐵路行而輪船必衰耗，則未知車舟線本相避而相濟。又謂民主者便於亂民藉口，而非真能安其國。此在當時立言不得不如此，而大勢趨於民主，雖天地鬼神不能遏，將來弊之所極，美、法或將為君主，而此日卻未可質言。然全書於一事一義，往往委曲詳盡，注中有注，亦復體例秩然。「溫故知新，可以為師」，一新庶乎其副此語矣。（《續四庫提要三種》第656～657頁）

　　【陝西道監察御史朱君傳】既歸……粵督張香濤尚書馳書延為肇慶府端溪書院山長，復延入廣州，為廣雅書院山長……兩廣東西高材生咸請業焉。其論經學，深抑近時講西漢公羊之流弊，謂其蔑古荒經；其論學術，謂學術與治術之分久矣，學與行亦未嘗不分，迨及近世，則漢與宋分，文與學分，道與藝分，豈知聖門設教，但有本末、先後之殊，初無文行與學術、治

術之別……院中生徒有聰穎尚新奇者，必導而返諸正大篤實。久之，皆信向。（金武祥撰文，載《續碑傳集》卷十九）

【朱一新傳】朱一新，字鼎甫，號蓉生，浙江義烏人。生而穎異，肄業詁經精舍。同治九年中舉人，考官順德李文田稱其策對精覈。光緒二年成進士，改翰林院庶吉士。三年，散館授編修。九年八月，以法人陵迫越南，上法夷薦食藩封，速定大計一疏。十年四月八月，上和議、難恃敬陳管見二疏。十一年，為湖北副考官，取中多知名士。是冬，補監察御史。十二年六月，疏陳海軍事宜。八月，上遇災修省疏，劾及太監李蓮英，孝欽顯皇后懿旨詰責，以主事降補，旋以母病請急歸。粵督張文襄公之洞延聘主講端溪書院。十五年，移掌廣雅書院，與諸生講求經史、性理、詞章之學，娓娓不倦，嘗謂：「進德之要在乎居敬，修業之要在乎窮理，窮理必兼學問思辨。近儒或囿於淺近，或傷於支離，皆學而不思耳。學問者，格致之事。思辨者，由致知以幾於誠正之事。由是而之焉，則篤行而身修矣。所謂返躬以踐其實也。」又謂：「學術與治術之分久矣，學與行亦未嘗不分。逮至近世，則漢與宋分，文與學分，藝與道分，若終古不能合併者。然考董、鄭、程、朱之所以為學，進而求諸聖門之所以教人，則但有本末、先後之殊，而無文行與學術、治術之別。學者當於漢、宋諸儒獨到之處融會而貫通之，不宜溝分界限。」學者咸悅服。道咸以來，士夫好講西漢公羊之學，浸淫漫衍，其流弊至於蔑古荒經。一新尤憂之，不惜瘏口嘵音，反覆論難，嘗言粵中多嗜學能文之士，但高才者務為新奇，未免惑亂學人心志，院內諸生不染此習，知從實地下手，將來成就正未可量。其辨章學術，誘掖人才如此。在廣雅五年，以微疾卒。瀕危時，作讝語，一謂精力漸衰，無以屬諸生之望，一謂高麗為神京屏蔽，必不可棄。詞雖錯續，終不出此。其歿也，諸生哀痛，如失所依。平生持躬接物，於誠字篤守力行。謂上自君國，下及家庭，苟有齟齬，皆由積誠未至，恒以此深自刻責。其學務通經以致用，故為詞臣，則志在論思，凡有關於國計民生，不憚展轉入告。為言官，則惟論理之是非，不計身之利害，凡防微杜漸，不敢緘默以自安。所籌甚遠，所見甚宏，一蹶不振，海內多惜之。著有《無邪堂答問》五卷、奏疏一卷、詩古文詞雜著八卷、《京師坊巷志》四卷、《漢書管見》四卷、《德慶州志》十五卷、《東三省內外蒙古地圖考證》□卷。（出自《宣統番禺縣續志》）

【奉政大夫陝西道監察御史朱君行狀】存目。（廖廷相撰文，見《拙庵叢稿》卷末附錄）

【陝西道監察御史朱公一新傳】存目。（尹恭保撰文，見《拙庵叢稿》卷末附錄）

【義烏朱一新傳】存目。（宋慈抱撰文，見錢仲聯主編《廣清碑傳集》卷十六，蘇州大學出版社 1999 年，第 1068 頁）

【清史稿本傳】朱一新，字蓉生，浙江義烏人。鄉舉對策語觸時忌，主司李文田特拔之。入貲為內閣中書。光緒二年，成進士，選庶吉士，授編修。法越事起，數上書主戰，又嘗畫海防策，語至切要。典湖北鄉試，稱得士。十一年，轉御史，連上封事，言論侃侃，不避貴戚。內侍李蓮英漸著聲勢。逾歲，醇親王奕譞閱海軍，蓮英從，一新憂之。而適值山東患河，燕、晉、蜀、閩患水，遂以遇災修省為言，略曰：「我朝家法，嚴馭宦寺。世祖宮中立鐵牌，更億萬年，昭為法守。聖母垂簾，安得海假採辦出京，立置重典。皇上登極，張得喜等情罪尤重，謫配為奴。是以綱紀肅然，罔敢恣肆。乃今夏巡閱海軍之役，太監李蓮英隨至天津，道路譁傳，士庶駭愕，意深宮或別有不得已苦衷，匪外廷所能喻。然宗藩至戚，閱軍大典，而令刑餘之輩廁乎其間，其將何以詰戎兵崇體制？況倣法於涼，其弊猶貪。唐之監軍，豈其本意，積漸者然也。聖朝法制修明，萬無慮此。而涓涓弗塞，流弊難言，杜漸防微，亦宜垂意。從古閹宦，巧於逢迎而昧於大義，引援黨類，播弄語言，使宮闈之內，疑貳漸生，而彼得售其小忠小信之為，以陰竊夫作福作威之柄。我皇太后、皇上明目達聰，豈有跬步之地而或敢售其欺？顧事每忽於細微，情易溺於近習，侍御僕從，罔非正人，辨之宜早辨也。」疏上，太后怒，詰責疏言「苦衷」何指？一新曰：「臣所謂『不得已苦衷』者，意以親藩遠涉，內侍隨行，藉以示體恤、昭慎重也。顧在朝廷為曲體，在臣庶則為創見。風聞北洋大臣以座船迎醇親王，王弗受，而太監隨乘之，至駭人觀聽。一不謹慎，流弊遂已至斯，臣所為不能已於言也。」詔切責，降主事。乞終養歸。張之洞督粵，建廣雅書院，延為主講。一新博極群書，洞知兩漢及宋、明諸儒家法，務通經以致用。諸生有聰穎尚新奇者，必導而返諸篤實正大，語具所著《無邪堂答問》中。卒，年四十有九。

【論名節清議】士人立身，首重名節；名節者，清議之所從出也……然清議、名節之立，尤在乎厚風俗……梨洲但知清議出於學校，不知橫議之亦出於學校也。但知陳東、歐陽澈之為太學生，不知為賈似道頌功德者亦太學生也。學校之習一壞，則變亂是非之說多出乎其中。

【欲中有惡】此言《論語》亦明明分兩種境界，不得謂此一境界全從彼一境界出也。孟子言性善，亦惟謂此一境界，其原亦本之人心之心性，並非由外爍我，並不謂人心中惟有此一境界。此層《東塾讀書記》亦言之，謂：「孟子所謂性善者，謂人人之性皆有善也，非謂人人之性皆純於善也。」孟子書中亦明明分說兩種境界，而東原必歸之於一，又不歸之於仁義，而必歸之於食色，是東原之言近於荀子之性惡，斷然矣。朱蓉生《無邪堂答問》卷三辨戴說極明盡，大章謂：「古書言『欲』，有善有惡，程、朱語錄亦然。其教人遏欲存理，特恐欲之易縱，專舉惡者言之，烏可以靜害意！天賦人有食色之欲，未嘗有貪淫之欲。其有之者，人自縱之。謂食色之性，人不可無，此何待言？《疏證》有云『欲之失為私，私則貪邪隨之』，是東原未嘗不知欲中有惡也。孟子謂心之所同然者為理義，未嘗謂心之所發皆合於理義也。心統性情，其情可以為善，亦可以為不善。東原以孟子言『情』非性情，而云『情，猶素也，實也』，曲說至此，可謂自生荊棘。」其論皆是。余觀船山議論，頗多與東原相同。然船山極尊宋儒，又曰：「庶民者，流俗也。流俗者，禽獸也。人之所以異於禽獸者，君子存之，小人去之，壁立萬仞，止爭一線。」亦分兩境界言，其識超於東原矣。（錢穆《中國近三百年學術史》第八章《戴東原·東原思想之淵源》）

【書院掌教專撰一書】我朝崇尚儒術，書院遍天下，名儒輩出。退休林下及或未仕者，大半為書院掌教，以造育英才。若盧文弨、何紹基、張維屏、陳澧、朱仕琇、王元啟、姚鼐、俞樾、張裕釗、吳汝綸諸公，皆夙負盛名，久擁皋皮。一院之中，生徒無慮千百人，從遊者執經問難，師為之剖析疑義。自《十三經》以逮子、史等書，爬羅剔抉，旁推互證，豁然貫通，宜有專書，以資啟迪而垂久遠。以予所見，只有嘉興沈向齋□□可培掌教濼源書院，輯《濼源問答》十二卷，嘉慶乙亥，雪浪齋刊本。李申耆明府兆洛掌教暨陽書院，門人蔣彤輯《暨陽答問》四卷，道光廿二年，洗心玩易之室排印本。李大理聯琇掌教鍾山書院，門人劉壽曾輯《臨川答問》一卷，《好雲樓全集》附刊本。朱□□（蓉生——引者注，下同）侍御一新掌教□□（廣雅）書院，輯《無邪堂答問》五卷，光緒□□□□（二十一年）自刊本，又廣雅書局本。姚仲實孝廉永樸掌教起鳳書院，輯《起鳳書院答問》五卷，光緒壬寅，山東自刊本。有此五書，尚可窺見當時師徒誼篤，研究學術，實事求是，不尚浮華，非同浮設一席，形同冷官者可比。此外仍有以「答問」名書者，如全謝山太史祖望有《經

史答問》十卷，梅□□（哀淵）沖有《然後知齋答問》廿卷（載《四庫未收書輯刊》第 4 輯第 9 冊——引者注），錢曉微學士大昕有《潛研堂答問》十二卷，胡□□（鵬南）嗣運有《枕葄齋易經問答》□卷、《書經問答》十六卷、《詩經問答》十四卷、《禮記問答》□卷、《春秋問答》十六卷，李鉅川□（紘）有《南園答問》□卷，黃□□（馭卜）名甌有《數馬堂答問》廿卷，朱允倩廣文駿聲有《經史答問》四卷，雖為課生徒之用，非專為掌教書院而設。又若盧抱經學士文弨有《鍾山箚記》四卷、《龍城箚記》四卷，乃以掌教之地名其書，陸祁孫明府繼輅有《合肥學舍箚記》八卷，以作官之地名其書。名例雖同，義例則異，是以匯記之於此。（劉聲木《萇楚齋隨筆》卷九）

濼源問答十二卷　（清）沈可培撰

沈可培（1737～1799），字養原，號蒙泉，晚號向齋，嘉興人。乾隆三十七年（1772）進士，歷任江西上高、直隸安肅知縣，以事降調，遂不復出。歷主潞河、濼源、雲門諸書院。著有《夏小正注》《星度釋略》《依竹山房詩集》等書。生平事蹟見《兩浙輶軒錄》卷三五、《歷代畫史匯傳》卷五〇。

書前有嘉慶八年（1803）錢樾序，稱其崇實學，戒譾聞，取古人嘉言懿行以為英才敦勉，講明經學，立說皆以漢儒為宗云云。〔註456〕又有嘉慶十九年（1814）楊復吉序，稱其擇焉精，語焉詳，不在宋王氏《學林》、孫氏《示兒編》、本朝顧氏《日知錄》之下。又有嘉慶十三年（1808）朱邦經序，稱其博洽似深寧，其詳覈似謝山。又有嘉慶十九年（1814）李廷芳序、二十四年（1819）杜堮跋，又附有沈清瑞《沈長山講學記》。

此書為問答之體，卷一至卷七論群經，卷八至卷十論子、史，卷十一論古詩，卷十二論碑銘。如答「《古文尚書》為偽果為千古定論」曰：「未能定也。凡古文有、今文無之篇，漢、唐諸儒未有疑為偽者，其說始於吳才老，而吳草廬因之，大旨總不出古文易讀，今文難讀，何以伏生偏記其難，而不能記其易，遂以詰曲聱牙者為真，以文從字順者為偽。不知文章不論艱深平易，只論義理。如《大禹謨》十六字心傳在焉，且無非精義微言；《五子之歌》實為變風、變雅之權輿；《胤征》所謂『殲厥渠魁，脅從罔治』，為後世

〔註456〕《續修四庫全書》第 1164 冊，上海古籍出版社，2002 年版，第 591～592 頁。

行師討罪之要道，《仲虺之誥》葛伯仇餉，孟子所引以義制事，以禮制心，與《湯誥》降衷於下民，若有恆性克綏，厥猷惟後，皆傳心之至言。至《伊訓》《太甲》《咸有一德》為大臣格心之標準，《說命》三篇乃自古言學之肇端，《泰誓》原有偽書，古文出而始廢。以《論語》《孟子》之所有，伏生之所無，將信伏生而不信《論》《孟》乎？若謂古文皆係採輯補綴，無一字無所本，因此遂指為偽，試思《左傳》《國語》《國策》《呂覽》《史記》所引之書，及散見於他書為《古文尚書》所無者，作偽之人又何不一一採輯補綴耶？……伏生之書，以高年之人追憶少時誦習，加以方言輾轉相授，此今文難讀之故也。經書遭祖龍炬後，豈盡完善？生今之世，確守古籍，而闕其疑，乃儒生之分也，若好新奇之說，一唱百和，拾人牙穢，冀翻前案，得罪先聖，可勝言耶？」又論《金縢》篇曰：「今所傳《金縢》一篇，詞意淺率，誠有可疑，至其事則確鑿之至，何也？王莽事事學周公，而為平帝請命，金縢之事，傳中再見，非周公實有金縢之事之明徵乎？或原文為秦火所滅，而今所傳者乃後人擬作與？」又論《論語》溫故知新章疏曰：「此章與《中庸》不同，《中庸》以溫故為尊德性，知新為道問學，乃兩事分講，此節新即從故中悟出，方能貫通萬變，可以為師，疏義分出已學、未學，未善。」又論《孟子外書》曰：「孟子逸語不盡出於《外書》也，《外書》四篇，邠卿謂其文不能閎深，不與內篇相似，故其書不甚傳，至宋熙時子始為之注。熙時子者，相傳即公非先生劉貢父也。余從座師劉文定公處錄副，讀其文，不與內篇相似，信然。然其他逸語散見於子、史諸書者，大義微言，似反突過《外書》，泰山岩岩之氣象，往往遇之。」

此書據華東師大圖書館藏清嘉慶二十年雪浪齋刊本影印。

【附錄】

【賈聲槐《濼源問答後序》】學者學夫道也。道根於性命，而散見於事物日用之間，博洽不相離。三墳以及丘索遠莫稽矣，唐虞傳受道法，精一執中，而《山海經》《夏小正》諸書典據詳覈，周公道接前聖，於《易》《詩》《書》所載外，有《周禮》《儀禮》《爾雅》，博大周備。孔子教及門博文約禮，《論語》中正平易，而於六經發揮精深。他如《家語》一編，間及名物、象數，神明貫通，豈道有二哉？後世源遠流分，講漢學者或不滿程、朱，以自誇博覽；尊宋儒者精研理蘊，又或以考據為末學，置弗道其實。有兩漢之注疏，而後

學始得因文考義；有濂、洛、關、閩之醇正精粹，方不涉於支離穿鑿。二者相為用而不相背，何必門戶異同之見耶？吾師向齋先生，德性堅定，涵養沖和，立身行己，服官接物，一本於誠，而順理出之，體用具備。罷官後主講濼源書院，教人循循規矩，務敦行誼，於課制義、試帖外，講究經史子籍，淵博貫穿，浩乎莫窺其涯涘也。而闡發精理，折衷一是，則以紫陽為標準，不立異說，蓋合漢學、宋儒為一家，以自抒心得，卓然可傳於後世。聲槐於戊申、己酉肄業書院，得親炙焉。每進謁，祇領吾師誨誘不倦，而寓溫厚於方嚴。茂叔之春風和氣，延平之冰壺澄瑩，如對古賢也。及吾師南歸，倏忽二十餘年，已悲梁木，而同學亦各分散，感慨繫之矣。丙戌冬來浙，吾師令嗣竹岑世長以《濼源問答》寄讀，囑聲槐一言，展卷如親函丈，謹附序簡末。此書已公海內，知非阿所好也。道光丁亥，賈聲槐撰。（見《竹林八圩志》卷九）

【錢樾《濼源問答序》】自宋儒發明經義，於是先聖王傳心之學遂昭著於天下。顧訓詁之詳不能不折衷於漢。蓋漢人解經，去聖未遠，遞相授受，猶有師承，故其考核精深，有非後儒所及者。世人讀書多不求甚解，而好妄議古初，凡漢、唐注疏皆束之高閣，置而不觀，徒自逞其穿鑿附會之說，非荒經則誣經矣。余同年友沈向齋先生穎悟過人，自其幼時即能以陰陽不雜論《乾》《坤》二卦，長益篤學不倦，於諸經旨趣雪亮冰融，至於考義訓辭，則必探源鄭、賈。方其主山左濼源講席時，生徒日盛。先生崇實學，戒謏聞，取古人嘉言懿行，以為英才敦勉，講明經學，立說皆以漢儒為宗。著《濼源問答》十二卷，上自「十三經」，兼綜條貫，推闡無遺，其緒餘更及於子、史、諸集，設疑辯難，融會貫通，所以訓示後學之意深且切矣。《易》曰：「言有物。」又曰：「言有序。」有物，故不為空虛無據之談；有序，故不為顛倒是非之論。先生之書，兼是二美。學者幸際我朝經學昌明之會，讀書稽古，追崇儒先，方將覺前人訓詁之微旨，進求往聖立教之精心。若先生之立言不苟，學有本原，夫豈非窮經者之一助也乎？嘉慶癸亥三月，嘉善錢樾序。

【楊復吉《濼源問答序》】《濼源問答》十二卷，嘉善向齋沈公所著也。公主講山東會城之濼源書院，從遊者執經問難，輒為剖析疑義，自「十三經」以逮史、子、詩文，無不爬羅剔抉，細入毫芒，旁推交通，刃迎縷解，其擇焉精，語焉詳，不在宋王氏《學林》、孫氏《示兒編》、本朝顧氏《日知錄》之下，要非近時厄言胠說所能及也。書藏名山，未登梨棗。茲公門下士李湘浦先生來宰吾邑，出公手稿示余命序。窮三晝夜力讀之，釋紛訂誤，犁然有當

於心，因少為讎校而撮其大略如右。公為余會試同年友，壬辰歲萍聚燕臺，公以榜下授職令江右之上高，余亦以九月出都，南北暌違，音問阻絕，轉瞬四十餘年。回溯舊遊，恍如夢寐。公捐館既久，而余則浮沉里巷，漠落無成，今且暮景侵尋，行與草木同腐矣，可慨也夫！嘉慶十九年冬十一月，震澤楊復吉序。

【朱邦經《濼源問答序》】取經史詩文，攢羅而戢香之，折衷於一是，宋之王深寧、本朝之全謝山，世皆傳習其說，以為不刊之書。然深寧《困學紀聞》一編，就生平所誦習而箚記之。惟《通鑒》則有《問答》五卷。謝山之《問目》十卷，則經史兼矣，而詩文缺焉。吾鄉沈向齋先生，以名進士出宰百里，未幾即解組，教授四方，而主講於山左濼源書院為尤久。嘗取經史詩文，旁稽曲證，著為《問答》若干卷，以啟迪後進。乃排纂甫畢，而旋謝世。欲求其書一寓目焉，不可得。今年春，哲嗣竹岑廣文衷錄遺稿，成兩鉅冊，持示徵序。受而讀之，則見為抉經之心，正史之訛，辨晰詩文之流別，其博洽似深寧，其詳覈似謝山，美矣備矣。經囊於庚子之冬待詔公車，先生亦以謁選而至京師，同寓寄園中，朝夕過從。猶記先生議歐陽氏刪駁《九經正義》箚子之失，又論《新五代史》之多所漏略，他如唐詩不必畫分初、盛、中、晚，古文則起衰於唐，而極盛於宋，娓娓數百言不倦，心竊韙之，而未暇執筆以識。蓋是時方奉兔園冊子為秘籍，不自知其汩沒於俗學之為可笑也。迄於今三十年矣，追憶先生之言論丰采，忽忽如夢寐，既已獲睹是編，又幸竹岑之能承先志也。故遂忘其檮昧而為之序。嘉慶戊辰閏五月，同里後學朱邦經纂。

【李廷芳《濼源問答序》】歲丙午，向齋先生來濟南，主講書院。廷芳即是年執贄先生之門，竊見先生枕葄經史，几案間丹黃燦然，非與客談藝，未嘗須臾忘校勘也。先生好獎勵後進，片長薄技，善誘不怠。廷芳受先生知最深，先生屬望廷芳之意殊厚。顧才識淺鄙，不獲稍有成就，僅博升斗祿，浮沉宦海，垂二十年，而先生之沒已十五載矣。先生著述甚富，其《濼源問答》尤為精邃，自「十三經」、「二十四史」旁及諸子百家，靡不綜貫源流，討究得失，足為後學津逮。竹岑世兄恐先澤久湮，將付剞劂，以廷芳知先生者，屬誌數語簡末。廷芳不文，烏足窺先生萬一，然讀是書，猶想見先生當日擁皋比，掀髯高論，汩汩如萬斛源泉，而廷芳與二三子執經問難，且得於心目間彷彿遇之，敬綴片言，彌深木壞山頹之感云。嘉慶甲戌初夏，受業門人歷城李廷芳謹識。

【杜堮《濼源問答跋》】堮幼肄業家塾，乾隆己酉貢於鄉，始遊歷下，入濼源院，受學向齋先生於是生二十五年矣。朝夕侍，與聞緒論，既幸有所儀型，稍知學海之津涯。其明年，獻賦行在，賜登賢書，乃辭先生而歸，旋丁內外艱，匿跡里中。嘉慶辛酉，登進士第，備職詞垣，黽勉公趨，十有五年。乙亥，奉命視學畿輔，乃得先生令嗣竹岑大兄遠道寄書，始知先生歸里後隨捐賓客，遺書多未就緒，今剞劂既竣者，《濼源問答》一種，委屬為序。是書之刻，堮未獲執校讎之役。顧先生之草創成帙，堮實在左右，時亦從容辯問，披斯編也，絳帷螢雪，拈畫口講，如在目前。嗚呼！可勝言耶？然以此知先生心力之不沒，而竹岑之克成先業為尤可慕也。堮未敢弁言，謹識得待先生之始末，而附名於後焉。嘉慶己卯正月廿有五日，受業杜堮拜手敬書於大名試院。

【續修四庫全書總目提要（稿本）11—701】是書凡二百七十三條，自「十三經」、「二十四史」，旁及諸子百家，皆答諸生所問之作也。可培之學，本之於紫陽，而不廢漢儒考證。其考證諸書，不尚詳搜證據，而以義理為斷，其學不失為淵博，顧未能精湛也。如論《偽古文尚書》云：「凡古文有今文無之篇，唐、漢諸儒未有疑為偽者，其說始於吳才老，而吳草廬因之，大旨總不出『古文易讀，今文難讀，何以伏生偏記其難，而不能記其易』，遂以曲詰聱牙者為真，以文從字順者為偽，不知文章不論艱深平易，祇論義理，如《大禹謨》十六字心傳在焉，且無非精義微言。《五子之歌》實為變風、變雅之權輿，《胤征》所謂『殲厥渠魁，脅從罔治』為後世行師討罪之要道，《仲虺之誥》『葛伯仇餉』，《孟子》所引『以義制事，以禮制心』，與《湯誥》『降衷於下民，若有恆性，克綏厥猷惟後』，皆傳心之至言。經書遭祖龍炬後豈盡完善？生今之世，確守古籍，而闕其疑，乃儒生之分也。若好新奇之說，一唱百和，拾人牙慧，冀翻前案，得罪先聖，可勝言耶？」夫古文之偽，有宋吳、朱疑之於前，清代閻、惠、程、王辨之於後，證據確鑿，烏得謂為翻案文字？且謂古文有關於心傳，清代黃宗義治義理之學者，亦謂十六字為偽書，是古文之偽無損於宋儒義理之學也，而謂翻案為得罪於先聖，然則掇拾後人偽書，奉為至言，寧不污蔑先聖耶？蓋可培之學，務博覽而才識不足以祐之，故立論多有未徹之處也。

【藝文目】《濼源問答》十二卷，《縣志》：「此書可培主濼源書院時取經史詩文，旁稽曲證，以訓肄業諸生者。其前八卷辨別經義，尤見學力深厚。」

錢樾序：「自宋儒發明經義，於是先聖王傳心之學遂昭著於天下。顧訓詁之詳不能不折衷於漢。蓋漢人解經，去聖不遠，遞相授受，猶有師承，故其考核精深，有非後儒所及者。世人讀書多不求甚解，而好妄議古初，凡漢、唐注疏皆束之高閣，徒自逞其穿鑿附會之說，非荒經則誣經矣。余同年友沈向齊先生穎悟過人，自其幼時即能以陰陽不雜論《乾》《坤》二卦，長益篤學不倦，於諸經旨趣雪亮冰融。至於考義訓辭，則必探源鄭、賈。方其主山左濼源講席時，生徒日盛。先生崇實學，戒謏聞，取古人嘉言懿行，以為英才敦勉，講明經學，立說皆以漢儒為宗。著《濼源問答》十二卷。上自十三經，兼綜條貫，推闡無遺，其緒餘更及子、史、諸集，設疑辨難，融會貫通，所以訓示後學之意深且切矣。《易》曰：『言有物。』又曰：『言有序。』有物，故不為空虛無據之談；有序，故不為顛倒是非之論。先生之書，兼是二美。」杜墀序：「墀乾隆乙酉貢於鄉，始遊歷下，入濼源院，受學向齋先生，朝夕侍坐，與聞緒論。墀幸有所儀型，稍知學海之津涯。其明年，獻賦行在，賜登賢書，乃辭先生而歸。乙亥，奉命視學畿輔，乃得先生令嗣竹岑大兄遠道寄書，始知先生歸里後隨捐賓客，遺書多未就緒。今剞劂既竣者，《濼源問答》一種，委屬為序。是書之刻，墀未獲執校讎之役，顧先生之草創成帙，墀實在左右，時亦從容辨問。披斯編也，絳帷螢雪，指畫口講，如在目前。嗚呼！可勝言耶？然以此知先生心力之不沒，而竹岑之克成先業為尤可慕也。」（《竹林八圩志》卷七）

純常子枝語四十卷 （清）文廷式撰

文廷式（1856～1904），字道希，號雲閣、芸閣，晚號純常子，萍鄉人。生於廣東，長於廣東，故有「嶺南即吾鄉」之句。光緒十六年（1890）進士。甲午、乙未之際，力主對日作戰，極言不可簽《馬關條約》。戊戌變法後革職。光緒二十六年（1900），渡海東行，考察新政。因反對慈禧專權，幾遭密令緝拿。著有《知過軒隨錄》《補晉書藝文志》《文道希遺詩》等書。生平事蹟見胡思敬《文廷式傳》（載《碑傳集補》卷九）、錢萼孫《文雲閣先生年譜》、肖麥青《晚清悲風：文廷式傳》。

此書內容廣博，涉及政治、經濟、商業、歷史、地理、風俗、語言、文字、民族、宗教諸方面，多有妙論，如謂欲振中國之人才必自廢科舉始；謂荀

子所言為君主國之定法，墨子大旨近民主；謂公會而有公議，由公議而生律法，其初未嘗不與國君爭權，其後乃終能為國家立政；謂議院之設，宋太學已開其先聲，然正下與上同患之義，非下與上爭權之義；謂王船山《讀通鑑論》明本及末，知人論世，為奇偉之書；謂文章家不可不通小學；謂元、明經學尤遜於宋，此亦得失之關鍵；謂愚民之術，後世以科目，乃民亦遂以自愚，非朝廷之獨智；謂論古者不宜以成敗觀人；謂仁非平等之學，義乃平等之學；謂仁者，教之宗也，義者，政之體也，純乎義以治國，則法律世界也；謂此近世家譜所以多不足信；謂《陰符經》雖非黃帝書，不出於李筌，其書為兵家之書，不必強入之道家，尤不必附會於釋家；謂三教合一乃不知教者之言，及後世邪教依託之謬；謂《意林》兼取諸家，真雜家者流，入之儒家非是；謂唐末學校最衰，故有五季之亂；謂《文中子》似非偽書；謂良知之說，陽明不能守，不如徑改曰清淨本然，較良知二字為直指本體；謂六朝人猶以儒為一家，不即以為孔教；謂印度語歧異最多，故其種人不相聯屬。

早年師承陳澧，識經學門徑，書中多錄其言，如云姚姬傳《九經說》實有家法，過望溪遠甚，雖《學海堂經解》不收，要自可傳；於高郵王氏之學稱其精銳，而不喜其好與古人立異；又言經學有三派：墨守一家，力攻異說，漢儒何邵公之家法也，本朝王西莊之《尚書疏》、陳碩甫之《毛詩疏》似之；宗主前人，兼下己意，漢儒鄭康成之家法也，本朝孫淵如之《尚書義》、孔巽軒之《公羊義》似之；博採諸家，自成編簡，漢儒許叔重之家法也，本朝戴東原之禮學、王懷祖之小學似之。書中論《四庫提要》者多達十餘條，如謂劉邵《人物志》本道家之旨，《四庫提要》以為其學雖近名家，其理弗乖於儒，猶未推其本；謂紀文達《四庫提要》原稿有故事類，又錄其序；謂孫淵如《孫祠書目》略得阮孝緒簿錄之意，姚姬傳《惜抱軒書錄》略得曾南豐序書之意，二書源出劉、班，作於《四庫全書提要》之後，皆與紀文達顯示異同者。

此本據民國三十二年刊本影印。

【附錄】

【汪兆銘《純常子枝語序》】去歲五月，龍君榆生為余言，文芸閣遺著《純常子枝語》及他稿，皆在徐君行可處。徐君現寓漢口，頻年喪亂遷徙，幸能保存。然若能錄副付印，公之藝林，尤為盛事。余因以此意告之張君範卿，以商徐君。竟得原稿，攜至南京。陳君人鶴謀鋟之版，李君霈秋躬任校勘，極審

慎，閱歲餘，始竟事。李君為余言：文氏稿本，都四十冊，封面冊數，皆其手署，實為最後足本。《昭萍志略》云三十二卷，非其全也。間有為人傳抄，或二十餘冊，或九冊，非初稿即零帙，均不如此本之完備。惟稿似未經寫定，其中各條，頗多復見。有議為之整理、然後付印者。然所謂整理，縱極慎重，終不免以意為之，其有當於著者之意否，未可知也。故決一仍原稿，不加更易，俾讀者各以意得之。僅於顯知為訛奪字，且有書可檢對者，始為校正之而已。此為校印始末。爰識數語，慶芸閣遺著之得公於世，並以謝榆生、範卿、行可、人鶴、霈秋諸君之勞焉。中華民國三十二年五月，汪兆銘謹識。

【文廷式小傳】文廷式，字道希，號芸閣，江西萍鄉人。咸豐六年丙辰（1856）生。以父星瑞官高廉兵僕道，僑居廣州。光緒壬午（1882）中式順天鄉試舉人，庚寅（1890）成進士，殿試一甲第二名及第，授職編修，擢侍讀學士。以盛名抗直，為忌者所中，罷官。戊戌（1898）政變，幾陷不測。東走日本，為彼邦學者內藤虎等所推重。返國後益潦倒，以光緒三十年甲辰（1904）卒於萍鄉，年四十九。廷式博學強識，慷慨有大志，尤長史部，著《純常子枝語》，積稿數十冊，近歲有人始為其整理完竣雕版行世。其門人徐乃昌刻其《雲起軒詞鈔》一卷於《懷幽雜俎》中，與後來江寧王氏影印手稿本，互有出入，予曾輯錄為《重校集評雲起軒詞》。文氏於清代浙西、常州兩詞派之外獨樹一幟。朱孝臧題其詞集云：「閒金粉、曹鄶不成邦。拔戟異軍成特起，非關詞派有西江，兀傲故難雙。」（《彊村語業》卷三）亦可見其推許之至矣。（參閱沈曾植撰《文雲閣墓表》及《昭萍志略》《人物志》本傳）（龍榆生《近三百年名家詞選》）

【廢科目論】余謂欲振中國之人才必自廢科目始。三代以下與三代以上立國之本固異，然其由本及末，使之無一事不異者，則科舉之學為之也。選舉行而世祿廢，科目行而選舉又廢，然其弊則皆歸於不得人才。謂漢魏之選舉不如周人之世祿，漢人不任受也；謂唐、宋以來之科目不如漢、魏之選舉，唐人亦不任受也。至於積弊之久，則或思多設科目，或思復用辟除，然皆思所以取而不思所以教。夫人材必待其自成而後用，則無論選舉，無論科目，要之均是人耳。其生而遇漢、魏，則質之美者自盡孝悌廉讓之節，即中人以上亦矯取以成其名，其效可以重名節，而於國家之大政事、大利害不相涉也。非無其人足以任大事、捍大災者，特不關選舉所成就耳。科目亦然。其生而遇，唐、宋以來則材之優者能習經史文章之籍，即資之魯者亦篤學以通其藝，

其效可以華國故，而於國家之大政事、大利害亦不相涉也。且無論用選舉用科目，其大患皆在誘天下以利祿，而束天下於一途，於是萬事俱廢，九流並塞，而儒家一門獨承其弊，國家亦並受其弊。千年以來，士人所講誦者，朝廷所鼓舞者，及變法之後返而觀之，可笑噱也。或曰：「子言廢科目，則何以取士乎？」余應之曰：吾欲廢科目，乃正所以存科目耳。吾不欲重言取士，吾欲重言教士。教士不獨使之儒也，農事亦教之，工事商事亦教之，兵事亦教之，刑法之事亦教之，且不獨教以典籍也。工匠之事，技擊之用，醫藥之法，操舟御車之宜，凡生人所有用者，亦並教之。教之之法：廣儲書籍，使得通知古今；多備器物，使得易為省覽；嚴定課程，使得不懈；寬為收取，使得不怨。其條目之細密，規模之廣遠，則創法者自有成算，非一時所能悉數也。如此行之十年而大變，三十年以後人才足用，可以不受外侮矣。惟人心之變，其疾如風，此弊既挽，將生他弊，若何？調劑而後協中，是在繼守之人，而天心與世運關焉，可勿預期耳。(《純常子枝語》卷二)

【近時講漢學者】國初人譏宋學家不讀書。近時講漢學者標榜公羊，推舉西漢，便可以為天下大師矣。計其所讀尚不如宋學家之夥也。此國初諸儒所不及慮者也。(《純常子枝語》卷六)

【禮義廉恥】人君挾常尊之勢束縛天下之人材，猶可說也。剗除天下之廉恥，不可為也。管子以禮、義、廉、恥為「四維」，故管子雖法家，而不甚任術，非申、商所能及也。(《純常子枝語》卷六)

【潛龍勿用】人君以勢劫人，強項者猶可忍死自立，至大臣濟之以術，陽示含容，而陰制其命，其卒也有志之士不獨不遇於世，而且將冒不韙之名。其在《易》曰「潛龍勿用」，又曰「碩果不食」，讀經者知古人之意歟？(《純常子枝語》卷六)

【古人立法之意】王船山《讀通鑑論》卷十六云：「以治眾大之法治寡小，則疏而不理；以治寡小之法治眾大，則瀆而不行。故《周禮》之制行之一邑而效，行之天下而未必效者多矣。」又云：「一切之法不可齊天下。聖人復起，不能易吾說也。」數語深知古人立法之意。知此，則可與言因革矣。(《純常子枝語》卷七)

【清代學術風氣之變遷】閱《科場條例》，乾隆九年上諭：「近日文風未見振起，且內簾專意頭場，而不重後場，頭場之中又專意四書而不重經文。今制經文在二場，自今以後司文衡者務思設立三場之本意，於經策逐一詳加

校閱，毋得軒輊其間，若尚積習相沿。儻經九卿磨勘，或科道指參，或被朕查出，將主司與房官從重議處。如此則數科之後趨向自定，實學共勉，真才可得，於國家設科取士之事庶有裨益矣。將此永著為例。」案：此乾隆間鴻才碩學弇晃古今，實由上之主持風氣也。嘉慶十年上諭：據給事中汪鑣奏，伊於嘉慶四年（此指己未科）意蓋不滿朱文正、阮文達二公也，充同考官，閱三場策卷後面先有墨筆記注圓尖點，實屬違例，茲當會試之期恐仍蹈前轍，主試先閱三場試卷，既胸有成見，同考官或藉以迎合，致開倖進。所奏甚是。嗣後著考試官恪遵定例，先閱頭場，後閱二三場，自此天下士子咸以通經博古為諱，此則奉行者之過，非上意也。至咸豐元年，御史王茂蔭奏稱：「近時考官專取頭場，請經策並重，部議乃量為調停。」觀此數事，而百餘年來風氣之變遷、學術之盛衰可十得其六七矣。（《純常子枝語》卷七）

【以理殺人】戴東原先生《孟子字義疏證》精警沉摯，余以為講漢學家不必揚其波，講宋學家則當引為諍友也。其言有曰：「今之治人者，視古賢聖體民之情，遂民之欲，多出於鄙細隱曲，不措諸意，不及為怪。而及其責以理也，不難舉曠世之高節，著於義而罪之，尊者以理責卑，長者以理責幼，貴者以理責賤，雖失，謂之順，卑者幼者賤者以理爭之，雖得，謂之逆，於是下之人不能以天下之同情、天下所同欲達之於上，上以理責其下，而在下之罪，人人不勝指數。人死於法，猶有憐之者，死於理，其誰憐之。」此一段沉著痛快，尤中宋學流弊之失。然余謂宋學所以行之數百年而舉世莫敢非者正在乎？此蓋挾尊長貴者之勢以劫持卑幼貧弱，其事易行，而有所藉也。於是五倫之道亦甚異於三代矣。（《純常子枝語》卷七）〔註457〕

【文廷式雲起軒詞】萍鄉文氏，與余家三世俱宦粵東。咸豐初，叔來觀察殉節嘉應，先曾王父伯蘭公亦殉乳源。兩家子弟，垂髫往還，其後復申之以姻婭。道希讀學廷式為叔來觀察之孫，光緒庚寅廷試，以第二人及第。博聞強記，似俞理初、章實齋一流人物。其畢生精力，盡在所著《純常子枝語》中。茂陵遺稿，無人過問，致足慨也。（冒廣生《小三吾亭詞話》卷一）

【文廷式論董書】文芸閣廷式，江西萍鄉人，從宦居廣東，師事陳澧，

〔註457〕錢穆《中國近三百年學術史》：「乾嘉所以詆宋儒者如此，默深之所以詆乾嘉者又如此，此亦可以見世風之驟變，而是非之無定矣。默深（魏源）尤力詆東原，謂其『平日譚心性，詆程、朱，無非一念爭名所熾，其學術心術，均與毛大可相符』。又歷指其著書之不德。魏氏遺文《書趙校水經注後》，見周壽昌《思益堂日箚》卷五。」（商務印書館1997年版第590頁）

其學甚博，中外之籍無不覽也。以一甲第三名及第，授編修，官至侍讀學士。在戊戌政變時，以授珍、瑾二妃讀，陰裏新政，卒為慈禧太后所惡而去官。所著《純常子枝語》，實其讀書記也，積四十卷。汪精衛以聞胡展堂誦其《蝶戀花》詞有「一寸山河一寸傷心地」之句（《雲起軒詞》中已易為「寸寸關河，寸寸銷魂地」），感之，遂為刊成鉅帙。此書中凡天文、地理、曆算、文字、經史、宗教、科學無所不謂，雖無條理，頗堪循誦。其讀書時有獨到之見，余摘之於余日記中，亦有箴砭焉。其第一卷中《論董思伯書》云：「董思伯書軟媚，正如古人所謂『散花空中流徵自得者』耳，不知何以主持本朝一代風氣。」又云：「董書通顏、趙之郵，惟失之太華美耳。卷折之風不變，固無有能出其上者。」又云：「朱子論書云：『本朝名勝相傳，亦不過以唐人為法。』蓋時代相近，則流傳多而臨習易，國朝之初，群習文、董，亦其所也。」芸翁論董書正與余合，且以孔琳之相比，尤為善頌善禱。然董書實桔瘠，謂之軟媚尚可，華美猶過譽也。思伯書之骨子乃趙松雪，晚年乃略有顏意，但無其雄偉。（馬敘倫《石屋續瀋·文廷式論董書》）

【文廷式大考第一】光緒廿年，歲在甲午，翰詹大考，萍鄉文芸閣學士廷式得一等第一名。合肥蒯禮卿京卿光典炯知其源委，心不能平，語人曰：「某年玉皇大帝考十二屬，兔子取了第一，大眾莫測究竟，那知月裏嫦娥在玉皇大帝處遞了條子。」聞者咸為之噴飯。草野傳聞，說者謂考試之日，德宗景皇帝親書一條，交閱卷官，文云：「文廷式不許入二等，崔國因不許列三等。」國因亦果於是考革職。德宗景皇帝瑾妃、珍妃，原係同胞姊妹，他他拉氏，滿州鑲黃旗人□□侍郎長敘女，志文貞公銳之妹。瑾妃於宮內屢有乞請，珍妃尤有寵於德宗景皇帝。學士館於志文貞公家，兩妃從之讀書，因是代為請求，推此屋烏之愛。本年十月，兩妃特奉孝欽顯皇后懿旨，以近來習尚浮華，屢有乞請之事，均著降為貴人，云云。海內人士益信當時之事，人言嘖嘖，確有原因，非齊東野語可比也。（劉聲木《萇楚齋續筆》）

師伏堂筆記三卷　（清）皮錫瑞撰

皮錫瑞（1850～1908），字麓雲，號鹿門，室名師伏堂，善化（今屬湖南長沙）人。光緒八年（1882）舉人，數應禮部試不第，遂絕意仕進。光緒季年，陳寶箴撫湘時嘗贊助時務學堂，又任京師大學堂經學教習。著有《今文

尚書考證》《經學通論》《經學歷史》等書。《清史稿》不為列傳。生平事蹟見皮名振著《皮鹿門年譜》。

　　前有民國十九年（1930）楊樹達序，稱得其書於其家，恐其久而散佚，因節修脯之所入，先取《筆記》付梓云。此書雜論四部，而以考史為主。如論《孔子家語》曰：「王肅偽撰《家語》，當時如馬昭已明言之，孫志祖作《疏證》以發其覆，陳鱣序以為盜獲真贓，其說韙矣。錢馥乃疑諸子傳說，每多雷同，不知諸子雖多雷同，不過稍有出入，烏有如《家語》之竄易首尾，變亂語氣，割裂不通，如《疏證》所云者哉？錢朋於王乃眛目而道黑白者。」又如論沈濤《銅熨斗齋隨筆》曰：「沈氏袒護古文，其實於今、古文全不了了，《史記》載成王發《金縢》在周公薨後，與伏生傳合，兩漢諸儒多主是說，《論衡》亦明引之，以為今文，尚得謂《史記》非用今文說耶？沈氏引其一而遺其一，讀古人書豈可任意去取若是耶？……史公之書具在，豈有言《金縢》事如東漢古文家所言者哉？蒙恬之說，殊不近理，疑非其實，後人無稱引其說者，以為《金縢》之文偽孔刪之，尤為武斷。」又論兄弟昭穆之制曰：「古禮兄弟實異昭穆，各為一代，而太真此議，亦屬情理之至，但此事極古今之變，古所未有，制禮之聖人未必豫為之防，逢此極變，固當因時變通，然不得據此以為古禮兄弟當同室之證也。」

　　此本據天津圖書館藏民國十九年楊氏積微居刊本影印。

【附錄】

　　【楊樹達《師伏堂筆記序》】鄉先輩善化皮鹿門先生博聞強記，經術湛深，為吾湘二百年來所僅見。光緒戊戌，余嘗南強會聽先生演講，先生稱引傳記，暗誦如流者，莫不驚倒。又嘗得見先生於郋園師坐上，時余年在童稚，師為介於先生，先生則驚起，以禮相接，謙光盛德，至今令人想慕焉。民國元二年間，偶於平江蘇厚庵師所見葵園先生，與師手簡有云：「近讀皮先生《經學通論》，愧汗無地。」蓋葵園傾服先生之誠如次。先生著述今日海內外既爭相寶貴，獨《春秋講義》及筆記二種往時僅以排印行世，罕得見。余既得其書於其家，恐其久而散佚，因節脩脯之所入，先取《筆記》付諸剞氏……民國十九年一月，長沙後學楊樹達書。

　　【續修四庫全書總目提要（稿本）13—430】《師伏堂筆記》三卷，清皮錫瑞撰。錫瑞有《易經通論》，已著錄。是編雜考四部之屬，不信《史記‧魯世家》《蒙恬傳》揃蚤沉河、周公奔楚之說，則門戶之見也。《珣玉集》所引蘇

武事，蓋魏、晉以來演繹如小說者，以之證史，自不相合，相申弓即卷字，魏、晉以後俗字紛出，固難質言，然《說文》有弓字，讀若含，與函誼近，此尚待斟酌者也。其餘諸節，如引《北史·陳奇傳》以證俟釐之官，論《北史》之張買奴，明楊淮與楊準為二人，推鄭義開國之主不立始祖之廟，辨《思玄賦》注引孔《傳》為非平子自注，考注緯書者非後漢之宗均，說皆可信。以薛君為薛漢，不從桂未谷薛夏之說，以為古禮不盡可行於今，不必傅會古禮，強誣古人，引以藉口，頗為有識。即齏臼改作蒜臼，引張昭奏議以推證王通《元經》之屬，皆可供人參考也。

【皮鹿門】善化皮鹿門師錫瑞，為清代殿後經師。予受業於門下，凡十年，所得問學門徑，皆師所授。師亦為先君子門下士。其主講江西經訓書院，偶亦課生徒以詞。師著有《師伏堂集》，凡文四卷、詩六卷、詠史詩一卷、詞一卷……師所著有《尚書大傳疏證》《今文尚書疏證》《孝經鄭注疏證》《易經通論》《書經通論》《詩經通論》《三禮通論》《春秋通論》《春秋講義》《經學歷史》《王制箋》《古文尚書冤詞平義》《聖證論補評》《六藝論疏證》《魯禮禘祫義疏證》《尚書中候疏證》《鄭志疏證》《鄭記考證》《漢碑引經考》《漢碑引緯考》《師伏堂筆記》。平生精力，用於說經，詩詞特其餘事耳。（夏敬觀《忍古樓詞話》）

午窗隨筆四卷　（清）郭夢星撰

郭夢星（1815～1884），字亦白，亦字西垣，號蓮農，室名寶樹堂，濰縣人。郭衍汾之子。長兄夢齡（1795～1854），字文與，亦字小房，號硯農，嘉慶己卯（1819）舉人，道光癸未（1823）進士，官至山西巡撫。著有《自然草》。次兄夢惠（1812～1863），字秀塘，號蕉農，道光丁酉（1837年）舉人，咸豐癸丑（1853年）進士，授翰林院編修、國史館協修、功臣館纂修，咸豐戊午（1858）任科順天鄉試同考官。夢星道光二十六年（1846）舉人，歷任廣西候補知縣，候選內閣中書，內閣侍讀銜。鄉諡端恪。著有《尚書小劄》《漢書古字類》《花雨軒詩稿》等書。生平事蹟見《濰縣鄉土志》（寒亭區史志辦編印）、民國間續修郭氏家譜及《濰縣郭氏家族史研究》（郭鉞澄、鄧華編）。

書前有孫葆田序，稱其性好學，每讀一書，必鉤玄提要，尤熟於歷代史

事及本朝掌故，下至當時邸鈔，有事關因革黜陟者，輒手錄成帙云。此書為箚記體，書中所載多關經史、制度、地理、人物、俗語者。「其恕乎」條曰：「知仁信勇，皆美德也，然好仁不好學，其蔽也愚，好知不好學，其蔽也蕩，好信不好學，其蔽也賊，好勇不好學，其蔽也亂。是失於一偏，則各有所蔽，忠孝節廉，皆懿行也，而行之過當，則有愚忠、愚孝、小節、矯廉之譏，惟恕違道不遠，求仁莫近，本推己及人之意，攸往咸宜，初無失偏過當之慮，故可以終身行之。」於此可見其大旨。此書仿王士禛《易居錄》《池北偶談》而作。說經喜採異說，然不措意於小學，殊非解經之正軌。

此本據南京圖書館藏清光緒二十一年濰縣郭氏刊《寶樹堂遺書》本影印。

【附錄】

【孫葆田《午窗隨筆序》】郭西垣先生《尚書小箚》二卷，余既為之序以傳於世。吾友申堂等裒集先生所著《午窗隨筆》四卷，先生從孫蓉汀將刊存《果園叢書》中，申堂復屬予為序。曩者，先生外孫陳世昌從予遊。世昌博聞強記，於古人嘉言懿行往往能道其始末。予問所從學，則曰此世昌外祖西垣先生所教也。因言先生性好學，每讀一書，必鉤玄提要，尤熟於歷代史事及本朝掌故，下至當時邸鈔，有事關因革黜陟者，輒手錄成帙，《午窗隨筆》其一也。按先生是編皆隨時箚記，不分門類，蓋仿王文簡公《易居錄》《池北偶談》而作。其第二卷內記齊河張孝廉事，蓋得之先生兄子杭之湘帆云。湘帆與予與張君為同治庚午同年，張君中副榜，實與先君鄉舉同科。是歲為道光癸卯，先君與嘉定徐先生之父同舉順天鄉試。及庚午科，徐先生來主山東鄉試，張君與予等同為所舉。徐先生見張君，猶呼之為年文。今張君已成古人，西垣先生與先君亦皆棄世數年矣，而先君遺集，不肖兄弟僅得抄錄詩文數十首，不能如申堂等之編刻多種，讀此益不能無慨然於中也。先生所著尚有《漢書古字類》一卷，自序謂閒錄成帙，以資考證，亦有實非古字而誤注者，姑以俟夫精小學者之釐正，則先生欿然不自足之懷蓋可想見云。孫葆田。

【郭祐之《午窗隨筆跋》】先君子生平讀書不喜近名，每論小子曰：「名者，實之表。實不副而名歸之，惡孰甚焉？」又云：「古之名流，抱膝長吟，若將終身，其意量固已深遠矣。若稍有一得，輒欲自炫於世，則所學恐無所成。」以故遺書數種，生前從未出以示人。今梓人告成，而先君子之墓木已拱矣。敬綴數語，聊以誌遺訓云爾。乙未夏日，男祐之謹跋。

【續修四庫全書總目提要（稿本）13—653】是編闡述經義，考論史事，

及當代掌故，以致邸鈔有事關因革黜陟者，手錄不遺，詩文典實，亦時有考證，皆隨手劄記，不分門類。孫葆田序謂此書蓋仿王文簡公《易居錄》《池北偶談》而作也。說經之處，多採異說，又不措意於小學聲韻，殊非治經之正軌。成語及詩文典故，時有可取之處，惟其考論典章制度，最為有用，洞悉源流，而措語明顯，使讀之者，一目了然，不嫌其瑣碎也。卷四《濰縣志拾遺》，亦可補志書之不足。至于果下牛雁臣諸節，聊廣見聞而已。

愚慮錄五卷　　（清）陳偉撰

陳偉（1840～1889），字耐安，號愚慮，諸暨人。同治十二年（1873）拔貢，光緒元年（1875）恩科舉人，以教諭注銓，例授文林郎。早年肄業詁經精舍，俞樾深賞之，歎為經明行修之士。平居好學不倦，手不停披，目不停覽。晚年四方從學者甚眾，學者如蔡元培輩皆出其門。著有《食古錄》《居求錄》《待質錄》等書，光緒間，門人永康應德閎校刊遺著，統名《耐安類稿》。生平事蹟見民國十三年《諸暨民報五周紀念冊·人物小志》。

書前有光緒二十一年（1895）俞樾序，稱其書皆研求經義者也，說經甚精，如辨「三老五更」之非三人、非五人，辨《論語》過位升堂非治朝之位、非燕朝之堂，又如說冕服十二章，辨鄭九章之誤，說《呂刑》其罰倍差，辨孔《傳》五百鍰之非，皆詳明有據。〔註458〕又有光緒二十二年（1896）應德閎跋，稱其集中考異證同，闕疑徵信，大旨不外師平日自道「以漢學為宋學」一語。〔註459〕又有光緒二十二年（1896）梅叔瀚跋。

此書用編年體，起光緒十年（1884），迄光緒十五年（1889），每文之下注年月。以前三年為多，後二年較少，己丑僅一條。編次失當，應以經書為綱。其書頗有心得，「偉按」多達四百餘次，然好駁舊注，是其一短。此書為經義筆記，似應入群經總義類。

此本據華東師大圖書館藏清光緒二十二年《耐安類稿》本影印。

【附錄】

【俞樾《陳耐庵所著書序》】陳君耐庵，越中知名士也。往年曾肄業於詁經精舍，余深賞之，歎為經明行修之士。乃十餘年不相見，至今歲而其子以

〔註458〕《續修四庫全書》第1165冊，上海古籍出版社，2002年版，第679頁。
〔註459〕《續修四庫全書》第1165冊，上海古籍出版社，2002年版，第679頁。

其所著書求序，則君已古人矣。余讀其書，皆犖求經義者也。所著《愚慮錄》五卷，說經甚精，如辨「三老五更」之非三人、非五人，辨《論語》過位升堂之非治朝之位、非燕朝之堂，又如說冕服十二章辨鄭注周制九章之誤，說《呂刑》其罰倍差，辨孔《傳》五百鍰之非，皆詳明有據。其《食古錄》一卷，亦多可採。中有論火龜一條，因郭注火鼠而及火浣布。余昔年曾得火浣布少許，試之良確，惜未得與君共證之也。其《待質錄》中論四嶽，論《大雅·抑篇》，皆疑而未決，余皆有說，又惜未得與君共質之也。至於《居求錄》《誨爾錄》頗似宋人語錄，然語皆質直有味。讀《愚慮》諸《錄》，見其經之明；讀《居求》諸《錄》，見其行之修。余曩以經明行修相許，洵不虛也。三十年來，詁經精舍人才頗盛，黃君元同、馮君夢香皆擁皋比稱耆宿。君雖早世，然頡頑其間，固無愧色矣。（俞樾《春在堂雜文》，《春在堂全書》六編七）

丁晉公談錄一卷　（宋）丁謂撰

不著撰人名氏。《郡齋讀書志》雜史類著錄三卷，小說類著錄一卷。《直齋書錄解題》傳記類著錄一卷，《宋史·藝文志》同，庶幾近之。《四庫全書總目》列入小說家類存目，《百川書志》同，《中國古代小說總目提要》亦以為志人小說，明晁瑮《寶文堂書目》著錄於子雜類，均非得其實也。

陳振孫謂不知何人所作。晁公武《讀書志》以其出於洪州潘延之家，疑即延之所作。延之，即丁謂外甥。丁謂為口述者，延之為記錄者。所謂談錄，即今日之口述史也。宋張鎡《仕學規範》卷首書目明稱「《丁晉公談錄》謂謂之」。

其書皆述丁謂所談當代故事。如記真宗秘聞，凡四則，稱「已上四件，皆是真宗親宣示於晉公，人皆不知也」。其一云：「真宗在儲貳時，忽一日，因乘馬出至朱雀門外，方辰時有大星落於馬前，迸裂有聲。真宗回東宮驚懼。至第五年，果太宗晏駕。」其二云：「真宗即位，晉公言真宗即位，有彗星見於東方。真宗恐懼，內愧涼德，何以紹太祖、太宗之德業？是天禍也，不敢詢於掌天文者，唯俟命而已。忽有先生王得一入見，見聖容似有憂色，密詰於中貴。中貴述以聖上憂懼彗星之事，得一遂奏云：『此星主契丹兵動，十年方應。』至十年，果契丹兵寇澶淵，聖駕親征。」書中又多記宮廷生活、朝廷典故。如記盧多遜將歷代帝王年曆、功臣事蹟、天下州郡圖志、理體事務沿革、

典故括成一百二十首絕詩，以備應對，由是太祖、太宗每所顧問，無不對答如流，以至位列相位，皆因此功力云云。《事實類苑》《翰苑新書》《折獄高抬貴手》《宋名臣言行錄》《佩文韻府》《御定月令輯要》《讀禮通考》《行水金鑑》《日本國志》等書皆有所徵引，趙翼《陔餘叢考·宋人好名譽》列舉宋世士大夫事蹟傳世者亦連類而及之。

　　《四庫全書總目》稱其事皆顛倒是非，有乖公論，即未必延之所作，其出於謂之餘黨，更無疑義。然稱丁謂籌劃軍糈，決真宗東封之行，以為美談，則欲譽其才，適彰其附合時局，小人之情狀終有不能自掩者云云。明李栻《歷代小史自序》云：「正史出眾人之手，而野史由一人記著之實。正史合累朝之事，而野史據一時見聞之真。矧天下有道，公論在朝而亦在野。天下無道，公論在野而不在朝。則失之在朝不有得之在野者乎？」丁謂誠為小人，其言亦為野史之一家，不可因人廢言矣。

　　此書有《歷代小史》本。此本據民國十六年陶氏影印宋咸淳刻《百川學海》本影印。

【附錄】

　　【四庫提要】《丁晉公談錄》一卷（江蘇巡撫採進本），不著撰人名氏，皆述丁謂所談當代故事。晁公武《讀書志》以其出於洪州潘延之家，疑即延之所作。延之，謂甥也。今觀所記謂事皆溢美，而敘澶淵之事歸之天象，一字不及寇準。又載準挾嫌私改馮拯轉官文字事。皆顛倒是非，有乖公論。即未必延之所作，其出於謂之餘黨，更無疑義也。然稱謂籌劃軍糈，決真宗東封之行，以為美談。則欲譽其才適彰其附合時局，小人之情狀，終有不能自掩者矣。（《四庫全書總目》卷一百四十三「子部五十三·小說家類存目一」）

　　【繫於宸斷】晉公嘗云：「居帝王左右，奏覆公事，慎不可觸機，繫於宸斷，所貴行事歸功恩於主上耳。」嘗有一臣僚判審刑院，因進呈一官員犯贓罪案，真宗方讀案遲回間，欲寬貸次未有聖語，其判院輒便奏云：「此是魏振男。」因茲，真宗便赫怒云：「是魏振男便得受贓，便得為不法？」拂下其案，云：「依法正行。」遂處死。後來，有一知院因觀前車覆轍，每奏事，兢懼取進止。忽復有詞科臣僚犯贓罪案進呈，真宗問云：「如何？」遂奏云：「此人悉以當辜，聞說涕泣云：『玷陛下之與科名，孤陛下之所任使，更無面得見陛下，更無面得見朝廷，唯俟一死而已。』」真宗聞之，云：「特與貸罪安置。」（《丁晉公談錄》）

【東封泰山】真宗欲東封泰山，問兩地大臣可否，大臣曰：「聖駕行幸，豈無甲兵隨駕？祇恐糧草不備。」時晉公為三司使，真宗遂問曰：「朕東封，糧草得備否？」晉公曰：「有備。」真宗又曰：「如何是備？」晉公曰：「隨駕兵士大約不過十萬人，每日請食米二升半，一日祇計支米二千五百石。或遇駐蹕處所，不過三日，祇支得米七千五百石，何處州縣無七千五百石斛斗？往回之間，俱可有備。」真宗甚喜，又問：「祇與二升半米，亦須與他些麵食。」晉公曰：「今來所經州郡，祇可借路而過，使逐程百姓，榮觀國家大禮，固不可科率。臣欲省司行文字，告示沿路所經州軍，必恐有公用錢，州軍及應文武臣僚、州縣官僚、僧道百姓有進蒸糊者，仰先具州縣、官位、姓名、蒸糊數目申來，待憑進呈，破係省錢，支與一倍價錢回賜。仍大駕往東封日進蒸糊，回日並許進酒肉，緣有公使節帥防團刺史，有人可以勾當，仰於經過縣鎮草市處排當，經進者是州縣官員、僧道百姓，可於經過本州縣處進。」真宗聞之，又甚喜。又問曰：「或遇泥雨非次，支賜鞋鞴錢，動要五七萬貫，如何有備？」晉公對曰：「臣亦已有擘畫，伏緣隨駕兵士，各是披帶稍重，到處若遇有支賜錢物，如何將行？臣欲先令殿前指揮使曹璨問，當六軍或遇路中有非次支賜，置隨駕便錢一司，仍各與頭子支，便於兵士住營處或指定州軍便支與，各人骨肉請領一則，便於兵士請領二則，兵士隨駕骨肉，在營得便到支錢物，因茲甚安人心。尋曹璨問諸六軍，皆曰：『隨駕請得，何用兼難以將行，若聖恩如此，皆感戴官家。』」真宗聞之，又甚喜。於是以此告諸兩地臣僚，遂定東封。聖駕往回，略無闕誤。真宗於是因晉公奏事次密，謂晉公曰：「今來封禪禮畢，大駕往回，凡百事，須俱總辦集，感卿用心。」晉公曰：「臣非才，遭逢陛下，過有委任，臣實無所能。今大禮已畢，輒有二事，上告陛下，朝廷每有除改，外面多謗議云：『某乙甚人主張，某乙是甚人親戚。』此後每有除改，外面多謗，望聖聰不聽。」上曰：「朕深知，不聽，其如臣僚何？」晉公又曰：「祇如每遇南郊大禮，外面多竊議中書密院臣僚別有動靜，今來禮畢，望陛下兩地臣僚並令依舊，免動人心。」真宗聞之，甚喜，彌加眷遇，首臺掌武聞之，益多其奏議。（《丁晉公談錄》）

【不言人非】忽一日，真宗問馮拯如何？晉公奏曰：「馮拯在中書密院十年，卻並無是非，實亦公心於國家。」真宗良久不答。又奏，復不答，遂退。尋問掌武曰：「丁某每來朕前保持馮拯，不知馮拯屢來破除伊。」掌武奏曰：「丁某不獨於上前不言人非，於臣處亦未嘗言人之非。」掌武退謂晉公曰：

「今後休於上前保持始平。」公亦別無他語，掌武由是愈器重晉公。(《丁晉公談錄》)

【宋人好名譽】歷朝以來，《宋史》最繁。且正史外，又有稗乘、雜說，層見迭出。蓋其時士大夫多尚名譽，每一鉅公，其子弟及門下士必記其行事，私相撰述。如《王文正公遺事》《丁晉公談錄》《楊文公談錄》《韓忠獻遺事》及《君臣相遇傳》《錢氏私志》《李忠定靖康傳信錄》《建炎進退志》《時政記》之類，刊刻流佈，而又有如朱子《名臣言行錄》之類，揚光助瀾，是以宋世士大夫事蹟傳世者甚多，亦一朝風尚使然者也。(趙翼《陔餘叢考》卷十八)

續世說十二卷　(宋)孔平仲撰

孔平仲（1044～1111），字義甫，一字毅甫，臨江新喻（今江西新餘）人。治平二年（1065）舉進士。初授分寧縣主簿。熙寧三年（1070）後，歷任密州（今河南密縣）教授、秘書省校書郎、衢州軍事推官、秘書省著作郎、集賢校理、提點江浙鑄錢、京西刑獄。長於史學，工於詞藻，詩尤夭矯流麗，其格近於蘇轍。著有《珩璜新論》《孔氏談苑》《朝散集》《良史事證》等書。與其兄文仲、武仲俱有文名，時號「三孔」。生平事蹟見《東都事略》卷九十四、《宋史》卷三四四《孔文仲傳》附傳、《名賢氏族言行類稿》卷三十四。

前有秦果序。此書十二卷，凡三十八類，較《世說新語》三十六類少豪爽一類，而多直諫、邪諂、姦佞三類。此書所記皆宋、齊、梁、陳、隋、唐、五代事蹟，多採自《南北史》《舊唐書》《舊五代史》及前人筆記小說。如「言語」類記徐堅議集賢院學士當罷，「政事」類記馮道論劉審交之為政愛民，「文學」類記巾箱五經始自齊王鈞，「箴規」類記陸贄遇事極言無隱，「品藻」類記張說論後進文之優劣，「識鑒」類記裴行儉論初唐四傑之才氣。「巧藝」類記柳公權書法，謂「當時公卿大臣，碑板不得公權手筆者，人以為不孝」，記高麗重歐陽詢書法，記王維書畫之妙。「簡傲」類記杜審言之矜誕，嘗謂人曰：「吾之文章，合得屈宋作衙官；吾之書跡，合得王羲之北面。」「仇隙」類記牛李之黨挾邪傾軋事。

《直齋書錄解題》著錄《續世說》三卷，稱編宋至五代事，以續劉義慶之書云云。

此書有上海圖書館藏明抄本、守山閣本、《宛委別藏》本。此據清嘉慶間《宛委別藏》抄本影印。

【附錄】

【四庫未收書提要】《續世說》十二卷，宋孔平仲撰。取宋、齊、梁、陳、隋、唐、五代事蹟，依劉義慶《世說》之目而分隸之，成書十二卷，見於《宋史》本傳及《藝文志》小說家類，卷帙相同。《書錄解題》《文獻通考》皆錄其書，而近代儲藏家罕有著錄者。王士禎《居易錄》曾道及此書，云已失傳，則士禎亦不得見此書也。此書平仲無自序，有紹興戊寅長沙秦果序，序言平仲書成未刊，從義郎李敏得善本，於前靖守王長孺相與鏤版，王親受於孔，知其不繆。丁丑之春，洛陽王濯來守沅之明年，李氏以其書版來售，即加是正，鑱刻以補其不足云云。後有沅州公使庫總計紙版數目，並印造紙墨、裱褙工食錢數目，後又有右迪功郎司法兼監使庫翁灌、右從事郎軍事判官閔敦仁、右迪功郎州學教授胡搏、左朝奉郎通判軍州事秦果、左朝散大夫知軍州事王濯五人題名，皆沅州官也。此從宋沅州刻本傳寫者，卷帙完整無闕，特書中部次錯雜，有兩條合為一條者，抑且時代先後往往倒置，蓋校勘之時不免有私為竄改之弊，必非平仲元本之誤也。

【德行】陸象先清淨寡欲，不以細務介意。言論高遠，雅為時賢所伏。崔湜每謂人曰：「陸公加於人一等矣。」太平公主用事，宰相岑羲蕭志忠崔湜咸傾附之，唯象先孤立，未嘗造請，亦以此免禍。(《續世說》卷一)

【言語】宋孝武奢侈無度，多所造立，賦調繁嚴，征役過苦。前廢帝即位，悉皆削除。由紫極南北馳道之屬，皆被毀壞。自孝建以來至大明末，凡諸制度，無或存者。蔡興宗於坐，慨然謂顏師伯曰：「先帝雖非盛德，要以道終始，三年無改古典所貴。今殯宮始徹，山陵未遠，而凡諸制度興造，不論是非，一皆刊削。雖復禪代，亦不至爾。天下有識者，當以此窺人。師伯不能用其言。」(《續世說》卷一)

【識鑒】李華為進士，著《含元殿賦》萬餘言。蕭穎士見而賞之曰：「《景福》之上，《靈光》之下。」華疑其諛詞，乃為《祭古戰場文》，薰污之如故物，置於佛書之閣。華與穎士因閱佛書得之，華謂穎士曰：「此文如何？」穎士曰：「可矣。」華曰：「當代秉筆者，誰及於此？」穎士曰：「君稍精思，便可及此。」華愕然。〇王、楊、盧、駱謂之四傑，裴行儉曰：「士之致遠，先器識而後文藝。勃等雖有文才，而浮躁淺露，豈享爵祿之器耶？楊子沉靜，

應至今長。余得令終為幸。」其後勃溺南海，照鄰投潁水，賓王被誅，炯終盈川令，皆如行儉之言。○隋時天下寧晏，論者咸以國祚方永。房玄齡密告其父，言：「隋帝本無功德，但誑惑黔黎，不為後嗣長計，混諸嫡庶，使相侵奪。儲後藩枝，競崇淫侈，終當內相誅戮，不足保全國家。今雖清平，其亡可翹足待也。」其父彥謙驚而異之。（《續世說》卷四）

【任誕】宋謝靈運以文帝不甚任遇，意不平，多稱疾不朝。出郭遊行，或一百六七十里，經旬不歸。既無表聞，又不請急，被奏免官，遂為山澤之遊。生業甚厚，奴僮既眾，門生數百，鑿山濬湖，功役無已。尋山涉嶺，必造幽峻。岩嶂數十重，莫不備盡登躡。常著木屐上山，則去其前齒。下山去其後齒。嘗自始寧南山伐木開徑，直至臨海。從者數百。臨海太守驚駭，謂為山賊，知是靈運乃安。（《續世說》卷五）

【直諫】魏主畋於河西，尚書令古弼留守，詔以肥馬給獵騎，弼悉以弱馬給之。帝大怒曰：「筆頭奴，敢裁量朕！朕還臺先斬此奴！」弼頭銳，故帝常以筆目之。弼官屬皇怖恐並坐誅，弼曰：「吾為人臣，不使人主盤於遊田，其罪小。不備不虞乏軍國之用，其罪大。今蠕蠕方強，南寇未滅，吾以肥馬供軍，弱馬供獵，為國遠慮，雖死何傷？」帝聞之歎息，賜之以裘馬。他日魏主復畋於山北，獲麋鹿數千頭，詔尚書發牛車五百乘載之。詔使已去，魏主謂左右曰：「筆公必不與我，汝輩不如自以馬運之。」遂還行百餘里，得弼表曰：「今秋穀懸黃，麻菽布野，豬鹿竊食，鳥雁侵費，風雨所耗，朝夕三倍。乞賜矜緩，使得收載。」帝曰：「筆公可謂社稷之臣矣。」（《續世說》卷十）

【假譎】魏劉仁之外示長者，內多矯詐。其對賓客，破床敝席，粗飯冷菜，衣服敝惡，乃過遇下善候當塗，能為詭激。（《續世說》卷十二）

【邪諂】隋郭衍能揣煬帝意，阿諛順旨。帝每謂人曰：「惟有郭衍，心與朕同。」又常勸帝取樂，五日一視事，無效高祖空自劬勞。帝從之，益稱其孝順。（《續世說》卷十二）

【讒險】李林甫為相，好陷人。世謂林甫口有蜜腹有劍，以其陽與人善，啗以甘言而陰擠之也。與李适之爭權不協，适之性疏，林甫陰中之。林甫嘗謂适之曰：「華山有金礦，採之可以富國，上未之知。」适之心善其言，他日從容奏之，玄宗大悅，顧問林甫。林甫對曰：「臣知之久矣。然華山陛下本命王氣所在，不可穿掘，臣故不敢上言。」帝以為愛己薄适之言，疏之。适之懼，求為散職，由此罷相，竟貶宜春太守，又脅殺之。（《續世說》卷十二）

【姦佞】宋鄭鮮之事宋武帝，帝時或談論，人皆依違，不敢難。鮮之難必切至，未嘗寬假。與帝言要，須帝理屈然後置之。帝有時慚恚變色，亦感其輸情。時人謂之格佞。○北齊和士開說武成云：「自古帝王盡為灰土，堯、舜、桀、紂竟復何異？陛下宜及少壯，恣意作樂，縱橫行之。即是一日快活敵千年。國事分付大臣，何患不辦，無為自勤約也。」帝大悅，三四日一坐朝，書數字而已，略無言，須臾罷入。○蘇味道為宰相，云：「處事不欲決斷明白，若有錯誤，必貽咎譴，但摸棱持兩端可矣。」時人號為蘇摸棱。○蜀右補闕章九齡，見蜀主言：政不治，由姦佞在朝。蜀王問姦佞為誰，九齡指李昊王昭遠以對。蜀主以詆毀大臣，貶九齡維州錄事參軍。（《續世說》卷十二）

續墨客揮犀十卷 　（舊本題宋）彭乘撰

　　彭乘（985～1049），字利建，益州華陽（今四川成都）人。大中祥符五年（1012）進士及第（《續資治通鑑長編》卷七七），累遷工部郎中。皇祐元年（1049）為翰林學士，領吏部流內銓、三班院，為群牧使。事蹟見《宋史》卷二九八本傳。

　　此書為《墨客揮犀》之續編。陳振孫《書錄解題》則前、續二編俱載，共二十卷，然不著撰人姓氏。明商維濬刻《稗海》，題彭乘之作，蓋以書中所自稱名為據。涵芬樓本《說郛》亦署為彭乘撰，並摘錄十九條，為《古今說海》所收。元、明間罕見刊本。今考，張文虎《舒藝室雜箸》甲編卷上《復朱述之大令書》稱，來教以《續墨客揮犀》多掇拾它書，疑非真本，今檢全文出《夢溪筆談》者二十八條，出《冷齋夜話》者二十條，出《遯齋閒覽》者十三條，又李主簿條見《聞窗括異志》，王學士條見《東軒筆錄》而文小異，「唐龍圖」條已見前編，而此復出，「謝泌」條亦與前編「謝諫議」條略同，來教所舉邱濬《群書方鈔》引「蜂螫」一條在今第八卷末，嘗缺此條，亦出《筆談》，謂為贗作，誠是，而鄙意猶有疑焉。明商濬《稗海》所刻《墨客揮犀》十卷，《四庫全書提要》疑其原本殘缺，後人又有所竄入。出《筆談》者四十六條，出《夜話》者十八條，出《閒覽》者十二條，出《因話錄》者三條，出《晉書》者二條，出《北魏書》《耆舊續聞》者各一條，其「淵材好談兵」及「彭淵材初見范文正畫像」二條亦類《冷齋夜話》，今本《夜話》及《遯齋閒覽》俱不全，蓋其所掇拾有今所未見者。又《續編》「應天鰻井」

條本《筆談》文，而前編「蟹泉」條末云此亦應天鰻井之類，句意相應，語氣亦絕類沈存中，安知非《筆談》佚文？然則不特續編非真本，即前編亦為贗作。余嘉錫亦考證其為偽作〔註460〕。舉以備參。

此書十卷，內容龐雜，如「射之沒鏃」條辨班固《漢書》記李廣射虎飲羽之說為飾詞，「服金石藥者多被毒」條謂以韓愈之立言垂教則可，而韓愈非允蹈之人，「能官」條記毛亢判東李、西李二家爭訟長溪之事。又有記花草者，如「胡蔓」條記二廣胡蔓草之毒性，「接百花」條記古代花木嫁接技術，「牡丹」條記牡丹初不見於詩文，花品不高。

阮元稱卷中所載軼事遺聞以及詩話、文評徵引頗為詳洽，足補前編之所未備，其所議論多推重蘇、黃，亦與前集相同，合之以為完書云云；《愛日精廬藏書志》卷二十七稱此本係明人舊鈔，亦為希覯之書云云。二家皆未能辨別真偽。大抵藏書家多關注版本之真偽，鮮能辨別文本之真偽，因其學其識皆有所偏。

此書有明正德四年志雅齋抄本、惠氏紅豆齋本、《宛委別藏》本、《涵芬樓秘籍》本、《殷禮在斯堂叢書》本。此本據嘉慶間《宛委別藏》抄本影印。

【附錄】

【四庫未收書提要】《續墨客揮犀》十卷，宋彭乘撰，乘有《墨客揮犀》十卷，《四庫全書》已著錄，此其續編也。宋陳振孫《書錄解題》則前、續二編俱載，共二十卷，而不著撰人姓氏。明商維濬刻《稗海》，題彭乘之作，蓋以書中所自稱名為據。卷中所載軼事遺聞以及詩話、文評徵引頗為詳洽，足補前編之所未備。其所議論多推重蘇、黃，亦與前集相同，合之以為完書。（阮元《四庫未收書提要》卷一）

【宋史本傳】彭乘，字利建，益州華陽人。少以好學稱州里，進士及第。嘗與同年生登相國寺閣，皆瞻顧鄉關，有從宦之樂，乘獨西望，悵然曰：「親長矣，安敢捨晨昏之奉，而圖一身之榮乎！」翌日，奏乞侍養。居數日，授漢陽軍判官，遂得請以歸。久之，有薦其文行者，召試，為館閣校勘。固辭還家，後復除鳳州團練推官。天禧初，用寇準薦，為館閣校勘，改天平軍節度推官。預校正《南》《北史》《隋書》，改秘書省著作佐郎，遷本省丞、集賢校理。懇求便親，得知普州，蜀人得守鄉郡自乘始。普人鮮知學，乘為興學，召其子

〔註460〕余嘉錫：《四庫提要辯證》卷十七。

弟為生員教育之。乘父卒，既葬，有甘露降於墓柏，人以為孝感。服除，知荊
門軍，改太常博士。召還，同判尚書刑部，出知安州，徙提點京西刑獄，改夔
州路轉運使。會土賊田忠霸誘下溪州蠻將內寇，乘適按郡至境，大集邊吏，
勒兵下山以備賊，賊遁去。因遣人間之，其黨斬忠霸，夷其家。召修起居注，
擢知制誥，累遷工部郎中，入翰林為學士，領吏部流內銓、三班院，為群牧
使。既病，仁宗敕太醫診視，賜以禁中珍劑。卒，賜白金三百兩。御史知雜何
郯論請贈官，不許，詔一子給奉終喪。初，修起居注缺中書舍人，而乘在選
中，帝指乘曰：「此老儒也，雅有恬退名，無以易之。」及召見，諭曰：「卿先
朝舊臣，久補外，而未嘗自言。」對曰：「臣生孤遠，自量其分，安敢過有所
望。」帝頗嘉之。乘質重寡言，性純孝，不喜事生業。聚書萬餘卷，皆手自刊
校，蜀中所傳書，多出於乘。晚歲，歷典贊命，而文辭少工云。

【望闕而逝】真宗皇帝時，有道士柴通元者，居陝州承天觀。壽百餘數，
耐寒暑，日縱酒往往不食，祀汾陰隨輦自號羅山太一洞主。臨終召官僚士庶
言死生之要，夜分盥灌望闕而逝。舉其體甚輕，若蟬蛻然。（《續墨客揮犀》卷
一）

【土饅頭】梵志詩曰：「城外土饅頭，餡草在城裏。一人吃一個，莫嫌沒
滋味。」魯直曰：「既是餡草，何緣更知滋味。」易之曰：「預先以酒澆，且圖
有滋味。」（《續墨客揮犀》卷一）

【江左高文】六一居士謂陶淵明《歸去來》為江左之高文，當世莫及。
涪翁云：「顏、謝之詩可謂不遺爐錘之功至，然淵明之牆數仞而不能窺也。」
東坡晚年尤喜淵明詩，在儋耳遂盡和其詩。舒王在金陵作詩多用淵明詩中事，
至有四韻詩全使淵明詩者。又嘗言其詩有奇絕不可及之語，如「結廬在人境，
而無車馬喧。問君何能爾？心遠地自偏。」由詩人以來無此句也。然則淵明
趣向不群，詞采精拔，晉、宋之間一人而已。（《續墨客揮犀》卷二）

醉翁談錄五卷　（宋）金盈之撰

金盈之，約公元 1126 年前後在世。案：盈之家世汴京，南渡後官從政郎、
衡州錄事參軍。

此書雜記宋都城、仕宦、風俗、寺院、平康、市陌瑣事。全八卷，凡七
十事。《千頃堂書目》《宋元舊本書經眼錄》均著錄八卷。《百川書志》亦著

錄八卷，稱分「名公佳製」「榮貴要覽」「京城風俗記」「瑣闥異聞」「禪林叢錄」「平康巷陌記」六目，通載七十事，缺一事。然《皕宋樓藏書志》著錄四卷，《擘經室外集》著錄五卷。此本為殘本，僅存五卷，卷各為名。卷一名「名公佳製」，載宋以降名卿大夫詩文。如：「司馬溫公聯句」條記司馬光《嶺頭詩》之本事。卷二名「榮貴要覽」，述唐宋時恩榮遺制。如「曲江之晏」條記曲江池佳節盛況。卷三、四名「京城風俗記」，記汴京風物繁華之盛。前有《小記》稱：「予世居京城，自渡江以來，每思風物繁盛，則氣拂吾膺。暇日因命兒姪輩抄錄一年景致及風俗好尚，無不備載。行將恢復，再見太平，當知予言歷歷可驗也。」此二卷所記風俗節日，皆按月日排列。於元旦、上元、社日、寒食、清明、七夕、中秋、重陽、冬至、除夜，節日風尚一一背書，歷歷如繪，宛若改版之「東京夢華錄」，抑或紙上之「清明上河圖」。卷五名「瑣闥異聞」，記奇聞怪事。如「雕木為則劇術」條記倭人韓志和善雕木作鸞、鶴、鴉、鵲之狀，飲啄動靜，與真無異，且可凌雲奮飛。

　　阮元《四庫未收書提要》卷一稱書中所載詩文雜事雖屬瑣碎，然博聞洽見，足資談助，可與《夢華》《夢梁》等錄並傳云云，可謂神評。

　　此書有國家圖書館藏明抄本（存四卷）。此本據清嘉慶間《宛委別藏》抄本影印。

【附錄】

　　【四庫未收書提要】《醉翁談錄》五卷，宋金盈之撰。案：盈之家世汴京，南渡後官從政郎、衡州錄事參軍。此書載黃虞稷《千頃堂書目》。第一卷「名公佳製」載宋以來名卿大夫詩文各體；第二卷「榮貴要覽」略述唐宋中恩榮遺制；第三、四卷則為「京城風俗記」，備載宋室全盛時汴京風物繁華之盛，凡所見聞，案月搜記，如四時風俗好尚，無不畢載；第五卷「瑣闥記聞」載唐時遺事為多。書中所載詩文雜事，雖屬瑣碎，然博聞洽見，足資談助，可與《夢華》《夢梁》等錄並傳也。（阮元《四庫未收書提要》卷一）

　　【司馬公聯句】溫公退休之暇，攜筇為招提之遊，其寺之下有峻嶺焉。公登是嶺，見二人坐於石上，揚然自得。公亦憩於其旁，忽聞二人聯句。公不覺微笑。二人尤輕視之，乃言曰：「公亦能詩乎？可聯兩句。」溫公曰：「一上一上又一上，看看行到嶺頭上。」二人大笑。少頃，公曰：「詩猶未就，再吟兩句。」曰：「乾坤祇在掌握中，四海五湖歸一望。」二人相視大驚，知其為大賢，乃長揖而退。（《醉翁談錄》卷一）

【容膝齋致語】寸地休心，或發置錐之誚；數椽容膝，大勝環堵之居。非坐井以觀天，猶乘槎之閱漢。亲楄但求於細木，門閭不納於高車。斤斧淪功，龜魚薦瑞。某技窮知上，興盡倦飛。半百年而日苦無多，又餘千稔；九萬里而風斯在下，安敢肆言？鷦鷯不過於一枝，鳳凰如翔於千仞。因山之麓，倚竹為廬。每駐屐而少留，必橫琴而獨樂。塵外欲招於五老，飲中難著於八仙。抵掌而談，不出橘州之景；曲肱而枕，可追槐里之歡。晝掩卷以盟鷗，夜舉杯而勸月。小以成小，斯焉取斯。霧塞華欀，沉沉者所以敗也；風生圭竇，綽綽然有餘裕哉！（《醉翁談錄》卷一）

【社日】是日有「三宜三不宜」。人家男女並用早起，舊俗相傳，苟為晏起，則社翁社婆遺糞其面上，其後面黃者，則是其驗，一不宜也。女子忌食齏，則嫁時拜公姑腰響，二不宜也。學生皆給假，幼女輟工夫，若是日不休息，令人懵懂，三不宜也。小學生以蔥繫竹竿上，就窗內鑽出窗外，謂之開聰明，一宜也。不論男女，以彩線繫蒜懸於心胸之間，令人能計算，二宜也。父母取已嫁女歸家，名曰「歸寧」，舊俗相傳，是日歸寧，則多外甥，三宜也。（《醉翁談錄》卷三）

靜齋至正直記四卷 （元）孔齊撰

孔齊，約1367年前後在世，字行素，號靜齋，別號闕里外史，曲阜人。本洙泗苗裔，而流寓平陵。事蹟史傳未載。據《四庫全書總目》，知其父退之曾任建康書吏，孔齊隨父遷居溧陽。元末至正年間又避居四明，撰成此書。

書前有嘉靖三十八年（1559）歸有光《靜齋類稿引》，稱其書蓋至正間舊物，歷世綿遠，已不免有模糊脫漏之患，又稱其時丁勝國末造，兵燹蝟興，人無寧宇，於崎嶇避地之際，備得人情物態之詳，雖其文未雅馴，而持己處家之方，貽謀燕翼之訓，矗矗乎有當乎道，誠舉而體諸身心，見諸行事，即進而邍於古人不難云云。〔註461〕深得此書要旨。今檢震川集諸本不載此篇，或疑出依託，然其文不及四百字，序述詳盡，時有超逸之氣，實非震川不能為之。卷一前有孔齊至正二十年（1360）《雜記直筆》，稱：「雜記者，記其

〔註461〕《續修四庫全書》第 1166 冊，上海古籍出版社，2002 年版，第 211～212 頁。

事也。凡所見聞,可以感發人心者,或里巷方言,可為後世之戒者,一事一物,可為傳聞多識之助者,隨所記而筆之,以備觀省,未暇定為次第也。」末有季錫疇跋,稱此書瑣雜不倫,惟中寓勸懲之旨,尚為可取。

此書又名《靜齋類稿》,紀至正間雜事。所記多有可觀,如「畫蘭法」條記郎玄隱授畫蘭之法甚詳,「學書法」條謂凡學書字,必用好墨、好硯、好紙、好筆,皆於初學者有益。「鄉中風俗」「浙西風俗」「村館先生」「鄞人虛詐」諸條亦可見當時士風民俗之大概。「學文讀孟」條謂:「學作文不必求奇,但熟讀《孟子》足矣。以韓、柳、歐、曾間架活套為例程,以《孟子》之言辭句意行之於體式之中,無不妙也。蓋《孟子》之言有理有法,雖太史公亦不能及,徒誇豔於美觀耳,吾不取也。」此數語皆自家體貼得來,非深於《孟子》者不能悟也。而如「中原雅音」條謂北方聲音端正,謂之中原雅音,而南方讀書字樣皆訛,輕重開合不辨,不得其正,則未免苛刻。至其稱「年老多蓄婢妾,最為人之不幸,辱身喪家,陷害子弟,靡不有之」,其論甚有理,亦頗有證父攘羊之直,不得以播家醜而斥之。又將人才列為九品,最富創意。名曰「直記」,義取直筆,忠孝義廉直,實得孔門之嫡傳,大旨符合儒家五常之道,此書應入儒家類。

《四庫提要》稱此書亦陶宗儀《輟耕錄》之類,所記頗多猥瑣,中一條記元文宗皇后事,已傷國體。《鐵琴銅劍樓藏書目錄》卷十七稱其敘述瑣雜,略寓勸懲之旨,亦間及當時鉅公軼事。《敬孚類稿》卷九《記舊抄本至正直記》稱所記遺聞軼事,且多警世之言。劉咸炘稱其書家常語而多有味。〔註462〕

此書有抄本、續粵雅堂本、《學海類編》本。此本據國家圖書館藏清毛氏抄本影印。

【附錄】

【四庫提要】《至正直記》四卷(兩淮鹽政採進本),一曰《靜齋類匯》,元孔齊撰。齊字行素,號靜齊,曲阜人。其父退之為建康書掾,因家溧陽。元末又避兵居四明。其仕履則未詳也。是書亦陶宗儀《輟耕錄》之類,所記頗多猥瑣。中一條記元文宗皇后事,已傷國體。至其稱年老多蓄婢妾,最為人之不幸,辱身喪家,陷害子弟,靡不有之。吾家先人,晚年亦坐此患。則並播家醜矣。所謂「直記」,亦證父攘羊之直歟?別一本題曰《靜齋直記》,

〔註462〕劉咸炘:《內景樓檢書記》,《推十書》子類,第405頁。

其文並同。惟分四卷為五卷，而削去各條目錄，蓋曹溶《學海類編》所改竄也。今附著於此，不更存其目焉。(《四庫全書總目》卷一百四十三「子部五十三·小說家類存目一」)

【雜記直筆】雜記者，記其事也。凡所見聞，可以感發人心者；或里巷方言，可為後世之戒者；一事一物，可為傳聞多識之助者，隨所記而筆之，以備觀省，未暇定為次第也。至正庚子春三月壬寅記，時寓鄞之東湖上水居袁氏祠之旁。(《至正直記》卷一)

【上都避暑】國朝每歲四月，駕幸上都避暑為故事，至重九，還大都。蓋劉太保當時建此說，以上都馬冀多，一也；以咸鎮朔漠，二也；以車駕知勤勞，三也。還大都之日，必冠世祖皇帝當時所戴舊氊笠，比今樣頗大。蓋取祖宗故物，一以示不忘，一以示人民知感也。上都本草野之地，地極高，甚寒，去大都一千里。相傳劉太保遷都時，因地有龍池，不能乾涸，乃奏世祖，當借地於龍。帝從之。是夜三更雷震，龍已飛上矣。明日，以土築成基，至今存焉。亂後，車駕免幸，聞宮殿已為寇所焚毀。上都千里皆紅寇，稱偽龍鳳年號，亦豈非數耶！(《至正直記》卷一)

【文宗潛邸】文宗皇帝嘗潛邸金陵，後入登大位，不四五年而崩。專尚文學，如虞伯生諸翰林，時蒙寵眷。一時文物之盛，君臣相得，當代無比。因有以今上皇帝非其子草詔，伯生幾至禍，以意出內殿，且目眚免罪。後奉詔出文宗神主，詔未出，而太廟隕石已擊碎碧玉神主矣，豈謂聖語不應天而何？又聞今上潛邸遠方時，經過某郡，見一山甚秀，但一峰不雅，聖意偶欲去之。後思其山，令畫工圖以進，復見此一峰，用筆抹去。未幾，雷已擊削此真峰矣，非天人而何？文宗尚文博雅，一時文物之盛，過於今日。但縱奸權燕帖木淫亂宮中，且挾微先帝后為妻，人倫大喪。造龍翔寺，以無用異端而費有限之膏血，不思潛邸之苦，而縱奢侈之非。視今上儉素，誅權臣，則相去大遠矣。(《至正直記》卷一)

【題《古雁圖》】國朝翰林盛時，趙松雪諸公在焉，一時詩僧亦與坐末。客有以《古雁圖》求跋者，諸公咸命此僧先賦。詩僧即援筆題云：「年去年來年又年，帛書曾動漢諸賢。雨暗荻花愁晚渚，露香菰米樂秋田。影離冀北月橫塞，聲斷衡陽霜滿天。人生千里復萬里，塵世網羅空自懸。」諸公稱賞，即以詩授客去。(《至正直記》卷一)

【文山審音】國初，宋丞相文文山被執至燕京，聞軍中之歌《阿剌來》

者，驚而問曰：「此何聲也？」眾曰：「起於朔方，乃我朝之歌也。」文山曰：「此正黃鐘之音也，南人不復興矣。」蓋音雄偉壯麗，渾然若出於甕。至正以後，此音淒然，出於唇舌之末，宛如悲泣之音。又尚南曲《齋郎》《大元強》之類，皆宋衰之音也。（《至正直記》卷一）

【國朝文典】大元國朝文典，有《和林誌》《至元新格》《國朝典章》《大元通制》《至正條格》《皇朝經世大典》《大一統志》《平宋錄》《大元一統紀略》《元真使交錄》《國朝文類》《皇元風雅》《國初國信使交通書》《后妃名臣錄》《名臣事略》《錢唐遺事》《十八史略》《後至元事》《風憲宏綱》《成憲綱要》；趙松雪、元復初、鄧素履、楊通微、姚牧庵、盧疏齋、徐容齋、王肯堂、王汲郡等三王、袁伯長、虞伯生、揭曼碩、歐陽圭齋、馬伯庸、黃晉卿諸公文集；《江浙延祐首科程文》《至正辛巳復科經文》及諸野史小錄；至於今隱士高人漫錄日記，皆為異日史館之用，不可闕也。中間惟《和林》《交信》二書，世不多見。吾藏《和林》，朱氏有《交信》三四書，未知近日存否？今壬辰亂後，日記略吾所見聞。所書也，凡近事之有禍福利害可為戒者，日舉以訓子弟，說一過使其易曉易見也，猶勝於說古人事。如奸盜之源，及人家招禍之始，與夫貪之患，利之害，某人勤儉而致富，某人怠惰而致貧，擇其事之顯者，逐一訓導之，縱不能全，是亦可知警而減半為非也。先人每舉歷仕時所見人家之致興廢陰德報應，及經新過盜賊奸詐之由，逐一訓誨子弟，使之知警，有是病者省察之，無是患者加謹之，其拳拳乎子孫訓戒如此。嗚呼！痛哉！（《至正直記》卷一）

【地理之應】地理之應，亦有可驗者。若金陵之鍾阜龍蟠，石城虎踞，真帝王之居也。此漢末諸葛武侯之言，必有得於地理之形勢者。自吳而至六朝，皆常都之。然舊都距秦淮十八里，迫倚覆舟山紫薇之形也。南唐新城在秦淮河上，即今之集慶府城也，地勢不及六朝遠矣。句容之三茆山，原自丫頭山。地理家嘗謂丫頭峰不尖，所以祇主黃冠之流；若尖則為雙文筆峰，必主出文章狀元。丫頭俗呼為丫角貪狼，蓋陰陽者流以九星配山水者，固不足據。然其有是形者主是應，或可信矣。溧陽山前地脈一支過溪，直抵黨城，又過溪至紫雲山。凡在此脈上居止，而得水汪洋回抱者，大則富，小則溫飽。天曆己巳旱，山東頑民欲引洮湖水灌溉，恨此脈截斷溪間，縱石工鑿斷三五尺；而巡檢申德興禁之不能止，因大訶曰：「此州里之地脈，關係禍福！」遂躍馬鞭擊之。雖移文州司，責頑民之罪，已被其所損矣。山前一境，自前代舊稱無

貧乏者，皆地脈之應也，幸賴申君，不為深害。然山間樹木與夫脈上人家，由是而日見消廢矣。地理之驗，豈偶然哉！此予之目擊耳聞，而鄉人亦以此為痛恨。（《至正直記》卷一）

【子弟三不幸】人家子弟有三不幸：處富貴而不習詩禮，一不幸也；內無嚴父兄，外無賢師友，二不幸也；早年喪父而無賢母以訓之，三不幸也。（《至正直記》卷一）

【人家三不幸】人家有三不幸：讀書種子斷絕，一不幸也；使婦坐中堂，二不幸也；年老多蓄婢妾，三不幸也。（《至正直記》卷一）

【婚姻正論】婚姻之禮，司馬文正論之甚詳，固可為萬世法者。士大夫家或往往失此禮，不惟苟慕富貴，事於異類非族，所以壞亂家法，生子不肖，皆由是也。甚致於淫奔失身者，亦有之，可為痛恨。（《至正直記》卷一）

【年老蓄婢妾】年老多蓄婢妾，最為人之不幸，辱身喪家，陷害子弟，靡不有之。吾家先人，晚年亦坐此患，鄉里蹈此轍者多矣。又見荊溪王德翁，晚年買二伶女為妾，生子不肖。甚至翁死未逾月，而私通於中外，莫能禁止。此《袁氏世範》言之甚詳，茲不再述，有家者當深戒之。（《至正直記》卷一）

【婢妾之戒】尋常婢妾之多，猶費防閑，久而稍息，未有不為不美之事。其大患有三：壞亂家法，一也；誘陷子弟，二也；戕人喪德，三也。士大夫無見識者，往往蹈此。人之買妾者，欲其侍奉之樂也。妾之多者，其居處縱使能制御，亦未免荒於淫佚矣，何樂之有！或正室之妬忌，必致爭喧，則家不治。苟正室之不妬，則妾自相傾危，適足為身家之重累，未見其可樂也。宜深戒之！（《至正直記》卷一）

【要好看三字】先人嘗曰：「人祇為『要好看』三字，壞了一生。便如飲食，有魚菜了，卻云簡薄，更置肉。衣服有闕損，撥修補足矣，卻云不好看，更置新鮮。房舍僅可居處待賓，卻云不好看，更欲裝飾。所以虛費生物，都因此壞了。」先人一屨，皆逾數年，隨損隨補；一白紬襖，著三十年；終身未嘗兼味。所居數間，僅蔽風雨，客位窗壁損漏，四十餘年未嘗一易，鄉里皆譏誚之，不顧也。子孫識之，當以為法。（《至正直記》卷一）

【別業蓄書】古人積金以遺子孫，子孫未必能盡守；積書以遺子孫，子孫未必能盡讀；不如積陰德於冥冥之中，以為子孫無窮之計。此言甚好。吾家自先人寓溧陽，分沈氏居之半以為別業，多蓄書卷，平昔愛護尤謹，雖子孫未嘗輕易檢閱，必有用然後告於先人，得所請乃可置於外館。晚年子弟分

職，任於他所，惟婢輩幾人在。待予一日自外家歸省，見一婢執《選詩演》半卷，又國初名公柬牘數幅，皆翦裁之餘者。急扣其故，但云：「某婢已將幾卷褙鞋幫，某婢已將幾卷覆醬瓿。」予奔告先人。先人曰：「吾老矣，不暇及此，是以有此患。爾等居外，幼者又不曉事，婢妮無知，宜有此哉！」不覺歎恨，亦無如之何矣。予至上虞，聞李莊簡公光無書不讀，多蓄書冊與宋名刻數萬卷，子孫不肖，且鹵率鄙俗，不能保守，書散於鄉里之豪民家矣。《家訓》徒存，無能知者。往往過客知莊簡者，或訪求遺跡，讀其《家訓》者，不覺為之痛心也。又見四明袁伯長學士，承祖父之業，廣蓄書卷，國朝以來甲於浙東。伯長沒後，子孫不肖，盡為僕幹竊去，轉賣他人，或為婢妾所毀者過半。且名畫舊刻皆賤賣屬異姓矣。悲夫！古人之言信可徵也。（《至正直記》卷二）

【江浙可居】江浙之可居者，金陵為上（溧陽、句容，可田可居。鍾山、茅阜，可遊可息），京口、毗陵次之（金壇風俗小淳，荊溪山水頗秀），吳興又次之（山水之秀，風俗之浮）。錢唐之華，姑蘇之嬈，可遊不可居，故曰蘇不如杭。越之薄，鄞之鄙，溫之淫，臺之狡，或可遊，亦不可息，故曰臺不如溫，溫不如鄞，鄞不如越。諺云：「明慳越薄。」凡邊江臨海之民，多狡獷悍暴難制。又曰：「溫賊臺鬼，衢毒婺瘩，鄞不知恥，越薄如紙。」（《至正直記》卷二）

【婢妾命名】婢妾以花命名，此最不雅，君子當以為戒。先人未嘗命婢妾以花草及春雲、童哥等字，吾家後當為法。以妓為妾，人家之大不祥也。蓋此輩閱人多矣，妖冶萬狀，皆親歷之。使其入宅院，必不久安，且引誘子女及諸妾，不美之事，容或有之。吾見多矣，未有以妓為妾而不敗者，故諺云：「席上不可無，家中不可有。」（《至正直記》卷二）

【五子最惡】諺云：「五子最惡。」謂瞎子、啞子、馳子、癩子、矮子。此五者，性狠愎，不近人情。蓋殘形之人，皆不仁不義，兇險莫測，屢試屢驗。（《至正直記》卷二）

【人生從儉】先人嘗云：「人生雖至富貴，但住下等屋，穿中等衣，吃上等飯。」所謂下等者，非茅茨土階也，惟不塓壁不雕梁也。中等者，綾絹是也。上等者，非寶膾珍羞也，惟白米魚肉也。予亦嘗自謂住尋常屋，著尋常衣，吃尋常飯，使無異於眾，尤妙。此予終身之受用也。（《至正直記》卷二）

【學文讀孟】愚謂學作文不必求奇，但熟讀《孟子》足矣。以韓、柳、歐、曾間架活套為例程，以《孟子》之言辭句意行之於體式之中，無不妙也。

蓋《孟子》之言有理有法，雖太史公亦不能及，徒誇鑿於美觀耳，吾不取也。此吾近日讀《孟子》忽有所悟。(《至正直記》卷二)

【家法興廢】嘗謂「有家法則興，無家法則廢」，此係人家興廢之樞機也。至於國亦然。吾自十八九歲時，先人年已老，不理家事，悉以朱氏姊主之，遺法漸廢。及在外家，又皆處置不以禮。因觀《袁氏世範》，有感於心，且念先人之遺法，作《家範》以自警。若姊若兄弟終不諭者，至於今未嘗不歎息痛恨也。至正戊戌春，獲睹浦江義門《鄭氏家規》於上虞王生處，於是重有感焉。(《至正直記》卷二)

【勢不可倚】夫勢之不可倚也，自古及今，歷歷可鑒。遠者故未暇悉論，且以近者大者言之：伯顏弄權，姦臣也，附其勢者多取富貴，死之日皆受禍。至於脫脫，雖不弄權，而權自盛，門客亦眾，勢去之後，禍亦如之。至於哈麻、雪雪，兩姦臣也，既貶之後亦不免。苗僚楊完者之兇暴，又非伯顏、哈麻之所比也。承國家多事、皇綱解紐之時，恣遇邦化外之常性，怒則死，喜則生，視生民人類如草芥，雖天子之命亦若罔聞者。附其勢者，一旦至於極貴，盜受天子名爵，皆能生殺人。及其惡貫滿盈，□手而死，黨與皆伏誅，漏網者固多，豈能避於他日邪？(《至正直記》卷三)

【四民世業】黃山谷曰：「四民當世其業，讀書種子尤不可斷絕，有才氣者出，便可名世矣。」此石刻在荊溪岳氏，後為顯親寺僧有大方丈所得，石背刻一詩云：「漁家無鄉縣，滿船載稚乳。鞭捶公私急，醉眠聽秋雨。」皆山谷詩也。至正丙申以後，寺毀兵火，此石不知存亡。(《至正直記》卷四)

【山中私議】山中私議，人才列為九品，以比世爵，蓋賤虛而貴實也。一曰孝，事親竭力，移忠於君；二曰義，盡忠效節，輕財赴難；三曰廉，不苟取受，知恥尚儉；四曰直，真實不欺，內外如一；五曰謹，持守禮法，行之有常；六曰才，謀辨雄略，濟時於時；七曰教，博學於己，推以及人；八曰隱，不事王侯，高尚其志；九曰藝，文詞書畫，以材成材。(《至正直記》卷四)

【四明厚齋】四明王厚齋尚書好博學，每以小冊納袖中入秘府，凡見書籍異聞則筆錄之，復藏袖中而出。晚年成《困學紀聞》，可謂遺訓後學者矣。國初袁伯長、孔明遠、史果齋，嘗登門請教者惟三人焉。明遠諱昭孫，時為慶元儒學教授；時伯長方十二年，不過隨眾習句讀已耳。(《至正直記》卷四)

【鍾山王氣】鍾山王氣，昔時在二十餘里之內，自丁亥以後，氣如紫煙，遠接淮西，亦異事也。揚州興廢不常，山水之勝又有時而興也。唐人有詩云：「天下三分明月夜，二分無賴是揚州。」洪容齋《筆記》云：「女真之寇亂揚州，百里之間，虛無人煙。」至隆興以後復盛，德祐末兵亂又廢。父老嘗云：「自揚州至中原七百餘里無人煙，至元貞以後復盛。至正甲午以後，今如荒野，不知何時復興也？」（《至正直記》卷四）